Ненад Љубинковић

ПЈЕВАНИЈА
ЦРНОГОРСКА И ХЕРЦЕГОВАЧКА
СИМЕ МИЛУТИНОВИЋА

I0634880

Библиотека
ВУКОВ САБОР

Уредник
ЉИЉАНА М. СИМИЋ

Рецензенти
Академик МИРОСЛАВ ПАНТИЋ
Др НАДА МИЛОШЕВИЋ-ЂОРЂЕВИЋ

На првој и последњој страни корица
Сима Милутиновић Сарајлија
Катарина Ивановић

НЕНАД ЉУБИНКОВИЋ

ПЈЕВАНИЈА ЦРНОГОРСКА И ХЕРЦЕГОВАЧКА
(БУДИМСКА И ЛАЈПЦИШКА) СИМЕ МИЛУТИНОВИЋА САРАЈЛИЈЕ

Прилог проучавању народне поезије
Вуковог времена

РАД • КПЗ СРБИЈЕ
Београд, 2000.

Уводне напомене о књижевноисторијској судбини Симе Милутиновића Сарајлије и разлозима који узрокују и налажу даље проучавање његовога дела*

Списатељски, а и свакоји други стваралачки рад Симе Милутиновића Сарајлије необично је процењиван и оцењиван у нашој књижевној историографији и култури уопште.

У своме времену, у суовременим културним, књижевним, а и политичким збивањима био је свакојако присутан. Бивао је и прецењиван и потцењиван, и слављен и омаловажаван. Након смрти, 1847. године, помињан је ређе, претежно у библиографским контекстима. Истицан је Милутиновићев значај за развој "новије" српске литературе. Наглашавана је његова улога у културним и књижевним превирањима друге, треће, четврте и пете деценије деветнаестога века. Једновремено је подвлачено како се Милутиновићева дела тешко могу читати. Пренаглашаван је Милутиновићев особен, кадкад мутан и сметен стилски исказ. У таквим виђењима спев ***Србијанка*** био је и нечитљив и неразумљив, а слично су оцењивана и друга Милутиновићева песничка остварења. Занемарен је временом и Милутиновићев не мали драмски опус. Изгубио се интерес и за ***Трагедију Обилић***, и за драму Вожд Карађорђе. Пажњу није успела да привуче ни амбициозно прављена драма ***Дика Црногорска*** која током пет чинова прати пет битних догађаја из црногорске историје. Последњи, пети чин посвећен је истрази потурица и имао је видног и лако доказивог утицаја на Петра II Петровића Његоша, односно на Његошев ***Горски вијенац***. Готово је занемарена Милутиновићева историјска проза (***Историја Црне Горе, Историја Србије од 1813. до 1815.***, неколики животописи савременика, путо-

---

* Ова студија тежи да буде наставак и скромна допуна истраживања професора Владана Недића.

пис по Русији итд.). Милутиновић је, чини се, неупоредиво бољи прозаиста, него ли песник, па тим више чуди негирање његовога прозног опуса.

Неуочена од читалачке публике, по страни и од науке о народној књижевности, готово незнана бројним проучаоцима усмене народне поезије, остала је тзв. Пјеванија црногорска и херцеговачка у оба своја вида, или у оба издања (како то највећи број испитивача усмене народне књижевности мисли). То је тим зачудније што лајпцишка *Пјеванија* (1837), примерице, садржи 171 епску народну песму, а суврeмено, лајпцишко издање Вукових *Народних српских пјесама* (1823-1833) у другој, трећој и четвртој књизи (у којима су епске песме) садржи укупно 119 песама, односно скоро трећину мање. Било је логично очекивати да ће Милутиновићева *Пјеванија* бити увек ишчитавана када и народне песме из Вукове збирке. Но, то скоро да и није био случај. Само делимичан изузетак представљају радови Јосипа Милаковића и Асмуса Серензена.

Занимљиво је, а надасве поучно, упознати се са судбином Милутиновићевог списатељског и свакојаког стваралачког рада у виђењу, доживљавању и оцењивању савременика, а потом у вредновању и сагледавању познијих књижевноисторијских мерилаца деветнаестога века и књижевноисторијских мерилаца двадесетог века.

Суд савременика о Милутиновићу био је значајно различит, чак и крајње опречан. Вук Стефановић Караџић сматрао је како је његов некадашњи побратим и пријатељ, песник *Србијанке*, "више од пола луд", а свакако "вртоглав". Велики број Милутиновићевих стихова, како оних у *Србијанки*, тако и оних у другим песмама — није разумео. Неодобравајући, чудио се Милутиновићевим историографским текстовима, посебно *Историји Србије од 1813. до 1815.* Много је говорио пријатељима и познаницима о Милутиновићевом раду на сакупљању народних песама, о Милутиновићевој будимској (1833) и лајпцишкој *Пјеванији* (1837). Говорио је како је Милутиновић песме дорађивао, односно како је дописивао и мењао стихове, кадшто мењао одређене речи. У предговору четвртој књизи тзв. лајпцишког издања Народних српских пјесама, писаном у време када је *Пјеванија* већ била спремна за штампу, а Вук имао прилике да је види у рукопису, Вук Караџић је утрошио знатан простор не би ли доказао и свима показао да Милутиновић не зна народну поезију, а да се то незнање понајбоље види из Герхардових превода народних песама из Вукове збирке, превода који су рађени уз обилату помоћ Симе Милутиновића.

Јохан Волфганг Гете имао је, насупрот Вуку Караџићу, лепо мишљење о песнику Сими Милутиновићу, тачније о спеву *Србијанка*. У нас је често помишљано како је Гетеово мишљење о Милутиновићу заправо конфесијално размишљање масона о масону или бар добродушан став великог песника многољудног народа према мањем песнику малог народа. Међутим, Гете који је хвалио Милутиновића и спев *Србијанку* није био онај исти Гете који је писао прву књигу *Фауста* и срцепарајуће *Паёње младога Вертера*, већ онај други Гете који је закорачио у умне и помало заумне просторе друге књиге Фауста. Њему су била итекако блиска Милутиновићева размишљања у *Србијанки*[1]. Гете је чак препоручивао песнику Герхарду који је у то време већ сарађивао са Милутиновићем на превођењу народних песама из Вукове збирке (године 1826-1827), да у заједници са Милутиновићем начини и превод *Србијанке* и да тако спев учини доступним широј немачкој читалачкој публици[2]. На томе послу су и учињени први кораци, али је потом све замрло.

Пишући 1845. године о књижевној узајамности Славјана, Јан Колар ставља Симу Милутиновића у ред највећих словенских песника тога времена, уз раме Пушкину и Мицкјевичу:

---

[1] Светислав Вуловић: Сима Милутиновић Сарајлија песник српски (1791- -1847), "Годишњица Николе Чупића", II, Београд, 1878, 295. Не водећи рачуна управо о другој књизи *Фауста*, немајући на уму мјене умне и заумне просторе, Вуловић и није могао да уочи никакву духовну блискост између Јохана Волфганга Гетеа и Симе Милутиновића, па је, природно, сматрао да је прича о Гетеовом дивљењу *Србијанки* и Гетеовим препорукама да се дело преведе на немачки језик или претерана, или, вероватније, измишљена.

[2] У тексту *Das Neuste Serbischer Literatur*, Гете је о свему томе оставио следећи запис: *"Он (Милутиновић, прим. Н. Љ.) га је сада довршио* (спев *Србијанку*, прим. Н. Љ.), *и пред нама је један примерак, у четири мале свеске формата дванаестине.*

"Она срдачна простота и честитост којом се одликује његов народ карактеристичне су и за њега и за његов спев. Он га је назвао *Србијанка (Serbianca)*, а спев садржи у низу даворија или јуначких песама епски опис устанка у Србији, чије је најважније моменте он као очевидац могао најбоље приказати. Како нас је заинтересовао, честити аутор нам је на нашу молбу саопштио потпуну садржину свог спева; пошто смо све пажљиво прегледали, нашли смо да је у целини веома оругиналан; ово је ваљда први пут да једна стара народна књижевност тако дуго времена остане непромењена и по смислу и по начину певања. Жеља нам је да се тај спев по могућности преведе, и то да га преведе господин Герхард, који се довољно упознао с менталитетом и животом народа..." (наведено по књизи *Ка poetici narodnog pesništva. Strana kritika o našoj narodnoj poeziji*. Izbor i predgovor Svetozar Koljević. Biblioteka "Kniževni pogledi", Beograd, Prosveta, 1982, 173.

"Жалост је права, да три најзнаменитија славјанска стихо-творца нашега времена као: код Руса Пушкин, код Србаља Милути-новић, а код Пољака Мицкијевич генијем ове узајамности нису одушевљени били, да би се тако с ногама на рускоj, српскоj и пољ-скоj земљи стојећи, глава чак у славјански Епир допирући, од цијел-ога славјанства виђени бити могли" [3].

Од савременика Милутиновић јесте био прихватан и оце-њиван различито. Чак су га различно у једнаким временима ценили једнаки људи. Вук Караџић је молио Милутиновића да му сачини штогод за мото прве ***Пјеснарице*** (1814). Резултат је била песмица ***Српска мома ил је дома, ил је код оваца***. У годинама које су следиле, а посебно у време Милутиновићевог боравка у Црнoj Гори, дошло је до очитог сукоба између Вука Караџића и Симе Милути-нова. Разлози су били бројни, а увређен и позлеђен био је управо Милутиновић. Вук Караџић га је у то време задиркивао и нипо-даштавао на начине који су свакојако били неприхватљиви. Годинама након тога Вук је о побратиму Сими говорио лоше, уз приметно омаловажавање. Његови савременици и добри познани-ци, па и пријатељи, као Јернеј Копитар, Јакоб Грим или Срезење-ски били су уверени да Вук о Милутиновићу и његовом васколиком литерарном делу не мисли повољно, а да има апсолутно негативан став према ***Пјеванији***. Вук је, међутим, правио много позоришта и око Симе и око његовога рада, а у приватној преписци је једновре-мено од истога Милутиновића тражио дозволу да неке песме из лајпцишке ***Пјеваније*** преузме.

У својству повременог и, свакојако привременог учитеља млађог Рада Томова, Милутиновић је показивао изузетне склоно-сти према даровитом ученику. Са сигурношћу се може рећи како је Милутиновић извршио пресудан утицај на обликовање списатељске оријентације и књижевног поступка Његошевог. Управо Милутино-вићеви стихови су се нашли као својеврсни мото на насловној стра-ни црногорског државног алманаха ***Грлице***. Међутим, у одређеним годинама и Његош је био против Милутиновића, а његов удео у омаловажавању и одбацивању лајпцишке ***Пјеваније*** ни мало не зао-стаје за Вуковим. Вук Караџић је лајпцишку (а и будимску) ***Пјева-***

---

[3] Јан Колар *О књижевноj узајамности Славјана*, Београд. 1845, 23-24.

нију омаловажавао речима, а Његошево *Оʓледало срūско* није, пак, ништа друго до особени утук на *Пјеванију*[4].

У животу Милутиновић је бивао и жртва несклоних му политичких и друштвених околности. За много шта је и сам био крив. Милутиновић је, изгледа, више говорио, него ли слушао. Рекло би се да није ни био склон да слуша, још мање да саслуша.

Није умео ни да се разабере у бројним чаршијским и политичким играма и интригама. Опредељивао се и заузимао став намах, хировито. Презирао је, а свакако није користио, смирено, поготову уздржано и опортуно сагледавање околности и чињеница. Привремени разлази са Вуком Караџићем и Петром II Петровићем Његошем имали су по Милутиновића трајне и, готово несагледиве, трагичне последице. Сукоб са Вуком био је посебно кобан. Определивши се у једноме тренутку, из претежно личних разлога (о томе ће касније бити знатно више речи) против Вука Караџића, Милутиновић је за деценије и деценије у бити одредио сопствену литерарну и културноисторијску судбину[5]. Већ током пете деценије деветнае-

---

[4] До разлаза између Његоша и Милутиновића није дошло, како се мисли, после смрти владике Петра I. Милутиновић није тада издао Његоша, нити је пристао уз гувернадура Радоњића и Његошеве противнике. Реч је о произвољном тумачењу сачуваних докумената, али и о недовољној прецизности тих докумената (о свему томе биће више речи у поглављу *Оʓледало срūско — утук на лајпцишку Пјеванију Симе Милутиновића*). Познији и врло омеђени разлаз између Његоша и Милутиновића догодио се поводом лајпцишке *Пјеваније* и не непосредно по њеноме објављивању, већ неколико година касније, између 1842. и 1845., када су се битно промениле политичке прилике у тадашњој Црној Гори. Последица разлаза јесте била трагична по Милутиновића. Управо због тога разлаза, због политичких прилика и међусобица у Црној Гори, укратко, због свега оног што је условило сачињавање и објављивање *Оʓледала срūскоʓ* ни будимска, нити лајпцишка *Пјеванија* нису у Црној Гори доживеле поновно издање све до наших дана, до 1990. године. Утук *Оʓледала срūскоʓ* и његових потоњих бројних издања учинио је да *Пјеванија* не буде само потиснута, већ и жигосана у одређеном смислу, а за шири круг читалаца она је била предата забораву. У *Оʓледалу срūском* штампана је 61 песма, међу њима и много Вишњићевих. У лајпцишкој *Пјеванији*, пак, објављена је 171 епска песма. Тематика песама је већином везана за догађаје из "новије" историје Црне Горе и Брда. Много је помена локалних догађаја и јунака. Могло се очекивати да *Пјеванија* буде популарна бар у племенима чије је епске песме садржала (Бјелопавлићи, Морачани, Ровци, Пипери). Међутим, то није био случај.

[5] в. Ненад Љубинковић: *Концепција историја књижевности српскохрватског језичког подручја у XIX веку* (од Лазара Бојича до Ђуре Шурмина), "Научни састанак слависта у Вукове дане", 9, Београд, 1980, 223-224 (одељак *За и ūрошив Вука, за и ūрошив Гаја*):

"Некадашњи велики српски појета коме је и Гете одавао признање, чак хтео и да га преводи, Сима Милутиновић Сарајлија, такође је скупо платио сукоб са Вуком. Одбачен је као песник, запостављен као историчар, заборављен као сакупљач усменога стваралаштва"(224).

пете деценије деветнаестога века, Вукове присталице, ученици, поштоваоци и поклоници Вуковога дела почињу да заузимају угледне, а потом и кључне положаје у српској култури. Од половине деветнаестога века књижевни мериоци и "судије" у литерарноме и културноме животу Србије јесу Вукове присталице.

Непосредно после песникове смрти, у временима у којима је Милутиновићево дело још увек било живо, присутно и утицајно, године 1852, Јован Ристић ће у својству младог заточника Вукових идеја писати преглед новије српске књижевности. *Новија књижевности у Срба* која настаје у Ристићевим студентским годинама изражава, заправо, основне позиције Уједињене омладине српске и инсистира на вредностима које је Уједињена омладина сматрала стожерним у развоју српске културе[6]. Одељак посвећен Сими Милутиновићу испољава јасну тежњу да се прво и привремено умире искази дивљења према песнику *Србијанке*, а посебно да згасну бројна подражавања Милутиновићеве поезије. Једновремено Ристић изриче прекор, по тону добронамеран, који сваким делићем представља стамено полазиште потоњим литерарним историчарима да оправдано заобиђу, а затим и одбаце Милутиновићево дело. Јован Ристић је писао:

"Сима Милутиновић (1791-1847) је најавио хор. Смео у прављењу слика и речи, опевао је у циклусу епско-лирских песама ослободилачки рат Србије. Од свих његових дела најпознатија је Србијанка, пуна духа и жара, пуна љубави према отаџбини, чувена по узвишеном замаху, по величанствености и одважности на самом почетку, но и одбојна због недостатка топлине и праве поетске стваралачке снаге на крају многих песама. Ништа мање не одбија ни својим, готово и неразумљивим језиком..." [7].

Ристић је даље уочио да је Милутиновић подражавао немачке песнике – Виланда и Ремлера, *"који су слепо копирали песнике давних времена"*. У закључку је Ристић запазио и устврдио како је Милутиновић утицао на своје сународнике *"не само заслугама, већ и манама"*. Коначни вредносни суд ставља неочекивано песника *Србијанке* у групу неименованих "Новијих значајнијих песника", а он сам *"остаје вредан поштовања као један од првих значајнијих песника који је певао језиком српске народне поезије и придржавао се њенога духа и метра"* [8].

---

[6] Jovan Ristić: *Die neuere Literatur der Serben*, Berlin, 1852.

[7] Јован Ристић: *Новија књижевности у Срба* (Са немачког превела Зора Мијатовић), "Књижевна историја", 4, Београд, 1969, 955-956.

[8] Исто, 956.

Суштински, градивни чиниоци Ристићеве оцене биће понав-
љани и касније. Стојан Новаковић ће тако 1871. године тврдити да:
*"ма како ми схватали њега, он вазда остаје међу Србима
источне цркве као прави појета који је народним начином певао
дела свога народа"* и *"у Сими Милутиновићу јавио се на позорницу
појезије први пут живот нашега народа с јужне стране Саве и Дуна-
ва, онај исти који је душа нашој српској народној појезији"* [9].

Тврдио је да Милутиновићев језик јесте "често постао замр-
шен због нових, кадкад силом скованих речи", али је Новаковић
боље од многих књижевних историчара који су дошли после њега –
схватио и снагу и свеукупну вредност Милутиновићевог језичког
исказа :

*"него је Симин језик поред све мутноће барем збијен и сна-
жан, свуда се види како се полет његових мисли није дао сложити у
речи и на једнако удесити са спољашњим лаким и угодним обли-
ком"* [10].

Светислав Вуловић[11] и Љубомир Недић[12] стављали су
Милутиновића уз бок Бранку Радичевићу и Петру II Петровићу
Његошу. Међутим, све је остајало на нивоу пуке књижевноисториј-
ске фразеологије. Милутиновићево дело читало се све ређе, све
мање. Ступио је, готово неосетно, међ оне писце који се не упознају
преко књиге песама, прича, преко којег романа, већ искључиво
преко биобиблиографских бележака у прегледима, или, пак, истори-
јама литературе.

Деведесетих година деветнаестога века порасло је интересо-
вање за Симу Милутиновића и његово дело. Разлог је био једноста-
ван и типичан за српску културу и за однос Срба према књизи и
духовној баштини уопште. У тој последњој деценији века падале су
две годишњице везане за песника *Србијанке* – 1891. године обеле-
жавала се стогодишњица песниковог рођења, а 1897. педесета годи-
шњица његове смрти. Исцрпну студију о песнику сачинио је Ђорђе
С.Ђорђевић[13]. Начинивши избор лирских песама из не толико зама-

---

[9] Стојан Новаковић: *Историја српске књижевности*. Преглед урађен за
школску употребу. Друго, сасвим прерађено издања, Београд, 1871, 238 и 237-238.
[10] Исто, 239.
[11] Св. Вуловић, нав. дело, 262.
[12] Љубомир Недић: *Из новије српске лирике*, Београд, 1893, 163.
[13] Ђорђе С. Ђорђевић: *Сима Милутиновић Сарајлија*, Београд, 1893; *Још
нека о Сими Милутиновићу*, Нови Сад, 1894.

шног колико растуреног, тешко доступног поетског опуса Милутиновићевог, Андра Гавриловић је 1899. године итекако задужио и тадашњу, али и потоњу српску културу[14]. Сва каснија разматрања Милутиновићеве лирике, све до данашњих дана, заснивана су готово искључиво на Гавриловићевом издању Милутиновићевих лирских песама[15].

Сваке пажње је вредна врсна студија Божидара Церовића о језику Симе Милутиновића. Нажалост, она је практично остала ван видокруга ширег круга испитивача Милутиновићевог дела будући је била обелодањена на страницама мање познатог, а ретко коришћеног сарајевског "Školskog vjesnika" [16].

У временима када су годишњице рођења, односно песникове смрти усмериле многе књижевне историчаре ка проучавању живота и дела Симе Милутиновића, и Стеван Павловић се огласио мањом и углавном неуспелом књигом[17].

Серија текстова настала у тим временима, серија која је случајно, али симболично започела текстом Јована Ђорђевића о Милутиновићевом гробу, омогућила је стварање илузије да наступају бољи и плоднији дани у проучавању Симе Милутиновића и његовога дела. Ово се чинило тим више, што је део новије генерације књижевника, попут Лазе Костића, на пример, у Милутиновићевим стиховима нашао и препознао блиске звуке.

Значајан прилог тумачењима Милутиновићевог књижевног дела, драгоцен прилог откривању вишезначности Милутиновићевих књижевних порука и опорука дао је у тим годинама песников син, Драгутин С. Милутиновић. Систематски је почео да са комен-

---

[14] Андра Гавриловић: *Сима Милутиновић* у књизи *Лирске песме Симе Милутиновића Сарајлије*, Београд, СКЗ, 1899; *Сима Милутиновић према илирству*, "Извештај гимназије Вука Стеф. Караџића за 1901/2", Београд, 1902, 28-48.

[15] Гавриловићевим избором лирских песама Симе Милутиновића обилато су се служили сви испитивачи Милутиновићевога дела почевши од године објављивања књиге (1899) до данашњих дана. Међу многима, то су чинили и они који су се посебно бавили Милутиновићевом поезијом: Владан Недић, Миодраг Павловић, Матија Бећковић, све до Хатице Крњевић, Новице Петковића и Живана Живковића, учесника научног скупа посвећеног две стотој годишњици рођења Симе Милутиновића (у организацији Института за књижевност и уметност у Београду и Вукове задужбине, 15-16. октобар 1991).

[16] Božidar Cerović: *Sima Milutinović Sarajlija*, "Školski vjesnik", Sarajevo, 1906, бр.1-4, 51-83; бр.5-7, 353-364; бр.8, 503-512; бр.9, 573-580; бр.10, 664-676; бр.11, 741-765; бр.12, 831-849.

[17] Стеван Павловић: *Сима Милутиновић Сарајлија*, Нови Сад, 1893.

тарима објављује очеве текстове. Посебно су драгоцена његова читања и тумачења *Србијанке*, осветљавања тзв. тамних места у њој. Мада је био невелик када је остао без оца, његова мајка, умна и одана Марија Поповић-Милутиновић, позната и као "Пунктаторка", извесно му је много говорила и о оцу и о очевом делу, напосе и о спеву *Србијанка* који је волела, радо читала и, по сопственим речима, проводила сате и сате улазећи полако, стопу по стопу у особен, херметичан песнички језик спева. Смрћу Драгутина С. Милутиновића даље коментарисање делова *Србијанке* је замрло[18].

Последња деценија девтнаестога века свакако је давала утисак да јача интерес и читалаца, и књижевних историчара за Симу Милутиновића и за његово обимно и разноврсно дело. Било је реално ишчекивати да ће прве деценије двадесетога века наставити започето. Међутим, тада је Јован Скерлић написао *Историју нове српске књижевности* и Милутиновићу у њој пресудио. Осуда Милутиновића делом се само дотицала песника *Србијанке*, а у знатнијој мери била је узрокована Милутиновићевим познијим и позним следбеницима и поштоваоцима, суштински њима и упућена (већим делом). Скерлић је Милутиновића оценио поразно и отписао олако:

"*...Несређена духа, необуздане фантазије, мутне главе, у глумачкој жељи да игра улогу генија и да зачуђава читаоце, он је у корену своје разуздане фантазије гушио оно мало цветова свог песаничког талента*"[19].

Између два светска рата проучавање Симе Милутиновића и његовог књижевног дела свело се на утврђивање појединих чињеница, више или мање важних за испитивање песниковог односа према Његошу, (тачније за изучавање самог Његоша), као и према влади

---

[18] Драгутин С. Милутиновић: *Из "Србијанке" Симе Милутиновића. "Дивотник", "Годишњица Николе Чупића*" (даље: "Годишњица НЧ"), XVI. Београд, 1896, 87-174; *Из Србијанке Симе Милутиновића*, коментар на *Први поход на Ужице*, "Годишњица НЧ", XV, Београд, 1895, 207-221; *Из Тројесестарства С. Милутиновића*, коментар на *Проживљавку*, "Годишњица НЧ", XVII, Београд, 1897, 388-406; *Из Србијанке Симе Милутиновића. "Благоразумија сила"*, (са коментарима), "Годишњица НЧ", XVIII, Београд, 1898, 294-316; *Из Србијанке Симе Милутиновића. "Основање училишта"*, (са коментарима), "Годишњица НЧ", XIX, Београд, 1899, 133-157; *Из Србијанке Симе Милутиновића. "Мртца Васкрс"*, (са коментарима), "Годишњица НЧ", XX, Београд, 1900, 146-162.

[19] Јован Скерлић: *Историја нове српске књижевности*. Потпуно и илустровано треће издање, Београд, 1953, 153.

13

ки Петру I Петровићу[20]. Написи другачије замишљени и интонирани готово су занемариви[21].

У прегледима и историјама српске књижевности, односно у прегледима и историјама југословенске литературе – Милутиновић је лоше прошао. Почетни и усмеравајући потез повукао је Скерлићев пријатељ и сарадник, Павле Поповић, у делу *Jugoslavenska književnost*. Дело је први пут штампано у Кембриџу 1918. године. Поводом Милутиновићевог најзначајнијег дела, поводом спева **Србијанка**, Поповић је писао:

"Али спев нема уметничке целине. У њему нема јаке унутрашње везе међу предметима који су опевани. Он уствари представља низ засебних момената из ратне, дипломатске и културне историје Карађорђева устанка. Он је пре летопис него епопеја. Карактери нису развијени, нема јаких описа, ни дикција није поетична. С малим изузетком дикција је врло хладна, сухопарна, прозна. Уз то, она је нејасна, тамна, мутна. Кадкад у себи има чудне скокове, бесмислице, лудости. Чудан је нарочито језик. У њему су сковане речи и неразумљиве конструкције, а без потребе" [22].

---

[20] Душан Вуксан: *Преписка Петровића Његоша с нашим књижевницима. Петар I и Симо Милутиновић*, "Записи", књига I, св.3, Цетиње, 1927, 175-182; Исти: *Петар I Петровић Његош и његово доба*, Цетиње, 1951; Тихомир Ђорђевић: *Једно писмо Вука Ст. Караџића црногорском владици Петру I Петровићу*, у књизи *Наш народни живот*, књига IX, Београд, 1934, 75-82; Милен Николић: *Сима Милутиновић и владика Петар I*, Прилози КЈИФ, XVIII, Београд, 1938, 112-131; Јевто М. Миловић: *Петар II Петровић Његош у свом времену*. Посебни радови Црногорске академије наука и уметности, књига 5, Титоград, 1984; Љубомир Дурковић Јакшић: *Србијанска штампа о Његошу и Црној Гори*, Београд, САН, 1951; Исти: *Србијанско-црногорска сарадња (1830-1851)*, Посебна издања САН, књига CCLXXII, Историски институт, књига 6, Београд 1957. и т.д.

[21] Ранко Младеновић: *Наш највећи романтичар прошлога века, Сима Милутиновић*, Београд, 1939; Ђорђе Живановић: *Срби и пољска књижевност (1800-1871)*, Београд, 1941; *Прилози проучавању српско-руских књижевних веза. Прва половина XIX века*, Нови Сад, Матица српска, 1980; Нада Ђорђевић: *Српскохрватска народна књижевност код Чеха*, Нови Сад, Матица српска, 1985; Паул Карел: *Сима Милутиновић код Чеха и Словака*, "Венац", књига IX, св.4-5, Београд, 1924, 304-310; Коста Петровић: *Ђаци из Србије на Карловачкој гимназији у времену од 1796/7 до 1820/1*, "Гласник Историског друштва у Новом Саду", XII, Нови Сад, 1939, 443-446; Мара Харисиjадис: *Катарина Иванович као портретиста*, "Гласник Историског друштва у Новом Саду", VIII, Нови Сад, 1935, 151-154.

[22] Pavle Popović: *Jugoslovenska književnost*, Cambridge, 1918, 94; *Jugoslovenska književnost (Književnost Srba, Hrvata i Slovenaca)*, Cambridge, 1919, 96. Текст о Милутиновићу готово је једнак у оба издања. Разлика је у само једној реченици, тачније у једној речи. У првоме издању, (1918), пишући о Милутиновићевој дикцији, Поповић вели и следеће: "Кадкад има у себи чудне скокове, бесмислице, лудости". У другоме издању Поповић је делимично ублажио несмотрено оштар суд, па иста реченица овога пута гласи: "Кадкад има у себи чудне скокове, бесмислице донекле".

Године 1923. објављена су и предавања, тада већ покојног, Тихомира Остојића. Предавања су држана током 1910. године у новосадској гимназији[23]. Између два рата Остојићева предавања из српске књижевности коришћена су, посебно на подручју Војводине, као уџбеник. За разлику од Поповића и Скерлића, Остојић је у стиховима *Србијанке* препознавао повремено и праву поезију. Уосталом, треба подвући да је Остојић био један од ретких књижевних историчара који су *Србијанку* уопште читали и који су о том Милутиновићевом спеву могли да говоре тачније и детаљније. Остојић, пре свега, наводи да се спев *Србијанка* састоји од 108 песама које су распоређене у четири дела. Констатује да су песме

"сложене у јуначким народним десетерцима, приказују догађаје с кроничарском тачношћу и појединостима, на понеким местима инспирација и алегорија уздиже приказивање до праве поезије...у целини Милутиновић не показује довољно укуса и мере. Језик му је особењачки, често нејасан, пун необичних неологизама, по гдешто руских и словенских речи и митологијских представа...Сима Милутиновић је по књижевним идејама био на најбољем путу да постане народни песник, али његово особењаштво и слаба књижевна образованост омели су га у том"[24].

У *Историји књижевности Срба, Хрвата и Словенаца* коју је написао Аранђел Ст. Јотић, а књигу је Министарство просвете одобрило за уџбеник у средњим школама – Сима Милутиновић се само припомиње уз Вука, уз Јована Илића (на кога је у једном тренутку утицао), уз Лазу Костића[25].

Значајнији простор Милутиновић ће добити у уџбенику Ђорђа Анђелића[26]. Песнику су посвећене три странице. Последња од њих, трећа, збори искључиво о Милутиновићевом односу према Његошу. На првим двема страницама саопштени су биобиблиографски подаци о Сими Милутиновићу. Повремено и привидно залажење у детаље само је узроковано компилирањем стручне литературе, а никако не сведочи о властитом ишчитавању Милутиновићевог дела. Одељак је резултат смеше текстова Давида Богдано-

---

[23] Тихомир Остојић: *Историја српске књижевности*, Београд, 1923.

[24] Исто, 236.

[25] А. Ст. Јотић: *Историја књижевности Срба, Хрвата и Словенаца*, други део, Београд, 1921, 8, 35, 72, 103, 157.

[26] Ђорђе Анђелић: *Историја југословенске књижевности*, пето издање, Београд, 1938, 171-173.

вића, Павла Поповића и Тихомира Остојића. Нов суд, уосталом погрешан, изрекао је Анђелић поводом Милутиновићеве историографске прозе. Одбацује је једнако као и Симин језички израз: "Спев Србијанка је у целини нејасан, пун чудних мисли, неразумљивих алегорија и речи и немогућих синтаксичких облика.....као историчар Милутиновић није научан и критички дух, већ пише на основу предања, народне песме и личног искуства"[27].

Образлажући Милутиновићеву некритичност приликом писања историјских текстова, Анђелић свакако не наводи песникове мане у узлазној градацији, што би се на основу прве две споменуте премисе могло закључити (пише на основу предања и народне песме). Ипак је за претпоставити да Анђелић није озбиљно помишљао да је тако лоше писати на основу личнога искуства. Таква тврдња, благо речено – бесмислена је!

Генерације које су одрастале на поменутим историјама и прегледима српске и југословенских литература, генерације које су књижевности подучавали учитељи и професори васпитани и обучени на тим и таквим уџбеницима – "схватили су" и "спознали" да Милутиновић није књижевник, нити стваралац, већ само једно име из богате и надасве досадне литерарне историје. Суд изречен о њему и његовом делу добио је, готово за свакога, вредност аксиома. Понављано је како је Милутиновићева дела немогуће читати, како су неразумљиве његове песме, нечитљива *Србијанка*, безвредне драме, никаква и историјски некритична историјска дела. А уз све то неразумљив језик, препун непотребно склепаних неологизама. Будући да је тај став прихваћен као аксиома – никоме више није ни падало на памет да новим и личним читањем све провери.

Однос према Милутиновићу није се мењао дуго ни после завршетка другога светског рата. Хотећи у амбициозно замишљеној, а свакојако доброј књизи *Jugoslavenska književnost*, да утврди праве и трајне вредности и да их разлучи од писаца који имају само историјски значај за развој литературе, Антун Барац је о Сарајлији писао:

"*Сима Милутиновић Сарајлија ...био је самоук, помало чудак, с врло променљивим животом. У временима буна и немира на почетку XIX вијека био је типичан луталица. Живио је у Босни, и у Србији, и у Бугарској. Био је студент у Лајпцигу, баштован у Ви-*

---

[27] Исто, 172.

дину, узгојитељ црногорског пјесника и владике Петра Петровића Његоша на Цетињу, и т.д. Писао је и лирске и епске пјесме, и драме и хисторијска дела. У њима је приказивао и уздизао српски народ, његова страдања, борбе и величину. Свуда је ломио устаљене облике књижевних врста, мјешајући мистику с реалношћу, сан са збиљом, изразито лирска мјеста с драматскима и епскима, романтичарску разбарушеност са елементима класике, народни језик с изразима из старокласичке митологије. Најпознатије му је дјело Србијанка (1826), неке врсте еп о првоме српскоме устанку, с много повијесних појединости, али без праве окоснице. Писана тешко разумљиво, с језиком изломљеним и збитим, она се читалаца свога времена доимала необично у младим годинама. Милутиновић је иза смрти брзо пао у заборав"* [28].

Познати ставови су, уистину, лепо речени. Међутим, написани, односно поновљени након више од стотину година од песникове смрти – они добијају посебну тежину. Није више реч о љутњи Милутиновићевог сувременика, нити о гневу Вукових поклоника и следбеника који се обрачунавају са једним од противника свога идола. Реч је о суду времена изреченом са значајне временске удаљености. По свему, Барчева оцена указује се као суд поколења.

У временима духовног терора социјалистичког реализма, педесетих година овога века почиње помало стидљиво указивање на Милутиновићеву поезију, посебно на инспиративност језика Милутиновићевих песама. Прекретницу у тумачењу и књижевноисторијском одређивању Симе Милутиновића Сарајлије и његовога дела представља монографија Владана Недића. Осветливши детаљним анализама и песников необичан живот и његово стваралаштво – Недић је указао на бројне вредности Милутиновићевих стихова, утврдивши једновремено несумњив Милутиновићев значај за развој модерне српске поезије[29]. Последњи део Недићевих истраживања посебно се показао плодотворним и подстицајним. Управо томе виђењу Милутиновићевог стварања посвећена је врсна студија Миодрага Павловића[30]. На модерним, поетско-инспиративним зву-

---

[28] Antun Barac: *Jugoslavenska književnost*, Zagreb, Matica hrvatska, 1054, 103.

[29] Владан Недић: *Сима Милутиновић Сарајлија*, Београд, Нолит, 1959.

[30] Миодраг Павловић: *Поезија и култура*, Београд, Нолит, 1974, 7-28.

цима и сликама Милутиновићеве поезије инсистираће Матија Бећ-
ковић у надахнутој студији о песнику, али и самим избором
Милутиновићевих песама[31].

Однос према Милутиновићу променио се и у историјама
књижевности. Пишући историју српскога романтизма, Миодраг
Поповић се изнова позабавио песником *Србијанке*, разматрајући и
Милутиновићево књижевно дело и свеукупну делатност. Указао је
на Милутиновићеве мане, махом добро познате, али и на врлине на
које је указивао и В. Недић. Коначни, закључни суд, означава по-
новно увођење Симе Милутиновића Сарајлије, и то на велика врата,
у српску литерарну баштину:

"*По таленту лиричар, изразито субјективних преокупација,
Милутиновић је имао несрећу да живи у епоси великих поетских,
језичких и културноисторијских синтеза. Романтичар по свему, он
није поседовао и ону велику особину романтичарских духова: сми-
сао за поетску и језичку синтезу. Његов поглед на живот и уметност
је искидан, разбијен, незаокружен. Иако је цео век провео у мисао-
ним грчевима, он није успео, као Његош да створи властити естети-
чки систем. Међутим, мада фрагментаран и поетски жив једино у
драгоценим лирским комадима, као извидница романтизма,
Милутиновић је означио нове путеве у српској поезији. Његош ће их
проширити и наставити започето са више снаге и дара за синтезу*"[32].

Историја српске књижевности Јована Деретића, која у
овоме часу има статус последњег судије, намењена и најширем кругу
читалаца, али посебно ученицима и студентима – у сличноме светлу
види Милутиновића и оцењује песников значај за српску књижев-
ност и развој српске поезије. Деретићев став се заснива на анализа-
ма и закључцима Миодрага Поповића и Миодрага Павловића. На
Поповићевим анализама (које су делом засноване на истражива-
њима Владана Недића, али су претежно њихов наставак), Деретић
темељи сагледавања и тумачења Милутиновићеве поезије из видин-
скога раздобља. Расправљајући Милутиновићев однос према исто-
рији, Деретић у целини прихвата став Миодрага Павловића о пос-
тојању унутрашњег сукоба између Сарајлије песника и Сарајлије
историчара. Прихвата и Павловићево сврставање Милутиновића

---

[31] Сима Милутиновић Сарајлија: *Играње ума*. Избор из целокупног
песништва, Приредио Матија Бећковић (предговор: 5-25), едиција "Ex libris", друго
коло, књига 13, Београд, Слово љубве, 1981.
[32] Миодраг Поповић: *Историја српске књижевности. Романтизам I*,
Београд, 1968, 197.

мeђ песнике *"који имају изразиту склоност ка вештачком, формали-зованом изразу, који исувише напрежу поетску материју, који у стваралаштву имају помало насилнички дух"* [33]. Наглашавајући чињеницу да Милутиновић није створио песничку школу, као на пример Мушицки, Деретић истиче да су његови настављачи у извесном смислу Јоксим Новић Оточанин (народни језик, народна песма) и Ђорђе Марковић Кодер (експериментисање са песаничким језиком и митологисање) [34].

Од настанка до данас, литерарно стварање Симе Милутиновића Сарајлије доживљавало је различите судбине. Бивало је повремено у жижи интересовања, некада ни у видокругу. Прецењиван, подцењиван, негиран, прећуткиван – Милутиновић је прошао кроз све могуће Сциле и Харибде књижевне критике и литерарне историје.

У току стотину педесет година, (и нешто више) колико је прошло од песникове смрти – његово књижевно дело је ипак било оцењивано, преоцењивано, припомињано барем. Историографски рад остао је по страни, запостављен. Гору судбину доживео је Милутиновићев рад на сакупљању усмених народних песама. Иако је то чинио током треће деценије деветнаестога века, у исто време када Вук Караџић обелодањује своје друго, тзв. лајпцишко издање *Народних српских пјесама*, иако би по свакој логици Милутиновићева збирка морала бити ишчитавана и проучавана напоредо са Вуковом – Милутиновићеве две *Пјеваније црногорске и херцеговачке*, будимска и лајпцишка препуштене су забораву. Прећутно је прихваћено аксиомско уверење да је Милутиновић песме бележио небрижљиво, да су његове интервенције и у будимској и у лајпцишкој *Пјеванији* тако обимне и суштинске да прелазе сваку границу прихватљивости и допустљивости. Докази, како већ и прилиди аксиомским ставовима – нису нуђени. Милутиновићеву *Пјеванију црногорску и херцеговачку* (било будимску из 1833. године, било лајпцишку из 1837) мало ко је уопште имао у рукама. По инереции понављани су судови Милутиновићевих савременика, озлојеђених и љутитих. Ти судови, можда искрени, можда изречени с уверењем у њихову тачност – нису проверавани, још мање преиспитивани. Међутим, превелики је луксуз за нашу културну башти-

---

[33] Јован Деретић: *Историја српске књижевности*, Београд, 1983, 266-268.
[34] Исто, 269.

ну и за науку о усменој народној књижевности да се нехајно одрекну обимног корпуса народних песама који је настао у време тзв, "ранога Вука", у временима у којима Вук још увек нема до краја рашчишћене ставове о народној поезији; када му још није јасно које податке о песмама мора да сопшти; када му није у потпуности обликован став о критеријумима разврставања песама у оквиру збирке.

Неприхватање Милутиновићеве збирке у круговима проучавалаца усмене народне поезије, потпуно непознавање Милутиновићеве будимске (1833) и лајпцишке (1837) *Пјеваније* у ширим круговима читалаца узроковани су вероватно и чињеницом да ни испитивачи народних песама, а ни читалачка публика уопште, нису били много склонији ни самоме Вуку Караџићу, односно његовоме делу. Тако звано прво Вуково издање српских народних песама чине две *Пјеснарице* објављене у Бечу у размаку од годину дана (1814. и 1815). Оне се повремено и наводе у литератури, јер представљају свакојако "прве Вукове кораке" у прикупљању и обелодањивању народних песама. Треће, тзв. бечко издање *Српских народних пјесама* свима је познато. Захваљујући школским читанкама, песме из тога издања зна и најшира читалачка публика. Будући да је реч о последњем издању које је Вук Караџић стигао да начини за живота, испитивачи усмене народне песме га користе по обавези. Свему томе треба додати и практичан, али једновремено веома захтеван разлог: Вуково бечко издање прештампавано је много пута, по правилу са одличним коментарима приређивача. Присутно је у готово свакој библиотеци (и јавној и приватној). Лајпцишко издање није до сада обновљено, а и Милутиновићеве *Пјеваније*, и будимска и лајпцишка до скора су биле права библиофилска реткост[35].

Циљ поглавља која даље следе јесте да стави у жижу интересовања Милутиновићев рад на сакупљању народних песама, да се истакну епизоде из песниковога живота које указују на љубав према

---

[35] Недавно је трудом Добрила Аранитовића и својевременим залагањем Радосава Меденице, уз предговор Новака Килибарде, објављена *Пјеванија црногорска и херцеговачка* (Титоград, Универзитетска ријеч, 1990). У целини је наштампана лајпцишка *Пјеванија*, из будимске *Пјеваније* прештампани су коментари уз три лирске "коледке". Штампане су и песме које су остале необјављене, у рукопису. Издање је врло амбициозно пропраћено разноврсним регистрима: *Регистар личних имена, Регистар географских и етничких назива, Регистар пренумераната, Регистар пјевача, Регистар тема, мотива и сижеа у пјесмама, Азбучни попис првих стихова народних пјесама*. У обимном одељку *Напомене и објашњења* назначене су и варијанте песмама из *Пјеваније*. Ново издање *Пјеваније* омогућава напокон и проуча-

20

народу и на приврженост народноме стваралаштву, на чиниоце који су узроковали сабирање народнога духовног блага. Циљ студије јесте да песников рад сагледа и у контексту савремених политичких и културних прилика у Црној Гори, али и у контексту песникових политичких виђења и сновиђења. Песме које су угледале света на страницама будимске (1833) и лајпцишке (1837) *Пјеваније* биће сучељене лајпцишком издању збирке Вука Караџића *Народне српске пјесме* (друга, трећа и четврта књига лајпцишког издања има 119 епских песама, а лајпцишка *Пјеванија* 171 песму). Биће ишчитавана и напоредо са *Огледалом српским* Петра II Петровића Његоша. Значај будимске, а пре свега лајпцишке *Пјеваније* за даља проучавања усмене народне песме може се доказати само у колико се покаже самосвојност песама Милутиновићеве збирке, односно ако се необориво докаже да Милутиновићеве песме нису кривотворене од стране самога песника, а да редактура песама не прелази допуштени обим. У том циљу, песме из лајпцишке *Пјеваније* биће анализиране у контексту савремене збирке Вука Караџића (лајпцишко издање), али и у контексту два стара корпуса народних песама који представљају записе из предвуковског времена. Оба корпуса потичу из приближно једанаког времена, али са различних простора, као што је, уосталом, случај и са збиркама Вука Караџића и Милутиновића. Реч је о *Народним пјесмама из старијих, највише приморских записа*, које је објавио 1878. године Валтазар Богишић, и о рукописном зборнику народних песама српскохрватскога језика, који је откривен почетком двадесетога века у Немачкој, у

оцима усмене народне поезије и ширем кругу читалаца да се упознају са песмама сакупљаним у једнака времена када је то и Вук чинио, али на различним просторима и по мерилима различним од Вукових. Издање, ма колико корисно било, ма колико оно испунило значајну празнину у српској духовној баштини -- има бројне и озбиљне мане. Милутиновићева збирка јесте, између осталог, и предрагоцен дијалектолошки документ на шта је указивао, примерице, и Милош Ивковић у једном, данас скоро заборављеном гимназијском извештају. Транскрипција песама из Милутиновићеве збирке захтева пре свега велика дијалектолошка знања. Нажалост, та најдрагоценија дијалектолошка грађа једноставно је ишчезла из новога издања. Речи су махом читане "правилно" и локализми су, по правилу, "исправљени". Варијанте наведене у одељку *Напомене и објашњења* рађене су према *Индексу мотива* Бранислава Крстића, што нигде није речено. Горе је, међутим, што су поновљене све грешке *Индекса мотива*. У *Индексу мотива* догађа се пречесто, због несигурних критеријума класификације и систематизације да се као варијанте наводе и песме које незнатним фрагментом асоцирају (или једва асоцирају) на полазишну песму. О овом издању биће још речи у студији.

граду Ерлангену. Под називом Ерлангенски рукопис обелоданио га је 1924. године Герхард Геземан[36].

Укратко, намера ове студије јесте управо она која је исказана у њеном поднаслову – да буде прилог проучавању усмене народне поезије Вуковога времена.

---

[36] *Народне пјесме из старијих, највише приморских записа*. Сабрао и на свијет издао В. Богишић. Књига прва. Са расправом о "бугарштицама" и с рјечником, Биоград, 1878; *Ерланђенски рукопис старих српскохрватских народних песама*. Издао Др. Герхард Геземан проф. универ. у Прагу, Зборник за историју, језик и књижевност српског народа. Прво одељење. Споменици на српском језику. Књига XII, Сремски Карловци, Српска краљевска академија, 1925.

Епска биографија Симе Милутиновића
или некоје чињенице из Милутиновићева живота у контексту песникових интересовања за народну поезију и усмено стваралаштво

Некоје преднапомене:

Живот Симе Милутиновића Сарајлије добро је проучен. Песник је живео и стварао у временима када је књижевна историографија у нас увелико стасавала (Л. Бојич, П. Ј. Шафарик). Многим познијим историчарима књижевности био је такође савременик (Ј. Суботић, Ј. Ристић, Ст. Новаковић). Успомене на песника, на песников живот оставили су и песников син Драгиша С. Милутиновић и песникова супруга Марија. Надживели су Милутиновића довољно дуго да свим заинтересованима пруже потребне податке о животу оца и супруга. Учинили су то након Милутиновићеве смрти, у данима када је песникова слава почела да тамни, књижевно дело да се оспорава. Чини се, стога, да је сећање сина и присећање супруге прекривено, не само изразито сентименталном, већ и одбранашком бојом [1].

У последњој четвртини деветнаестога века, песник је добио два врсна биографа, Светислава Вуловића и Ђорђа С. Ђорђевића [2]. Њихове студије о животу Симе Милутиновића и о песниковом стваралаштву, обухватиле су, практично, све чињенице које су у њихово

---

[1] Сећање Марије Милутиновић, рођене Поповић, познате и под надимком "Пунктаторка" објављена су у чешком часопису *Lumír*, ч. 3, за 1853. годину. Објавио их је Ритерсберг под насловом *Šimun Milutinović*, 62 и даље. В. и Ђорђе Рајковић: *Izabrani spisi*. I. Биографије књижевника, Нови Сад, Матица српска, 1950, 172-174 (*Марија, Милутиновићка "Пунктаторка"*).

В. одељак *Увод*, напомена 15. Ту су наведени текстови Драгутина С. Милутиновића, који се односе на песников живот и стваралаштво.

[2] Светислав Вуловић: *Сима Милутиновић Сарајлија песник српски (1791-1847)*, Годишњица НЧ, II, Београд, 1878, 280-348: Ђорђе С. Ђорђевић: *Сима Милутиновић Сарајлија*, Нови Сад, 1893; Исти: *Још нека о Сими Милутиновићу Сарајлији*, Нови Сад, 1894.

време биле познате и доступне. Стицајем околности, штошта је ипак остало ван њиховога видокруга и домашаја.

Поводом стогодишњице Милутиновићевога рођења о песнику је прилично писано. Тада је, у појединим написима објављена и по која непозната појединост из песникова живот (посебно је то учинио Д. С. Милутиновић. Штампано је мноштво писама, и оних које је песник писао сам, и других, њему упућених. И касније, током првих деценија двадесетога века, обелодањивана су спорадично документа, која се на особен начин тичу или дотичу песникова живота и рада, песничких узлета и падова, људских трагања, лутања, спотицања. Сав тај обимни материјал, који је био недоступан Вуловићу и Ђорђевићу, искористио је Владан Недић у надахнутој монографији посвећеној животу и делу Симе Милутиновића. Недић је изванредно реконструисао Милутиновићев животни пут. Тешко је томе додати значајни податак, допуну или, пак, исправку [3]. Међутим, за разматрање Милутиновићевога рада на сакупљању народних песама, за разумевање песниковога односа према народном стваралаштву уопште – неопходно је претрести, у најкраћим цртама песников живот и подвући у њему епизоде, животне тренутке, који су песника усмерили да учини и оно што је учинио у погледу прикупљања народних песама. Могуће је, да ће се некоме учинити, у први мах, чудно да се инсистира на неким догађајима из живота песникова оца, да се истичу разна имена која су родитељи надевали сину током његовога раста, од детета до стасалог младића – но, видеће се касније, све то јесте значајно за Милутиновићеву љубав према народном стваралаштву и, битније, за сам однос према њему. За потребе овога рада посебно је занимљив Милутиновићев животни пут до објављивања корпуса народних песама, до обелодањивања будимске (1833), односно лајпцишке *Пјеваније* (1837). Потоњи, свакојако недуги песников живот (до 30. децембра 1947. године), мада испуњен многим збивањима важним за разумевање мкеговог свеукупног књижевног дела, не садржи ништа битно у смислу доприношења разумевање Милутиновићевог односа према народној песми. С тога ће, у овоме поглављу, посебна пажња и бити посвећена песниковом животу до, закључно 1837. године. Последња деценија Сарајлијиног живота биће изложена само у најкраћим цртама.

---

[3] Владан Недић: *Сима Милутиновић Сарајлија*, Београд, Нолит, 1959, 198.

"Епска биографија"
Симеона-Симше-Симе Милутиновића
самонареченог чубре чојковица Црногорца

Сима Милутиновић се родио 3. октобра 1791. године, по старом календару, у Сарајеву; од оца Милутина и мајке Анђелије. Отац му, Милутин Симовић, рођен је у селу Рожанству "више и недалеко Ужица"[4]. Породица очева била је старином из племена Роваца. Касније су се доселили у суседне им Дробјаке [5]. Дедови песникова оца, Драгутин и Милутин, "родили су се и живјели задуго у Дробњака селу Комарници" [6]. Милутиновићи су од старине славили светог Луку, односно били су Лучинштаци ("св. Луке славитељи") "како што су и данас готово сва Ровца" [7]. Милутиновићев отац прешао је као дечак из околине Ужица у Сарајево, изучио је ћурчијски занат "и нешто мало књиге". Обогатио се тргујући стоком у Приморје. Оженио се "тек у педесетој години", 1790. године. За супругу је узео Анђелију Срдевића, шеснаестогодишњу девојку [8], за оно време веома образовану [9]. Породично предање, накнадно обликовано, доводило је мајку Симе Милутиновића у блиске родбинске везе са гласовитим херцеговачким четобашом Бајом Пивљанином.

Пишући о пореклу мајчине породице, у своме *Живоūоūису* Сима Милутиновић је опрезно наговештавао:

---

[4] *Живоūоūис Симеона М. Сарајлије њим исūим сасūављен вјерно и озбиљосно ūе и совјесно (заūочеūо 26-ог февр. сū. лицем на чисūи ūонедељник ујуūру, а у Беоīраду 840).* Приредио за штампу Милорад Радевић, Књижевна историја, књига 33, Београд, 1976, 157. У даљим напоменама дело ће се наводити скраћено: *Живоūоūис. Живоūоūис* Милутиновићев овом приликом је по други пут штампан. Први пут је то учињено у раздобљу између двадесет четвртог септембра и првог октобра 1936. године у дневном листу "Правда" (бр. 11466-11473). Том приликом, како исправно примећује врсни приређивач новога издања *Живоūоūиса*, Милорад Радевић, "непотписани приређивач прилагодио је текст за читаоце дневног листа и поделио га је на неколико поглавља са поднасловима" (*Живоūоūис*, напомена приређивача, 181).

[5] *Живоūоūис*, 158.

[6] Исто, 158.

[7] Исто, 158.

[8] в. *Из Србијанке Симе Милуūиновића ("Дивоūник"),* са коментаром Драгутина С. Милутиновића, Годишњица НЧ, XVI, Београд, 1896, 169; *Живоūоūис*, 157, 168.

[9] види *Из Србијанке Симе Милуūиновића ("Дивоūник"),* 169; В. Недић: Сима Милутиновић Сарајлија, 7.

"Мајка ми је рођена на Гацку, у селу илити засеоку, паче у племену Срђевићима, од отца Јована Срдана и мајке Милице, одиве Бајовића из Пиве" [10].

Следи и песниково "премеченије":

"Је ли ово племе баш истога славног јунака Пивљанина Баје, ја управо и навјерно не знам, како ни то да су онда у Пиви се и други Бајовићи находили" [11].

Песников син, Драгутин, пишући коментаре на некоје делове Србијанке, свакако у жељи да истакне оца, за бабу вели недвосмислено: "по своиме оцу Анђелија је била праунука познатога херцеговачкога јунака Баја Пивљанина, који је пераштански сердар, а у млетачкој служби – са целом својом четом од тридесет другова на брду Вртијељци погину (1691), – кад је Цетиње од Турака бранио" [12].

Пословично опрезни и критички опредељен, Владан Недић је једноставно податак о могућем сродству Милутиновићевом са Бајом Пивљанином изоставио из песникове биографије.

Међутим, Драгутин С. Милутиновић је знао да саопшти и уистину тачне и вредне податке о својој баби, податке који се могу, на овај или онај начин, проверити или потврдити. Тако је записао и да је баба Анђелија волела народне песме и њима сина учила. "... Волела је народне песме као и њен отац", пише Д. С. Милутиновић, "пак је и многе знала. Често их је певала сину Сими, као што је то чинио и дед Срдан своме унуку" [13]. Песму *Моба Котчића*, на пример, Сима Милутиновић је забележио од мајке и то изриком подвукао [14].

Куга је обележила и у много чему усмерила и одредила детињство Симе Милутиновића: куга је родитељима и њему одређивала и место пребивалишта и место уточишта, усамљенички, карантински живот, прекидан повременим стресовима (смрт сестре Јелисавете-Савке). Владан Недић све то летописачки сажима: *"Од колевке па све до девете године песника је пратила куга"* [15].

---

[10] Види *Из Србијанке Симе Милутиновића ("Дивотник")*, 169.

[11] *Животопис*, 157.

[12] Исто, 157.

[13] *Из Србијанке Симе Милутиновића ("Дивотник")*, 169.

[14] *Неколике пјеснице старе, нове, преведене и сочињене С. М. Сарајлијом*, Лајпциг, 1826; *Пјеванија*, Лајпциг, 1837, бр.59.

[15] В. Недић, нав. дело, 7.

Међутим, не само куга! Док је Сима био још сасвим мали, хајдуци му пресретну оца и очевог ортака Мосту. "Ожегу из пушака, те Мосту на мјесто мртва оборе и Милутина обране" [16]. Милутин, иако рањен, хтедне да крене за помоћ и надигне потеру за хајдуцима. Но, брзо смалакше од рана и губитка крви. Сјаше с коња да не би пао, прихвати се џефердара и припреми да хајдуке, ако га гоне, спреман дочека и живот што скупље прода. Турци, сељани ближњега села, притекну му у помоћ, а и потеру за хајдуцима организују, али безуспешно [17]. У сукобу са хајдуцима, Милутин, осим што је задобио две ране, у прса и ребра, изгуби и половину свих новаца. Три месеца се лечио. Прездравивши наставља трговину сам, како је и раније чинио. Отети му новац, а и све трошкове лечења убрзо надокнади. Тако је Сима, у најранијем детињству имао прилике да спозна наличје хајдучије, у народним песмама потресно опеване.

Када је Сима имао две године, удари морија. Милутин са женом, сином првенцем, са ђедом Срданом, жениним оцем, и "су двије истога помлађе кћери" пребегне у ближње, швракино село, "гди је најприје већ брвњачу кућу био дао слупати, да ту барем сад имадне свој кров" [18]. Међутим, куга не устукне ни наредне године "па што горе и прекужници почну чете и зла безхљебни војника турскије и горскије хајдука умножавати или накнађавати" [19]. Како Швракино село није претстављало сигурно прибежиште, Симин отац пређе са породицом у Посавски Градачац у кућу пријатеља му Осман-капетана. Није се Симин отац повлачио само пред кугом, већ и од страха пред све безобзирнијим зулумћарима. У *Животопису* песник вели "...зулумћари никад за истога капетана, па ни сада ни присмрдити не смјели" [20]. Осман-капетан се уистину побринуо о пријатељу Милутину. Кућу му је поклонио у турској махали, наместивши га, ради веће сигурности, између хоџе челиковића и одабаше. У жељи да пријатеља посебно одликује, Осман-капетан му пок-

---

[16] *Животопис*, 169. Занимљиво је да Моста страда, јер је прекршио забрану коју често истичу и подвлаче народне песме – не сме се певати кроз гору. Међутим, и поред упозорења Симина оца, Милутина, Моста "зине и запјева колико га грло доноси, да заг'рми луг и дубрава од гласа његова, колик' од лафова, јер је био сила крупан и горостасан човек да је и много коња претражио, док је нашао који га повољно служити може; у тај исти мах, пак, из бусије хајдуци ожегу пушке те Мосту на мјесту мртва обране и Милутина обране, а калаузу им ништа..."
[17] *Животопис*, 170.
[18] Исто, 171.
[19] Исто, 171.
[20] Исто, 171.

27

лони и једну своју сабљу, маџаркињу, уз дозволу да ту сабљу носи свуда *"и пред сваког пашу и везира"* [21]. У Градачцу се породица Милутинова добро снашла, па и "корење" почела пуштати. Ту се маломе Симеону родила и сестра Савка. Поживела је кратко, само две године. Умрла је од "отока ушију" (заушака), од болести која умало није однела и самога Симу [22].

Након (пет-шест) година проведених у Градачцу, породица је поново морала да се сели. Куга је изнова била томе узрок. пробуђена и разљућена стала је харати и пустошити куће, гасити домове. Осман-капетан се од страха пред моријом затвара у град. Милутин, пак, захваљујући доброти Осман-капетана настани се на његовој адици на Сави. *"Милутин се опета покрене из Градачца, те са свом чељади и покућством цијелим у исту аду одсјели гди је могао живјети, а ниским се споља не мјешати, узевши скелу само себи унутра и под кључ"* [23].

Ако су некоји догађаји из раног детињства Симе Милутиновића били епски, као из народне песме истргнути: очев сукоб са хајдуцима и рањавање, погибија очевог ортака Мосте, или незадрживи налет куге која гаси породична огњишта, па и читава села истребљује – онда је време на малој Ади означило уистину прави и дубоки контакт са усменом песмом и народним животом уопште.

У Посавском Градачцу породица Милутиновић је водила, у извесном смислу, варошки живот. Живот на Ади много се разликовао. Песнику се оштро урезује у сећање слављe на Ади о Тројичину-дне, сабор на коме су се окупили житељи оближњих села. Песника је узбудила паганска слика и пагански дух овога празника – *"празновање простосељски прољећа и природе Васкрса, ер ту неима ни цркве, ни манастира, него испод огромни' липа (какви ја нигда у мом животу до данас видео нијесам). Старци са старкам и ситном дјецом посједају и поставе софру, а момчад и дјевојке у кола, па играј и пушкарај, но и пјевај, а обично и припјевај пјесне и свакоме особитијем лицу у сабору"* [24]. Захваљујући овој посебној чињеници, песму је добио и мали Сима, Симша од милоште:

---

[21] Исто, 171.
[22] Исто, 172.
[23] Исто, 172.
[24] Исто, 175.

Симшо, душо, не криви шешира,
Неће за те Варадинка поћи,
Али хоће лијепа Будимка ...[25].

У данима несаборским, у данима када је породица Милутиновић на Ади самовала, док је скела била "под кључем" – настајала је слика која живо опомиње на Змајеву песму Дед и унук. Док се ширио мирис горостасних липа, у њиоховом хладу и светом миру – ђед Срдан је узимао на крило унука и казивао му песме о јуначкој прошлости. Био је то једновремено час народне историје и час народне етике.

"Ђед је исти својега унука и слушању пјесама приобиковао, узевши га при доконици на крило, пак пјевушкајући тихим и старачким гласом коју пјесну народну о Краљевићу Марко како гором језди и како се никога и ничега не боји, јер се вазда добро Боги молио и Бого му је помоћ присилао, кад би год до невоље бивало" [26].

Кадкад би ђед Срдан тражио од унука да запева, да покаже шта је, како и колико упамтио:

"Канио би га (или би се и сам Симеун усуђивао) да му и сам пјевушне шта је и колико упамтио и зато га милово и пофаљивао говорећи да дијете не може ни узрасти ако не узна и не упамти шта су стари наши јунаци радили и како су живили" [27].

Симина мајка, Анђелија, волела је народне песме, као и отац јој. често их је сину певала [28]. Песмама су Симу училе и две његове тетке, мало старије од њега, *"и кано Сарајевске пјевачице"*, како песник записује, *"преиспуњавале су му и памет и слух својим различитим гласма и пјесмама" [29].*

Липик, који је узбуђивао паганском мистичношћу, саборска кола и попијевања у колу, а напослетку свакодневно слушање народних песама (епских од ђеда Срдана, лирских и лирско-епских од мајке и младих тетака), заједнички су учинили да Сима заволи народну песму, да звук и ритам народнога десетерца, народнога осмерца, постану̀ саставни део његове младости и полазишна основица у трагању за сопственим стихом. Закључујући одељак о певању

---

[25] Исто, 175. У **Живоūосūису** стихови нису графички наглашени. То је учинио у монографији о Милуитновићу В. Недић (9).

[26] **Живоūосūис**, 173.

[27] Исто, 173.

[28] Из **Србијанке Симе Милуūиновића ("Дивоūник")**, 169.

[29] **Живоūосūис**, 173.

народних песама на Ади, о себи као увек захвалном слушаоцу, описао је:

"Тако могне се или морадне у његовој природи понајлахко пробудити, или му се барем увнушити дух и милина пјеваније, но и врлога дела и отликовања" [30].

Прва година девтнаестога века (1800) прекретница је и у животу Симе Милутиновића. Куга хара несмањеном жестином. Мења се штошта и у расположењу Турака у Градачкој чаршији. Наслућује се дах гнева, буне. Слуте се зла и крвава времена. Осим Осман-капетана, Милутиновићима је мало ко наклоњен. Турци су се по чаршији сашаптавали довољно гласно да и Милутин чује: *"Још један оваки Влах, па да сву Босну, кад им драго искрсте"* [31]. Видевши да се приближавају смутна времена, Симин отац одлучи у јесен 1799. године да са породицом пребегне:

"из проклете и колебљиве што безсудне и безправичне власти и државе Турске у Њемачку, мирнију, што уреднију и посуднију земљу христијанску; а највише за то да не остави своју дјецу и чељад по својој смрти у варвара најму и рукама" [32].

У јесен, 1799. године, уочи св. Луке, Симин отац са породицом оде поново у Аду наумивши да се одатле пребаци у Немачку, јер *"није далеко била од Саве и границе"* [33]. Правећи се да одлазе за Сарајево, Милутиновићи преко свога слуге Богића, погоде товарне коње. Искористише погодно време, *"јесен мртва и мочварна и ноћи понајдуже"* [34], по мраку дођу на скелу *"која се и данаске зове Лукачев шанац"* [35]. *"Ноћ као тијесто, киша из неба и земље и блато"* омогућише да све прође срећно. По доласку, морали су да издрже четрдесетодневни карантин у Броду [36]. Из Брода, *"напртљани"* на неколико кола дођу у Земун. Породица, коју су тада сачињавали, поред Симиног оца и мајке Анђе, и две мајкине млађе сестре и сам Сима – узме *"кућу под кирију од неког старог џелата и настани се"* [37]. Ту Сима поче и школу да похађа, код старе цркве. За нека три месеца научи *"штијицу и неколико буквара"* [38]. Након тога, ујак

---

[30] Исто, 173.
[31] Исто, 176.
[32] Исто, 176.
[33] Исто, 177.
[34] Исто, 177.
[35] Исто, 177.
[36] Исто, 179.
[37] Исто, 179.
[38] Исто, 179.

Јово га узме себи у Сегедин, тобоже како би Сима боље учио. Међутим, испостави се да је дечак, који је одрастао на песмама о јунаштву Краљевића Марка, тешко доживео одвајање од породице. Успомена на дане проведене код ујака, далеко од родитеља, растуживала је песника и у познијим годинама. У *Животопису* записао је, готово плачно:

"Од исте туге и тако наглога и далекога и у посве туђе људе и језик растанка разболим се тамо и једва жив останем, надуго чезнући за кућом, а с по воље учећи се" [39].

Убрзо учесташе посете ујака и оца,који су долазили лађама, тргујући царским житом, брашном , духаном, па се и Сима полако привикну на све. У квартиру и у српској школи учитеља Дамјана Аларгића провео је две године. Године 1804. дође у Карловачку гимназију и ту проведе три године. Време проведено у Карловачкој гимназији Сими је је тешко пало. Записаће да је из Карловачке гимназије, срећом, истеран [40]. У Карловцима се Сима није снашао. Свих тих година јесте био међу десет најбољих ученика у разреду, дакле, учио је прилично добро. Но, интимно је био несрећан, не успевајући да створи ни илузију топлога дома. Да зло буде веће, селио се сваке јесени, што његовој осетљивој природи није никако одговарало [41].

Први српски устанак, први устанички успеси одушевили су и занели многе ђаке карловачке гимназије. Слушајући о борбама сабраће за слободу, социјалну и националну, ђаци су пожелели да читају и књиге ван уских и конзервативних школских програма. Група карловачких ђака замерила се митрополиту Стратимировићу, међу њима и Димитрије Давидовић и сам Сима, јер су читали "забрањене књиге" и писали "слободне стихове" [42]. Остао је

[39] Исто, 179.

[40] Исто, 179. Јаков Игњатовић: *Дјела*, књига прва, Нови Сад, 1874, 247; Ђорђе С. Ђорђевић: *Сима Милутиновић Сарајлија*, Београд, 1893, 15.

[41] В. Недић, нав. дело, 11.

[42] *Животопис*, 179; Андра Гавриловић: *Лирске песме Симе Милутиновића Сарајлије*, Београд, Српска књижевна задруга, 1899, IX — *први изриком помиње да су Милутиновићеви слободоумни стихови били уперени против митрополита Стратимировића. Није јасно одакле му је поменути податак. Не позива се на писани документ или сведочанство. Извесно је само да Стратимировић није подржавао Карађорђев устанак. штавише, слао је поруке преко Дунава у Србију, устаницима – како су они султанови поданици и да тако треба и да се владају (Боко Слијепчевић: Стеван Стратимировић, Београд, 1934, 194.). Питање је, на крају, да ли је уопште Милутиновић аутор сатиричних стихова, или је реч о коауторству са Димитријем Давидовићем, или чак о Давидовићевом ауторству. Владан Недић се определио за Милутиновића као аутора изгубљених стихова, а уперених против митрополита Стратимировића, али подвлачи да је и Димитрије Давидовић написао "срамну пасквилу против својих старешина", како то већ стоји у протоколима (Недић: нав. дело, 12).*

забележен садржај песме, коју је Сима наводно испевао против митролита Стратимировића. У песми је опевао "митрополита како у господском шестопрегу одлази на своје кулпинско добро и како, заваљен, баца лево и десно сребрне цванцике (око којих би се слуге сатрле док им нису истерале сјај)". Овој живој слици Милутиновић је супротставио другу – борбу раје у Србији [43]. Ученике су потказали њихови наставници, Григорије Гершић и Гаврило Храниослав. Осим што су избачени из Карловачке гимназије и прогнани из самих Карловаца, Милутиновић и другови му, зарадили су још и по десет штапова [44].

Сима Милутиновић се врати родитељима у Земун. Ту продужи похађање наставе у грчкој школи, код учитеља Турунда (Турунца). Учитељ га прими са пуно разумевања за "карловачки случај". Митрополита Стратимировића није нимало волео, па ни мантијаше уопште. Нетрпељивост је покушао да пренесе и ученицима. Децу је уверавао:

"Ништа горе неима на свијету од калуђера моја дјечице; калуђери Сократа на правди Бога отроваше, калуђери Христа разапеше; та исти Црњаци срцем и душом, цркву Христову разорише 'завјесу олатара божијега на двоје расцјепише и сами Цариград упропастише и Турке у њега поставише" [45].

Понајчешће је тврдио да су *"калуђери прави остаци сатанини"* [46]. Одлучан и надасве гневан став, речи којима је наставник Турунџа мишљење износио и заступао – оставили су дубок и трајан утисак на песника. Томе у прилог сведочи и чињеница да се те епизоде свога школовања живо сећао још почетком 1840. године (крајем фебруара), тридесет три године познije.

Од свога учитеља Сима је научио да воли и поштује дело човека, који је у почетку сам био калуђер, а који је упознавши и схвативши мантијаше, пошао другим правцем – Доситеја Обрадовића [47]. Вероватно придржавајући се поука и подука свога учитеља, Сима Милутиновић је потражио у земунској библиотеци и јелинске књиге. Нашао их је много *"прекрасних"*, све у преводу на *"наполообразни латински"* [48]. Ту се песник, како сам вели, упутио у грчки

---

[43] Исто, 179.
[44] В. Недић, нав. дело, 12.
[45] *Живописис*, 180.
[46] Исто, 180.
[47] Исто, 180.
[48] Исто, 180.

језик "*па догодину прилично њиме служити се могао*" [49]. Просто-грчки језик понајвише се тада међу ђацима употребљавао [50].

Немирни Милутиновићев дух није могао да сачека заврше-так грчке школе. Већ наредне године оде, вучен вероватно изнова чежњом за кућом и родитељима, у Београд, својима. Отац се по-надао да је у сину, који је у међувремену и грчки научио, добио испо-моћ и одмену за трговачке послове. У пролеће 1809. године Милу-тин ће послати сина у Пешту на лађи натовареној кукурузом. Подухват је потпуно пропао. Постало је јасно да су све наде Милу-тинове у синовљеве трговачке способности без икакве озбиљне основе [51].

У јесен исте, 1809. годиме, Сима Милутиновић се обрео на месту, које му је више одговарало. Постао је писар Правитељствују-шчег Совјета, а потом и отправник, оставши на тој дужности све до стрмоглава Србије, 1813. године [52]. За тих неколико година, значај-них за историју и свакојаку судбину Карађорђеве Србије, Милути-новић се на лицу места, у контексту историјскога тренутка, упо-знавао са најзначајнијим личностима српске револуције. Касније, у *Сербијанки*, песник ће нагласити колико му је то време значило за непланирано, узгредно прикупљање грађе за спев. И не само то! У годинама које су следиле, када се историја стварала и о њој песма настајала, пратила је, прихватала, тумачила, Милутиновић је стекао драгоцена искуства о зачињању и трајању народне песме. Сведочио је и њеном сучељавању са историјом и сукобу са тренутном, али императивном историјском чињеницом. Укратко, упознао је и при-роду и сам живот народне песме. Спознао је и смисао њене деаутор-изације и тзв. колективне атрибуције.

Године 1811. Милутиновић је био међу онима који су сахранили Доситеја Обрадовића. Још од дана проведених у земун-ској школи, Милутиновић је Обрадовића држао "*за дивнога старца и просветитеља*" [53]. Исте године спријатељио се са Вуком Кара-џићем [54]. О Видовдану написао је и прву песму која нам је остала

---

[49] Исто, 180.
[50] Исто, 180.
[51] В.Недић, нав. дело, 13.
[52] Исто, 14.
[53] Исто, 14.
[54] Четвртога маја 1811. године писао је Сима Милутиновић Вуку Караџићу (*Преписка, I*, 1811-1821, 145-146). У прилогу писма послаће Вуку и неке стихове, које је сачинио "*одма сутра дан*" по Вукову одласку. Сетно ће обавештавати Вука, како

сачувана – *Расијев славном отечеству усхићена Српчића*. Касније ће се ова песма наћи и у оквирима спева *Србијанка*. Но, како тачно запажа Владан Недић, *"она је пригодна и слаба, у нечисто сликованим десетерцима"* [55]. Годину дана касније, 1812, опет је Видовдан урезан посебно у песниково сећање. Тада је, наиме, стигло писмо *"руског цара о томе да због рата са Наполеоном препушта Србе турској милости"*. Песник га је лично прочитао Вожду [56]. Мучно је морало бити и Милутиновићу и Вожду спознање да се тек ослобођена Србија налази не само на прагу пораза, већ у предворју пакла. Да све буде мучније и језовитије, обавештење стиже на дан годишњице битке, која је, по дубоком народном уверењу, већ једном означила почетак суноврата.

Године 1813, поред писарске дужности, Сима прихвата и обавезу да у првом разреду Велике школе подучава ђаке општој историји, земљопису, рачуници и немачком језику. Када је турска војска почела да трајно потискује и надјачава српске чете и Сима Милутиновић је добио другачије задатке. Обавештавао је о покретима турских војних снага [58].

У стручној лиотератури, опште је прихваћено уверење да је Сима Милутиновић учествовао, заједно са Зеком Буљубашом и његовим Голаћима (голим синовима), у одбрани шанца Засавице. Бојати се, међутим, да то није тачно. Податак је записан први пут после песникове смрти, тек 1853. године. Навео га је странац, Ритерсберг, наводно према казивањима песникове удовице [59]. Ни у

срећно живе људи који, као господин Јефта, имају две служавке, *"као две виле"*. Срећника оне *"свлаче и облачу – постељу намештају и јести му доносе"*. На крају писма, обавестиће Сима Вука, како је *"чарапе и ципеле посни почео"*. Тој, мало чудној исповести, придодаје да има шта што би *"устмено смео казати"*. Владан Недић је, поводом тога, претпоставио (нав. дело, 14) да *"последње речи, узевши у обзир тон целога писма, верујемо да су се односиле на његову љубав према једној турској девојци, Фатими"*. Мислим да је то слободна и несигурна претпоставка. Недић мисли на Фатиму, чију је смрт Милутиновић опевао у *Србијанки*. Њу убиле 1813. године *"узбјешњене бећарине"* у време општега слома, *"при преврату стрмоглав Србије"*. Фатима је 1813. године била малолетна. Имала је тада шеснаест година. Две године раније, 1811, Милутиновић свакојако није на њу мислио. Нисам чак сигуран, имајући такође у виду тон и садржај читавога писма, да поменуте речи уопште треба довести у везу са љубавним догодовштинама песниковим. Посебно ми се то мало уклапа у контекст тек започетог ношења чарапа и ципела, на шта се речи директно надовезују.

[55] В. Недић, нав. дело, 15.

[56] Исто, 16.

[58] Исто, 16; Сима Милутиновић Сарајлија: *Историја Сербије од почетка 1813. до конца 1815*, Лајпциг, 1837, 22-24.

[59] Rittersberg: *Šimun Milutinović, Lumir*, č.3, 1853,

Историји Сербије, нити у спеву *Србијанка,* Милутиновић не истиче евентуално учешће у боју на Равњу, иако пише исцрпно и о самим присутвовањима (камоли учествовањима) некојим значајним збивањима [60]. Тешко је веровати да би пропустио да себе помене у таквоме контексту. Чини се да се могу наћи и корени, односно узроци Ритерсбергове погрешке, или Пунктаторкине забуне. У *Историји Сербије,* Милутиновић пише опширно о улози писара Совјета, Симе (о себи самоме) [61], а неколико страница касније, пишући о одбрани шанца Засавице и Зеки Буљубаши, Милутиновић спомиње другога Симу, кнеза Симу Марковића. Улога овог потоњег у боју на Равњу није била лепа [62]. Једнака имена уз површно читање – могли су збунити Ритерсберга. Могуће је да грешку није учинио Ритерсберг, већ да је њен виновник, нехотице, Марија Милутиновић Пунктаторка. Могуће је, да су се у њеном сећању слиле и измешале некоје приче њенога супруга. Тако су се у њеном сећању могле збркати епизоде из Првога и другог устанка. У другоме устанку Милутиновић јесте био, и то изричито вели, са Голаћима. Заједно са њима борио се против босанских Турака у Поцерини, затим на Дубљу (види и напомену 72).

Суноврат Карађорђеве Србије није се могао зауставити. Након пада шанца Засавице, српска војска се, у повлачењу, прикупила код шапца. *"Одавно се није",* вели Милутиновић у *Историји Сербије, "толико сербске и турске војске ту састало, да и Кулин капетан и Карађорђе негда мање су је имали уза се"* [63]. Кнез Сима Марковић одлучи да одбрану шапца повери Луки Лазаревићу и Стојану Чупићу, надајући се да ће они успети, бар за кратко, да зауставе турско напредовање. У почетку је одбрана била више него успешна. Милутиновић, у својству хроничара, сматра да "без сваке сумње не би Турци онда ту продријети могли, него би озбиљно принуђени били одатле у Босну вратити се, како и не никако ради били" [64]. Међутим, морал српских трупа нагло је спласнуо на вест да је Београд пао и да велика турска сила креће према Шапцу у помоћ Бошњацима. Вожд је већ са Совјетом и мноштвом народа *"утекао у Њемачку"* [65]. Лоше вести изазивају и сукоб међу српским

---

[60] В., на пример, *Историја Сербије,* 1837, 22-24; *Србијанка,* ч.2, 126 и даље.
[61] *Историја Сербије,* 22-24.
[62] Исто, 42-45.
[63] Исто, 41.
[64] Исто, 42.
[65] Исто, 42.

вођама. Слика слома и расула српских одреда код шапца једна је од најупечатљивијих у читавој Милутиновићевој *Историји Сербије:*

"*...вече очајања и хук преузме војску сербску, те п'рсне куд' ко хтео и знао, нити ко могне ни смједне кога устављати, него и тко не би одустао града, логора, окрут и топове, морао је с осталом зауш узвешом свијетином без трага стрмоглавити*" [66].

Сви нагрну преко Саве не би ли тако главе на раменима сачували. Дуже од осталих држао се делиградски шанац, као и шанац у Топољаку, ниже Делиграда. Војвода Вујица Вуличевић из смедеревске нахије и најастарији Карађорђев зет, Антоније Пљако, успешно су одолевали Турцима. Међутим, видевши се од свих напуштени, баз наде да ће помоћ, било у џебани, било у људству, икада пристићи – и они једне ноћи, "под саму зиму", напусте Делиград и Топољак, провуку се кроз турске чете и убегну.

Милутиновић је Србију напустио раније, након расула посавске и подрињске војске под шапцем. Двадесет другог септембра 1813. године прешао је у чамцу Саву и обрео се у Аустрији. У Србији више није имао шта да тражи, нити ради чега у њој да буде. Милутиновићеви родитељи такође су напустили Београд и Србију и прешли у Панчево. Последња веза песникова са Србијом, паљеном и пустошеном, била је раскидана. У данима опште несреће, Милутиновић доживљава и прву велику личну трагедију. У данима слома, војног и моралног, повлачећи се у расулу, неке *"узбјеснивше бећарине стрвне"* убиће и вољену му девојку, Туркињу Фатиму. "Звери" ће је, вели Милутиновић, растргнути у Београду, у граду у коме је девојка живела и у коме ју је песник упознао [67].

---

[66] Исто, 43.

[67] Ђорђе С. Ђорђевић: *Сима Милутиновић Сарајлија*, Београд, 1893; Стеван Павловић: *Сима Милутиновић Сарајлија*, Нови Сад, 1893, 14; Ђорђе С. Ђорђевић: *Још нека о Сими Милутиновићу*, Нови Сад, 1894, 4.

У литератури постоји извесна нејасноћа у смислу када је Милутиновић упознао Фатиму. Разликују се мишљења Ђорђа С. Ђорђевића и Стевана Павловића. Чини се, да је реч о једноставној Павловићевој омашки (о једној од многобројних). Из Павловићевог текста произилази да је Милутиновић упознао Фатиму 1807. године, у време када је, пише Павловић, био сенатски писар. У то време је песник имао шеснаест година. Међутим, Милутиновић је постао писарем тек 1809. године. Уосталом, сви ти детаљи и нису од битне важности. Милутиновић је веровао да је заљубљен, веровао је да Фатиму воли. Фатимина смрт, посебно околности под којима је до ње дошло — погодили су га тешко. Болна и једновремено драга успомена на Фатиму биће присутна, на различите начине, у Милутиновићевом делу.

Након преласка у Аустрију, Милутиновић ће прво дуго и неуспешно тражити родитеље. Они су се кратко време задржали у Панчеву, а затим наставили бежанију. Тражећи себи уточиште, песник се обрео у Араду. Ту се срео са српским војводама, које су аустријске власти ухапсиле, а потом ставиле у окове. У жељи да помогне заточеницима, Милутиновић је отишао у Беч, да на царском двору потражи разумевање и милост. Нешто је, свакојако, постигао. Војводама су скинути окови [68].

У то време Вук Караџић је већ увелико радио на припреми *Прве ūјеснарице*. За ту прилику, Сима-"пјевун" написао је и познати мото, песмицу *"Српска мома ил' је дома, ил' је код оваца"*. Пригодна, ова садржајем срцепарајућа римована творевина, ипак указује на један (и касније присутан) Милутиновићев угао виђења и доживљавања народног стваралаштва и народног живота.

После Беча, Милутиновића је нестална и немирна природа одвела у Трст, затим на пут по Далмацији. Било је ту свега: и дана глади, привремених учитељевања (у селу Струмици) и месеца лутања. Прошао је тада и кроз Сарајево, град за који ће читавога живота бити судбински везан. Обрео се изнова у Београду. Овога пута као писар код владике Дионисија [69]. Ту је Милутиновић имао прилике да ради оно што је сматрао најпотребнијим. У својству владичиног писара, Милутиновић је, у име тлаченог народа, а на основу тужења народних поглавара, писао молбе султану у Стамбол – нека нареди да зулуми и одмазде престану. Није се зауставио само на писању. Повезао се са људима који су припремали нови устанак. Водио је и тајне преговоре у том смислу. Почетком 1815. године, фебруара, отишао је из Београда ужичком владики Данилу. Вероватно му је, због његове одређене активности, београдски ваздух постао исувише нездрав. Поред владике, који је по националности био Грк – осећао се безбеднијим. Имао је и више могућности за неометан илегални рад. О припреманој новој буни разговарао је са игуманом манастира Боговађе [70]. Сметало му је што владика, Грк, пљачка српску сиротињу. Сматрао је да владики туђа паства, коју је морао да води као црквени достојник – не значи ништа. Убрзо се показало да је Милутиновићева оцена била тачна. Чим је

<hr>

[68] *Исūорија Сербије*, 1837, 26; В. Недић: нав. дело, 17.

[69] Paul Josif Šafarik: *Geschichte der sudslawischen Literatur*,III, Prag, 1868, 348––349.

[70] *Исūорија Сербије*, 1837, 201-202.

започео други устанак, владика је стао на турску страну. Повевши са собом потчињено особље, затворио се у ваљевски шанац [71].

Милутиновићева активност у почетку другог устанка може се лако пратити пажљивијим читањем *Историје Сербије*. Тако сазнајемо да је приступио Голим синовима и са њима се тукао против Турака Бошњака у Поцерини. Ишао је са дружином да буни Мачву; борио се на Дубљу [72]. Међутим, убрзо се остварило предвиђање игумана манастира Боговађе да *"перо ваља к'о и пушка"* [73]. Милошев брат, Јован Обреновић, узме га *"изспред голачке дружине и команде себи за писара уђенувши му међу пиштоље опет и дивит"*. Тако се Милутиновић приближио кнезу Милошу. Захваљујући, вероватно, понајвише тој епизоди свога живота (а свакако и потоњем песничком путу), Милутиновић ће добити касније задатак да, како може и уме, напише историју Србије од 1813. до 1815, да обради утемељавање Обреновићевске Србије и да тиме пружи допринос Милошевој борби за власт.

Но, након боја на Дубљу време писања историје било је још далеко. Милутиновић је кратко време провео код Господар Јована, да би деветнаестог децембра 1815. године био премештен за писара Народне канцеларије у Београду. Година 1816. била је у знаку Милошевог обрачуна са свим потенцијалним конкурентима у борби за власт. Тако је задављен надзорник Народне канцеларије, Петар Молер, као и Радич Петровић, јунак првога устанка. Милутиновић се, вероватно не сасвим без разлога, уплашио за властити живот и јуна месеца 1816. године пребацио се лађом у Видин [74].

У Видину се изнова сетио родитеља. Распитујући се, сазнао је да су му родитељи у животу, у Бесарабији. Пошавши к њима, мимоиђе се са оцем, који се упутио лађом у Србију. Од лађара, који му је оца до Кладова довезао, сазнаће да је отац пошао у чернец *"и да се до Јаша уставити неће моћи"* [75]. Недостатак новца и неумење чувања новца – приморали су песника да размишља шта му ваља чинити и куда се привремено сместити. У Турску, низ Дунав није смео. За кретање Влашком – није имао новца. Због тога се погоди да чува башту и бостан једноме старом, али добром и правичном Турчину, Мехмед-барјактару. Стари Турчин је, савакако, опомињао

---

[71] Исто, 200.
[72] Исто, 322-325, 310.
[73] Исто, 202.
[74] В. Недић: нав.дело, 19.
[75] Исто, 20.

Милутиновића на Осман-капетана из Градачца, кога је песник у детињству заволео и само по добру упамтио. Мехмед-барјактар и Осман-капетан били су и приближних година. Као што је Осман-капетан одликовао Симиног оца, Милутина, својом сабљом, дозволивши му да сме да је носи и пред везиром и пред пашом – и Мехмед-барјактар је, на одређен начин, одликовао Симу. Дозволио му је да носи оружје, па и да га употреби, ако буде до невоље. Код Мехмед-барјактара, у његовој башчи и бостану, Милутиновић је провео *"око два мјесеца"*, потпуно слободан, *"као птица у гори"*. Ту се смирио, сабрао од узбуђења, која је током последњих година имао. Сам вели да се ту и *"духом прењуо"* и *Тројесестарству* основ учинио [76]. Ту је и многе песме написао. Пишући Вуку Караџићу осамнаестог јула 1817. године из Видина, рећи ће, између осталог, да је за то кратко време написао шездесет пет "којекакви" песама. Разлог томе Милутиновић је видео у невољи која га је са свих страна сколила:

"Јамачно, без невоље тешке ни пјевати се, а камоли, плакати не може. Ипак ти кажем да слијеп и сиром чоек мора моћи и знати пјевати; ако му је без тога мало тога даровано, када ослијепи удвпостручи се она сила, а у сиромаштву чак утростручи; потом знам јер ја моје све обноћи смишљам кад не могу да спавам" [77].

Ове значајне речи указују да је у Милутиновићу сазрело особено сагледавање народне песме, песме коју су стварали и преносили слепци и сиромаси. Настајући из велике невоље и у великој невољи, усмена народна песма сажимала је исказивала најмучнија искуства и сазнања, највеће животне истине.

Извесно је, да је Милутиновић у видинском периоду другачије пропевао. Садржај видинских песама нема додирних тачака са стиховима које је песник писао 1814. године. Милутиновићеви стихови су постали неупоредиво бољи, искренији, узбудљивији. Опевана осећања – доживљена су и проживљена. **Песник у томе раздобљу суштински открива народну песму. Она више није за њега ни историјски кодекс, нити етички канон, већ и дубока непресушна инспирација.**

Проучавајући Милутиновићеве песме из видинског времена, Владан Недић је истицао утицај народне песме и у теми самој и у стиху. Упозоравао је, на пример, да песма непознатој потсећа на народну песму – *У Милице дуге трепавице.*

---

[76] *Тројесестарство*, 5-55.
[77] *Вукова преписка* (Љ. Стојановић), I, 1907, 4.

"Стварајући", вели Недић, *"Милутиновић је полазио са народног песништва. Када се сећао незнане лепотице из кола под Видином, несвесно је понављао о Милици дугих трепавица..."* [78].

(Можда је ипак потребно напоменути да Сима није морао да следи мотив народне песме баш несвесно. Песма о којој је реч објављена је у Вуковој *Првој пјеснарици* 1814. године под бр. 99).

У песми *Спомен са горскога извора*, наговестио је, на самом почетку, колико су му народни умотовори били блиски:

> *Извор чува момче нежењено*
> *У далекој земљи прекоморској,*
> *Где змајеви с вилама другују*
> *И у бајки за Марком тугују.*

Често је писао десетерце, који се, на први поглед, ниучем нису разликовали од гусларских:

> *Давор, побро, име поносито!*
> ....
> *чуј, бијела у горици вило!*
> ....
> *Два су брата вечер вечерала.*
> ....
> *Када ли је по вечери било...*[79]

Упозоравао је Недић и на тон тужбалица, који је сазвучао у некојим тоновима песме Опијевка младог српског племића Симе Алексића [80]. Испитујући пажљиво песме тога раздобља, Недић је дошао до закључка, да је Милутиновић преузео добар део лексике народне песме:

"многе сталне епитете пренео је у своје песме: зелени бор, вити бор, јарко сунце, равно поље, сиви соко, мрки вук, танко грло, бела дојка, румена ружа, сиња кукавица, живи огањ, рујно винце, бијела вила, луда ђеца, чарна земља итд. Као народни певач употребио је пети падеж уместо првог да би добио слог више:

> *Ол' је мучи незнатности своја.*

Чак му се, не једанпут, отео и гусларски узвик:

> *Ој!* ....
> *Свијетли мјесец уфатио коло.*
> *Ој!*
> *Од када је Мирочкиња бела*
> *Запјевала од јунаках пјесме.*

---

[78] В. Недић: нав. дело, 25.
[79] Исто, 27.
[80] Исто, 28.

И на послетку, он је прихватио само народни метар: највише десетерац (епски), затим осмерац (симетрички), једанаестерац (са два усека), седмерац, деветерац. Од класичних размера ни помена" [81].

Недић, са много разлога, подвлачи значај ових Милутиновићевих песама и стихова за развој свеукупног потоњег српског песништва. У много чему, Милутиновић претходи Бранку Радичевићу, и не само њему:

"Пропевати у народном духу док нашим уметничким стиховима одјекују туђински тонови; узети песме неуких сељака за основу књижевности, поћи јединим правим путем: – била је огромна смелост. То се догодило неких тридесет година пре Бранка Радичевић" [82].

Недић сматра да је Милутиновић дао и лични допринос народноме стиху: "бујност и нове речи најпре" [83].

Тим и таквим певањем, Милутиновић је извршио велики утицај на потоње песнике. Пре свих на Петра Другог Петровића Његоша, али и на оне касније, на оне који ће пропевати и у другачијем звуку (Лаза Костић, Растко Петровић, Момчило Настасијевић) и, наизглед, у другачијем духу.

Видинско раздобље као да је ударило темеље свеукупном Милутиновићевом писању, али и животном опредељењу. Ту је настала прва верзија масонскога спева *Тројесестарство* под другачијим, али једнако карактеристичним називом *Три виле или грације* [84]. Но, изгледа да се ту и тада зачела и идеја о *Србијанки*. То претпоставља В. Недић, упозоравајући на две сачуване песме "о Фетиславу и Сими Ненадовићу" и на две изгубљене – о Хајдук Вељку и Хаџи-Николи [85]. Недић се домишљао да песма о Хајдук-Вељку можда и није изгубљена . "Можда је измењана, као поглавље Бесмртник, ушла доцније у Србијанку" [86].

У видинском раздобљу живота, песник је, по први пут, озбиљно упознао себе самог. Самујући, будан је снатрио у непроспаваним ноћима. У сновима је градио сопствени пантеон, полазећи од народних веровања, обичаја, казивања. У народним песмама

[81] Исто, 28-29.
[82] Исто, 29.
[83] Исто, 29.
[84] в. *Вукова преписка* (Љ. Стојановић), књига прва, 1907, 3.
[85] В. Недић, нав. дело, 34.
[86] Исто, 34.

није више налазио само идеје слободарске и херојске, узоре из историје властитога народа, на које му је поучно и с љубављу указивао ђед Срдан. У народним песмама Сима је препознао и један пагански, исконски прасвет, исходиште човека. До смрти ће трагати за градом нигда саграђеним, чије обрисе облаци назначују. Дубоко је веровао, како је тај, само тај град, стециште слободе и хуманости. Песникова душа је по облацима ходила и небеским сводом бродила. У току лутања и трагања за самим собом, за истином, за космичким смислом људскога постојања – настала је и песма *Расвит* самоће први. За ту песму написао је В. Недић, да је она *Луча Микрокозма* у малом. Самовање и размишљање о протеклим догађајима помогли су песнику да дође до сазнања, како се у животу води вечита борба, космичка у извесном смислу, борба добра против зла. Протагонисти борбе се мењају, али сама борба и принцип сукоба трају вечито. То сазнање му је помогло да угуши у себи сваку националну нетрпељивост, сваку жељу за клановском припадношћу.

Заљубљеност у *вилин град*, вера у његово постојање – надвладавала је песникова размишљања и премишљања. Био је дубоко свестан трајности сукоба добра и зла. Био је такође свестан да се *добро* и *зло* у животу јављају под веома различитим образинама и не могу се унапред одредити једном за свагда (Турци му јесу били непријатељи и на неки начлн симболи зла, али се међу њима итекако налазило и *добро:* Осман-капетан, Мехмед-барјактар и Фатима. С друге стране, међу устаницима су биле и оне "бећарине стрвне", које ће му раскомадати вољену девојку, а биће и многе зле и нечасне устаничке вође).

И најумније људе некада преплаши истина до које умом досегну. Истина до које је песник допро, пробудила је у њему изнова нежног Симшу, оног никада дозрелог дечака, који је читавог дотадањег живота чезнуо за кућом, родитељима, мајчиним загрљајем. Због тога је измислио град, ни на небу ни на земљи, град изван вечите борбе супротности, град радости и смираја, град у коме се може бити слободан, у коме се може неморати, у коме се може бити срећан и свој. И у томе му је народна песма од припомоћи била. Неки паганин-сањар снивао је давно пре Милутиновића будни сам који је песниковом наликовао. Удаљен од топлога дома, породице, од свега што му је некада уливало сигурност – Милутиновић се у мислима вратио детињству и временима која су свем том претходила, када су његови преци боравили у кршевима Црне Горе. У детињству је у хипу поверовао, а касније, током живота, себе уверавао (кадкад и уверио) – да су утоичиште, слобода и рајска срећа скривени негде у гудурама Роваца, Дробњака или било где у Брдима и самој Црној Гори. Вилино пребивалиште је била Црна Гора митрополита Петра Првог Петровића. Управо због тога ставиће, много година касније, песму Вила зида град на почетак и будимске и лајпцишке *Пјеваније*.

У песми *Комадић од читавог* певаће испеваној у временима када је будан сневао у видинским ноћима, године 1816, песникове мисли и сање били су упућени Црној Гори:

> Црна Горо, утјециште старо
> Млада мога последњега бана
> Ту је моје потајено сунце;
> Отмен жељо мен' обасјај опет,
> Крај учини давном заточењу,
> Негде себи и ја једном дођем.

У потрази за сновима и собом самим, Милутиновић ће доспети у Црну Гору. Међутим, никада неће остварити жељу да "себи ... једном ...дође".

Од револуционарних идеја до видинског затвора

Немиран, бунтован дух није дозволио Милутиновићу да се коначно посвети књижевноме раду. Заправо, читавога живота у њему је веома изражена, кадкад и превладавујућа, револуционарна црта. У мају 1817. године водиће, са неким Банаћанином, озбиљне разговоре о могућности подизања буне у Влашкој против Турака. У договоре о буни био је умешан и песников добар пријатељ, Стеван Живковић Телемах. Милутиновићу је тада био чак нуђен чин **оберштера** [87]. Простодушни, наивни Милутиновић, обавестио је писмом пријатеља, Јована Миоковића, секретара Народне канцеларије, о личном ангажовању и напорима да побуни Влашку. Миоковић је, природно, о томе известио кнеза Милоша, а кнез је намах вест дојавио видинском везиру. Вероватно и влашком кнезу [88]. Да ли је то Милош учинио, јер су му трговци, умешани у завери, били на сметњи, због тога што је преко њих ишао део промета Србије са суседним земљама, или су разлози били другојачији –

---

[87] Исто, 35.
[88] Алекса Ивић: *Епизода из живота Стефана Живковића-Телемаха и Симе Милутиновића Сарајлије*, Прилози КЈИФ, XII, Београд, 24-27.

тешко је поуздано рећи [89]. Било, како било, Милутиновић се септембра 1817. године обрео у тамници видинског везира, и у кладама. Саслушаван је дуго и мучно. Прво од стране Турака, а потом и од влашкога кнеза, коме је, касније, био послан. Са Милутиновићем били су затворени и некоји други трговци, који су мајску вечер , на којој је Милутиновић ковао завере, провели у пићу и причи са песником. Сви су ослобођени тамнице на заузимање "аустријског агента" [90]. Милутиновић је, очигледно, оставио утисак на видинског

---

[89] В. Недић сматра (в. нав. дело, 35) да су кнезу Милошу трговци, Јован Разумировић и Нестор Поповић сметали и да их је, због тога проказао. Исти став заступа и Алекса Ивић (в, нав. дело, 23). Међутим, чини се, да су извесни моменти и некоје чињенице остали делом непознати, делом неразјашњени. Разумировић се, примерице, жалио да је у затвору био мучен, а да их је све Милутиновић "укопао својим исказом" (Ивич: нав. дело, 22). Милутиновић је, у читаву аферу умешао и Стефана Живковића Телемаха. Телемах је у то време био у немилости у кнеза Милоша, јер је одбио понуђено му место секретара, сазнавши да је Карађорђе убијен. Телемах је са супругом пребегао у Румунију (Ивић, нав. дело, 23). Милутиновић је, према Разумировићевом познијем причању добио од влашког кнеза Карације четити дуката на име награде. Из тамнице, из Чору Герле, Милутиновић је пребачен у Букурешт и ту је наводно добио још петнаест дуката. Разумировићева прича захтевала би преиспитивање и анализу читавога случаја. Милутиновићу се увек могло пребацити да дела непромишљено, да реагује импулсивно и наивно. Може се схватити и распрострањено уверење међу Милутиновићевим савременицима, да је песник луд, или, бар "више од пола луд". Међутим, поткозивањем, свесним денунцирањем, а у циљу стицања одређене накнаде – Сима Милутиновић се није бавио. Да јесте – вероватно би у животу боље пролазио. Пре би се могло претпоставити да је, по обичају, наивно улетео у замршене политичке игре у којима се је, и опет по обичају, није снашао. Могуће је и да је Сима у одређеном тренутку проговорио, јер се уверио (или само стекао утисак), на пример, да његови саговорници од оне мајске вечери, када се уз вино ковала завера против Турака, против турске власти – нису достојни његовога поверења и помоћи. Мишљења савременика о Разумировичу – противречна су. Својевремено је био оптуживан да је извршио и једно убиство. Одговорности и кривичног гоњења ослободио се избегавши у Влашку. Оптужбу је изнео темишварски генерал, барон Хафер, на састанку ратног савета 9, марта 1818. године (в. Ивић, нав. дело, 20). Неколико месеци раније, у Разумировића се разочарао и аустријски дипломатски агент Флашкал. Мада је још у извештају од 17. децембра 1817. хвалио Разумировића као честитога човека, убрзо је на основа промено мишљење и уверавао је аустријског кнеза Маетерниха да се Разумировић одао рђавоме животу.

[90] Аустријски дипломатски агент, Флашкакл, заложио се за ослобођење затвореника. Како вели А Ивић (нав. дело, 23): "Флашхакјл је прозрео велу игру и у својим извештајима кнезу Метерниху, означио је кнеза Милоша (односно његове агенте у Букурешту, неког Нешу и Миахла Германа), затим влашког кнеза Карацу, видинског пашу и влашког капућехају у Видину, као галвне виповнике ове афере, која се брзо потом расплинула". Занимљиво је истаћи и да су сви затвореници извукли из читаве афере одређену материјалну корист. Већина се спријатељила са влашким кнезом, Карацом. О томе Ивић даље пише (нав. дело, 23):

"Јоргаћ је не само задобио слободу, него је ускоро потом постао капетан кнежеве гарде у Букурешту и врло упливна личност па двору кнеза Карације". У пријатељским односима са влашким кнезом Карацом био је тада и Разумировић.

Телемах је у Букурешту обављао посао учитеља. Био је у преписци с руским послаником, бароном Строгановим.

44

везира. Везир му је чак предложио да учи турски језик и да остане код њега у служби. Милутиновић то није прихватио. Следеће, 1818. године, поново се обрео у Србији [91].

Милутиновић, изгледа није, бар не у у први мах, превише озбиљно узимао чињеницу да га је кнез Милош денунцирао видинском везиру. Дошавши у Србију, песник је управо од кнеза Милоша потражио какву службу. Овај га је проследио у Шабац, брату Јефрему, Јевти, да буде писар код прекрог, безобзирног и свирепог мачванско-поцерског војводе Марка Штитарца [92]. Претпоставља се, да је Милутиновић био Штитарцу послат да га бар мало обузда. Но, није искључено ни да је разлог слања песника, окрутном силецији и јунаку из првога устанка, био мање племенит и ганутљив. У сваком случају, Милутиновић се реалтивно јевтино извукао. Младом занесеном Јакову Игњатовићу, Милутиновић је касније приповедао како се отарасио Штитарца:

"Једном када је Штитарац насрнуо на свог момка да га убије, он је прискочио у помоћ, ухватио руком за голи јатаган и спасао човека, али само што није остао без прста" [93].

---

[91] Paul Josif Šafarik: nav. delo, 351:

"Der Vezir ermunerte ihn turkisch zu lernen, um ihn bestfndig an seiner Seite haben zu konnen. Sima willfahrte seinem Verlangen; aber bald rief den Vezir sein Stern nach Klein-Asien ab. Sima kehrt im folgenden Jahre (1818) nach Serbien zuruck, wird in Belgrad bei Miloš's Bruder, Ephrem, angestellt, begibt sich nach anderhalb Jahren (1819) zu Wasser auf eigenen Kahn nach Galac und Bessarabien, und findet dort seine Eltern wieder, von denen zu bereits, als todt in Vidin, beweint werden war.*

[92] В. Недић, нав. дело, 37.

[93] Исто, 38; Јаков Игњатовић; *Три српска списатеља у књизи Дјела Јакова Игњатовића*, књга прва, Нови Сад, 1874, 249. Игњатовић живо описује тај догађај: *"Једном бијаше Штитарац рђаво расположен у свом чадору. Сима се ту десио. Због неке маленкости, разљути се Марко на свога момка; овај му правдајући се нешто примјети, али Штитарац однах за јатаган, па јуриш на момка. Сима скочи момку у помоћ; почну се комешати: Сима ухвати једном руком голи јатаган, Штитарац руком окрене, а Симин палац поприједе до половине засечен; али момак међутим, умакне п спасе се, а Сима са великом муком једва се курталисао зла".*

Свакојако је ова епизода приказана превише реторично. Изненађује да Игњатовић не вели прецизније којом је то руком Сима ухватио голи јатаган: десном или, пак, левом. Литерарна слика догађаја само би добила у сликовитости. Уосталом, недостаје и Игњатовићева опаска како *"и дана данас песник као успомену на Штитарца – има обогаљен палац"*. Тешко ми је затим да верујем, да је Штитарац потегао јатаган и учинио јуриш на момка. Хватати голом руком оштро сечиво у замаху јесте непромишљеност, која се не би могла платити само засеченим палцем. Пре мислим да је Сима оваквим причама прекраћивао себи и младом садругу дуге вечери.

Рекло би се да Сима у свему овом претерује, можда због простодушног, лаковерног Игњатовића. Тешко је поверовати да би хватање јатагана у замаху, добро наоштреног, прошло без трагичних последица. Ову догодовштину Милутиновић је искористио, према сопственим познијим причама, да напусти и Штитарца и Србију.

Осетивши се изнова несрећан и усамљен, упутио се чамцем низ Дунав у потрагу за родитељима [94]. Чини се, да су прво тамница видинског везира, а потом невоље са Штитарцем (а можда и ранија збивања у песниковом животу – време када је као секретар Народне канцеларије гледао како живот губе Вујица Вулићевић, Петар Ичко, Петар Молер, Радич Петровић) – помутили Милутиновића. Почиње да тугује над худом судбином, искрено верујући да ни за једну недаћу у животу није сам крив. Изнова се отиснуо на пут.

Септембра 1819. године нашао се у Кишињеву, главном граду Бесарабије. Ту је нашао родитеље, који су, слушајући разне вести, били у великој бризи за сином. Мајка му је убрзо умрла [95].

У току следеће четири године, све до 1823. – о Милутиновићу се зна мало. Извесно је, да је перо озбиљније узео у руке и да доста радио управо на *Србијанки*. Да ли је те четири године боравио у самоме Кишињеву, или, пак, у неком мањем оближњем месту – не зна се? Отац Милутин узимао је у закуп туђа имања и обрађивао их. Трговао је и храном [96]. Имања, која је Милутин обрађивао, свакако су била изван самог Кишињева. По неким, поузданим вестима, у Кишињеву је боравио између септембра 1820. и јула 1823. године и чувени руски песник Александар Сергејевич Пушкин. Пушкин се кретао и у кругу српских избеглица. Међутим, нема никаквог податка да се сусрео са Милутиновићем, мада сличних претпоставки има у нашој стручној литератури. чини се, да је известно да би, ако не ко други, оно Милутиновић учинио све што може, како би се са Пушкином упознао и о томе спомен оставио. Према томе, до сусрета и познанства није ни дошло.

У Кишињеву се стекло и много српских бегунаца, односно избеглица. Пративши "само" списак претплатника *Србијанке*, В. Недић је навео имена: Петра Добрњца, поп Луке Лазаревића, Илије

---

[94] *Исповијед Симе Милутиновића Сарајлије*, Архив САНУ, бр. 14161/04; В. Недић, нав. дело, 38.

[95] В. Недић: нав. дело, 38; *Вукова преписка* (Љ. Стојановић), књига шеста, 11.

[96] Драгутин. С. Милутиновић: *Из Србијанке Симе Милутиновића Сарајлије ("Дивотник")*, Годишњица НЧ, XVI, 158.

Чарапића, грачанског војводе, Вулета Илића, команданта Смедерева, старовлашког кнеза Јована Ратковића, митрополита Леонтија, Карађорђевог писара Јанићија Ђурића, књижевника Стефана Живковића Телемаха, "будућег историчара" Лазара Арсенијевића Баталаке, архимандрита Стевана Филиповића [97]. Сви су они, као и Сима Милутиновић, примали руску новчану помоћ. Помоћ је давана, без изузетка, свима, који су *"пре пропасти Србије заузимали место у војној и граничарској служби"* [98]. Сима је, по том основу, добијао шест стотина рубаља за годину. Сума је била довољна да омогући спокојан и промишљен рад на *Србијанки* [99]. Чињеница да се у Кишињеву, у том часу, находи мноштво уистину добро обавештеног света, људи који су већином узели активно учешће у устанку – много је значила песнику *Србијанке*, будућем писцу *Историје Сербије од 1813. до 1815. године*. Слушајући разноразне приче и изјаве присутних земљака-избеглица, учесника устанка – могао је Милутиновић у стиховима да изнесе бар упечатљиву, ако не и у потпуности верну слику ратних збивања. Већи део песникове сарадње са српским избеглицама успешно је реконструисао Владан Недић.

Рад на *Србијанки* је, свакојако, добро напредовао. У јануару 1824. године, рукопис је износио око осамнаест табака. Међутим, Милутиновић је остао без новца, у дуговима. Био је принуђен да се за помоћ обрати кнезу Милошу. Октобра 1824. године, кнез Милош му је послао 2000 гроша [100]. Сума је била довољна тек да Милутиновић ублажи материјалне неприлике. Дужници су га сколили са свих страна. Међу осталима и Вук Караџић. Вук ће га нагонити, почевши од пролећа 1823. године, да му поврати неки стари дуг. Милутиновић је отплату дуга стално одгађао правдајући се, између осталог, да су многи остали својевремо дужни његовоме оцу, па и њему самом [101]. О истоме дугу биће речи и у време песниковог боравка у Црној Гори. Тада ће сам Милутиновић, из личних разлога, повећати укупан износ дуга, како би умирио сопствену савест због некојих својих других поступака према Вуку. Дуг је иначе измирен тек пред крај четврте деценије.

---

[97] *Србијанка*, IV, 178-180.
[98] В.Недић: нав. дело, 38-39.
[99] *Вукова преписка* (Љ. Стојановић), књига друга, 1908, 772.
[100] Државни архив СР Србије (у даљем навођењу ДАС), збирка Мите Поповића. Писмо Михајла Германа упућено Кристифору Обреновићу 25. октобра 1824. ДАС, Књажевска канцеларија, Конзулат, писмо Алексе Симића упућено кнезу Милошу 14. октобра 1824. године.
[101] *Вукова преписка* (Љ. Стојановић), књига прва, 28.

Поправивши донекле материјално стање, захваљујући помоћи кнеза Милоша, – песник је поново започео да размишља о писању. Одлучио је и да **Србијанку** наштампа. Свестан, међутим, да спев у коме се велича Карађорђе тешко може да буде предмет одушевљенога финансирања из касе кнеза Милоша Обреновића – смислио је да дело штампа у Лајпцигу. Бојао се могућих и вероватних Милошевих интервенција усмерених да омету објављивање спева, или да утичу да спев не угледа свет у облику, који му је песник дао. У Лајпцигу је утицај могуће цензуре био неупоредиво мањи, него ли где другде. Новац добијен од кнеза Милоша Обреновића био је довољан да песник наштампа спев о Карађорђу, али под условом да тодашње дугове не измири [102].

Није ипак све ишло онако лако, како се Милутиновићу у тренутку причинило. Пасош за Лајпциг није могао да добије, па је отпутовао у Одесу. Ту је остао до почетка септембра. Сачекао је да добије уредна документа и потом је отпутовао у Лајпциг [103]. Кратак боравак у Одеси песнику се свакојако исплатио. У том граду живео је знатан број Срба трговаца, посебно тршћанских Срба. Некоји међу њима, били су изузетно имућни. Јован Ризнић, на пример, издржавао је сам италијанску оперу [104], а Филип Лучић је био председник општине у Одеси. Упознавши их са садржајем спева, па и самим спевом, Милутиновић је добио осетну новчану помоћ за будуће штампање [105]. Похвала и тзв. моралне подршке песничком чину – било је на претек [106]. Да је ко други био на песниковом месту, од прикупљенога новца би и измирио дугове, и штампао спев до кога му је били посебно стало, а имао био би сасвим лепа средства на располагању – за безбрижан живот.

Михајло Герман, близак сарадник кнеза Милоша Обреновића, био је љут на Милутиновића због одлуке да, након свега, путује у Лајпциг. Свакако, због тога што то није било ни самом Милошу по вољи. О Милутиновићевом путу није било речи у часу када је песник молио Милоша за новчану помоћ. Михајло Герман је покушао да песника одврати од такве одлуке. Није у томе успео ни он, а ни Јевтимије Христић [107]. Обојици је преостало само да незадовољ-

---

В. Недић: нав. дело, 41.
Исто, 42.
Исто, 41.
Исто, 41.
Исто, 41-42.
ДАС, Збирка Мите Поповића, писмо Јевтимија Христића Михаилу Герману од 12. септембра 1825. године.

но констатују како је песник учинио по своме и 16. септембра (по староме календару), отпутовао куд је намерио, у Лајпциг [108].

Милутиновићево путешествије, међутим, није престало да заокупља њихову пажњу. Тако Јевтимије Христић обавештава писмом Германа да песник није отпутовао право у Лајпциг, већ је био принуђен да се дуго задржи у Хотину, чекајући дозволу немачких власти. Милутиновићу је одобрено да пут настави тек половином октобра. Песников коначни одлазак пропратила је Христићева заједљива примедба: *"Срећан му пут, но бојим се да не дође без гаћа натраг"* [109].

Убрзо по доласку у Лајпциг, дванаестог новембра 1825. године, Милутиновић се јавио и побратиму, Вуку Караџићу. Писмо је написано у патетично-сентименталном тону. Почетак писма је хистерично-еуфоричан. Започиње са: *"Јадранине Вуче! загр'љам се и по три пут целивам с' тобом, под ону нашу стару сербску..."* Даљи редови писма занимљиви су, јер откривају постојање несумњивог ривалитета, па и суревњивости између Милутиновића и Вука. Песник писмо наставља: *"А тебе да превазиђем! ...Не! раније си почео, и млого учинио, те далеко преда мном. Но, да ти нав'ршим слутњу твоју давнашњу да ћу ја некада Сербијаду сочинит': ево то ми едакле ш њоме баш истом готовом своје свету на видику"* [110]. По тону писма, стиче се утисак да Милутиновић одговара Вуку на неки приговор. Можда је он изречен у неком од изгубљених Вукових писама упућених песнику. Међутим, једнако је могуће да Милутиновић једноствано износи што је њему на памети. Свакојако, то писмо несумњиво указује да, бар од дванаестог новембра 1825. године, песник *Србијанке* размишља о Вуку као о особеном ривалу, достижном или недостижном – свеједно. Многи познији потези у Милутиновићевом животу биће управо тиме надахнути и подстакнути. Две године касније и Вук сам ће врло темпераметно доживљавати Милутиновића, као љутог такмаца, а и многи други, са стране, у једнаком светлу видеће њихов однос. Копитар, на пример!

Рукопис *Србијанке* износио је стотину двадесет табака, а песник је претпостављао да ће књига садржати око тридесет штампаних табака. Величина рукописа допринела је да се Милутиновић осети поноснији и самосвојнији. Био је убеђен да је његов рад, и оби-

---

[108] ДАС, Збирка Мите Поповића, писмо Јевтимија Христића Михаилу Герману од 22. септембра 1825. године; В. Недић, нав. дело, 42.

[109] ДАС, Збирка Мите Поповића, писмо Јевтимија Христића Михаилу Герману од 21. октобра 1825. године; В. Недић, нав. дело, 42.

[110] *Преписка*, књига друга (1822-1825), 724 – писмо написано у Лајпцигу 24. новембра 1825.

мом и садржајем самим сваке хвале достојан. Није пропустио (а ни издржао) да Вуку не пренесе похвале, којима су га штедро обасули Телемах и Платон Симовић, професор на Лицеју у Одеси. Посебно подвлачи да га је усхићени Стефан Живковић назвао "српским некаквим Осијаном" [111]. Бива, као Сима није знао ко му дође тај Осијан, али слути да је Телемах ипак изрекао комплимент. При крају писма, Милутиновић покушава да испољи наглашену скромност. Међутим, уздржаност – барокно исказана – не оставља утисак скромности ни нама неострашћенима, данас, а камоли се таквом могла причинити заинтересованом Вуку.

Пишући поново Вуку 1826. године, песник обавштава да са штампањем још није започео. У међувремену се изнова обратио кнезу Милошу. Овога пута несхватљивом жељом да кнез Србије допусти да *Србијанку*, спев у част и славу Карађорђа, песник посвети њему, Милошу. Дакако, песник је осим Милошеве дозволе и доброћудног, одобравајућег осмеха очекивао и нешто опипљивије и звечеће, одређену суму (и немалу) новца. Одговор Милошев није стизао из лако схватљивих разлога. Мислим да је свакојако претерано било очекивати да ће Милош богато одрешити кесу и платити штампање списа, који је, на неки начин, директно уперен против његових интереса. Промућурни, помало лукави, али увек иронични Вук, навео је, у писму Милутиновићу, могући разлог Милошевог ћутања. *"Милош би ти јамачно одговорио"*, пише Вук, *"и послао би ти најмање стотину дуката, него ће га, може бити, одвратити његови чанколизи, који се највише боје и труде, да се какав поштен човек њему препоручи и не прикучи"* [112]. Неуобичајена комбинација погодбеног исказа у првом делу и будућег времена у другом делу реченице – као да говори да је Вук у томе часу знао много више о Милошевом ставу (а имао је и свој сопствени), него ли што је хтео да Милутиновићу изриком саопшти.

Милошево одбијање заоденуто у мучно ћутање, песника је погодило. Он се, вероватно, и сам тешко одлучио да помоћ потражи од Милоша. Ма колико поростодушан и инфантилан био, морао је да осећа, како ту штошта није у реду. Нужда га је натерала да се, дајбоже тешка срца, понизи неприличном молбом. Колико Милошу

---

[111] Исто, 724-725.
[112] *Преписка*, књига трећа (1826-1828), 107, писмо Вука Караџића Сими Милутиновићу, упућено 4, марта 1826. године,

није могао да опрости одбијање, толико, и још више, није себи накнадно могао да опрости понижавање. Дакако, за увређеног и пониженог човека, искључиви кривац је други! Намах је заборавио да му се Милош током живота налазио у невољи. Заборавио је 2000 гроша, које му је Милош већ послао не тако далеке, 1824. године. Сметнуо је с ума да је *Србијанку* хтео Милошу да посвети и због чег другог и достојанственијег (тако је бар писао!), а не ради кнежева новца. У бесу, негованом и подгреваном данима, написао је кнезу Милошу оштро писмо. О тону писма може се судити и из следећих редова:

"Ово дана чувши и читавши у новинам' срамотније безумникапреступична и глупа предпријастија и твоја прекомјерна ожесточенија, која би прам јавноме и подпуну варвару била излишна, вјеруј тврду слову сит сам се наплакао и Бога молећи наецао, науздис'о, док'...Него!...Ако Бога знаш!" [113].

Ишчекивани, а непримљени новци, као да су оживели Милутиновићево памћење. Када је тражио помоћ за штампање *Србијанке* и дозволу да спев кнезу посвети, песник је заборавио и смрт Карађорђеву, и смрт Вујице Вуличевића, и смрт Петра Молера, и смрт Петра Ичка, и смрта Радича Шетровића – а оне су, здружено виђене и доживљене, биле узрок да он сам напусти службу код кнеза и убегне из Србије 1816. године.

Но, сећање се у потпуности вратило. И као што то бива, повратило се жешће, безкомпромисније. Вук Караџић, срећом по Милутиновића, то писмо није тада уручио Милошу. Можда је томе био разлог пријатељство, које га је везивало за Милутиновића. Но, није искључено да је Вуково држање узроковано било и страхом да ће се кнез Милош присетити како су Вук и Сима пријатељи, па следећи даље ту логику, оптужи и Вука, као Милутиновићевог једномишљеника. Вук се није могао са сигурношћу поуздати да Милошева полиција има преписана баш сва његова писма Милутиновићу. Јер у том случају, на истакнутом месту морала би да стоји Вукова изјава:

"Ја онамо немам коме писати, јер ондје нема другог пријатеља до Милоша, а он не зна читати" [114].

---

[113] Исто, 227-233, писмо Симе Милутиновића Вуку Караџићу и Милошу Обреновићу, писано у Лајпцигу, 10. јула 1826. године.
[114] Исто, 107-108, Вуково писмо Милутиновићу од 4. марта 1826. године.

Други део реченице, мада истинит, могао се и лоше схватити, али зато одлучна изјава о пријатељству – превладава. Истини за вољу, треба рећи да је Вук неколико година касније, привремено заборавио да кнез Милош не зна да чита и да му је Милош једини пријатељ у читавој Србији (заборавио је и шта је сам у животопису Милошевом о Милошу владару мнаписао). Не добивши жељену новчану потпору, отписао је српскоме кнезу оштро, луцидно писмо. Из писма би се дало закључити да је Вук годинама веома критички гледао на поступке јединога пријатеља у Србији. Делови тога Вуковог писма у садржају, односно у смислу, много опомињу на Милутиновићево неуручено сочињеније. Има се утисак да се Вук, пишући своје гласовито писмо, служио местимично и Милутиновићевим писмом, као идејним предлошком.

Милутиновић се у Лајпцигу којекако снашао. Крајем исте, 1825. године, упознао се са Чехом, студентом, Карлом Херлосзоном. Околности под којима су се упознали (некаква туча између Грка у којој је Сима имао улогу измиритеља) – приличе Милутиновићу. Са њим је започео превођење *Србијанке* на немачки језик. Посао је одмицао споро. Било је немогуће наћи српско-немачки речник, па су се испомагали руским и чешким, а и Херлосзон није имао довољно физичке снаге за дуготрајан, исцрпљујући рад. Једном је прекинуо превођење немоћан, прегладнео. Милутиновић му је тада дао новаца да се добро наједе, што му је Херлосзон као особито доброчинство упматио [115]. Осим *Србијанке*, заједно су преводили и српске народне песме. Превод песме *Почетак буне на дахије*, донео је Херлосзону чак осамнаест талира. Када их је примио, вели да није могао очима да верује [116]. Занимљиво је да ће Херлосзон касније стећи лепо књижевно име. Године 1828. написаће, свакако потстакнут Милутиновићем, историјски роман *Стефан Мали, црногорски поглавар.*

Чини се, да ниједан од двојице пријатеља није имао посебнога смисла, а ни воље, ни истрајности за дужи, мукотрпнији заједнички рад. Превод *Србијанке* остао је у зачетку.

---

[115] Carl Herloszohn: *Biographische Skizze*, Leipzig, 1850, 23–25; Alojz Šmaus: *Herloszonova slika Cme Gore*, Прилози КЈИФ, књига двадесет четврта, Београд, 1958,17-35; Миљан Мојашевић: *Југословенске теме и српска народна поезија у Котином "Morgenblatt"-у* (1807-1865), Посебна издања САНУ, књига DLXXII, Одељење језика и књижевности, књига 38, Београд, 1986, 60-78; Т. Бекић: *Карл Херлосон и његова посредничка улога између нас и Немаца*, Зборник Матице српске за књижевност и језик, књига двадесет пета, Нови Сад, 1977, 97-105.

[116] Војислав Јовановић: *О везама Симе Милутиновића Сарајлије са немачким писцем Карлом Херлосзоном*, Гласник Српске академије наука, књига прва, Београд, 1949, 194-195.

Милутиновић ће се још једном у Лајпцигу занети идејом о превођењу свога спева на немачки језик. Упознао је имућног немачког песника, Вилхелма Герхарда. Сарадња је текла готово једнако, као претходна са Херлосзоном. Герхард се, помало помодно, заносио нашим народним песмама. На то су га упутили преводи Херлосзона и Терезе Албертине Лујзе фон Јакоб, као и преводи и интересовање Јохана Волфганга Гетеа. Упознавши Милутиновића, Герхард је схватио да има идеалну прилику да и сам преводи народне песме, уз помоћ и објашњења човека коме је блиска и народна поезија и сама поезија. "Већ с јесени објавили су они прве огледе у неколико листова; сем народних песама, и један одломак из *Србијанке*"[117].

Милутиновић је био користан и таличан сарадник својим лајпцишким познаницима и пријатељима. Од познанства са Милутиновићем, Херлосзону је у сваком погледу кренуло набоље, а Герхард је начинио књигу превода наших народних песама, књигу која је своjевремено имала велик број читалаца и уживала лепу популарност. Знатне користи од познанства са Милутиновићем имао је и лужичко-српски писац, Хандрија Зејлер. До познанства са Милутиновићем, 1826. године у Лајпцигу, писао је, кажу историје лужичко-српске књижевности, осредњу поезију у духу класицизма. Милутиновић га је наговорио да се окрене народноме стваралаштву и да у њему потражи надахнуће. Саветовао му је, такође, да прихвати стилски израз народне књижевности. Захваљујући Милутиновићу и његовим саветима, данас се Хандрија Зејлер сматра родоначалником нове лужичко-српске литературе [118]. И Зејлер се, под Милутиновићевим утицајем, окушао у превођењу наших народних песама. Превео је песму *Девојка избира момка* [119].

У Лајпцигу је Милутиновић остварио и два, за њега изузетно значајна познанства. Успоставио је претежно литерарну комуникацију са Гетеом, али и присно пријатељство са Талфијевом. Познанство са Терезом Албертином Лујзом фон Јакоб склопљено је

---

[117] В. Недић: нав. дело, 69; Милан Ћурчин: *Српска народна песма у немачкој књижевности*, Београд – Панчево, Народна библиотека Србије – Народна библиотека "Вељко Влаховић" Панчево, 143-158; Миљан Мојашевић: *Јакоб Грим и српска народна књижевност. Књижевноисторијске и поетолошке основе*, Посебна издања САНУ, књига DLIII, Одељење језика и књижевности, књига 34, Београд, 1983, 481-482.

[118] Л/еополд/ Лепард: *Српство у поезији Лужичких Срба*, Београд, 1931, 20.

[119] В. Недић: нав. дело, 70.

последњих дана јуна 1826. године. Оно ће песнику значити много. Од младе Туркиње Фатиме, настрадале у расулу Карађорђеве Србије 1813. године, песника ниједно женско створење није толико понело и узбудило (ни лепа незнанка из кола под Видином). Сувременици су тврдили за њу да је толико млада, колико је лепа, а толико лепа, колико умна и образована [120]. Песник је Талфијеву посетио у дому њенога оца, умног и сјајног филозофа и граматичара, господина Јакоба. Посета је била унапред најављена. Како сазнајемо из писма Талфијеве Јернеју Копитару, она се много радовала што ће упознати једнога "живог Србина", песника и саборца Карађорђевог. Међутим, први сусрет ју је изненадио, јер је Милутиновић остао мало, а све време је био збуњен и сметен [121]. Очигледно је Симу Аморова стрелица погодила истога часа, када је Талфијеву угледао.

---

[120] Милан Ђурчин: *Српска народна песма у немачкој књижевности*, Народна библиотека Србије – Београд и Народна библиотека "Вељко Влаховић" -- Панчево, Београд-Панчево, 1987, 138, напомена 3,

[121] Jevto M. Milović: *Talvjs erste Ubertragungen fur Goethe und ihre Briefe nach Kopitar*, Leipzig, 1941, 60. В. Недић: нав. дело, 69-70. Новица Петковић: *Од формализма ка семиотици*, Београд, БИГЗ – Јединство, 1984, 5. О професору Лудвигу Хенриху Јакобу, Н. Петковић је забележио и следеће: "Када данашњи лингвист узме у руке гимназијске уџбенике из опште граматике и философије које је Л. Х. Јакоб објавио 1812. године, он их може читати с извесним дивљењем. Јер Јакоб средишње место даје појму и термину знак, који дефинише као 'сваки чулни предмет који служи као средство помоћу кога се у нашој души изазива неки други појам'. При томе разликује природне и вештачке, тачније произвољне знакове. За ове друге, вештачке или произвољне, каже да чине основне јединице људског језика. Природни људски језик дословце одређује као 'сваки систем таквих знакова који се произвољно могу употребљавати за саопштавање мисли'. Данашњи лингвист склон је, разуме се, да Јакоба прогласи за далеког де Сосировог претходника, јер је заиста сто година пре њега природни језик дефинисао као знаковни, тј. лао семиотички систем..." Даља размишљања Новице Петковића, свакојако интересантна, о вредности граматичарско-философског рада оца Терезе Албертине Луизе фон Јакоб иду правцем који нас тренутно мање интересује. О могућем и вероватном утицају професора Јакоба на Милутиновића и на његове ставове о књижевном и песничком језику – није вођено рачуна. Биће да је управо професор Јакоб уверио Милутиновића да песници стварају језик, а граматичари језику служе, описујући га и правила му одређујући. Управо је због тога Вук Караджић и био љутит на Симу, када му је овај, па све Вукове примедбе упућене на рачун језика *Србијанке*, одвраћао једно те исто: ја језик стварам, а ти само описујеш и правилима исказујеш мој рад. Стављати му имплицитно под нос ауторитет професора Јакоба, било је нешто што Вук Карацић није могао Милутиновићу да допусти, а још мање да преко тога уздржано пређе. (Види и поглавље *Будимска и лајпцишка Пјеванија у светлу суврем и познаје рецепције и стручне критике*, напомена 4 и 6).

Временом је Милутиновић почео редовније да посећује породицу фон Јакоб у којој га је, поред лепе и паметне Терезе, свакако интересовао и њен отац Лудвиг Хенрих Јакоб, професор и писац уџбеника из граматике и филозофије. О тим посетама млада, лепа, образована и умна девојка, извештавала је писмом Јакоба Грима [122]. Веровала је да би јој раније познанство са Милутиновићем помогло да њени преводи српских народних песама буду и тачнији и лепши. Наш песник ју је очигледно занимао и као мушкарац. **На њу су песникови дугачки бркови оставили утисак, али можда и више од бркова — прича која је испред песника стизала, сага о Милутиновићевим ратовањима и лутањима.** За тренутак као да је Талфијева поверовала како је сусрела једну комплетну личност. Пишући крајем исте, 1826. године, Гетеу — упозоравала је великог немачког песника да је Милутиновићево лице "ратничко" [123].

Милутиновић је Талфијевој посветио *Зорицу*, књигу песама. Збирка, симболичног и карактеристичног назива, довршена је априла 1827. године. Трудом Јосифа Миловука штампана је у Будиму исте године. Садржи једну народну песму — о Марку Краљевићу и вили бродарици. Њу је песник у детињству слушао од ђеда Срдана. Преостале песме плод су Милутиновићевог певања, умовања, и, како је то уверљиво показао Владан Недић, заљубљености у Талфијеву [124].

У плодном, лајпцишком раздобљу песникова рада, настаће и већина песама штампаних под насловом Неколике пјеснице, старе, нове, преведене и сочињене (објављене у Лајпциг 1826. године). У овој збирци, Милутиновић је обелоданио три народне песме. Две је слушао у детињству од мајке: шаљиву лирску песму о Моби Копичић-бега и епску јуначку песму о Мијату Харамбаши. Песму о завојевању Крима најрадије је певао, вели Милутиновић, његов ђед Срдан.

У маленој збирци, посебну пажњу привлаче четири песме — "Црногорске". Песник их је добио од пријатеља, Томе Милиновића Морињанина. Милиновић, наводно, није знао ко је песме сачинио.

---

[122] Steig Reinhold: *Briefwechsel ywischen Jakob Grimm und Therese Jacob*,Sonderabdruck aus den Preussischen Jahrbuchern, B. d. 76/2, 1894, 355.

[123] *Jevto M. Milović: *Goethe, seine Zeitgenossen und die serbokroatische Volkspoesie*, Leipzig, 1941, 133. В. Недић: нав. дело, 70.

[124] В. Недић, нав. дело, 78-81.

Трифун Ђукић је сматрао да све четири песме потичу из ума владике Петра Првог Петровића. За једну је то сасвим извесно, јер је познаје штампана, допуњена, под владичиним именом [125]. За другу је Владан Недић утврдио да је такође, ван сумње, владичина [126]. За преостале две, Недић сматра да се по некојим особинама могу такође приписати Петру Првом:

"...све четири песме завршавају се слично, у славу божију. Осим треће, све бацају клетву на Вука Бранковића; – и једно и друго био је манир старога владике. Милутиновић је, нажалост, испустио многе стихове – обележио их је тачкицама – па нас је тако лишио могучности да упоређење вршимо до краја" [127].

Симу Милутиновића приклештиле су големе материјалне недаће. Невидећи другога излаза. био је принуђен да преко Вука, изнова моли кнеза Милоша. Молио је и Вука, да лепом речју учини да се Милош одобровољи, како би му обезбедио какав посао у Србији. Вест од Вука, односно из Србије, била је више него повољна. Песник је обавештен да ће га намештење у Србији чекати, а да је Милош спреман и да Симине нагомилане дугове намири. Маја месеца 1827. године, верујући у доласке нових пролећа, уздајући се и у срећу хајдучких кретања о Ђурђеву-дне, песник напушта Лајпциг. Чинило се да је пошао за Србију, како је Вуку и Милошу најавио. Но, није путовао журно. Задржао се у Бечу, како би опширније поразговарао са Вуком. Ту је упознао и пољскога слависту, Кухарског [128]. Кроз Будим је прошао око деветог јуна. Зауставио се у Ади, код Михајла Грујовића, у кога се налазио део његових видинских списа [129]. Писао је Талфијевој, расправљао и о слабо разумљивом језику *Србијанке* и образлагао, на особен начин, властите ставове [130].

Под крај месеца јуна, песник се нашао у Земуну, у Земуну у који је некада са родитељима стигао и за који су га везивале многе младеначке успомене. Ту је начуо да га у Србији неће примити баш раширених руку. По налогу кнеза Милоша, био је током боравка у Земуну и посебно надгледан [131]. Владан Недић указује на писмо

[125] в. Песме Петра Првог Петровића Његоша, Цетиње, 1951, IX–X (Трифун Ђукић).

[126] В. Недић: нав. дело, 76.

[127] Исто, 76.

[128] Љубомир Дурковић-Јакшић: *Југословенско-пољска сарадња 1772-1840*, Нови Сад – Вроцлав, Матица српска – Осолинеум, 1971, 133.

[129] В. Недић: нав. дело, 82.

[130] Милош Ђорђевић: *Једно писмо Талфјеве Сими Милутиновићу*, Прилози КЈИФ, књига двадесет прва, Београд, 1955, 325.

[131] В. Недић: нав. дело, 82-83.

Димитрија Давидовића, написано 18. јуна 1827. године, у коме Давидовић, из Крагујевца, поручује Вуку *"против њега нема ништа више"*. Недић закључује: *"значи било је нешто"* [132].

Да ли је Давидовић био у праву, или не – тешко је рећи. Мислим да није ни сасвим извесно, како треба протумачити штуро Давидовићево саопштење. Но, ван сваке сумње, Сима Милутиновић се уплашио. Знао је добро да је својевремено повукао неколико узастопних потеза, који нису били Милошу по вољи. Од 1816. године, он је наглим, исхитреним, и свакако неочекиваним одлукама – прописно насекирао кнеза Милоша. Вероватно Милутиновић није био сигуран ни за судбину свога писма Милошу. Вук му је, може бити рекао да га није уручио. Међутим, песник је запао у расположење, када са разлогом, или без њега, није више веровао никоме. Бојећи се да га Милош не упокоји, као многе друге (значајније, виђеније, угледније) – Милутиновић наизглед мења планове. Одбацује помисао о повратку у Србију, као да на тако што није никада озбиљно ни мислио. Многи верују да нову одлуку о правцу и циљу пута доноси на пречац, у хипу.

Не бих ипак рекао да је одлука о недоласку у Србију, а путовању у Црну Гору за Милутиновића потпуно нова, импровизовано на лицу места. Многе Симине акције у Лајпцигу указују на извесност да је читав даљи пут од Земуна, насупрот Србији, био итекако осмишљен, испланиран.

У Земуну је Милутиновић извадио нов пасош и двадесет деветог јуна је наставио путовање. Накратко је свратио у Карловац [133]. У Трсту се обрео "средином јула". У разговору са пријатељима и друговима по перу: Димитријем Фрушићем, Димитријем Владисављевићем, Јевтимијем Поповићем и Лукијаном Мушицким, провео је готово месец дана у дружењу и разговору. Много речи било је и о песниковом стварању, посебно о *Србијанки*. Милутиновић је, на молбу Јевтимија Поповића, најавио и писање трагедије о Обилићу.

Узбудљиву и умну лепотицу, која је остала у далеком Лајпцигу, Милутиновић није могао да уклони из мисли и сећања. Госпођици Терези Албертини Лујзи фон Јакоб писао је из Трста често, "полузбуњена писма", како је Талфијева за њих говорила. Но, нека песникова саопштавања у тим писмима јесу била одраз њего-

---

[132] Исто, 82.
[133] Исто, 83.

вих свесних, домишљених,нимало збуњених планова за будућност. Обавестио је вољену жену о свом скорашњем одласку у Црну Гору, па и о некојим детаљима осмишљеног пута чије навођење има смисла само ако се очекује да ће и друга особа можда кренути трагом прве [134].

На пут, у правцу Црне Горе, кренуо је великим једрењаком. Овај га је тринаестог августа довео у Задар. Пут га је даље водио у Дубровник, а затим у Херцегнови и Котор. Под присмотром аустријске полиције и њених доушника, песник је већ од Задра [135]. Међутим, озбиљна малтретирања тек су прдстојала. У Херцегновом био је подвргнут претресу, а у Котору је био и озбиљно саслушаван [136]. Записник, односно протокол о саслушању Симе Милутиновића, сачуван је у целини. Занимљив је и као документ који садржи, у основним цртама, својеврсну песникову аутобиографију. Из њега сазнајемо и како је Милутиновић дошао до средстава за путовање. О томе сам, у званичном протоколу вели:

"Von dem Verkaufe des Werkes errubrugte mir ungâfehr 120 Tahler, wo mit ich die Reise unternahm" [137].

Упитан за разлог доласку у Котор, Милутиновић је одговорио како жели да оде у Црну Гору где намерава да сакупља народне песме, које би касније у Бечу, или где у Немачкој, објавио. Истиче, да му је жеља, да уз дозволу црногорског владике, прегледа стару архиву, како би пронашао документа на основу којих би могао да непише епску хронику Црне Горе:

"Mein Zweck ist illyrische Volkslieder zu sammeln. In diser Absicht gedancke ich in den Gebiet von Montenegro mich zu begeben und dort eine moglichte vollstandige Sammlung davon zu machen, si dann mit mir nach Wien oder uberhaupt nach Deutschland zu nehmen und eine Ausgabe davon zu veranstalten. Sollte mir ferner der Bischof von Montenegro erlauben, das dortige alte Archiv zu ubtersuchen, welche Erlaubniss ich zu erhalten hoffe, so wurde ich die Chronick, die dort nach Angabe eines gelehrten franzosischen Obersten befindlich sein soll,

---

[134] Jevto M. Milović: *Talvjs erste Uebertragungen für Goethe und ihre Briefe an Kopitar*, Leipzig, 1941, 75–76.

[135] Јевто Миловић: *Долазак Сима Милуūиновића у Далмацију и Црну Гору*, Зборник историје књижевности САНУ, Одељење литературе и језика, књига 2, Београд, 1961, 93 и даље; Алекса Ивић: *Архивска īрађа о срūским и хрваūским књижевним и кулūурним раднициūма*, књига друга (1790-1897), Београд, Српска краљевска акдемија, 1931, допис директора полиције у Задру, Јакоба Хаша, "Врховпом полицијском звању" од 30. августа 1827. године.

[136] Алекса Ивић, нав. дело, 114-118 (Протокол о саслушању Симе Милутиновића).

[137] Исто, 117.

benutzen, um einen historischen Aufsatz zu verfassen und vielleicht auch die histroischen Merkwurdigkeiten dises Landes episch zu bearbeiten" [138].

Милутиновићеви одговори задовољили су власти, бар за прво време. Песник је остао у Котору, чекајући да му се среде пасош и друга потребна документа за одлазак у Црну Гору. Пошто је и надаље био под присмотром – знамо да се држао коректно. Живео је усамљено. Време је углавном проводио у читанмју и писању [139]. По мишљењу Николе Банашевића, које прихвата и Владан Недић – Милутиновић је, вероватно, у Котору наставио да пише Трагедију Обилић (започету у Трсту) [140]. За време недугог боравка у Котору, песник је започео и салупљање народних песама. Ту је нашао и професионалне гусларе, Петра Мркаића и Гашу Ришњанина. Од њих је забележио укупно осамнаест песама [141]. Поводом једне, оне о браћи Јакшићима, који ослобађају сестру из ропства, узбуђен је забележио нешто од атмосфере у којој је песме слушао и записивао [142].

Чекајући на одобрење которских вкласти да настави пут, Милутиновић је покушао да успостави и контакт са владиком Петром Првим, позивајући се посебно на препоруку коју је добио од Јеремије Гагића, руског конзула у Дубровнику и свога знанца из устаничкиох дана [143]. Владика је уздржано одговорио да га не може примити на Цетињу *"ако му аустријска погранична власт у Котору не визира по пропису документа и ако му окружни которски капетан, Јосип Пајтони, не допусти да пође у Црну Гору"* [144]. Изненада, песника је издало стрпљење. Оставивши све своје личне ствари, осим "књиге шилерових песама" (и још једне, такође на немачком језику), без докумената, запутио се тајно, као прогоње-

---

138 Исто, 115.

139 Јевто Миловић: *Долазак Симе Милуииновића у Далмацију и Црну Гору*, 113 (писмо Јосипа Пјатонија из Котора губернијалном предсједништву у Задру, написано 27. септембра 1827. године).

140 Никола Банашевић: *Када је и Ђе наиисан "Обилић" Симе Милуииновића?*, Прилози КЈИФ, књига двадесет прва, Београд, 1955, 301.

141 в. *Пјеванија црноГорска и херцеГовачка*, приредио Добрило Арапитовић, Титоград, 1990.

142 Исто, *Милуииновићева белешка уз иесму Јакшиии* (бр.7), стр.50.

143 Душан Вуксан: *Преииска Пеировића-ЊеГоша с нашим књижевници-ма. Пеиар I и Симо Милуииновић*, Записи. часопис за науку и књижевност, год.I, св. 4, Цетиње, 1927, 178; Јевто Миловић: *Долазак Симе Милуииновића у Далмацију и Црну Гору*, 104 (писмо Јеремије Гагућа Петру Првом Петровићу од 11. септембра 1827. године.

144 Ј. Миловић: нав. дело, 94-95;

ник, у Црну Гору. С почетка се држао жељеног правца. Потом је потпуно залутао [145]. У некаквој колиби, на коју је случајно набасао у планини, провео је осам дана у најстрожем посту: не једући ништа, а пијући кишницу" [146].

У таквим приликама, измучивши се физички до граница издржљивости, довршио је *Трагедију Обилић* (бар њену радну верзију). Преко некога путника-намерника најавио је владики долазак, молећи га за њу к коју кртолу, како би прве залогаје у новој земљи добио из свете руке [147]. На Цетиње је стигао 25. септембра ноћу, у глуво доба, уз помоћ једног старца и некојег чобанчета. Владика Петар Први Петровић, маколико да се раније држао одређене форме и тражио да Милутиновић има сва потребна документа, уредно издата и оверена, или га у противном неће моћи да прими – сам је обавестио которске власти да је песник стигао код њега једва жив и молио да се песникове личне ствари пошаљу на Цетиње. Милутиновић се свидео владики управо онакав, какав јесте био. О томе утиску владика је убрзо обавестио и Јеремију Гагића. Дугове, које је Сима оставио за собом у Лајпцигу, Петар Први је измирио од руске пензије Црној Гори (која је, после вишегодишњега застоја, почела поново да се исплаћује 1826. године). Није му дозволио да прода заложену пушку (песник ју је оставио код Гагића у залогу да би потом са Цетиња молио писмом Гагића да пушку прода и тим новцем намири повериоце у Лајпцигу). У Милутиновићево писмо владика је додао неколико својих речи, међу којима и забрану да се пушка прода и савет – шта треба учинити да би се песникови дугови измирили. Невоља је била научила владику да оружје не треба ни у невољи отуђивати, јер пушка увек ваља и кад-тад мора затребати [148].

---

[145] Душан Вуксан: *Преписка Петровића-Његоша с нашим књижевницима. Петар I и Симо Милутиновић*, писмо владике Петра Првог окружном капетану которском, Пјатонију, писано 29, септембра, односно 11, октобра 1927;В. Недић: нав., дело, 84-85.

[146] В. Недић: нав. дело, 85.

[147] Исто, 85.

[148] Д. Вуксан: *Преписка Петровића-Његоша с нашим књижевницима. Петар I и Симо Милутиновић*, 178, писмо владичино Гагићу, датовано "октобар 1827." Уз писмо владике, ишло је и Милутиновићево писмо Гагићу. У њему је Милутиновић, може се то разумети из писма владике Петра Првог, молио Гагића да прода пушку, коју му је оставио у Дубровнику, и да од тога новца исплати Милутиновићеве заостале дугове.

Црногорско раздобље у Милутиновићевом животу

Лајпцишко раздобље живота Симе Милутиновића, од ране јесени 1825. године до првих дана маја 1827. године, било је значајно за додатно обликовање (не и сазревање) песникове личности. Много шта важнога догодило се и створило у Лајпцигу.

У томе периоду, песник је склопио неколика значајна познанства. Са гледишта књижевно-културнога упознао се, а затим и радио, са Херлосзоном, Герхардом и Зејлером. Преводио је са њима српске народне песме, а и у разговорима је, очигледно, на њих знатно утицао. Свакако, није нимало случајно да и Херлосзон, који са Милутиновићем другује у Лајпцигу, и Петар Други Петровић Његош, коме је Милутиновић био учитељ, саговорник и пријатељ у Црној Гори – у одређеним раздобљима живота пишу надахнути судбином шћепана Малог. Извесно, није случајно ни што Зејлер и Његош исказују књижевну, прозну и поетску мисао у духу стваралаштва властитога народа. Несумњиво је значајно и Милутиновићево познанство са гласовитим Јоханом Волфгангом Гетеом. Гете, који је у духовном смислу закорачио у необичне просторе друге књиге *Фауста* имао је симпатија, па и разумевања за Милутиновићеву *Србијанку*. Приметна наклоност коју је испољавао према Милутиновићу, свакако су имали значајне последице, поготову одјеке у своје време. Гетеово хваљење нашега песника имало је, својевремено, не малу тежину.

Познанство са Терезом Албертином Лујзом, фон Јакоб, оставило је на песника у Лајпцигу понајснажнији утисак. Заљубио се и преко ушију. На љубав му није одговорено на начин и у мери које је желео. Талфијева јесте имала за Милутиновића пуно разумевања и очигледних симпатија, али ниједна од њених реакција у односу на Милутиновићево присуство – није потпадала под категорију која се може назвати љубављу. Она јесте запажала његове дугачке бркове, као и "ратнички" изглед, флерт са Карађорђевим саборцем извесно јој није био стран (тако су једнако мислили и Копитар и Вук), али једновремено, она је видела пред собом и збуњеног, сметеног човека са којим сигурно није знала шта почети. Песник је Талфијеву волео, она је њега само симпатисала. Морала му је то на крају и јасно ставити до знања. Милутиновић је разумео коначно став Талфјеве. Схватио је да је она за њега недостижна. Да је веровао у могућност промене осећаја лепе и умне девојке према њему, Милутиновић сигурно никада не би кретао из о Лајпцига.

Одлучивши се, пак, да га напусти, у срцу је наставио да негује очајничку наду, како је могућа чудесна промена осећања Талфијеве према њему.

С друге стране, Милутиновић је у лајпцишком раздобљу веома прибрано (што је, без даљег, неочекивано) припремао и неке своје позније потезе. Пре свега, ступио је у преписку и контакте са народним секретаром Црне Горе, Симеоном Орловићем. У збирку песама посвећену Талфјевој, која је у њему пробудила илузију да зоре још увек постоје (збирка Зорица), Милутиновић је, осим сопствених гугутања на уво лепој девојци – унео и четири песме владике црногорскога, Петра Првог. Песме је наводно добио од Томе Милиновића Морињанина, који, пак, није знао чије су. У обе ствари тешко је поверовати. Понајмање сам спреман да верујем да је Милутиновић делао случајно. Напротив! Чини се, да је све било релативно брижљиво припремано. Склон сам да верујем и да Милутиновићева обавештења Талфијевој о правцу и циљу његова путовања – нису давана случајно. Песник је, очито, гајио илузије. Помишљао је да ће Талфијева можда ипак поћи за њим.

Путовање у Црну Гору није смишљено за време песниковог лајпцишког раздобља. Тада је само домишљено идеја о одласку у Црну Гору зачела се за време видинских самовања и будних сновиђења.

Сима Милутиновић је прошао кроз два устанка. У другоме је учествовао од самога почетка. У првоме, пак, суврему српску револуцију, доживљавао је најпре као занесени, усхићени ђак, који широко отворених очију гледа преко Саве и Дунава, али потом и као активни учесник, писар, обавештајац и борац.

Године 1814. и 1815. схватио је који културни, историјски, али надасве политички значај има обелодањивање народних песама. За време боравка у Лајпцигу, то му се сазнање само продубило. Жеља тамошње сабраће по перу да српске народне песме преводе, затиум очигледна тражња читалачке публике за новим и новим преводима – указали су му, недвосмислено, колико је народна песма моћно средство за доказивање и потврђивање националности и права на самосталну државу.

Рад на *Србијанки* , на спеву који јесте заправо својеврсна историја првога српског устанка, односно српске револуције – уверио је песника да је у процесу стварања самосталне, независне државе, итекако битно писање њене историје, односно историје њенога настајања.

Пошавши у Црну Гору у трагању за просторима "ни на небу ни на земљи", за просторима где је човек слободан као птица – Сима Милутиновић је поставио себи сложене задатке. Простодушни песник говориће о њима чак и полицији у Котору. Наглашаваће сумњичавим полицајцима да је намеран у Црној Гори да напише њену епску хронику, ваљда некакву *Црногорку*, а жели и песме народне тамо да скупља.

Доласком Симе Милутиновића у Црну Гору владика Петар Први добио је новога секретара Црне Горе и личног поверљивог човека. На месту секретара Милутиновић је заменио Симеона Орловића, кога су политичке игре и пристајање уз Аустрију и њене интересе, довели на крају до ћелије у манстиру Стањевићима, до притвора. Милутиновић је собом донео и препоруку, коју је написао и потписао руски конзул у Дубровнику, Јеремија Гагић. Извесно је, међутим, да су одређени контакти између Симе Милутиновића и владике Петра Првог Петровића већ били успостављени, и да они један другоме нису били незнанци. Вероватно је веза учвршћена (ако не и успостављена) у време кад је Милутиновић у *Зорици* објављивао четири владичине песме. Да није било претходних размена мишљења и договора, тешко би се могло објаснити, како Милутиновић, без личних докумената, после вишедневног лутања, бива примљен на Цетињу раширених руку и препознат само на основу Гагићеве препоруке, која је, узгред речено, могла бити и украдена некојем "правом Милутиновићу". Очигледно је владика Петар Први знао добро по чему ће песника препознати.

Извесно је и песникова личност, у целини, напречац освојила Петра Првог. Одушевљење није ни покушао да прикрије. Био је већ у дубокој старости (залазио је у девету деценију живота) и присуство поштеног, поверљивог и оданог човека – значило му је много. Није било без значаја ни то што је Милутиновић био срећан и задовољан самом чињеницом да је у Црној Гори, да ће му бити омогућено да прикупља народне песме и да, као секретар Црне Горе и Петра Првог има могућност и згоду да прегледа и прочитава историјска документа црногорске државне архиве. Плате Милутиновић није тражио, а није је ни добио. Владика је измирио песникове лајпцишке дугове од суме, коју је Русија (поново од 1826) давала Црној Гори. Самом песнику, владика је давао стан и храну.

О Милутиновићевом боравку у Црној Гори, о његовом обављању секретарских дужности, о мешању у политику Црне Горе, о потоњем подучавању Рада Томова Петровића – писано је много у стручној литератури. Међутим, унаточ томе, чини се, да је црногорско раздобље Милутиновићева живота остало најнејасније, најпротивречније. За сврху ове студије управо је црногорски период песникова живота од највећега значаја. У њему се налазе потпуни (или крњи) одговори на битна питања: због чега је и ради чега песник сакупљао народне песме, због чега је начинио будимску *Пјеванију* (1833), а затим и лајпцишку *Пјеванију* (1837) на начине на које је то учинио; због чега је песник, побегавши из Котора у Црну Гору, залутавши у црногорским планинама – писао, онемоћао од глади – *Траге̄дију Обилић*; због чега је потом написао драму *Дика церногорска*; због чега је, заједно са старим владиком (делимично и по његовом диктату) саставио *Исто̄рију Црне Горе*; због чега је *Исто̄рију Црне Горе* зачинио и народним песмама и зашто баш онима којима то јесте учинио (те песме је у народноме духу испевао и народу наменио стари владика Петар Први)? Набројаним питањима додао бих још два, која не сматрам мање важнима: каква је улога Симе Милутиновића у доласку на владичански престо Рада Томова Његоша, односно Петра Другог Петровића Његоша и да ли је Милутиновић злоупотребио поверење владике Петра Првога Петровића и на своју руку писао одушевљена и обавезујућа писма Карађорђевом сину, рускоме официру Алексеју Карађорђевићу? На нека од поменутих питања одговор се нуди у трећем поглављу ове студије – *Будимска и лајп̄цишка Пјеванија у свет̄лу сувре̄мене и п̄озније реце̄пције и с̄тручне крӣтике*, на некоја друга покушао сам одговорим у четвртоме поглављу студије. У оквиру овог поглавља (*Еп̄ска биог̄рафија Симе Милӯтиновића Сарајлије...*) посебно бих се задржао на два последња питања (питање Милутиновићеве евентуалне нелојалности према староме владики Петру Првом и проблем Његошевог доласка на владичански трон Црне Горе). На особен начин, разматрање ових проблема употпуњује мозаичну слику Милутиновићеве свеукупне личности: исказује песниково политичко "вјерују", а показује и његово схватање етичких норми. И песникова политичка схватања и песникови етички ставови јесу од битне важности за потпуно разумевање његовога рада на сакупљању народних песама и начину на који ће оне бити представљене јавности.

* * *

Милутиновићева активност у Црној Гори уистину задивљује. Упоредо, Милутновић обавља разноврсне дужности, а свим тим пословима не бива битно ометен песников лични рад. Као секретар Црне Горе и десна рука владикина, Милутиновић обавља добар део (истина невелике) црногорске дипломатске преписке. У својству секретара, а много више у својству поверљивог владикиног човека, Милутиновић обавља дужност и мировног судије у , свађама, некад и крвавим, црногорских и брдских племена. Песник има деликатну, рекао бих и недовољно уочену улогу у стварању и учвршћивању црногорске државе. Старој Црној Гори коју су чиниле четири нахије: *Ријечка, Катунска, Црмничка* и *Љешанска*, придружила су се крајем осамнаестога (1796) и почетком треће деценије деветнаестога века (1820) и некоја брдска племена. Она су до тада имала другачији, самосвојни историјски пут и развој. Нису свикнути да међу собом сарађују, нити да се помажу, а камоли да су привикнути заједничком животу са житељима Старе Црне Горе. Песник интензивно обилази брдска племена: Бјелопавлиће Пипере, Морачане и Ровце. Посебно су затегнути односи између Бјелопавлића и Пипера. Око тога сукоба многе дане утрошиће и Милутиновић. Покушавајући да допринесе одређеном смирењу, провешће у манастиру Острогу (на подручју Бјелопавлића, време од лета 1828. године до лета 1829. године (дакако, са мањим прекидима). Неприлику, која је захтевала његово присуство у Острогу, песник ће искористити да бележи народне песме. Пажљивији преглед списка Милутиновићевих певача и казивача у Бјелопавлићима (али не само у њима), показује да су они, великом већином, угледни племеници, дакле, они са којима је секретар Црне Горе и поверљиви човек владике Петра Првог Петровића морао да разговара и по званичној дужности. Релативно је мали број певача, који су били чобани, пастирице, "обични" припадници племена (Брацан Козарчић, Јаглика Мушкобања, Гола девојка итд).

За време боравка на Цетињу, поготову за време дужих боравака -- Милутиновић је са владиком Петром Првим, а свакако уз владичину знатну помоћ, радио на сачињавању *Историје Црне Горе. Историја Црне Горе*, заједно са свим песмама на народну (укупно их је седам), које садржи, а које потичу од владике Петра Првог – јесте превасходно осмишљено политичко дело. Од почетка до краја, та историја писана је са намером да настави посао, који је започео владика Василије Петровић својом *Историјом Црне Горе*, писаној у време боравка у Русији, а намењеној пре свега владајућим круговима царске Русије. Василије Петровић, а посебно Петар Први Петровић, уз помоћ Симе Милутиновића, чине све што је потребно на историографском плану, како би засновали, утемељили, оправоснажили – династију Петровића. **Као што народне песме памте и чувају оно што је спомена и незаборава достојно – тако исто и ова, историографска дела, саопштавају само оно што желе да буде запамћено.** Ни историја Василија Петровића, нити историја Симе Милутиновића, нити *Кратка*, посмртно обелодањена *Историја* Петра Првог Петровића нису права историографска дела. У њима је важна пре свега династичка истина. Кућа Петровића јесте права владарска кућа за добробит Црне Горе. Треба се добро чувати свих оних који не припадају владарској кући, а који пожеле власт – порука је сваке од ових историја.

У томе истоме тону, остварајући и проживљавајући видинске сање и будна сновиђења – Милутиновић ће писати и драмска дела: *Трагедију Обилић* и драму *Дика Црногорска*. Све што је песник написао током црногорскога раздобља живота, све што је чинио и учинио за то време на црногорским просторима – све је део осмишљене и домишљене политичке акције.

Боравећи у Црној Гори, песник се непрекидно мешао у политику. Марта 1828. године намислио је да пређе у Србију и да са кнезом Милошем договори споразум између Црне Горе и Србије. Покушавао је да успостави тешње политичке везе са царском Русијом, а и да са моћном царевином договори план заједничких политичких акција. Политички је деловао и у ужим просторима црногорске државе. Смисао песниковог дугог боравка у манастиру Острогу, у Бјелопавлићима, јесте политички. Према једном извештају, у Острог је приспео у лето 1828. године, а ту се налазио и у септембру следеће године [149]. Вероватно је пратио војне покрете никшићких Турака, али је деловао и међу Бјелопавлићима, у то време још увек недовољно поузданим [150] Дакако, бивак у Острогу је повремено прекидао ради краћих пословних (и опет политичких) боравака на Цетињу. Ипак се чини да је Милутиновић био много у покрету. Сва писма из црногорскога раздобља живота датована су, односно лоцирана, на Цетињу. Извесно је, међутим, да се песник на Цетињу задржавао кратко. Обавестивши владику о свим збивањима, подневши му исцрпан извештај, одлазио је даље или, можда тачније, враћао се где је претходно и био. У тим годинама, 1828. и

---

[149] В. Недић: нав. дело, 87.

[150] в. Петар Први Петровић: *Фреске на камену. Избор, предговор, коментари – Чедо Вуковић*, библиотека "Луча", књига 13, Титоград, Графички завод, 1965, 213, 233, 254, 256, 288, 321, 324, 326, 331, 334, 348.

1829. – сакупљена је обликована Милутиновићева збирка народних песама. Боравак, дуг у манстиру Острогу допринео је да песник прикупи поголму збирку песама са подручја племена Бјелопавлића, а кроз Морачу и Ровце и сам је пешке проходио. Но, о свему томе биће посебно речи на другом месту. Чини се, да се историјом Црне Горе, Милутиновић није тада озбиљније бавио. Томе послу могао се посветити тек по коначнијем доласку на Цетиње 1830. године. *Историја Црне Горе* писана је од тога тренутка све до владичине смрти. У то време, Милутиновић је, по тако званој казни, лични учитељ и васпитач будућег владике црногорског. Извесно је, да ту одговорну дужност стари владика не би поверио некоме ко је преварама и фалсификатима склон. Тим пре што Милутиновић никако није будућег владику подучао само писмености, књижевности, философији, историји, већ је користио прилику да изнесе и своја размишљања о владању и управљању земљом и народом. Не треба сметнути с ума да је Милутиновић написао својевремено, а пре Вука, писмо кнезу Милошу Обреновићу у коме је, између осталог, писао и о томе како прави владар треба да се држи према народу, а како да њиме влада.

Чудан је стицај околности који је условио да Милутиновић буде смењен са места секретара Црне Горе и, наизглед, уклоњен са положаја поверљивог човека владике Петра Првог Петровића. Још чудније је, што, ако би прво било тачно – Милутиновић ипак није потпуно склоњен са положаја секретара Црне Горе и појављује се у тој улози у најделикатнијем могућем тренутку – код смене на владичанском трону. О свему томе у нас, у нашој стручној литератури, након студије Милена Николића, обликовано је мишљење да је Сима Милутиновић злоупотребио поверење старога владике и једном писмо Петра Првог Карађорђевом сину, руском официру, Алексеју, накитио је мимо сваке дипломатске опрезности и уздржаности. Писмо је доспело у руке аустријске цензуре, а ова је препис уручила кнезу Милошу. Изненађени и разбешњени Милош намах је оптужио владику Петра, а овај је, пак сву кривицу пребацио на Милутиновића. Тврдио је тада да је Милутиновић писмо написао без његовога знања, потписао га без сагласности и све то писаније оверио још државним печатом. Песник је прихватио кривицу на себе. Сматрајући га неподобним да даље врши улогу секретара Црне Горе, Петар Први му је поверио да буде учитељ и васпитач младоме, перспективном Раду Томову Његошу [151].

Међутим, чини се да постоје чињенице које бацају другачије светло на тај "неспоразум". У посланици "благородној господи главарима" писаној на Цетињу 19. августа 1828. године, владика Петар Први обавештава главаре о руским војним успесима у рату против Турака. Вели да су Руси освојили Каравлашку и Карабогданску "и пошто су преко ријеке Дунава бојем срећно пријешли, узели су силом својега оружја све земље и градове до Једрене". Једрене освоје након жестоке борбе. У тим борбама учествовао је брат рускога цара, Михаил Павлович (чак је и рану задобио), али је учествовао и Карађорђев син Алексиј. Управо његовом учешћу у збивањима, владика посвећује знатну пажњу и, чак, претерану благонаклоност:

"...и ту је био наш љубезни Алексиј, син покојнога Карађорђија, великога српскога витеза, су дванаест хиљадах волонтијерах или рећи војниках који су добровољно пошли да се с Турцима бију" [152].

И даља догађања показују да је "неспоразум" био изузетно сложен. Наиме, да је Милен Николић потпуно у праву, било би за очекивати да владика Петар Први отпусти, да не кажем најури, човека који је злоупотребио његово поверења. Владика се задовољава тиме што Милутиновића наводно смењује са места секретара и поставља за учитеља и васпитача будућег владике. Тешко је веровати да би се тако одговорна дужност поверила недостојном и непоштеном човеку. Не мање је битна чињеница, која до сада није ником засметала, да се Милутиновић у тестаменту Петра Првог, крајем 1830. године потписује изнова као секретар Црне Горе. Тестамент је, опет наводно, сачињен осамнаестога октобра 1830. године, на дан смрти Петра Првог. Милутиновић, према тестаменту, ако је овај аутентичан, није био ни смењен. С друге стране, у стручној литератури преовладава уверење да је тестамент оригиналан, али ни један од заговорника такве идеје не иде и неопходни корак даље – не тврди да Петар Први никада није суспендовао, сменио, нити заменио Симу Милутиновића. Кнез Милош, пак, није касније прогонио Милутиновића као осведоченог Карађорђевићевца

---

[151] Милен Николић: *Сима Милутиновић и владика Петар I,* Прилози КЈИФ, књига XVIII, Београд, 1938, 112-121; В. Недић: нав. дело, 86.
[152] Петар Први Петровић: *Фреске на камену*, 344.

(што песник јесте био), што би такође било природно. Напротив! Користиће песникове услуге у деликатним мисијама са Црном Гором. Тешко је веровати да би Милош користио некога као полицајца, ако у њега нема никаквог поверења (а Милутиновић је био касније код кнеза Милоша у Крагујевцу и то).

У Црној Гори Милутиновић је писао много. Довршио је, тачније дотерао *Трагедију Обилић*. *"До средине октобра"* 1828. године завршио је трагедију *Дика црногорска* чији ће пети чин надахнути касније Његоша за *Горски вијенац*. И више од тога! Под дубоким утицајем лајпцишких сећања и чежњи песник је написао *Распјевке о Талфи*. Веровало се и верује се да су *Распјевке* изгубљене [153]. Написао је и *Историју Црне Горе*, а сакупио је и замашну збирку народних песама.

Последњи Милутиновићев рад јесте можда **тако звани тестамент владике Петра Првог**, документ који је суштински омогућио Раду Томову да, углавном мирно, заседне на владичански престо. Велико је питање како би се све завршило да није било тзв. владичиног тестамента. Тим тестаментом продужена је власт Петровића у Црној Гори, а избегнут могућ грађански рат, а свакојако спречено расуло које се већ слутило.

Да би се расправљало о аутентичности тестамента старога владике неопходно је обратити више пажње самоме тексту опоруке. Прво што пада у очи јесте да је Петров тестамент дугачак, предуг чак да га диктира самртник са одра. Садржајно, у стилистичком погледу, он је, верујем, ван сваке сумње, срочен од стране Петра Првог Петровића. То би се дало доказати и језичким и стилистичким анализама. Спорне су, међутим, две битне ствари: време (а и место) настанка, као и име Петровог наследника. Чини се да Петрово завештање није могло бити изречено, у перо казивано, осамнаестога октобра 1830. године, на сам дан владичине смрти. То се морало збити знатно раније. Уводне реченице, које саме собом треба да буду доказ аутентичности – управо допуштају сумњу. Петар Први вели:

"Сватко знаде и види како сам ја од давнога времена оронуо и пануо, те не могу већ никуђ, нешто од старости, а највише од свакојаке муке и труда, које сам у вељи мој вијек за народ црногор-

___

[153] В. Недић: нав. дело, 91-92; Сима Милутиновић Сарајлија: *Играње ума*. Избор из целокупног песништва. Приредио Матија Бећковић, библиотека Ex libris, коло друго, књига 13, Београд, Слово љубве, 1981, 156.

ски и брдски подносио и за слободу хришћанске вјере и нашег отачства претрпио, чувајући народ и сиротињу као своју душу. Но то и сам видећи и познавајући своју слабост и болест неизљечиву и да ми се смрт приближава, написао сам нека потребита писма и књиге и наредио их све ђе сам имао што посилати да се пошље по мојој смрти, тако и вама и свему народу црногорском и брдском написах и оставих ову књигу, коју сви да чујете и добро разумијете пријед него ме укопате" [154].

Када је умро, Петар Први је имао осамдесет три године (рођен је 1747). У опоруци коју тобож диктира са самртне постеље – бесмислено је да говори како је "од давнога времена оронуо и пануо" и како се "од старости" и "од свакојаке муке и труда" никуда не креће. Све то се говори и пише када се на смрт помишља, али док она још увек није човека за руку повела. Петар Први вели даље, да је "написао нека потребита писма и књиге" наредивши да се она, по његовој смрти разашаљу коме треба и где треба. Самртничка постеља није најпогодније место за довршавање неизвршених обавеза, још мање су последњи часови који се на њој проводе идеални за диктирање обимних, до тада, благовремено, ненаписаних упустава и кореспонденције! Зна се када се то обавља. Биће да је тестамент сачињен којом ранијом, мање драматичном пригодом. А пригода је било. Једна од њих је била и када је стари, оронули, а надасве болесни владика, слао синовца Ђорђа Савова Петровића у Русију на школовање и припрему да у ближој будућности постане владика Црне Горе. Тада то ипак није учињено. Ђорђије Савов Петровић се запутио у Русију 1823. године, а тада Црна Гора није почела изнова да прима руску новчану помоћ. И о њој Петар Први много збори у опоруци, кунући се свом црногорском и брдском народу да руске новце није себи присвојио. Русија је обновила 1826. године привремено обустављену новчану помоћ Црној Гори. Ту помоћ је Црна Гора добијала из Русије још од времена цара Петра Великог. Тада је помоћ износила пет стотина сребрних рубаља. Цар Павле је величину износа подигао 1799. године на хиљаду дуката. Међутим, помоћ је исплаћивана само до 1807. године. Рат против Наполеона свакојако је опхрвао Русију, поготову материјално. Године 1807. Русија је престала да исплаћује хиљаду дуката годишње Црној Гори. Помоћ се изнова започела да шаље 1826. године [155].

[154] Петар Први Петровић: *Фреске на камену*, 370-371.
[155] Ђоко А. Пејовић: *Црна Гора у доба Петра I и Петра II. Оснивање државе и услови њеног развитка*, Београд, Народна књига, 1981, 201. Глигор Станојевић – Милан Васић: *Историја Црне Горе,* књига трећа. Од почетка XVI до краја XVIII вијека, Титоград, Редакција за историју Црне Горе, 1975, 453-463 (Тај део монографије писао је Глигор Станојевић).

Из средстава те помоћи, владика је наложио Јеремији Гагићу, да исплати концем 1827. године Милутиновићеве дугове у Лајпцигу.

Владика Петар Први је био принуђен да тражи помоћ и да непрекидно иснистира на њеном обнављању. Народ је гладовао. Чести ратни сукоби са Турцима (уосталом, због тога Русија и јесте слала новчану помоћ) само су увећавали невоље до границе људске издржљивости. Извесно је, да владика Петар Први није без велике невоље молио 1816. године помоћ у житу, а 1822. затражио двадесет осам хиљада фиорина као накнаду трошкова које су Црногорци имали у рату против Француза. Но, ни од Русије, нити од Аустрије, од савезника речју – није добио ништа. Обнова новчане помоћи 1826. године имала је свакако више политички, него ли материјални значај. (Мада је и скромна сума за сиромашну Црну Гору била велика). Сигурно је да народ тадашње Црне Горе није могао до краја да верује, како је помоћ моћне руске царевине, невелика. Природно је да су могле колати приче како стари владика присваја већи део новца за себе. Чињеница, која се уосталом лако могла проверити, да владика од руске помоћи Црној Гори измирује дугове својих познаника и пријатеља (Милутиновића, примерице) – само је била од помоћи да се приче шире и да добију вредност полуистина. Управо на те и такве приче одговара Петар Први у једноме делу тестамента, заклињући се да никада ништа од тога новца није присвојио. Устврдио је да новац добијен од Москве није трошио никада *"без велике преше и ...највеће нужде".* За утрошак главнине суме обратио се самоме рускоме цару за савет. Овај му је одвратио да ће послати некога од својих официра *"који ће и те аспре примити и харчити на суд, који ће он поставити у нашу земљу".* Петар Први истиче:

"...и моја је највећа рана на срцу, коју ћу и у гроб понијети, што и то још не дочеках за мога живота".

Могло би се, дакле, претпоставити да је тестамент настао свакако после 1826. године, али свакојако далеко пре осамнестога октобра 1830. године, како је на њему назначено. Индикативно је запажање Чеда Вуковића, приређивача књиге посланица Петра Првог (**Фреске на камену**), који је уврстио тестамент међу посланице. Како вели :

"Стога што је он само једним мањим дијелом својим тестамент у обичном смислу (уколико се односи на одређивање наследника и слично), док у цјелини делује као 'потоње обраћање народу',

као посланица у којој се своде последњи рачуни са савременицима и у којој је доведена до завршне ријечи владичина тежња да смири, укори, поучи, да заклиње и проклиње" [156]

Тестамент јесте посланица. Што се тиче дела, који, по мишљењу Вуковића, јесте тестамент *"у обичном смислу"*, ставио бих напомену. Није логично да владика Петар Први не образложи којом реченицом више именовање Рада Томова за свога наследника. Изражавање наде да ће Раде Томов *"бити човјек од посла и од разума, колико је преблаги Отац Небесни благоволио подарити, и којега Богу и Цару нашему у свему народу црногорском и брдском на вјеки препоручавам свијем срцем и свом душом"*, готово да делује бесмислено, ако се има у виду да Раде Томов, рођен првог новембра 1813. године нема осамнаестог октобра 1830. ни осамнаест година. Стога верујем да се тестамент првобитно односио на Ђорђију Савова Петровића. Он је 1823. године, на скупу свих главара био одређен за Петровог наследника. Зађакоњен је и послат на школовање у Русију. Он јесте тамо оставио мантију и ушао у војну службу. Но, то још не значи много. Знамо и да је хтео да се ожени неком руском кнегињом, али му владика Петар Први то није одобрио и ђорђије је остао до краја живота нежења. Све оно што данас "знамо" о именовању Милутиновића за учитеља будућег владике Петра Другог, резултат је пре свега размишљања у обрнутом смеру. Пошло се од чињенице да је Његош изабран за владику Црне Горе и Брда 30. октобра 1830, па се вратило на претходну чињеницу – да му је једно време учитељ био Сима Милутиновић. Узела се у обзир и чињеница да је Ђорђије Савов Петровић скинуо мантију, ушао у војну службу, да је хтео да се ожени. Тако скупљене, и из тога угла тумачене чињенице указивале су само на једну могућност – Петар Први спремао је Рада Томова за наследника. Међутим, за народ црногорски и брдски, за суврeмeнике Петра Првог и Рада Томова све није било тако јасно. Јер да је било, иступање гувернадура Вука Радоњића приликом јавнога читања тестамента и његов захтев за заштиту законитих права Ђорђије Петровића било би бесмислено.

---

[156] Петар Први Петровић: *Фреске на камену*, 547. Тестамент владике Петра Првог Петровића штампам у књизи *Фреске на камену* (370-374) није потпун. Изостављени су завршни подаци о дану и месту настанка тестамента. Испуштени су и подаци који су говорили о човеку који је опоруку Петра Првог *"пред смртију его написал"*. Потпуни текст тестамента налази се у књизи Владана Ђорђевића: *Аустрија и Црна Гора 1814-1894*, Посебна издања СКА, књига XLIX, Друштвени и историски списи, књига 19, Београд, 1924, 31-33. Текст је преузет из књиге Руса Александра Попова коме *"имамо да благодаримо што нам је сачуван"* (31).

Описи Његошевог проглашавања за наследника Петра Првог инсистирају на драматичности, на напетости ситуације. Но, ако сви знају, превасходно сви племенски главари, ко јесте Петров наследник, ако то не чују тек тада по први пут – нема о чему да се говори, нема драматике, јер нема ни изненађења, нити неизвесности [157].

Његош је у једном тренутку био веома киван на Милутиновића. То је и овде спомињано. Његош је, као сваки млад, недозрео адолесцент, изрекао много срдитих речи на рачун дојучерашњег учитеља и пријатеља. Изненада се умирио. Милутиновић ће долазити касније у дипломатским мисијама у име кнеза Милоша Његошу. Биће у редовној преписци. Стараће се, као старији пријатељ, о издавању и опремању спева *Луча микрокозма*. Милутиновићеви стихови наћи ће се као мото у *Грлици*, званичном црногорском алманаху и календару (1835-1839). Када се пажљивије размотри ток, и промене, Његошевога расположења, ствар постаје, чини се, јасна. Његош је добро знао како све стоји. Знана му је била и улога Милутиновићева у свему. Изненадио га је песников одлазак

---

[157] У исправност тестамента владике Петра Првог Петровића сумњало се од самога почетка, међутим, никада се о њему није расправљало довољно дуго и убедљиво да би се поколебало сентиментално-национално, аксиомско уверење да је све што се на било који начин дотиче Његоша – божански чисто и небески недодирљиво. Први је написао да постоје сумње у ваљаност опоруке – Милорад Медаковић (*П. П. Његош последњи владајући владика црногорски*, Нови Сад, 1882, 48). Сматрао је да је Милутиновић написао лажно завештање *"само да се одклони веће зло"*. Овим проблемом се први озбиљно позабавио Ристо Ј. Драгићевић: *Чланци о Његошу*, Цетиње, 1949, 57-71. Крајњи закључак му је да је тестамент исправан. Значајан прилог проблему дао је и Павле Ровински (в. Павле Аполонович Ровински: *Дјела о Јужним Словенима*, књига прва (уредник: Нико С. Мартиновић). Ровински о Његошу, Цетиње, 1967, 37). Последњи се питањем ваљаности опоруке позабавио Јевто М.Миловић (*Петар II Петровић Његош у свом времену*, Посебно издање Црногорске академије наука и умјетности, књига 5, Титоград, 1984, 26-37). Миловић такође стоји у уверењу да је реч о свакојако аутентичном документу.

Другачије мишљење заступа Љубомир Дурковић-Јакшић. У књизи *Србијанско-црногорска сарадња (1830-1850)* /Посебна издања САН, књига CCLXXII, Историски институт, књига 6, Београд, 1957, 6-9/, између осталог пише:

"Поред свега што је Његош писао о Милутиновићу, кад се зна колико је Гагић контролисао исправност тестамента и других докумената о проглашењу Његоша за господара, није можда искључена могућност да је Милутиновићев одлазак са Цетиња од самог почетка био са знањем Његошевим, само да би се прикриле радње у вези с тестаментом. Ово се може претпоставити тим пре што је Милутиновић омогућио Његошу да дође на престо, и што су оба били и остали добри и искрени пријатељ. То се не сме губити из вида при доношењу оцене о питању односа између Његоша и Милутиновића у ово време" (9).

на Стањевиће и наводно ношење собом документа о Његошевом именовању за владику. Реч је била о тзв. оригиналима. Његош нема у себе преписа (тражиће га од Гагића, коме су оригинали, као рускоме конзулу били својевремено послати). У неприлици, тачније у паници, Његош покушава да Милутиновића призове натраг. Због чега се Милутиновић није одазивао – тешко је поуздано рећи. Да ли се Милутиновић држао неког претходног договора у који је и Његош био упућен, а у чију је исправност касније посумњао, да ли је Милутиновић имао битне разлоге да учини како су нестали оригинали, па Гагићеви преписи добијају преко ноћи вредност оригинала – домишљања су без поузданог одговора. Свакојако је ипак у питању и песниково особењаштво и инфантилност. Све се то могло другачије, а једноставније учинити.

Његош је дуго био у страху. Уплашен је и 12. јануара 1831. године када горко обавештава Гагића да је Милутиновић стигао у Боку Которску и да се ту сусрео са Његошевим противником, једним од вођа опозиционе струје, Луком Пејовићем. Његош додаје карактеристичну тврдњу. Наиме, састајање Милутиновића са Луком Пејовићем уверило га је да је Милутиновић *"ништа чојак и да не умије держат и крит тајну"*. Шта је Милутиновић морао да чува као тајну, или другачије, шта је то песник могао рећи Луки Пејовићу и Његошевим противницима, што би наследнику Петра Првог могло битно да нашкоди. Одговор се, дакако, намеће. Милутиновић је могао да изнесе истину о Петровој опоруци [158].

Време је пролазило, а Његошеви противници нису наводили доказе да је Његош узурпирао трон Црне Горе. Тада је будући владика Раде постао свестан да га Милутиновић није ни продао, ни издао, већ да је, у најгорем случају, био као и увек својеглав, вртоглав и *"више од пола луд"*.

---

158 Постоји тврдња да се Милутиновић враћао у Црну Гору непосредно после боравка у Котору јануара 1831. године. Првога априла 1831. године Његош је обавештавао Гагића да су главари протерали 19. марта Милутиновића с Његуша. Чињеница јесте да се Милутиновићу губи траг око два месеца на почетку 1831. године, али ова прича Његошева сасвим је невероватна. Тешко је поверовати да би се Милутиновић вратио непосредно након одласка, без обзира ко све зна или не зна да је он прав или крив. Ако се вратио и стао пред разљућене главаре рескирао је да га мушкетају, а не, релативно безболно, само протерају. Још је теже поверовати да би од главара протерани и тиме и понижени Милутиновић пристао да се убрзо поврати у Црну Гору, у дипломатској мисији, као човек од поверења кнеза Милоша Обреновића.

Извесно је, да није о Његошу реч, све нелогичности и невероватности би биле давно уочене. Међутим, нико не може да се сроди са могућношћу да и Његош, као многи смртник, прибегава полуистинама и неистинама када му оне одговарају.

У случају да Раде Томов није био од стране Петра Првог означен као наследник, намеће се питање због чега су га главари признали, а некоји међу њима и свесно прихватили мимо Ђорђија Савова Петровића. Одговор је такође једноставан. Раде Томов је пунио осамнаест година дан пошто је био проглашн за наследника Петра Првог. За одговорну дужност коју је прихватио – био је премлад. Морао је да се носи са глађу и немаштином који су суверено владали Брдима и Црном Гором и да, без ауторитета часне старине Петра Првог, зауздава и усмерава заваћена црногорска и брдска племена. Посебно је мучно било обуздати и уколотечити увек амбициозне, властижељне племенске главаре. Главари су разложно сматрали да ће једноставније и извесније излатити на крај са голобрадим Радом Томовим, него ли са, из Русије долазећим официром, Ђорђијем Савовим Петровић. Потоњи је био старији, искуснији, у свему зрелији. У народу би јамачно имао углед рускога официра и штићеника [159]. Ђорђије Савов Петровић није допуштао наду да се њиме може управљати, премлади Раде Томов је ту наду подгревао. Претпостављам да је и Ђорђијев отац Саво веровао како лакше може усмеравати синовца, него ли рођеног сина.

Милутиновић није ни умео, а очигледно ни желео (јер да је желео – умео би) да искористи чињеницу што је његов млади ученик

---

[159] Ђорђије Савов Петровић јесте по много чему проскрибована личност. Деценијама, све до Његошеве смрти, био је у близини владике и још у већој близини саме власти. Годинама је био врста сувладара у сенци. Више се истакао као јавна личност тек у годинама када је предводио црногорску државну војску против некојих побуњених племена (Црмничана, Бјелопавлића, Пипера) 1846. и 1847. године. Међутим, у историјама Црне Горе у деветнаестом веку, Ђорђије Савов Петровић се тек припомиње, а његова политичка и историјска улога битно смањују. Нажалост, уклањањем Ђорђија Савова Петровића из политичко-историјског видокруга, он се једновремено уклања и из културно-историјског временског тренутка Петра Другог Петровића Његоша. Тиме се директно омета правилно разумевање, ишчитавање и тумачење Његошеве драме *Лажни цар шћепан Мали*, која је заправо Његошев обрачун са присутним му рођаком – Ђорђијем Петровићем. Некоји подаци о Ђорђију Савову Петровићу налазе се у књизи Ђока Д. Пејовића – *Црна Гора у доба Петра I и Петра II*. Књига садржи и одељак директно посвећен Ђорђију Петровићу (*Опозициона активност Ђорђија Петровића*, 114-117). Међутим, далеко више података је растурено на другим местима књиге, а поменути одељак није начинио ни добар свод грађе која се у књизи може наћи. Бројни подаци су растурени и у књизи Јевта М. Миловића: *Петар II Петровић Његош у свом времену*. Међутим, будући да Миловић не пише директно о Ђорђију Савову, већ да га помиње само у мери у којој се његова делатност дотиче и личности које Миловића интересују – подаци садржани у његовој књизи уистину су само ситни комадићи великог мозаика.

доспео у положај владара. Свакако је могао да покуша да се наметне Његошу као врста сувладара, односно поверљивог саветника, што је практично једно те исто. Милутиновићу, међутим, то није било на памети.

Након неспоразума са Његошем, Милутиновић напушта Црну Гору. Почетком 1831. године, јануара месеца, обрео се у Котору. Међутим, и ту су га достигли протести и оптужбе. Немавши вероватно воље да се са новонасталом ситуацијом носи, песник је, по устаљеном обичају, узајмио новац, два талира, и запутио се пешке у Сарајево.

Стигао је почетком априла. Како сам вели, ушао је у цркву и последње новце ставио на црквени тас, заплакавши над својом судбом.

Продужио је за Србују. Приспео је средином априла. Тачније речено, 12. априла 1831. године обрео се у Ваљеву на вашару који се одржавао о Цветима. Отишао је потом у Шабац, па кнезу Милошу у Крагујевац. Кнез га поставља за помоћника Цветку Рајовићу. Следећих година Милутиновић дели Рајовићеву судбину и каријеру. Док се Рајовић бавио сређивањем типографских справа набављених 21. маја у Петрограду, Милутиновић му је помагао. Када је, након мало времена, Рајовић именован за "директора полиције", песник је постао "члан полиције". Ту дужност обављао је све до маја 1833. године. Кнез Милош је у међувремену променио или бар проверио мишљење о песнику. Почео је да га користи и као поверљивог човека, преко кога шаље и прима одређене дипломатске поруке. Тако је Милутиновић био веза између кнеза Милоша и Петра Другог Петровића. Током 1832. године често се налазио на путу између Србије и Црне Горе. У Црној Гори, на Цетињу, у владичанском двору Петра Другог, био је радо виђен, а владика је писмено изјављивао кнезу Милошу *"ја сам тврдо увјерен у њега да је поштен човјек"*. Држање владичино према песнику, чињеница да Милош сматра Милутиновића најпогоднијом личношћу за успостављење дипломатских контаката између Србије и Црне Горе – морали су да опомену све који су веровали да се након смрти Петра Првога, песник удружио са гувернадуром Радоњићем и његовим присталицама против младога владике – да тако што у поменутом контексту нема логике.

Почетком маја 1833. године, кнез је послао Милутиновића по новоме задатку у Брзу Паланку. Ти крајеви су били још увек под турском управом, иако је Порта била обећала Милошу да ће и они

76

ући у састав тадашње Србије. Да би скратио бесконачне дипломатске преговоре и разговоре, Милош је побунио становништво тих области. На устанак се дигла *"цела источна граница из првог устанка, од Сврљига до Кључа"*. Под изговором да заводи ред, Милош је послао војску у те крајеве и тиме их практично запосео. У свему томе и Милутиновић је имао своју улогу, не безначајну.

Децембра месеца 1833. године Милутиновић је добио нови задатак, посао који је волео и који је делом, као песник, већ био обавио у *Србијанки*. Наложено му је да напише Историју трогодишњих убивања у Србији, од краха Крађорђевог устанка до успеха Милошевог, од 1813. до 1815. У ту сврху добио је налог и да прокрстари Србијом, што вечитом путнику и луталици свакако није тешко пало. Посао је започео код проте Матије Ненадовића у Бранковини (у чијој је кући провео "скоро цело пролеће"). Боравећи у кући Ненадовића, Милутиновић је свакодневним причама о Црној Гори занео и Протиног сина Љубомира. Милутиновић је узроковао одлазак Љубомира Ненадовића у Црну Гору, а и све оно што је потом, а с тим у вези – следило (пријатељевање са Његошем, књига о Црној Гори и Црногорцима, *Писма из Италије*). Са кратким прекидима (ради путовања у Црну Гору, а касније и у Турску у пратњи кнеза Милоша), Милутиновић је на трогодишњој историји Србије радио и читаве 1835. и 1836. године.

Године 1835. штампао је на Цетињу драму *Дика црногорска*, а исте 1835. или, можда, 1836. обелоданио је у Београду *Историју Црне Горе*, дело које је делимично радио и заједно са старим владиком Петром Првим, по његовоме диктату (На насловној страни *Историје Црне Горе* стоји година 1835, међутим у огласу објављеном 26. априла 1936. године, Гргорије Возаревић, обавештавајући *"поштовани публикум"* да је у Књажевској типографији наштампана *Историја Црне Горе*, тврди да је она печатана те, 1836. године, а у часу када се оглас појављује – већ је *"и сасвим готова"*. О томе в. Љубомир Дурковић-Јакшић: *Србијанско-црногорска сарадња"(1830-1850)*, 140).

С јесени 1836. године Милутиновић је поново пошао на дуг пут, у Лајпциг, носећи собом рукописе: *Тројесестарство, Трагедију Обилић, Пјеванију и Историју Сербије*. Сви покушаји да се *Пјеванија* штампа било у Крагујевцу, што је настојао 1834, било код Гаја у Загребу, што је покушавао 1835. и 1836. године – пропала су (*Књижевно објављеније за Пјеванију црногорску и херцеговачку* које је песник написао у Крагујевцу, 1. јунија 1834, штампале су Новине србске 2. јуна 1834. В. Љ. Дурковић-Јакшић: *Србијанска штампа о Његошу и Црној Гори (1833-1851)*, Београд, САН-Историски институт, Београд, 1951, 77). Гај му није чак ни одговорио (в. В. Недић: нав. дело, 135; Н. Љубинковић: *Вукова четврта књига лајпцишког издања и будимска Пјеванија Симе Милутиновића*, Зборник радова о Вуку Стефановићу Караџићу, Сарајево, Институт за књижевност, 1987, 636, напомена 18).

Песник није озбиљно схватио ни упозорење Проте Матије Ненадовића да *Историју Сербије од 1813. до 1815.* никако не обелодањује:

"*Ја бих ти рекао да би боље учинио да си седио с миром; јер ти од печатања те историје ово двоје имаш очекивати, које ни једно не ваља, или да изгубиш главу или да изгубиш част и поштење пред ученим светом. Ако узпишеш истину, изгубићеш главу, јер ће те посећи Господар Милош, ако ли успишеш лаж, глава ће ти остати, али ћеш изгубити чест*", (Радош Љушић: *Кнежевина Србије (1830-1839)*, Посебна издања САНУ, књига DLXX, Одељење историјских наука, књига 12, Београд, 1986, 406).

По обичају путовао је споро, уставвљујући се ту и тамо, према нахођењу и потреби. Дуже или краће! У Сремским Карловцима присуствовао је сахрани митрополита Стратимировића. У Новом Саду се видео са низом тамошњих угледних писаца: Јованом Хаџићем, Јованом Рајићем, Константином Бранковићем, Лазаром Лазаревићем. Пут га је даље довео у Будим. У граду знаном и вољеном, у кући столара Вајнмана, сусрео је лепу и начитану модискињу Марију Поповић, потоњу животну сапутницу. Песник ју је готово одмах запросио, а модискиња и љубитељ лепе књижевности, понуду је прихватила, обећавши Милутиновићу да ће стрпљиво и верно чекати његов повратак.

Док је, под утицајем Исидора Стојановића, Милутиновићевог штоваоца и пријатеља, пажљиво читала и ишчитавала *Србијанку*, Марија Поповић "Пунктаторка" свакако није помишљала да ће се једнога дана удати за песника *Србијанке*. Дочекала је време када је могла да провери своја тумачења и читања Милутиновићевог спева, да са песником и супругом изнова прегледа и ишчита сва тамнија места у спеву, која је много раније назначила малим пунктовима.

Обавезе су приморале Милутиновића да продужи за Лајпциг где је намеравао, једно за другим, да објави четири значајна дела: *Тројесестарство, Трагедију Обилић, Историју Сербије* и тзв.

лајпцишку *Пјеванију*. Услед великих штампарских трошкова запао је изнова у новчане неприлике и дугове. Молбена писма упутио је на две стране: у Србију кнезу Милошу и у Црну Гору, владики Петру Другом Петровићу Његошу. Оба одговора су била негативна. Милош му је поручио да плату има и на њу може да рачуна, на друго – ништа. Владика Раде је отписао да ни он, ни Црна Гота немају средстава да песнику помогну. Док је Милошево одбијање и очекивао, став Владике Рада је песнику био непријатно изненађење. Стога је Милутиновић дозволио себи, имајући свакако у виду шта је лично учинио за Његоша, да му тон одговора буде наглашено заједљив (в. Љубомир Дурковић-Јакшић: *Србијанско-црногорска сарадња 1830-1950*, Београд, 1957, 9, напомена 27). Схвативши да нема шта од кога очекивати, Милутиновић је прибегао храбром, али и очајничком решењу – заложио је плату код штампара Бернхарда Таухница Јуниора и предао му у штампу рукописе *Историје Сербије* и *Пјеванију* (В. Недић: нав. дело, 135).

Боравећи 1837. године у Лајпцигу, Милутиновићу је пала на ум занимљива идеја да сачини рапсодиски економикон, или како је то поетичније назвао *Лекарства мојим у животу полученим ранама* или *Плоди мохега по свијету странствовања*. Ту је у стихове преточио разноврсна знања и искуства о уништавању, стеница, гусеница, лечењу метиља, ловљењу укљеве у Скадарском језеру итд. Уосталом, песник ће давати упуства како се лече и неке венеричне болести, а покушаће да нађе кога заинтересованог за нови плуг који је измислио.

Будимска и лајпцишка Пјеванија у светлу сувремене и позније рецепције и стручне критике

Предисторија будуће рецепције и стручне критике

– Уводне напомене –

У српској култури су познати примери да изузетно значајне књиге прођу, ако је судити према критичким осврtима, потпуно незапажено. И обрнуто, безначајне публикције, захваљујући пријатељским, рођачким, партијским или конфесионалним везама, пропраћене су у штампи и периодици невероватним бројем бележака, осврта и псеудокритика. Ипак, ретки су примери да значајне књиге буду препуштене забораву без озбиљног критичког осврта, без осмишљеније критике, штавише да буду и без суда осуђене и прокажене. Овој невеликој скупини књига чија судбина свакојако јесте срамота и за српску културу и за српски народ – несумњиво припадају и две **Пјеваније** Симе Милутиновића. Како она обелодањена у Будиму 1833. године, тако и она наштампана у Лајпцигу 1837. године.

Две збирке народних песама, Милутиновић објављује у годинама када српска народна песма јесте слављена и Европом и у Европи. Две **Пјеснарице** Вука Срефановића Караџића, како захваљујући европској духовној клими и помодним духовним струјањима, тако благодарећи и, како би се данас рекло, изврсноме маркетингу, успеле су да у невероватно кратком року, од 1814. до 1818. године наметну српску народну песму тамошњој Европи; прво германским просторима, а потом и романским[1].

---

[1] B. Jakob Grim: **Mala prostonarodna slaveno-serbska Pjesnarica (1814)**, u knjizi Svetozara Koljevića: **Ka poetici narodnog pesništva**, Beograd, Prosveta, 1982, 81-96; Jernej Kopitar i Jakob Grim: **Narodna srbska pjesnarica (1815), Ka poetici narodnog pesništva**, Београд, Просвета, 1082, 97-110; Миљан Мојашевић; **Јакоб Грим и српска народна књижевост. Књижевноисторијске и поетолошке основе,** Посебна издања САНУ, књига DLIII, Одељење језика и књижевности, књига 34, Београд, 1983, 368-403 (у књизи наведена и стручна литература) **О двестагодишњици Јакоба Грима**. Зборник радова са научног скупа одржаног од 12. до 14. новембра 1985, Научни скупови САНУ, књига XL, Одељење језика и књижевности, књига 8, Београд, Српска академија наука и уметности, 1985.

Дакако, не треба сметнути с ума да је знаменити *Пут* *по* *Далмацији* Алберта Фортиса у значајној мери припремио терен привукавши пажњу дела тадашње културне Европе управо народним песмама, које је, између осталог, садржао.

У тренутку када Вук Караџић започиње са објављивањем тзв. лајпцишкога издања, српске народне песме уживају већ изузетан углед у Европи. Ретки књижевни часописи у нас не пропуштају прилику да читаоце обавесте о одјецима народне песме на страни, а и о свим акцијама које се догађају на српским просторима око даљег сакупљања и издавања народних песама.

У таквој, наизглед свакојако погодној, чак, рекло би се, идеалној духовној клими – Сима Милутиновић одлучује да оде у Црну Гору. Вук Караџић до тада у Црној Гори није боравио. Настојао је да посредним путем, преко владике Петра Првог, дође до народних песама из Црне Горе. Но, Вукове молбе, услед владичине презаузетости, нису уродиле плодом. Милутиновић је годинама сањао да једнога дана оде у Црну Гору. Још је за време својих видинских ноћи 1816. године сневао да стигне једнога дана у постојбину вила и слободе, у малу, сиромашну, али независну Црну Гору. која мећ европским државама стоји као нестварна творевина, обећана митска земља. Которским полицијским властима, Милутиновић је означио жељу за писањем историје Црне Горе и сакупљањем народних песама као сврху и циљ путовања. Разлога је ипак било више[2].

Систематско омаловажавање Милутиновића од стране Вукових познаника и пријатеља, на иницијативу самог Вука Караџића – припрема терена за будућу негативну рецепцију свукупног Милутиновићевог рада у Црној Гори

На Цетиње, код старог владике Петра I, песник је стигао 25. септембра 1827. године[3]. Из Котора није ишао право на Цетиње, како би се очекивало. Котор је напустио осамнаестога септембра

---

[2] В. поглавље *Ейска биографија Симе Милутиновића или некоје Чињенице из Милутиновићева живота у контексту песникових интересовања за народну поезију и усмено стваралаштво*, одељак о боравку Симе Милутиновића у Црној Гори.

[3] Р. Драгичевић: *Чланци о Његошу*, Цетиње, 1949, 50; В. Недић: *Сима Милутиновић Сарајлија*, 85.

немајући стрпљења да сачека одобрење аустријских власти. Упутио се пешке преко планине у Црну Гору. Залутао је, случајно или намерно. По сопственом сведочењу, неколико дана је провео у некој чобанској колиби, без хране, пијући кишницу и пишући (и завршивши) *Траʒедију Обилић*. Тако је Милутиновић ступио у црногорске просторе у епском заносу, Обилићем понет.

Милутиновићеве намере и путешествија нису само аустријске полицијске власти пратиле будним оком. За Милутиновићево приспеће у Црну Гору, а посебно за намеру песникову да тамо сакупља народне песме посебно је био заинтересован Вук Караџић. Од половине 1827. године, Вук је готово опседнут Симом Милутиновићем. Првог августа 1827. године, Вук пише Јакобу Гриму о Милутиновићевој *Србијанки* и о сусрету са Милутиновићем:

"Србијанку од С. Милутиновића сигурно сте видели, а о читању Вас не смем много питати, јер ни ја сам не разумем све, и мада ме је садржај интересовао, нисам имао стрпљења да прочитам све одреда (што, можда, још нико није ни учинио). Кад сам му овде пре 3-4 недеље хтео скренути пажњу на неке неоспорне граматичке погрешке (нпр. држијати, љубиети; Селочиност од мушког имена Селак! итд.) он ми је одговорио: Ти као граматичар служиш језику, а мени језик служи; зато се ти мораш држати правила; а ја језик могу употребљавати како хоћу, и од моје употребе настају правила. Мој Пегаз нема узда, и не трпи их. Код свих мојих четвороднневних примедаба против тога остао је стварно оригиналан песник" [4].

У време када је писао Јакобу Гриму, Вук је писао и у Трст, Димитрију Владисављевићу, и Јеремији Гагићу, руском конзулу, у Дубровник. Вукова писма су изгубљена, али се њихов садржај може наслутити из Гагићевог одговора, датираног првим новембром 1827. године као и из Владисављевићевог одговора од 15. новембра 1827. Гагић спомиње Вуково писмо од 11./23. августа 1827. у којем је Вук, између осталог описао и Милутиновићеве "неприличне поступке". Како се у часу пријема писма код Гагића нашао и Сима Милутиновић, Гагић му је писмо и показао:

"Он узме писмо", пише Гагић Вуку, *и велегласно прочита га, пак узданувши, рече: – Овако што је Вук и у Триест некому за мене писао; Хе! мој Вуче! даси ти мени највеће зло учинио, ја не би могао овако зло мислити и говорити о теби, како што ти о мени мислиш,*

---

[4] *Сабрана дела Вука Караџића*, књига двадесет друга, *Преписка*, III (1826--1828), Београд, 1989, 502-503.

говориш – и сувише гониш ме. Али је Бог добар; изаћиће дјело на видјело" [5].

У истоме писму Гагић обавештава Вука и како је Сима од њега отишао у Котор и да се, одатле, како је обавештен, на своју руку, преко планине запутио у Црну Гору. У писму Гагић прави алузију на Милутиновићевог незауузданог Пегаза, на реченицу коју је Сима изговорио Вуку у четвородневном разговору о *Србијанки*, а о чему је Вук намах обавестио Јакоба Грима, првог августа 1827.

Део светла на све узроке познчије рецепције Милутиновићеве збирке народних песама у новинској и стручној сувременој критици – баца и писмо Димитрија Владисављевића, писано Вуку Караџићу из Трста, 15. новембра 1827. Владисављевић обавештава Вука како је Вуково писмо из јула месеца приспело у Трст када се у њему налазио и Сима Милутиновић. Стицајем околности, Милутиновић је, као и код руског конзула Гагића у Дубровнику, присутан у часу приспећа поште. Присутни, видевши да је писмо од Вука, кога сви добро знају, одлуче да се писмо прочита наглас. Владисављевић пише даље како је почео да чита писмо и како није било никаквих проблема све док није дошао до оног места у писму где су изречене Вукове примедбе на *Србијанку*. Владисављевић вели да је ту хтео да прекине са читањем писма и због самога Симе, али и због присутних (два попа, Владисављевићев синовац, који Милутиновића веома цене). Међутим, Милутиновић је сам захтевао да се читање настави:

"Али он неће да пусти; не замоли, него чисто натера, да читам. Ја се покорим. Ал ја читам, а он се зноји, а попови га почну нешто на криво гледати, а кад дође до онога, да ће се убити, рад би и он, да сад умучим, ал сад и ја нећу него све до краја прочитам. Сад можете судити, како је мени, како ли њему, како ли је нама свима било" [6].

У даљем току писма, Владисављевић казује шта је све уследило, како се Сима бранио "својом максимом да граматиста служи језику, а Поети језик да служи". Но, сви Милутиновићеви напори да се одбрани и да поврати део угледа изгубљеног Вуковим писмом – пропао је. Очигледно је Вук послао испред Симе, а и унаоколо, више писама готово једнаког садржаја (прави циркулар). Садржај тих писама делимично познајемо из Вуковога писма Јакобу Гриму од 1. августа 1827. Одговори Гагића и Владисављевића показују да су се

---

[5] Исто, 572.
[6] Исто, 599.

писма њима упућена унеколико разликовала од писма које је Вук послао Гриму. Пре свега, и садржај, а поготову тон писама послатих у Трст и Дубровник, били су по Симу Милутиновића много неповољнији. Недовољно је јасно Владисављевићево напомињање како је најмучнији тренутак био када је, током читања, доспео до места у писму у коме се помиње како се Милутиновић због нечега хоће да убије. Ван тога што је, најблаже речено, неделикатно од Вука да препричава кореспондентима оно што је побратим са њим поверљиво говорио – остаје нејасно шта је узроковало у Сими самоубилачке жеље. Неповољни пријем на који је махом наилазила *Србијанка* (истина, уз свесрдну Вукову помоћ и ангажовање), или можда, вероватније чак, несрећно завршена љубавна романса са Терезом Лујзом Албертином фон Јакоб.

Извесно је да су летњи месеци 1827. године били по Милутиновића изузетно мучни. Штампање *Србијанке* донело је песнику дугове, а пријем је био знатно другачији, него што је песник прижељкивао. Вук Караџић јесте успео, како је тврдио, да помири Милутиновића са кнезом Милошем, чак је овај пристао и Симине дугове да намири, али Сима се прибојавао да ће бити дочекан са подсмехом, а можда и горе. Био је уверен, са разлогом, да је Вук Караџић у Србији већ обавестио кога је желео о свом мишљењу о *Србијанки*, уз напомену да је ни странци не могу читати, јер је неразумљива, граматички неправилна, свакојако хаотична. У Србији Милутиновића, веровао је, ништа добро није чекало. Пун дугова, разочаран као стваралац, несрећан као човек, Милутиновић се упутио земљи својих будних снова. Тражио је не уточиште, већ спас. У Црну Гору је стигао скршен човек, али једновремено сањар и сневач, који је и веровао и знао да ће у Црној Гори стати изнова на ноге. Могуће је да је у простодушности и наивности чак веровао да ће, ако у Црној Гори сакупи велику збирку народних песама, вољена Талвјева пожелети да и те песме преведе, као што је превела Вукову збирку. А тада... Ко зна! Несрећни Милутиновић!

Милутиновићева средина није била свикла на слична манифестовања одређених осећања. Мислим штавише, да је сличне проблеме решавала другачије, свакојако једноставније, безболније. Песниково понашање тумачено је на различите начине, али они сви заједно и сваки понаособ, били су по Милутиновића неповољни. Нико није могао да пође од претпоставке да једно недозрело дете може да досегне толике године (тридесет шест). Тако је из Милутиновићевог држања у Трсту, приликом читања Вуковога писма и

84

познијег разговора о његовоме садржају, Димитрије Владисављевић једино схватио како је песник *Србијанке* Вуков непријатељ. У помињаном писму Вуку казује да је Сима Вуков "антагониста", али уз то и Бошњак за разлику од Србијанца Вука[7].

У мало речи много речено о томе како су у првим деценијама деветнаестога века посматрани односи узмеђу Срба-Бошњака и Србијанаца (и тзв. Србијанаца).

Но једно је извесно и неспорно, Вукови кореспонденти су се опредељивали против Милутиновића у тој мери и на такав начин да нису били свесни како су већ тада, у јесен 1827. године започели да изграђују негативан став према још незачетој Милутиновићевој збирци народних песама, као и према свакојем будућем Милутиновићевом раду.

А гневни Вук није био спреман да имало бира речи ни када је, преко Ђуре Милутиновића Црногорца, обавештавао Симиног оца Милутина шта му је са сином. Поручи му, вели Вук, "да је отишао да тражи љеба преко погаче" [8].

Извесно, Вука није толико узбудила *Србијанка*, нити њена немогућа граматика, нити тешко разумљиви, махом смишљени и измишљени језик. Прави узрок његовом гневу, који је из афекта прелазио у душевно стање, избио је на површину у писму Василију Поповићу, односно кнезу Васи Поповићу 26. октобра 1827. Обавештавајући кнеза Васу, Милошеву десну руку, о преговорима које води у Бечу око набавке типографије и потребне хартије за њу, а по вољи кнеза Милоша, Вук се и жали: лето прође, а да није богзнашта урадио. Вели тада како би боље било да је то време провео са Господарем Милошем уз чију би помоћ могао сакупити још две-три књиге народних песама и описати све манастире који се налазе у кнежевој земљи. Помињање сакупљања народних песама опоменуло га је на Симу Милутиновића, па наставља:

"Ваља да сте чули, да је Симо Милутиновић отишао у Црну Гору, да купи песме, и да ми квари посао; али нека га, срећан му пут! Да Бог да Гдару здравље! ја се надам на љето с његовом помоћу у наији Ужичкој и Пожешкој скупити више и љепши пјесама, него ће он (с оном памећу) у свој Црној Гори и у Босни и Ерцеговини, а штогођ ја скупим, оно ће све бити слава Гдарева као што сам казао и у предговору к првој књизи (у Липисци 1824) на

---

[7] Исто, 600.
[8] Исто, 604.

страни LXII. А и Ви међу тим, молим Вас, ако ће чујете каку лијепу пјесму заповједите коме од ваши млађи, нека ми је препише" [9].

Будући да је велики део угледа, који је уживао у одређеним круговима Аустрије, Русије и Немачке – задобио управо збиркама народних песама, Вук Караџић није био нимало расположен да наједном добије неочекивану конкуренцију и то у личности која је такође имала веза, и поетских, али и масонских у тим истим земљама. Вук је итекако добро памтио како је Гете нашао лепе речи за *Србијанку* и да је то објављено у немачкој штампи. Управо из тих разлога он се и окомио баш на *Србијанку* сматрајући нужним да убеди све могуће врхунске Гетеове вернике (а који су били и његови познаници, сарадници или чак пријатељи) да *Србијанка* није ништа. На руку му је ишла и чињеница што је Гете био у добро поодмаклим годинама. Уосталом, Гете није доживео објављивање будимске *Пјеваније* (умро је 1832. године).

Милутиновићев рад у Црној Гори Вук Караџић будно прати. То се очитује из писама Јеремије Гагића Вуку (одговарајућа Вукова писма Гагићу нису сачувана). Тако, на пример, 14. јануара 1828. године, Гагић обавештава Вука, између осталог, да Сима Милутиновић остаје код владике црногорског, да је сачинио *Трагедију Обилић* коју ће послати у Нови Сад да се штампа. Колико Вук све такве вести прима у то време к срцу, сведочи и његово писмо Јернеју Копитару од 24. фебруара 1828. године. Понављајући Копитару вести из писма Димитрија Фрушића послатог Вуку из Трста 13. фебруара 1828. године да је Сима Милутиновић "лепо био примљен од владике, и каже да је задовољан са свим, и да ће млоге пјесме јуначке и љубавне сакупити", Вук обавештава Копитара и о Гагићевом писму, како Сима остаје код владике црногорског и како је завршио *Трагедију Обилић* коју Милутиновић шаље у Нови Сад да се штампа. Одмах следи текст који као да се Вуку невољно отргао, а садржином, а још више тоном – много казује:

"Ако ја само одем у Србију, и одонуд се здраво вратим, ја ћу донијети више и љепши пјесама, него што ће он у Црној Гори скупити (у Ужичкој наији има доста Црногорски и Морачки ајдука)" [10].

---

[9] Исто, 561. Вук је покушавао још 1823. године да од владике црногорског, Петра Првог, добије штогод црногорских народних песама (в. Тихомир Р, Ђорђевић: *Једно писмо Вука Ст. Караџића владици Петру I Петровићу,* у корпусу *Наш народни живот,* друго издање, књига 3, Београд, Просвета, 1984, 262-266). Како песме нису стизале, Вук је покушао да интервенише преко руског конзула у Дубровнику, Јеремије Гагића. Овај је писмено молио и подсећао владику, али без успеха.

[10] Исто, 728.

Од Јеремије Гагића из Дубровника изнова стижу Вуку непријатни гласови. Осамнаестога марта 1828. године Гагић јавља Вуку да му је Сима недавно писао да поручи Вуку

"да он досад већ има двапут онолико – те баш лиепије пјесама – колико сте Ви штампали, и да ће их имати још више" [11].

Међутим, Гагићево писмо једновремено показује и шта је све Вук предузео да "воду окрене на своју воденицу". Гагић тако вели да ће у Црну Гору послати објављеније о изласку Вукове књиге о Милошу Обреновићу и да ће том приликом писати и Сими да Вуку пошаље народне песме које сакупља[12].

Сима Милутиновић први чини корак у правцу директног дијалога, без посредника. Поводом послатог му "објављенија", као и поводом захтева за слањем народних песама, писао је Вуку са Цетиња, 12. јуна 1828. године:

"Твоје сам објављење ... приймио, но позно и читавије 15. данах послијен у њему ставјена срока, а мучно би што засад на то и било – од овуда. За пјесне ћемо се разговарат, оне су под мојом влашћу а не владичином, но мене тијем као у ништо чиниш, а веруј ми да се и то погађајући вараш – иако ја ниесам сјајно-велико што. Но ја ти то праштам, нагал си, Срб' си, и ја нешто крив ... а и мој из дјетства знанац и пријак"[13].

Писма која измењују Вук Карџић и Сима Милутиновић добијају нешто другачији изглед и свакако се другачије прочитавају и ишчитавају, ако се има на уму да је половином јуна месеца 1828. године Вук Карџић ипак добио рукопис песама из Црне Горе. Рукопис је Вуку донео у Крагујевац 15. јуна 1828. године Петар Марковић. Рукопис је остављен у Крагујевцу да тамо сачека Вуков долазак. Вук је дошао у Крагујевац тек 20. октобра 1828. годиме (в. Љ. Стојановић: *Живот и рад Вука Стеф. Карџића*, Београд, 1924, 326). Рукопис је сачуван у препису који показује прихватање новога, Вуковог правописа. Вероватно је ортографско преиначавање учињено приликом преписивања. На рукопису који садржи само шест песама, и то оних које је спевао владика Петар Први Петровић Његош, налази се следећа Вукова белешка:

---

[11] Исто, 764.

[12] Исто, 764. Вук се интересовао код Гагића да ли стижу вести из Црне Горе након што је Гагић послао објављеније, а уз њега и захтев Милутиновићу да народне песме Вуку проследи. На крају писма од 4. маја 1828.године, Гагић извештава Вука да нових вести из Црне Горе нема (820).

[13] Исто, 857-858.

"Пјесне које је градио црногорски владика Петар I, а мени их је написане донио из Црне Горе 1828. године и у Крагујевцу предао Петар Марковић. Ово зато биљежим да се зна да је оно што су ове пјесме у "Пјеванији" Симе Милутиновића и у "Горском огледалу" друкчије, додавао Симо Милутиновић; на рукопису у коме су мени предате ове пјесме стоји написано: "Дођох аз Петар Марковић у Крагујевац 15. јунија 1828." (даклем кад је Симо Милутиновић у Црној Гори пјесме још купио)."

Вук, за живота, није објавио добијене песме. Остале су у рукопису пропраћене поменутом белешком. Белешка, садржајем сведочи да ју је Вук начинио у време када је увелико објављивао бечко издање народних песама. То је, очигледно, због помена *Огледала српског* (1846) Вук записао после 1846. године, а бркање *Горског вијенца* и *Огледала српског*, односно помињање *Горског огледала* указује на чињеницу да је *Горски вијенац* већ био обело- дањен (1847), а свакако је у време настајања Вуковога записа и Сима Милутиновић већ био мртав (30. децембар 1847). Вуково уверавање да је за разлике између песама владике Петра Првог које су наштам- пане у Милутиновићевој Историји Црне Горе, односно у Пјеванији и песама владичиних, које је Вук добио из Црне Горе – кривица у интервенцијама које је чинио Сима Милутиновић – тешко се може озбиљно прихватити. Чињеница јесте да се владичине песме раз- ликују у Милутиновићевој и Караџићевој верзији. Међутим, могле су постојати и две различне верзије тих песама. Петар Први је поживео још две године након слања рукописа песама Вуку па је могао пожелети, а и извршити одређене интервенције у рукопису песама које ће послужити Милутиновићу. Могуће је и да је Милутиновић неким сугестијама поколебао старога владику. Но, било како било, Вукова накнадно учињена, придодата белешка, можда и више од три деценије касније – нема довољну тежину. То је и по тону и по садржају белешка намењена потомству. Имајући у виду како њен аутор смућује назив Његошеве збирке може се закљу- чити да је и сама напомена придодата у временима жестоких главобоља и свакојаких здравствених тегоба.

На крају треба напоменути да је на рукопис који је Петар Марковић донео 15. јуна 1828. у Крагујевац Вуку Караџићу указива- во, из других разлога, Никола Банашевић у сјајној студији посвећеној проучавању песама о најстаријој историји Црне Горе у Милутиновићевој *Пјеванији* (в. Н. Банашевић: *Песме о најстари- јој црногорској историји у "Пјеванији"* Симе Милутиновића,

Зборник радова Института за проучавање књижевности, Београд, 1951, 287, напомена 33).

Даљи редови овога писма указују на узроке будуће Милутиновићеве нетрпељивости према Вуку, која ће, пак, вратити се као бумеранг и свалити на будимску, а потом и на лајпцишку Пјеванију. Милутиновић је у расположењу мирбожања. Спреман је да прашта и да му буде опроштено. Спреман је да на равној нози разговара са Вуком о народним песмама. Лично верујем да је, по тону писма од 12. јуна 1828. године, у доброј вољи да Вуку песме и уступи. У томе смислу, Милутиновић театрално вели Вуку:

"Караџић је у Дробњака Петници војвода, а моја... Комарница до Петнице прво село! пак се мрзимо и гонимо? драго ти? Ја се ничег ничег' нестрашим, смрт је за ме ништа; једног' се бојим...? Талфина изчеза из' Европе... Јави ми што чисто и вјерно за њу првом, душа ми је она!-! Друге части нетражим на свету ни своје друге и више ползе и славе-. Загонећем ли, ти ћеш то ласно одгонетнути; ма о Талфи од исте ње да ми се извиестиш, од ње волим и за њу и погинут, одказати, живијем бив још, животу, само да чисто знам о истој – данас како је" [14].

Ови последњи простодушни, наивни редови, пуни бескрајног поверења у благонаклоност саговорника, жељни непрекидних мирења уз много нужне патетике – јесу заправо и кључ за разумевање познијег Милутиновићевог става. Песник се и поверавао и предавао Вуку, који је очигледно, итекако добро био упућен у сва претходна збивања ("Загонећем ли, ти ћеш то ласно одгонетнути").

Склон сам да верујем да је у том часу Милутиновић мислио како је спреман да Вуку пошаље песме које је сам у Црној Гори сакупио. Сигурно је да је хтео да их препише начисто, да их прокоментарише, да напише предговор. Након тога би их великодушно послао и поклонио Вуку. Дакако, слање песама је могла бити само награда за пријатељство које је Вук управо морао да докаже. Милутиновић је патетично мислио како му никада у животу није било горе, нити може бити. Од Вука је очекивао да му у љубавној драми одигра улогу повереника, да га много теши, да му пуно пише о Талфјевој, посебно о ономе што је могло бити, а није се догодило. Вук, пак, није имао стрпљења. Сматрао је да се човек у зрелим годинама не може понашати као дете. Не верујем да није схватио да му се припрема награда. Биће пре да није био нимало сигуран хоће ли могућу награду икада добити. Било му је јасно како је Милутиновић у дубокој душевној кризи. Могао је да бира како ће се према њему

---

[14] Исто, 858.

понети: пријатељски, са разумевањем које може да се граничи и са болећивошћу, или да оштрим речима, грдњом, ауторитативним ставом старијега и мушкарца – доведе песника изнова себи.

Одлучио је да према Сими поступи као према детету. Изгубљени одговор послат на Цетиње 13. јула, из Беча, писан је, очигледно у оштром тону. Том приликом, Вук је изнова Милутиновићу много шта пребацивао. Међутим, у критичном питању Талфјеве изгледа да се држао прихватљиво. Обавестио је Симу о ономе о чему ће нешто касније, 17. августа 1828. године обавестити и Јакоба Грима. Наиме:

"да се Талфјева удала за једног америчког Робинсона и да одлази с њим у Америку. С једне стране жао ми је због ње (што нас тако сасвим напушта), али се с друге стране радујем, јер ће она сада у својој новој домовини ширити наше народне песме" [15].

Писмо је Милутиновића погодило, али у трпељивој мери. Томе најбоље сведочи одговор који је уследио са Цетиња 26. августа 1828. године. Милутиновић пребацује Вуку што и даље сву кривицу за међусобице пребацује на њега, али он је чак и то спреман да прими на себе (*"а ја је примјам сву на се опета заетово, да повратим и оживотворим у теби себе, и у себи тебе, јера је најпријатније с вјерним и правим другом пут и књижевношћу путовати"*). Писмом од 13. јула Вук Караџић је изгледа опет напомињао како је од владике Петра Првог тражио народне песме. То је био повод Милутиновићу да брилијантно, исклесаним речима, искаже опште стање у Црној Гори и положај владике у свему томе:

"Сад ћу ти рећи за моје пјесанах собраније. Г-у Митрополиту си ти захтијевањем пјесанах нехотице и незнајући досађивао, јер да Китајем влада неби више бриге беспокојства и узалуд-трудења имао истиј онди и међу онијема, ђе је свака пушка топ, свака глава помазана, и свакога воља колик' општа, а свакиј дом двор, и свакиј крш град..." [16].

Међутим, Милутиновић не одбацује могућност да Вуку Караџићу пошаље песме које је сам сакупио. Наглашава само да то не може одмах учинити:

"...а ево зашто: писао сам свачим свакојако ђешто на торинама при свијећи мјесеца, које само ја могу право прочитати, па би ми жао било да се икаква риеч преиначи. Друго: Имаде у њима мнного и разнога провинцијализма, који ти неби боимсе свакиј разумио, да га у примјечан, истолкујеш читатељу. Треће: како видиш само дјело изискује моје руке препис собрања свега новиј и

---

[15] Исто, 191.

[16] Исто, 897. Милутиновић обавештава Вука о узнемиравању владике поводом песама које су Вуку приспеле преко Петра Марковића, 15. јуна 1828. године (в. напомену 13).

чистиј, дополнителниј, и тада обширно полезниј, а ја то засад' нипошто не могу ... из многијех узроках, од којиех ти свијех наводим овиј само један, дасамсе спремио јако их сад озбиља поћи писати, и комад зиме ол' и сву на то употребити, премда их имам досле већ' преко два твоја собрања; можесе зар која десити и утиснути слаба ил' већ се имајућа на штампи, но све има или другиј крој, или особитије што филологическог', народнег или историческога, пак је мном барем уважена, док ми вештији од мене реку да је мало ил' нималоважна; а ваља и доста опиљаках и ожимања, да буде чакмак, или то-пор!" [17].

У писму од 13. јула Вук је, очито, најављивао и могућност сопственог доласка у Црну Гору и могућности да сам сакупља народне песме које владика не може, а Сима чини се неће, да му пошаље. Милутиновић га и ту разуверава, у оптимизму онескопојава, напомњући да је *"одавде лакше поћи некоме до у Хамбург или Лондон, неголи неком' до на Кчево или у Морачу"*. По Црној Гори, пише Сима, ходи се *"пјеше и с крвавијем знојем, куд' и вјештоходећа мазга честосе у бездне Амбисне отискује, и ће кола немогу..."*

На крају писма коментарише вест коју му је Вук дојавио о удаји Талвјеве:

"а Госпи Талфи ја нијесам више могао пожелети, но благополучје, какво је сама изабрати вољела. Моја је пуница свевишности дивота, а љуба ми је твари, чоечности красота, и ово је Поете женидба, коно чешће поздно долази, но рано на деобу земнога блага — удовољствија; премда ожалисе срце онога, тко само духу живи, али штоћесе де, кад' је чоечија крајност и недопуност воље; — пак и трпеж по свијета држи ..." [18].

Вук је, чини се, погрешно разумео Милутиновићево писмо. Он који је толико пута истицао како је његов побратим "вртоглав" и "више од пола луд", ишчитао је Милутиновићево писмо као да је оно "потпуно нормално". Из свега Симиног писанија схватио је једно — он, Вук, црногорских и херцеговачких песама од Милутиновића добити неће. Штавише, Милутиновић му не допушта ни да сâм дође у Црну Гору и да сâм штогод сакупи. На Милутиновићеве тужаљке око Талфјеве и због ње — није обраћао пажњу. А оне, ма колико инфатилно биле изречене, јесу кључ за разумевање свега. Милутиновић јесте био због удаје Талфјеве, због одласка своје **Зорице** преко океана: потпуно депримиран и безвољан [19].

---

[17] Исто, 898. Чак-мак (чакмак) је назив за огњило, али једновремено то је и име једне дечје игре у Црној Гори.

[18] Исто, 899.

[19] Милутиновићева збирка песама штампана у Лајпцигу 1827. под симболичним називом **Зорица**, посвећена је у целини Терези Албертини Луизи фон Јакоб. Након уводног сонета који садржи посвету Талфјевој, следи народна песма **Марко**

Ни до чега му више није било стало, до народних песама и утакмице са Вуком понајмање, рекло би се. Желео је од Вука нешто друго: много преписке око песама, а у свакоме писму по који пасус о Талфјевој. Милутиновићу је било потребно раме друга и пријатеља из детињства за дуго, дуго плакање. Вук, међутим, често је у животу показивао одсуство смисла за деликатније међуљудске односе, посебно одсуство разумевања сложенијих душевних стања код саговорника. Уосталом, презаокупљен собом, властитим пословима и каријером, он се уопште мало бавио људима, чак и сопственом породицом[20].

Ни Милутиновићево писмо Вук није пажљиво прочитао. Пажњу му није привукла Симина исповедајућа реченица: *"у 1000. Милионах душах, без икога крвнога брата!!! боли ме, да жалосно пјевам..."* Укратко, незадовољан писмом, Вук га је оставио на страну. Одговорио је, како је сам на оригиналу записао, тек након пет месеци, 29. јануара 1829. године. Тада је разлаз међу дојучерашњим побратимима, браћом чак, очигледан и, у томе часу, потпун и коначан[21].

Вук Караџић је ударао Милутиновића где је овај био најповредивији, у неутешну љубав према Талфјевој. Злурадо, уз наглашену двосмисленост, обавестио је Милутиновића да ће Талфјева наскоро и мајком постати. То се могло схватити двојако, како је уосталом, и било речено. Могло се, наиме, једноставно схватити да је убрзо после удаје, или чак намах по удаји, Талфјева остала у другом стању те да ће се при крају прве године брака родити и дете. Но, дало се и разумети да се Талфјева убрзо после венчања нашла пред порођајем, што даље значи да није чекала папире да би остала у другом стању итд. У крајњој линији, све је то неважно, осим једноме човеку. Њему је, пак, то од животне важности, готово питање смрти и живота. Да ли је особа која те је некад мало волела, а ти си њу волео и волиш и даље безгранично и безрезервно – учинила са другим и због другога оно што није била спремна да учини с тобом

Краљевић и вила бродарица коју је Милутиновић чуо од деда Срдана. У истој збирци песама, палази се и покушај стварања малога спева надахнутог народном песмом – *Разновидје вишешшва*. Јунаци спева су Марко Краљевић, Реља и Милош који се палазе у зачараном граду, чија господарица ослепљује свакога ко ступи у град. Јунаци се боре против девојке итд.

[20] лично перазумевање саговорника испољио је Вук Караџић и у јесен 1822. године када је у Крагујевцу записивао од Старца Милије познате четири песме. (в. Н. Љубинковић: *Губишници Сшарца Милије*. V. Песник – зловидшик, "Расковпик". Часопис за књижевпост и културу, св. 53-54, Београд, 1988, 139-148.

[21] О Вуковом писму од 29. јануара 1829. године и Милутиновићевом одговору било је више речи у тексту *Vukova četvrta knjiga lajpciškog izdanja i budimska Pjevanija Sime Milutinovića*, "Zbornik radova o Vuku Stefanoviću Karadžiću", Sarajevo, Institut za književnost, 1987, 631–642.

и због тебе! И надасве наглашена журба, хитња која не допушта ни почетну уздржаност, какву малограђанско васпитање налаже. А све то има душе да ти наговести најближи човек, онај исти у коме си ти хтео да пробудиш део себе, а у себи већ си оживео део њега. Даљи поступци Милутиновићеви, његове речи, разноврсне изјаве које даје и када је упитан и када то није – све је плод крајњег афекта и жудње за осветом.

Сукоб између Вука Караџића и Симе Милутиновића, тињао је током Милутиновићевог боравка у Лајпцигу, знатно се заоштрио у часу када Милутиновић објавивши *Србијанку* напушта Лајпциг, не упутивши се у Србију, како се са Вуком договорио, већ у Црну Гору. Сукоб између Вука и Милутиновића припремао је, посебно међ Вуковим пријатељима, познаницима и штоваоцима, одбојност према будућој Милутиновићевој збирци народних песама из Црне Горе. Међутим, док су све до друге половине 1828. године закулисне радње и игре – малоприметне за ширу јавност, у другој половиони 1828. године историја *Пјеваније* (и будимске и лајпцишке) започиње.

Најава Пјеваније, тешкоће око штампања, прве критике

Живот Милутиновићеве збирке народних песама из Црне Горе, а и јавни ривалитет са Вуком, започиње, за ширу јавност, када је Георгије Магарашевић, уредник *Летописа Матице српске*, односно *Сербског летописа*, како се часопис називао на измаку треће деценије деветнаестога века, наштампао две независне вести о сакупљању и објављивању народних песама на српским просторима. Тако је на измаку четврте године излажења часописа, у св. 12, објавио вест из Беча да Вук Караџић има намеру да штампа и четврту књигу народних песама. Придодата је и мала похвала дотадашњем Вуковом раду и заслугама за српски народ, посебно пред Европом[22].

У св. 15, на крају те исте, 1828. године, Магарашевић је донео и вест са Цетиња, како сочинитељ *Србијанке* сакупља народне песме по Црној Гори и да их је, иако је тај посао тек почео, прикупио толико да би два велика тома у печатњи износиле[23].

---

[22] Георгије Магарашевић: *Јавља нам Г. Вук Стеф. Караџић ...*, Сербска летопис, год. IV, св.12, Будим, 1828, 153.
[23] Георгије Магарашевић: *Из Цетиња (Црне горе) пише нам Г. С. Милутиновић, Сербска летопис*, год. IV, св. 15, Будим, 1828, 131-132.

Чудновато је да *Сербски лешойис,* односно *Сербска лешо-
йис* (како се у то доба привремено називао часопис), није вест о
Милутиновићевом боравку на Цетињу и сакупљању песама објавио
раније. Податак који Магарашевић обелодањује поткрај 1828.
године, готово је једнак ономе садржаном у Гагићевом писму Вуку
Караџићу, писаном још 18. марта исте године. Могуће је, да је сâм
Милутиновић, тек крајем 1828. године обавестио уредништво
Лешойиса. Једнако је вероватно, да је Магарашевић знао од раније
за то, али му је одговарало да вест обелодани када је и учинио.
Треба имати на уму да су односи између Вука Караџића и *Машице
срйске,* између Вука и *Лешойиса* и, напокон, између Караџића и
Георгија Магарашевића веома сложени. Готово од почетка, од
оснивања *Машице срйске* и од покретања *Лешойиса,* постоји су-
коб између *Машице* и *Лешойиса,* с једне, и Вука Караџића са друге
стране. У једноме часу дошло је и до потпуног прекида односа[24].

        Као што то бива и данас, у таквим околностима, часопис је
користио и друге људе, њихов рад, како би се успешније обрачунао
са личним противником. То се догодило и Милутиновићу са збир-
ком народних песама. Вест да Милутиновић сакупља песме по
Црној Гори и има их већ за две велике књиге јесте својеврсни утук
на претходну, о Вуковој намери да изда и четврту књигу песама.
Тако се догодило да је опредељивање за и против Вука, за и против
Милутиновића у претпостављеном, могућем, слућеном и најавље-
ном сукобу између *Народних йесама срйских* и *Пјеваније
црногорске и херцеговачке* зачело већ крајем 1828. године. Тада је
почела и рецепција још необликованих, а свакојако незнаних збир-
ки народних песама, а почело је постепено обликовање и "стручних
мишљења", у зависности од полазишних опредељења: против и за!

Будимска и лајпцишка Пјеванија
у светлу сувремене рецепције и стручне критике

Вуково писмо од 29. јануара 1829. године и Милутиновићев
одговор пун нетрпељивости и одбојности, препун самосажаљења и
саморазумевања, допринели су да се сукоб између дојучерашњих
пријатеља и побратима распламса толико да постаје јаван у свакоме
смислу. Милутиновић је све што му је Вук дојавио – доживео тра-

___

[24] Живомир Младеновић: *Вук Караџић и Машица срйска,* Посебна издања
САНУ, књига СССХСII, Одељење литературе и језика, књига 15, Београд, 1965, 25-95.

гично. Готово би се могло рећи да песник на особен начин ужива у сопственој несрећи. Милутиновићев доживљај несрећне љубави је у знатној мери театралан. Крајем августа 1928. године био је срећан, што је омогућио Талфјевој да изабере другога. Тврдио је, како је за њега највећа срећа да она, толико вољена, проведе живот са човеком кога јој је срце одабрало. Примивши Вуково писмо реаговао је као позлеђени мушкарац: вољена жена ће имати дете с другим, и то тако брзо по удаји – незамисливо! Биће да писмо, које је после додатка, коначно потписао као Симша Сиротан, није нимало случајно датовано управо 13. мартом (злехуда тринаестица, али једновремено и масонска тринаестица – дан када треба починьати судбоносне акције, јер могу да окрену на добро) по старом календару; све су то заправо детаљи ненаписане, али нажалост доживљене, љубавне драме. Од тога часа Милутиновић ужурбано припрема рукопис народних песама за штампу[25].

У *Србском родољубцу* за 1832. годину, Милутиновић је објавио неколико песама и два писма писана са Цетиња 1829. година. Поред тога што у писмима наглашава како је збирка готова и да тражи начина да је штампа, Милутиновић се, посебно у другоме писму, обрачунава изнова са Вуком. Гнев и разочараност испољава сасвим детињасто: *"А да није оваквога Српчића чему би се вукови смејали, или се одликују... дичили".*

Све до коначног разлаза са Вуком Караџићем Милутиновићева ортографија је била доста блиска Вуковој. Уосталом, довољно је само прегледати Милутиновићеву збирку песама **Неколике пиеснице ...1826** и сам спев **Сербијанка**, па ће то сваком бити јасно. Међутим, после марта 1829. године Милутиновић се оштро, љутито, инаџијски опредељује за словенску ортографију. И сама жеља да што пре наштампа сакупљене песме више је резултат беса и уверења да ће то позледити Вука, него ли жеља да се обелодане резултати готово двогодишњег рада. Милутиновић је, првобитно, очигледно мислио да збирку, односно песме у њој пропрати исцрпним и разноврсним коментарима, поглавито својим размишљањима поводом песама, али и премишљањима без повода. Но, појава Андреја Кухарског на Цетињу учинила му се као знак божије промисли, па је рукопис, у стању у коме се затекао половином 1829. године, предао Кухарском молећи га да се потруди како би се рукопису нашао издавач[26].

---

[25] *Србски родољубац*, I, Будим, 1832, 135-140.
[26] Андра Гавриловић: *Словенска путовања*, Београд, 1922, 51-58; *Вукова преписка* (издање Љ. Стојановића), I, 446; Владан Недић, нав. дело, 101; Љубомир Дурковић-Јакшић: *Југословенско-пољска сарадња 1772-1840*, Нови Сад, "Матица српска", 1971, 126-127 (одељак: *Сима Милутиновић и Пољаци*, 126-128).

Напори Кухарског да збирку гдегод наштампа можда и нису били превише интензивни, а можда није уистину могао да учини шта више.Свакојако, рукопис Милутиновићеве збирке црногорских и херцеговачких народних песама, био је у Кухарског све до 1832. године, када доспева у руке Јернеју Копитару[27].

Копитар је био замољен да рукопис, након прегледа, пошаље Милиовуку у Будим ради штампања. Вук Караџић, пак, био је веома заинтересован за рукопис. Желео је да што дуже омета његово издавање, како би четврта књига *Народних срйских йесама* његовог, тзв. лајпцишког издања, угледала свет раније. Имао је у виду и да му Милутиновић дуго времена дугује неке новце, *йа је йомишљао,* како је писао Копитару, *да рукойис узайти, неби ли на тај начин йовратио узајмљено*[28].

У години 1833. на месту уредника *Лейойиса* налази се Теодор Павловић. Цењен у круговима Матичиних пријатеља и сарадника, Т. Павловић се према Вуку односио двојако. Био је спреман на коректне односе, а са друге стране није могао, као ни многи други око *Майице срйске,* опростити Вуку оштар, а свакојако неизазван напад на Јована Хаџића. Очигледно је, да и у *Майици срйској* и у широком кругу сарадника *Лейойиса* има и оданих Вукових присталица, јер је Вук обавештен о много чему што ће одређена свеска *Лейойиса* садржати, и какав ће став *Лейойис* поводом одређене ствари заузети, док је *Лейойис* још увелико у штампи[29].

Лейойис, односно *Сербскиј Лейойис* (сада у мушком роду), у деветој години излажења, у 32. свесци, 1833. године (137), преко уредника, Теодора Павловића најављује и поздравља скорашњи излазак четврте књиге *Вукових народних йесама* лајпцишкога издања[30].

У св. 35. објавиће исти Теодор Павловић и приказ Вукове збирке. У међувремену, Теодор Павловић и Вук Караџић јесу у суко-

[27] *Вукова йрейиска* (изд. Љубе Стојановића), I. 349-351, 368-369, 386, 388, 444-447; IV, 254; *О боравку Анђеја Кухарског* в. поглавље *Анђеј Кухарски на научном йуйу у југословенским земљама,* у нав. књизи Љ. Дурковића-Јакшића, 133-138.

[28] О томе више види N. Ljubinković: *Vukova četvrta knjiga lajpciškog izdanja i budimska Pjevanija Sime Milutinovića* u "Zborniku radova o Vuku Stef. Karaxiću", Sarajevo, Institut za književnost, 1987, 631-642, posebno 637 i dalje.

[29] Живомир Младеновић: нав. дело, 84-95.

30) Теодор Павловић: *Госйодин Вук Сйефановић Караџић издае чейврйу часй Сербски Народни йјесама...,* "Сербскиј Летопис", год. IX, св. 32, Будим, 1833, 157.

бу, притуљеном, али извесном. Међутим, приказ је преко ишчекивања позитиван. Павловић одаје Вуку сваковрсна признања. Замера једино због скаредности која је изражена на страни 16, а у напомени 5 четврте књиге песама. Реч је о песми **Женидба краља Вукашина** уз коју Вук саопштава занимљиво народно предање о крилатоме коњу који је опасивао кобиле, али је сваку после односа ударао копитом у трбух, како би побацила. Момчило се, међутим, досети како ће себи обезбедити ждребе итд.[31]

За тему која нас интересује, свакојако је занимљивија чињеница што се у истој свесци налази и приказ на **Пјеванију** херцеговачку и церногорску, објављену у Будиму, исте 1833. године. Приказ је поразан, у сваком погледу. Уредник **Летописа** вели:

"Кад би човек о свему што је у овој књизи укоравања достојно говорити ктео, морао би двапут веће критическо дело него што је ово написати. Тако сметени и сплетени поњатија, тако отужне смеше у језику каква је у придодатима у књиги овој Г. Милутиновича изаснением, нигди, ни у самога истог Г. Милутиновића другим списанијма нема. Нити је сербски ни славено-сербски, ни сербијански, ни босански, али ни црногорски и херцеговачки није, јербо се од оног у песмама разликује, сва су рекао би славенска наречја ту смешана; то се описати не може, него само онога коме напредак изображења народног језика на срцу лежи до разгневленија доводи. Вечита штета да Г. Милутинович то не мари. Штета тако израјадан дух тако неустроен да је Чубро Чојковић (!?) уместо да је погрјешке прости људи, од који је песме ове слушо и преписо, у језику поправио, што је, држајући се нарјечја они чије су пјесме не само свободно, него се од онога који погрјешке види и поправити иј уме, као и из дужности неке праведно изискује, у место велим да иј је поправио, јошт је и своја изумљенија (као што је да једну за стотину рекнемо, оно на стр. 19 стиху 8: 'одпадају копче о чакшира' о коме вели: у брзоме (?) говору о без т. или да чује се, па сам тако и писао) многа утрпо, и тако језик у пјесмама овим за друге Нецерногорце Сербље јошт већма отежчао. И због језика дакле много песме ове губе и не могу се као друге наше народне песме допасти, од који иначе далеко одстоје. Над овим виспреним се полетом позвишавају народне песме Г. Вуком издане[32].

---

[31] Теодор Павловић: ***Народне српске Пјесме скупио и на свијет издао Вук Стеф. Караџић*** ... књига четврта ... у Бечу 1833, "Сербскиј Летопис", год. IX, св. 35, Будим, 1833, 160-161.

[32] "Сербскиј Летопис", год. IX, част 35, Будим, 1833, 159-160.

Павловићев приказ будимске *Пјеваније* мало шта конкретно каже о самој збирци и њеном садржају. Милутиновићеви коментари уз три лирске песме које су на почетку збирке. Очигледно су били оставили предубок утисак на Павловића. Све остало је отишло у други план. Теодор Павловић је у будимској *Пјеванији* запазио једино немогућ језик. Искрени револт Павловића и већ стечени ауторитет *Летописа* свакако су створили код могућих читалаца одбојан став према *Пјеванији* и њеном састављачу. Ако је круг око *Матице српске* и желео у једном тренутку да искористи ривалитет Милутиновића и Караџића за сопствену борбу против Вука, језик коментара будимске *Пјеваније* је био такав да ни *Матица српска*, нити *Летопис* као њен орган нису могли да стану иза њега.

У првој години излажења, у броју 45, *Danica horvatska, slavonska i dalmatinska* Људевита Гаја, забележила је појаву, односно постојање будимске *Пјеваније*. Под обавезујућим насловом *Сбирке народних славенских песамах*, *Даница* је поводом Милутиновићеве збирке донела следеће редове:

"*Pjevanija cernogorska i hercegovačka i t.d. sabrana od Čubra Čojkovića, (t.j. Šimuna Milutinovića), a izdana od Jos. Milovuka, čast I, u Budimu 1833. 8. 150 str.*"[33].

У даљем тексту непотписани аутор истиче посебну вредност народних песама Вуковога лајпцишког издања, напомињући да се четврта књига појавила 1833. године.

На Милутиновићеву *Пјеванију црногорску и херцеговачку*, осврнуо се знаменити чешки слависта Павле Јосиф Шафарик. Учинио је то два пута, и поводом будимске и поводом тзв. лајпцишке *Пјеваније*. У чланку о словенским народним песмама објављеном 1833. године, Шафарик пише о будимској *Пјеванији*. *Пјеванију* и Милутиновићеве коментаре посматра у светлу Вукове четврте књиге тзв. лајпцишкога издања. Закључио је, како је то својевремено подвукао Карел Паул, да се песме из *Пјеваније* "*не могу да мере са Вуковима, с обзиром на тачност текста и допуна, премда Шафарик види неке њене одлике у опаскама, у којима би опет волео да има објашњења тамних црногорских и херцеговачких речи, чиме би био сабирач стекао велику заслугу*"[34].

---

[33] в. *Danica Horvatska, Slavonska i Dalmatinska*. Tečaj I, br.45 (14. studna), Zagreb, 1835, 280.

[34] Paul Josif Šafarik: *Slovenske narodni pisne. Literni zpravy*,Časopis "Českeho museum", Prag, 1833, 448; Карел Паул: *Сима Милутиновић код Чеха и Словака. (Из расправе: Четири југославенска препородитеља у њиховим односима са Чехословацима)*, "ВЕНАЦ". "Књижевни омладински лист", књига IX, децембар-јануар, св.4-5, Београд, 1924, 309-310 (Превео Др Драгутин Прохаска); Ђорђе С. Костић: *Павле Ј. Шафарик о новој српској књижевности*, Посебна издања Балканолошког института САНУ, књига 34, Београд, 1988, 99-100 (не помиње Шафариков приказ *Пјеваније*).

Шафарик се осврнуо и на **Пјеванију** која је објављена 1837. године. К. Паул вели да је тада Шафарик изрекао следећи суд:

"У тој богатој збирци српских народних песама налазе се и оне које је Ј. Миловук из Милутиновићеве збирке извадио и у Будиму издао, сем опширних тумачења, а овде као сувишно изостављена" [35].

Од 1975. године, од књиге Радосава Меденице **Наша народна епика и њени творци**, у стручној литератури се, као "добро позната чињеница", наводи како су Копитар, Јакоб Грим и Ранке имали неповољно мишљење о Милутиновићевој **Пјеванији**[36].

У предговору новом, другом издању **Пјеваније црногорске и херцеговачке**, Новак Килибарда Меденичину непоткрепљену тврдњу прецизира:

"Негативне карактеристике Пјеваније из пера Ј. Копитара, Ј. Грима и Л. Ранкеа значиле су пресуду Милутиновићева сакупљачког рада коју усваја и Вуково и поствуковско вријеме" [37].

Забуну је направио Меденица. Он је, претпостављам, начинио испис из Милаковићеве **Bibliografije hrvatske i srpske narodne pjesme**, али без потребних података о извору. Без провере и накнадних трагања, унео је ту категоричну тврдњу у своју књигу, у поглавље посвећено Сими Милутиновићу. Новак Килибарда је, пак, пошао од Меденице, али ни њега не наводи. Међутим, понесен реченицом, Килибарда је дописао нешто чега код Меденице нема: податак да су сва мишљења саопштена у писаном облику, "из пера". Међутим, није уопште реч о некаквим штампаним критикама Милутиновићеве **Пјеваније**, већ о Копитаревом мишљењу изнетом у писму Вуку:

"Kopitar i ne dočitavši druge njegove knjige, izrazuje se nepovoljno o njegovu radu, te pišući 20. prosinca 1837. Vuku, ističe čak i to, kako je Milutinović veliki takmac i suparnik njegov, ali da mu na svu sreću Grimm i Ranke više ne vjeruju..." [38].

---

[35] К.Паул, нав. дело, 310; P.J.Šafarik: **Literni zpravy za Slovansk**, Časopis "Českeho museum", Prag, 1838. 105; Ђ.С.Костић, нав. дело, 93, 101-102.

[36] в. Радосав Меденица: **Наша народна епика и њени творци. Црногорскохерцеговачка планинска област постојбина патријархалне културе и епске песме Динараца**, Цетиње, 1975, 115.

[37] Новак Килибарда: **Уз друго издање Пјеваније црногорске и херцеговачке**, у књизи **Пјеванија црногорска и херцеговачка**, приредио Добрило Аранитовић, Никшић, 1990, 5.

[38] Josip Milaković: **Bibliografija hrvatske i srpske narodne pjesme**, Sarajevo, "Zemaljska štamparija", 1919, 140.

На немачком језику, одељак писма тачно гласи:

*"Seit jener Zeit hab' ich seine **Pjevanija** in der Censur gehabt,*
und daraus unter anderem ersehen, wie sehr er mir grollt, weil mir
*Ihre Treue im Sammeln mehr gefahlt als seine. Cf, **Pjevanija**, S,94*
(und vielleicht sonst, denn ich las noch nicht alles). So gehts uns
Kritikanten po vučki. So viel ist gewiss, dass Symo Ihr heftiger Rival
ist und Nebenbuhler; Ihr Gluck, dass Ihm Grimm und Ranke nicht
mehr glauben als ich; ersterer ist gleichgultig gegen seine Lieder und
der andere hat der Aufforderung seine Geschichte deutsch zu bear-
beiten, ausweichend geantwortet" [39].

Из немачког оригинала добро се види да Копитар не вели
баш ни оно, што му приписује Милаковић. У питању су наизглед
ситне разлике. Копитар не пише да је срећа, што Грим и Ранке не
верују више Сими, већ да је то за Вука срећа. Док Грим и јесте про-
тив неких Милутиновићевих песама (нисам сигуран да је реч о нар-
одним песмама црногорским и херцеговачким, биће да је реч о
Србијанки, коју је Вук Гриму кудио; дотле се Ранкеово мишљење
уопште не односи на песме, већ на Милутиновићев историјски спис
(вероватно на **Историју Србије од 1813. до 1815.** која је објављена
исте, 1837. године, мада није искључено да је реч и о **Историји
Црне Горе** штампаној 1835. године. Додајмо да ни Копитарево
мишљење исказано Вуку о **Пјеванији** није у оној мери неповољно, у
којој се у нас верује. Копитар једноставно подвлачи да му се Вукова
верност изворнику више допада од Милутиновићеве. Могло би се
чак тврдити да Копитарева оцена **Пјеваније** уопште није неповољ-
на, јер да у целини јесте, не би сматрао Милутиновића Вуковим
великим ривалом.

Озбиљнијих разговора о Милутиновићевој **Пјеванији** у годи-
нама које следе – нема. Истини за вољу могла би се споменути
сведочанства Платона Кулаковског и Измаила Ивановича Срезњев-
ског, мада су она изречена узгред и представљају само понављање
онога, што је њима или пред њима, Вук Караџић рекао.

---

[39] Ј. Милаковић, нав. дело, 140. Леополд Ранке је у знаменитом делу **Die ser-
bische Revolution. Hambutg, Perthes**,1829.– доста користио и Милутиновићеву
Србијанку. Биће да од Милутиновића преузима и опис покоља Турака у Београду
1813. године, покоља у коме је изгубила живот и песникова велика љубав, шеснаесто-
годишња Туркиња Фатима. Ово место у Ранкеовој књизи привлачило је пажњу и
савремених читалаца у Немачкој. Управо тај опис истиче се и у приказу Ранкеове
књиге коју је објавио **Literaturblatt** (бр.30, 1831). в. Миљан Мојашевић: **Југословенске
теме и српска народна поезија у Котином "Morgenblatt"-у**, Посебна издања САНУ,
Књига DLXXII, Одељење језика и књижевности, Књига 38, Београд, 1986, 124-125.

Измаил Иванович Срезњевски у биографско-библиографској скици о Вуку Караџићу дотиче се и Милутиновићеве *Пјеваније*, односно часова када ју је наглас читао Вуку Караџићу, по његовој жељи, а Вук читање пропраћао обилатим коментарима и примедбама:

"*Ја сам наглас читао, Караџић је слушао опустивши главу и, ослоњен на свој штап, час је понављао речи и изразе које је ваљало обележити, што сам ја и чинио, час је узвикивао: 'Е', или 'Е, Чубро!', или 'Гледај', или 'Ну, ну', и пошто би подигао главу и обрве, лукаво се осмехивао. На моја распитивања одговарао ми је, доказивао да су та и та реч или израз, тај и тај стих или читав низ стихова, па чак и целе песме фалсификоване или преправљане, што сам ја, наравно, такође обележавао*" [40].

Захваљујући Вуку, његовим коментарима и анализама, а посебно Вуковој жељи да и коментари и анализе буду што шире познати, о Милутиновићу и лајпцишкој *Пјеванији* доста се зборило непосредно након 1837. године. Временом се створио и мали књижевно-културни скандал у коме је Срезњевски имао значајну улогу. Данас је тешко реконструисати читаву трач-причу. Но, јасно је да је њен иницијатор био Вук Караџић. Извесно је окосница трач-приче била Милутиновићева *Пјеванија* и сам Милутиновић као њен творац. Подаци о свему овоме су скромни, а полазишни траг је сачуван у писму Измаила Ивановича Срезњевског Вуку Караџићу. Писмо је под бр. 33, у оквиру веће скупине писама из необјављене преписке Вука Караџића приопштио у дубровачком часопису "Срђ" Валтазар Богишић. Одатле је цео текст и посебно одштампан [41].

Писмо је Богишић датирао, 1. односно 13. августом 1842. године. Датовање писма је спорно [42]. У писму Срезњевски помиње

---

[40] Измаил Иванович Срезњевски: *Вук*. Поводом двестоте годишњице рођења Вука Караџића. Изабрао, приредио, превео и коментаре написао др Голуб Добрашиновић, Београд, "Аутори", 1987, 34-35. У питању је репринт и превод издања које је први пут штампано у Москви 1852. године. Обележени примерак, према сведочанству Срезњевског, остао је код њега.

[41] Валтазар Богишић: *Једна руковет из Вукове преписке*, Дубровник, 1903, 1-108. Писмо, о коме је реч, налази се на страницама 77-79. Посебну захвалност дугујем проф. Боривоју Маринковићу који ми је скренуо пажњу на читав проблем.

[42] Боривоје Маринковић у рукопису *Прилози проучавању Симе Милутиновића Сарајлије* (рукопис је завршен, према белешци на крају, 14. децембра 1955. године), који ми је пријатељски омогућио да погледам, ставља под знак питања Богишићево датовање, јер у време које Богишић наводи, Срезњевски није више био у Пожупу (одакле је писмо писано). У истоме писму Срезњевски честита Вуку Караџићу на медаљи коју је добио од руског цара. Међутим, Срезњевски о царевој награди Вуку обавештава мајку још 1. марта 1842. године. Будући да је након тога писао и

извесног Репошија Уимовича и Уимовићев *Зборник*. Међутим, Срезењевског највише пече сазнање да је Милутиновић на неки начин све дознао. Срезњевски пита и Вука и себе, како је Сима могао све сазнати. Трач-прича је смишљена у Бечу, у уском кругу најближих знанаца Срезњевског. Неко међ њима је ипак обавестио Милутиновића. Обавестио га је о самоме надимку, о неповољном мишљењу некојих људи у Бечу о њему, а затим и о идејном творцу читаве приче, или бар о човеку који је као такав био означен – Измаилу Ивановичу Срезњевском. Срезњевски се жалостиво вајкао Вуку Караџићу:

"Осим Вас знао је мали број људи који су долазили мени" [43].

Да му је допрла до ушију прича о Репошију Уимовичу, Милутиниовић је показао Вуку уз много ироније у писму од 11. марта 1842. Одговарајући с великим закашњењем на Вуково писмо од 24. маја 1840. и на Вукову молбу да сме да узме у своје бечко издање песму о ђакону Стефану из *Пјеваније*, Милутиновић је, саркастично, замолио Вука да поздрави и Срезњевског, кога лично не познаје, али му ипак шаље братске поздраве. "Кажи му", вели Милутиновић, "да га братски поздравља и Репошија Упљувач" [44].

Промена презимена измишљеног Репошија речито говори да је Милутиновић био итекако погођен. Писмо Вуку од 11. марта 1842. године и јесте, очигледно, било изазвано сазнањем за читаву интригу. Како се интрига тицала *Пјеваније*, како је њоме била управо *Пјеванија* омаловажавана, Милутиновић је искористио једно давно Вуково писмо на које није благовремено одговорио (јер то није хтео да учини) да би постидео Вука Караџића пре свих осталих. Знао је да иза изругивања *Пјеванији* стоји заправо Вук Караџић. Отписујући са готово две године закашњења на писмо у коме Вук тражи дозволу да преузме песму из *Пјеваније* за своју збирку – Милутиновић указује некадашњем побратиму и пријатељу на особену дволичност. С једне стране, Вук тврди познаницима како *Пјеванија* не ваља, а једновремено тражи од вртоглавог и "више од пола лудог" Милутиновића песме из исте *Пјеваније*. Вук је обавестио Срезњевског о Милутиновићевом поздраву и чињеници да је

Вуку, Маринковић смата да је тешко веровати да Срезњевски не би раније честитао Вуку на царскоме дару, односно одликовању. Марипковић разложно смата да је писмо Срезњевског упућено Вуку 1. априла 1842. године, или раније, а свакако пре писма Срезњевског кнезу Милошу (послато 1. априла 1842).

[43] В.Богишић: нав. дело, 78.
[44] *Вукова ūреūиска* (Љ. Стојановић), књига друга, 47.

песник *Србијанке* некако дознао за интригу. Вук свакако Срезњев-
ског није обавестио како је њему, Вуку, Милутиновић одобрио, а на
претходни Вуков захтев, да може да преузме коју му драго песму из
Пјеваније, али уз могућност да и Сима може да уради исто[45].
Срезњевском је, види се то добро из помињаног писма Вуку, све
тешко пало. Кривицу је био спреман да преузме на себе. Себе криви,
али не сматра да је највећи, а још мање једини кривац. Срезњевски
је био принуђен да ступи у преписку са Милутиновићем и да покуша
да му све објасни и прикаже у мање ружном светлу. Боривоје Ма-
ринковић сматра да је Срезњевски два пута писао Милутиновићу.
Први пут после 11. марта 1842, а други пут након 1. априла 1842,
Милутиновић је одговорио само једним писмом, писаним у другој
половини марта[46]. Колико писама је тада написано у кругу тројице:
Милутиновић – Караџић – Срезњевски тешко је рећи. Свакојако,
сачувана су само два: писмо Милутиновића Вуку Караџићу од 11.
марта 1842. године и Срезњевског – Вуку Караџићу од 1. априла
1842. Праћење тока афере указује на вероватноћу да је Симу Милу-
тиновића обавестио Рус, П. И. Прајс који је у Београду боравио кра-
јем 1841. године, а напустио га концем фебруара 1842. године.
Његовим одласком Милутиновић је могао да раскринка читаву
аферу, а да не умеша Прајса у све то.

   Без обзира колико је Милутиновић успео да постиди неке од
иницијатора и преносилаца интрига о лајпцишкој *Пјеванији,*
Пјеванија је интригом свакојако добила додатне негативне квали-
фикативе. Хтео то Срезњевски или не, и он лично је испао један од
судитеља и џелата *Пјеваније,* мањим делом можда, интригом о
Репошију Уимовичу, а већим – биографским белешкама о Вуку
Караџићу. Пишући о Вуку Караџићу, Платон Кулаковски се позива
управо на Срезњевског како би подвукао Вуков неповољан суд о
Пјеванији и Милутиновићевом редакторском раду. Позива се на
познату сцену, коју ју је овековечио Срезњевски у књизи о Вуку
Караџићу: Срезњевски, чита Вуку *Пјеванију* на глас, а Вук повре-
меним гласним узвицима, а чешће тајанствено-ироничним смешком
исказује неслагање и сумње[47].

---

[45] Станиша Војиновић: *Шест необјављених писама Вука Караџића Сими
Милутиновићу,* "Зборник Матице српске за књижевност и језик", св. XXXIV, Нови
Сад, 1985, 135-136.
[46] Б.Маринковић: нав. рукопис, 166.
[47] Платон Кулаковскиј: *Вук Караџич. Его дејателности и значеније у серб-
ској литературе,* Москва, 1882, 170.

Будимска и лајпцишка Пјеванија у светлу стручне и научне критике након Милутиновићеве смрти

Пјеванија, и будимска и лајпцишка, поготову су пале у заборав након смрти Симе Милутиновића 30. децембра 1847. године. Много шта је тада стало против Милутиновићеве збирке народних песама из Црне Горе и Старе Херцеговине. Пре свега, владика Петар Други Петровић Његош штампао је 1846. године *Огледало српско,* својеврсни утук на лајпцишку *Пјеванију* [48]. Милутиновића није више било међу живима да својим, и пред смрт још несумњивим ауторитетом, заштити збирку. Уистину, није се могло очекивати да ће се интересовање за *Пјеванију* на нашим просторима одржати захваљујући добронамерним мишљењима неких Руса, какви су, примерице, били Јосип Бођански и А. Н. Попов[49].

Нажалост, игром случаја и вољом худе среће, Бођански, а посебно А. Н. Попов појавили су се касно у Милутиновићевом животу. Поготово прекасно је објављено *Путешествује у Црну Гору* А. Н. Попова. Оно је могло чак и судбоносно да утиче на будућност "живота" *Пјеваније.* Милутиновић је исте, 1847. године, умро, а на лепом мишљењу А. Н. Попова, после песникове смрти нико није инсистирао. Милутиновићева збирка престала је да се спомиње међ народом, у ширем кругу читалаца. Љубитељи народне поезије, а присташе Вукове – одбацили су је. Млади поштоваоци усменога народног стваралаштва посезали су, пак, за *Пјеванијом* како би из ње преузели по коју песму за властиту збирку, дакако, не наводећи извор. Леп пример за овај последњи случај представља збирка народних песама коју је у Земуну 1857. године наштампао Алекса Поповић. Збирка носи наслов *Разне јуначке народне песме,* односно *Народне јуначке песме.* Садржи дванаест песама наштам-

---

[48] Н. Љубинковић: *Огледало српско – утук на лајпцишку Пјеванију Симе Милутиновића,* "Научни састанак слависта у Вукове дане", књига 18/2, Београд, 1989, 197-201.

[49] Бођански је сматрао за потребно да и Погодина писмом обавести (20. децембра 1837, односно 1. јануара 1838) да је Милутиновић наштампао српске народне песме које је сакупио по Далмацији и Херцеговини (в. Марк Гољберг: *Сима Милутиновић и руска књижевност* у зборнику радова *Прилози проучавању српско-руских књижевних веза. Прва половина XIX века,* Нови Сад, Матица српска, 1980, 110). А. Н. Попов се у гласовитом *Путу по Црној Гори* (1847) као историчар много интересовао и за Милутиновића и за песме које је Сима сакупио током боравка у Црној Гори. Из схватљивих разлога, пажњу Попова привлачиле су посебно песме које су опевале догађаје из руске историје, или из црногорско руских односа (в. М. Гољберг, нав. дело, 108-109, 112-113).

паних старом ортографијом. Испитујући збирку, Јосип Милаковић је утврдио да су четири песме преузете, незнатно измењене, од Симе Милутиновића, а четири, пак, од Вука [50].

Од П. Ј. Шафарика и његових прегледа словенских збирки народних песама /в. *Časopis "Českaho museum"* за 1833. и 1838/ – овакви прегледи улазе у часописну, али и у научну моду. Шафариковим путем први је продужио у нас Људевит Гај у *Danici Ilirskoj* за 1835. годину (в. напомену 33). Шафарика ће следити и Владимир Ивацевич 1883. године [51].

У нас је Ивацевичева књига практично непозната. Помиње је, али само библиографски, Пера Ђорђевић у свом знаменитом, али заборављеном *Кратком прегледу српских народних песама* [52]. Наводи је и Јосип Милаковић (*nav. delo*, 141), али, такође са штампарском грешком у презимену – Иванцевич. Библиографски податак о књизи Владимира Ивацевича, али са карактеристичном погрешком у презимену (Иванцевич) преузет је и у новоме издању *Пјеваније* [53].

У књизи *Сакупљање народног стваралаштва код Јужних и Западних Словена*, Владимир Ивацевич се осврће и на будимску и на лајпцишку *Пјеванију*. Чини се да будимску *Пјеванију* није имао у рукама, а свакако је није имао у личном поседу. Библиографски опис књиге је у реду. Међутим, када приказује садржај књиге Ивацевич греши и тврди да се будимска *Пјеванија* састоји од три коледке и 30 епских песама, што није тачно. Напомиње да су коледке пропраћене обимним коментарима. Коментаре констатује и у случају епских песама, али подвлачи да опажања у њима изнета – нису од већег значаја[54]. Већу пажњу и више простора Ивацевич је посветио лајпцишкој *Пјеванији:*

_____

[50] *Josip Milaković: Bibliografija hrvatske i srpske narodne pjesme. I. Grada, Sarajevo, 1919, 191–193.* Милаковић помишља да је Алекса Поповић *"јамачно исти Поповић, čije je pjesme izdala godine 1852. jugoslavenska mladež u Zlatnom Pragu" (nav. delo, 190)*, што неће бити тачно.

[51] Владимир Ивацевич: *Собираније памјатников народнаго творчества у јужних и западних Славјан. (Библиографическое обозреније)*, С. Петербург, 1883, стр. 174 + /2/. Народној поезији Срба и Хрвата посвећено је друго поглавље (18-70).

[52] Пера Ђорђевић: *Кратак преглед српских народних песама. (Књижевно-повеснички нацрт)*, "Брaство", III, Београд, 1889, 226. У Ђорђевићевом тексту поткрала се штампарска грешка, па уместо Ивацевич стоји Ивачевич.

[53] в. *Пјеванија црногорска и херцеговачка*, одељак *Одабрана библиографија радова о Пјеванији и Милутиновићевом сакупљачком раду уопште*, 1161.

[54] Владимир Ивацевич, нав. дело, 56.

"У овој збирци", пише Владимир Иваџевич, "има 175 народних песама, највише оних који опевају догађаје и јунаке новијег времена. Песме су дате без икаквог система; нове су измешане са старим, дате су без икаквих објашњења, само је назначено где је и од кога је песма записана. Недостатак књиге је и у томе што су песме штампане у два ступца и веома ситним словима. И поред свега тога ова збирка је веома важна, јер се у њој налази много изванредних и драгоцених управо црногорских песама које до тада нису нигде биле објављене. Међу овим новим песмама за нас, Русе, могу бити нарочито занимљиве оне у којима се опевају везе Руса и Срба и догађаји из руске историје" [55].

Пажљивијем читаоцу не може промаћи да се Иваџевич, у приказивању и вредновању Милутиновићеве лајпцишке *Пјеваније*, ослања на размишљања рускога историчара, А. Н. Попова, саопштена у знаменитом *Путешествију у Црну Гору* (1847). Приметан је и утицај *Историје славенских књижевности* А. Н. Пипина и В. Д. Спасовича (део о књижевности Јужних Словена обрадио је Пипин), односно одељка посвећеног књижевној и свакаквој културној делатности Милутиновићевој [56]. Иваџевич казује у закључку осврта на лајпцишку *Пјеванију*, како је нашао више од Караџића извитоперености, односно деформација текста песама из Милутиновићеве збирке [57].

Године 1911, у двадесет седмој књизи *Српског књижевног гласника*, објавио је Владимир Ћоровић у два наставка преглед штампаних збирки српских народних песама. Будући да је, очигледно, добро знао *Bibliografiju hrvatske i srpske narodne pjesme* Јосипа Милаковића, која је током 1908. и 1909. излазила у наставцима на страницама сарајевског *Školskog vjesnika* (посебно је одштампана тек након Првога светског рата, 1919. године), Ћоровић се трудио да нађе особени угао сагледавања и приказивања збирки народних песама. Чини се да будимску *Пјеванију* није имао рукама, јер не саопштава библиографске податке за њу. Помиње догодовштине око њенога штампања, подвлачи да Милутиновић није помишљао да преда песме Вуку, јер је у писму Јосифу Миловуку, 10. октобра 1832. године инсистирао да Миловук песме штампа, а да од добит-

---

[55] Овај део текста објављен је у српском преводу у студији Марка Гољберга (*Сима Милутиновић Сарајлија и руска књижевност*, 57).

[56] А. Н. Пипин и В. Д. Спасович: *Историја славјанских литератур*, И, С. Петербург, 1879, 222.

[57] Владимир Иваџевич, нав. дело, 57.

ка, након продаје књига, исплати Милутиновићев дуг Вуку. Ћоровић помиње и приказ будимске *Пјеваније* објављен у *Летопису*, али о садржају збирке ништа не говори. Имајући у виду да Ћоровића посебно изненађују "три коледке" у лајпцишкој *Пјеванији* – извесно је да будимску *Пјеванију* није видео. Ћоровић инсистира на Милутиновићевом хтењу да после "прве части" *Пјеваније* убрзо објави и другу. Помиње и објављеније за нову збирку, које је Милутиновић штампао у *Србским новинама* (у бр.22 за 1834) најављујући читаоцима како неће стати са обелодањивањем своје збирке црногорских и херцеговачких песама [58].

Лајпцишку *Пјеванију*, Ћоровић приказује мање-више уопштено. Подвлачи да има 174 песме, од чега су "три коледке", а остале песме, вели Ћоровић, Милутиновић назива "даворијама". Зачудно је, да Ћоровић не спомиње прозни умотвор, *Сан на Божић*, Његошев, јер лајпцишка *Пјеванија* садржи 175, а не 174 нумерисане умотоврине. Како је и сам писао о Лукијану Мушицком, Ћоровићеву пажњу посебно привлачи Милутиновићеву *Сп̄јев Славено-Сербаљству сјеверном* у коме песник предлаже да Лукијан Мушицки наследи на митрополитском трону Стевана Стратимировића (умро 26. септембра 1836). Примећује и да је Милутиновић у лајпцишкој *Пјеванији* објавио оду Милоша Светића, односно Јована Хаџића испевану поводом смрти Лукијана Мушицког (15. март 1837), а смрт Мушицког је "онемогућила Симин пријадлог и спјев". У свеколиком Ћоровићевом разматрању Милутиновићевих збирки, пажње вредан је понајвише закључак:

"У новије доба употребио је Симину збирку за дијалектолошка истраживања Г. Милош Ивковић и истакао јој важност с те стране, наглашавајући, заједно са Азмусом Серензеном, да је збирка раније била незаслужено подцијењена" [59].

[58] У стручној литератури било је недоумица да ли је, Милутиновић предао комплетан рукопис песама Кухарском, а овај касније предао Копитару да би рукопис папокоп завршио у рукама будућега издавача – Јосифа Миловука. Одговор је позитиван. Томе сведочи и велико "објављеније" које је Миловук штампао у Пешти, марта 1833. године. У њему је Миловук обавештавао могуће читаоце да се у њима налази збирка од 174 песме, а да он накањује рукопис разделити на неколико свезака, које би садржале приближно 25 песама (око 10 табака). Сваке године за пештански вашар (на дан св. Медарда, 8. јун) појављивала би се у продаји нова свеска. (в. *ОБЈАВЉЕНИЈА. Избор огласа на књиге и листове*. Избор, предговор, библиографија Др Голуб Добрашиновић, Београд, Друштво библиотекара СР Србије – Југословенски библиографски институт, 1974, 107-108.
[59] Владимир Ћоровић: *Српске народне пјесме.– Библиографски приједед збирки –*, "Српски књижевни гласник", књига двадесет седма, свеска осма, Београд, 1911, 598-599.

Најозбиљнији, најстудиознији опис и анализу Милутиновићевих *Пјеванија* начинио је Јосип Милаковић, а у склопу сјајне *Bibliografije hrvatske i srpske narodne pjesme.*[60]

Увидевши, свакако, да значај *Bibliogtafije hrvatske i srpske narodne pjesme* јесте превелик, а да је она у годиштима *Školskog vjesnika* помало скривена (притом у много наставака), искористивши и чињеницу да *Bibliografija* описује и анализира и хрватске и српске збирке народних пјесама (што је по завршетку рата у новооснованој краљевини Срба, Хрвата и Словенаца имало посебну политичку тежину), Земаљска штампарија у Сарајеву наштампала је 1919. године *Bibliografiju* у целини [61].

Милаковић је Милутиновићу, будимској и лајпцишкој *Пјеванији* посветио знатан простор у *Библиоīрафији* [62].

У најкраћим цртама саопштава Милутиновићеву биографију. Посебно се задржава на догађајима који су непосредно претходили Милутиновићевом одласку у Црну Гору, као и на самоме боравку у Црној Гори и сакупљању народних песама. Милутиновићев живот Милаковић претежно излаже по Ђорђу С. Ђорђевићу, иако то нигде није посебно подвучено. О Милутиновићевом сакупљању народних песама, о разлозима сакупљања, о односима и сукобима са Вуком, Милаковић пише на основу резултата сопствених истраживања, а од стручне литературе највише му је од користи *Вукова īрейиска* у издању Љубе Стојановића. Добро зна литературу, прецизан је и поуздан. И будимску и лајпцишку *Пјеванију* темељно је прегледао. Саопштава наслове песама будимске *Пјеваније*, као и од кога су забележене и одкуда је певач, односно казивач. Пажњу му привлаче и претплатници, односно пренумеранти на књигу. Лајпцишку *Пјеванију* обрађује на другачији начин. Пре свега, не наводи наслове свих песама, нити све певаче и казиваче. Песме подвргава филолошкој анализи и разложно утврђује да су у *Пјеванији* многобројни трагови чакавштине, за коју су, пак, вели Милаковић, и Миклошић и Вук Караџић тврдили да је хрватски

---

[60] Josip Milaković: *Bibliografija hrvatske i srpske narodne pjesme*, god. XV за 1908. годину (205-222, 312-326, 410-422, 486-491, 556-567, 636-645, 759-768) и god. XVI за 1909. годину (67-77, 209-219, 328-336, 457-466, 578-614, 913-974).

[61] Josip Milaković: *Bibliografija hrvatske i srpske narodne pjesme. Građa I*, Sarajevo, Zemaljska štamparija, 1919, 304 stranе. У раду се користим овим издањем.

[62] J. Milaković, *nav. delo*, одељак *Prvi šljedbenici Vukovi. Simo Milutinović Sarajlija*, 123-142.

дијалект. Милаковић брижљиво систематизује песме из *Пјеваније*, групишући их око појединих епских јунака [63]. Након дужега набрајања, Милаковић изводи закључак

"Po tome se vidi najbolje, da je izvor većini tih pjesama u Hercegovini, Bosni, Turskoj Hrvatskoj, Dalmaciji i Hrvatskom Primorju" [64].

Изненађује што Милаковић пропушта овом приликом да помене Црну Гору и Боку Которску, као што чуди да међу пубројаним јунацима изостају, по правилу, црногорски јунаци, почевши од Никца од Ровина и даље.

У сажетој, сводној оцени лајпцишке *Пјеваније*, Милаковић је инсистирао на чињеници да је реч о црногорским народним песмама, до Милутиновића мало познатим. Посматрао је лајпцишку *Пјеванију* и у контексту лајпцишкога издања Караџићевог. Закључио је да песме у *Пјеванији* заостају лепотом, али имају другачије и знатне квалитете:

"Makar da je Vuk u svom lipiskom izdanju izdao već nekoliko crnogorskih i hercegovačkih pjesama, ipak je ova uvećana zbirka bila nešto novo na tom polju, te je pored sviju svojih mana, koje se dašto opažaju i na prvoj knjizi i unatoč dosta nepovoljnoj kritici, stekla

---

[63] J. Milaković, nav. delo, 141–142.

"Milutinovićeve pjesme pjevaju ponajviše o ovim junacima i osobama: o Mijatu Tomiću 29., 34., (ali sa Vukovom u IV. mj. lipiskoga izdanja pod istim brojem nema ništa zajedničko), 59., 103., 108., 110., 111., 119. i 128., Kraljevića Marka 5., 6., 26., 35., 36., 37., 68. (Marko u tavnici tatarskoj, a u Vuka . u azačkoj), 72., 73., 74., 75., 81., 91., 94., 110., 119., 137., 145., 153, 159. i 169., Baji Pivljaninu 16., 29., 86., 87., 92. i 144., Sekuli 26., 32., 72., 74., 79., 148. i 159., Gjerzelez Aliji 72., 79., 94., 104., 110., 148. i 149., Novaku, Grujici i Radivoju 65., 68., 72., 76., 78. i 149., Buljukbaši Muju 96.97. i 100., Banoviću Strahinji 109, 151 i 159., Sibinjanin Janku 32., 72., 75., 109, 151. i 159., Jakšićima 7., 72., 95., 101., o Smiljaniću Iliji 114., 116., 126. i 169., Hrnjičićima 31., 82., 93ž. 116., 124. i 130., Kladuškom Muji 100., 117., Komnenu 31., 07., starom Ćeivanu 93., 127., Nukiću barjaktaru 112., banu Zadraninu 105., Hajkuni djevojci 40., 56., 82., 86., 93., 97., 101., 107., 130., 144. i 169., budalini Talu 93., 100., 113., 124., 126., Jankoviću Stojanu 67., 82., 169., Ličiću (ličkom) Mustajbegu 169., Ćupriliću 11., 15., 101., Čengić–Sinanbegu 13., Baletićima 24., 141., Senjaninu Ivu 31., 101., 1

12., 113., Танковић Осману 31., бегу Љубовићу 12., 23., 80., 86., 101., Вуку Мандушићу 140., Куни Хасанаги 87., дјевојци Росанди 81, царици Милици 160., Ковачини Раму 121, деспоту Ђури 71., 74., Црнојевићу Иви 70., Мрњавчевићима 69., Бончић Алилу 44., Вуку Мићуновићу и Ђурашковићу 8., 99., Грчићу Манојлу 39., Мишићу Стевану 72., Мирчети војводи 39., Маријану и Маријанку 34., 108., Обилићу 72., Косајчић Ивану, Топлици Милану, Љутици Богдану и Рељи Крилатици 74., и т.д.".

[64] J. Milaković, nav. delo, 142.

poštivača na domu i u tuđini, naročito u Njemačkoj. Pjesme ove
nemaju one pjesničke krepčine, kakvom se mogu pohvaliti pjesme
Vukove, ali zato obiluju mnogom drugom i zanimljivom i vrijednom
građom, te će se njima moći korisno poslužiti filolog i folklorista" [65].

Милаковић је кренуо стопама Асмуса Серензена (или Зерензена) и поредио је неке песме из Милутиновићеве збирке са песмама из збирке Вука Караџића. Но то није чинио следећи неки систем, а изгледа да није ни знао за Зерензенов текст у Јагићевом *Arhivu*, као што није знао за делимичан превод тога текста у *Просвешном прегледу*. Свакојако, Милаковић Серензена не помиње.

Милаковић је застао пред три лирске песме, које су неизмењене, једнаким следом штампане и у будимској и у лајпцишкој *Пјеванији*. Застао је, заправо, пред чињеницом да Милутиновић назива "коледкама" песме које то извесно нису. Милаковић разложно тврди да су прве две *(Град градила бјела вила* и *Лов ловио бан Секуле)* "обичне митске пјесме о вилама", а трећа песма *(Сабљу паше Стар Новаче)* "је пјесма која се пјева у колу" [66].

Милаковић је, нажалост, пошао од уверења да је у питању Милутиновићево незнање, а не смишљено стављање другачије одреднице. Ишчитавајући пажљиво песме из лајпцишке *Пјеваније*, Милаковић је закључио и да су интервенције Милутиновићеве у њима знатне, пре свега у повременој појави римовања. Милаковић се позива и на Вуково неповољно мишљење о *Пјеванији* наводећи притом познато и помињано место из текста Измаила Ивановича Срезњевског о Вуку.

Милаковићева студија о Милутиновићевим збиркама представља и најпотпунију студију о будимској и лајпцишкој *Пјеванији* написану до данас. Посебна вредност Милаковићеве студије јесте у чињеници, већ истакнутој, да је Милаковић покушавао да покаже вредност песама из лајпцишке *Пјеваније* тако што их је поредио са одговарајућим песмама из Вукове збирке. Будући да је Милаковић систематично обрадио и све Вукове збирке песама (објављене за Вукова живота), он је итекако добро знао какве разлике постоје између лајпцишког и бечког издања народних песама и о тим чињеницама је брижно водио рачуна. Сличан поступак је био применио и Асмус Зерензен (1854–1912), ученик Ватрослава Јагића и професор

---

[65] J.Milaković: nav.delo, 132–133.
[66] Исто, 128-129.

источноевропских језика, књижевности и историје. У Јагићевом часопису *Archiv für slavische Philologie*, у свескама XV до XIX (1892–1898), Зерензен је у наставцима објавио велику студију о развитку српскохрватских јуначких песама (*Beitrag zur Geschichte der Entwicklung der serbischen Heldendichtung*) – *Прилоῖ исῖориῖ ји развијања срῖских јуначких ῖесама* [67].

Зерензен је начинио исцрпан преглед развоја народних песама испеваних на српскохрватском језику. Сличан, амбициозан и свеобухватан преглед нико није касније начинио. Можда се једино изучавања Светозара Матића, сабрана у две књиге под заједничким насловом *Наш народни еῖ и наш сῖих*, односно *Нови оῖледи о нашем народном еῖу* могу, у одређеној мери, да упоређују са Зерензеновим подухватом. Одличан познавалац народне епике испеване на српскохрватском језику, врстан зналац и српскохрватског језика, Зерензен је готово подједнако простора посветио испитивању и осветљавању песама дугога стиха, тзв. бугарштица, као и песама краткога стиха, поглавито спеваних у десетерцу: Међутим, свеукупна Зерензенова истраживања временом нису чак ни заборављена, нити оспорена, већ једноставно нико их није читао. Својевремено, док је обимна студија објављивана у наставцима у Јагићевом *Archivu* – била је читана, хваљена и оспоравана. Догодио јој се један од најнеобичнијих и најнесхватљивијих случајева у читавој

---

[67] Asmus Soerensen: *Beitrag zur Geschichte der Entwicklung der serbischen Heldendichtung*, "Archiv für slavische Philologie", funfzehnter Band, Berlin, 1893, 1–36, 204–245; sechszehnten Band, Berlin, 1894, 66–118 (у првоме делу, у петнаестој свесци реч је о песмама дугога стиха; у шеснаестој свесци реч је о песмама краткога стиха (*Das Kurzeilige Liederdichtung*). Следећа два наставка су у свескама седамнаестој (siebzehnten Band, Berlin, 1895, 198-253) и деветнаестој (neunzehnte Band, Berlin, 1897, 89-131). Аутор се у њима посебно осврће на Милутиновићеву збирку (*Die Milutinović'sche Liedersammlung; Die Lieder der Milutinović'schen Aufzeichnungsschicht nach Entstehungsort und Entstehungszeit untersucht*). Данас је готово заборављена, а библиофилски ретка Зерензенова студија "о развоју десетерачких епских песама са ускочком тематиком" (в. Радмила Пешић – Нада Милошевић-Ђорђевић: *Народна књижевносῖ*, Библиотека "Човек и реч", Београд, Вук Караџић, 1984, 278). Студија је објављена у Берлину 1895. године (*Entstehumg der kurzzeiligen serbo-kroatischen Liederdichtung im Kustenland*, Berlin, Weidmannsche Buchhandlung, 1895, 109 страна). У часопису *Просвеῖни ῖреῖлед* који је, пре свега био намењен професорима средњих школа, Јован Радоњић је превео неке битне делове студије. В. Асумус Зерензен: *Прилоῖ исῖориῖ ји развијања срῖских јуначких ῖесама*, Просветни преглед, XVI, св. 9, 479-484; св.10, 528-532; св. 11, 591-594;XVII, св. 3, 112-115; св. 5, 251-254, Београд. 1895 (XVI) и 1896 (XVII). Нажалост, други послови су га приморали да напусти привремено Београд. Отишао је прво у Беч, потом у Цариград, а даље превођење Зерензенове студије је потпуно батаљено.

нашој књижевној историографији. Јагић је, наиме, студију прихватио за штампање. Незадовољан, пак, одређеним Зерензеновим тврдњама поводом песама дугога стиха, не прихватајући, пре свега, хипотезу да су песме дугога стиха настале у Срему, почео је напоредо са Зерензеновим текстом да објављује и своје уредничке примедбе. Напослетку, престао је са даљим обелодањивањем Зерензенове студије. У студији Зерензен је покушао и својеврсну, осмишљену рехабилитацију Милутиновићевог рада на сакупљању, редиговању и издавању народних песама. Дошао је до тачне помисли да се вредност песама штампаних у лајпцишкој *Пјеванији* може доказати неспорно, једино ако се песме из *Пјеваније* ставе у шири контекст. *Пјеванију* је ставио у активан однос према тада познатој збирци Валтазара Богишића – *Народне пјесме из старијих, понајвише приморских записа*, према збирци самога Вука Стефановића Караџића. Нажалост, Зерензен није начинио и следећи, неопходни корак. Било је нужно направити разлику између тзв. лајпцишког издања Вуковог и потоњег, најпознатијег и за читаоце најприступачнијег – бечког издања. Међутим, резултати до којих је Зерензен дошао и таквим, крњим методолошким поступком, недвосмислено су сведочили како је Милутиновићевој збирци до тада чињена неправда и како она итекако заслужује угледно место, у научном смислу напоредо са Вуковом збирком. Будући да су крајем последње деценије деветнаестога века многа угледна места у српској науци и култури заузимали и Јагићеви ђаци, Зерензенова студија је у први мах привукла знатну пажњу. Донета је и занимљива одлука да се Зерензенова студија у целини, или бар у најинтересантнијим одломцима, преведе и наштампа у часопису који је понајвише обећавао да ће резултати Зерензенових истраживања најбрже доспети до најмлађих. У добром преводу Јована Радоњића, Зерензенова студија је почела у наставцима да се обајвљује у часопису *Просветни преглед*, године 1895. и 1896. Читалац је вођен од наставка до наставка док, напокон, после једнога "наставиће се" није следило више ништа, чак ни неопходно објашњење. Некоје резултате Зерензенових трагања донекле је прихватио (не истичући то) Јово Љепава, али Љепавина књига је уистину била локалног значаја [68].

Ауторитет Ватрослава Јагића био је превелик на свим просторима српскохрватскога језика, поготову захваљујући чињеници да су управо Јагићеви бивши студенти били понајбројнији. Против

---

[68] Јово Љепава: *Лекције из историје српске књижевности*, Цетиње, 1896.

Јагића нико се није усуђивао, тачније нико није био довољно убеђен да се икако може догодити да тачан суд о некој литерарној појави изрече ко други до Ватрослав Јагић. У томе смислу, крајње је занимљиво премишљање Павла Поповића (иначе није био Јагићев ђак) изречено у знаменитом *Прегледу српске књижевности*. Павле Поповић не помиње именом Зерензена, али и поводом песама дугога стиха и поводом песама краткога стиха, под називом "једна теорија", размишља о Зерензеновим ставовима. Карактеристично је да Поповић држи да Зерензенова теорија, када је реч о песмама дугога стиха јесте разложна и озбиљна, али "поред све разложности и озбиљности ипак није довољна ни увек примљива" [69].

На Зерензена Поповић мисли и када пише у 57. одељку *Прегледа* о постанку песама краткога стиха. Препричава Зерензенову теорију по којој су песме краткога стиха настале:

"најраније у 17. веку, на Приморју, у времену и на земљишту ускока, и у вези са њиховом борбом за ослобођење домовине; 'њихово цветање може припадати почетку 18. века'. Затим су се јавиле у другој поли 18. века у Босни и Херцеговини, певајући локалне јунаке, и нарочито препевајући поменуте приморске песме и песме дугога стиха, и дајући им нову обраду и облик. После су се јавиле крајем 18. и почетком 19. века у Црној Гори, где су теме већином историске садржине. Напослетку су се јавиле нешто доцније у Србији, изазване устанком српским. 'Пробуђена за нови историски живот у почетку прошлога века, Србија је одједном узела одсудни удео у развоју народне песме, и тиме се развој, дошавши тако до своје крајње тачке, вратио у неколико својој полазној тачки'. У Србији је сјајно завршена народна поезија, која је у њој и у источним крајевима српским у својој старијој форми и никла." [70].

Зерензенова теорија о настанку десетерачких народних песама има, неспорно, знатних слабости. Једноставно речено – дубиозна је, а не происходи природно из обављених анализа. Бојати се да је и оваква сажета формулација Зерензенове теорије, какву је дао Поповић у *Прегледу*, много испитиваче одвратила од помисли да се озбиљније Зерензеном позабаве, макар оним делом који је превео Радоњић и наштампао на страницама *Просветног прегледа*, и знатно касније – *Наставника* (1912). Зерензенова упоређивања

---

[69] Павле Поповић: *Преглед српске књижевности*, треће издање, Београд, 1919, одељак 45 (63).

[70] Исто, одељак 57 (96).

песама дугога стиха са песмама из Вукове и Милутиновићеве збирке јесу добра, поуздана. Из њих се дало и више извући, него ли је то сâм Зерензен учинио.

Деценијама је Зерензен био изван видокруга наше науке о народној књижевности, толико заборављен да се у једноме тренутку није знало ни да ли је жив или мртав. Светозар Матић, одличан зналац нашега народног епа, у доброј, помало носталгично писаној студији о тзв. *Зерензеновом случају* резигнирано је записао: *"тада, 1937. године, он је могао још бити жив"* [71].

Светозар Матић је пишући о песмама дугога стиха, тзв. бугарштицама, обилно користио резултате Зерензенових испитивања, показујући и доказујући притом, да Јагићеве резерве према Зерензеновим трагањима нису биле оправдане. Зерензен је сматрао како је Срем домовина песама дугога стиха. Утврђивање Срема као својеврсне епске области, добродошло је Матићу да поткрепи сопствену "сремску теорију" о постанку јуначких десетерачких народних песама. Да буде све проблематичније, Матић је тежио да веродостојност и несумњивост своје хипотезе покаже и докаже на десетерачким песмама о косовскоме боју из збирке Вука Караџића. Матићева "сремска теорија" оспорена је и у целини, а посебно је спорено тврђење како су народне песме о косовскоме боју из збирке Вука Караџића настале у Срему[72]. Супротстављање "сремској теорији", као и побијање и негирање ове теорије, никако се није дотицало других аспеката Матићевог рада. Његове анализе јесу, по правилу, сјајне. Проблем је био искључиво у закључку (у једном од бројних) који јесте био и остао вештачка конструкција, погрешно изведен резултат одлично обављених анализа. Било, како било ни Матићево успешно бављење Зерензеном и Зерензеновом теоријом није помогло да се врсна студија о настанку српскохрватских народних песама дугога и краткога стиха изнова нађе на радним столовима бројних проучавалаца народне песме. Тако су и Зерензенова премишљања о лајпцишкој *Пјеванији* Симе Милутиновића остала у забораву. Уосталом, као и Зерензеново указивање на црногорске

---

[71] Светозар Матић: *Нови огледи о нашем народном епу*, студија *О главним питањима бугарштица (Серензенов случај)* Нови Сад, Матица српска, 1972, 234. Матић је знатну пажњу посветио необичној Јагићевој критици Зерензена (220-222), па тако наводи и једну Јагићеву "уредничку примедбу" (220-221).
[72] в. Ненад Љубинковић: *Између анализе и конструкције* – "сремска теорија" о постанку јуначких народних песама, Књижевна историја, 23, Београд, 1974, 569-573.

просторе, као на посебан епски басен (сличан Срему за песме дугога стиха). Чинећи то Зерензен је имао управо у виду лајпцишку *Пјеванију* Симе Милутиновића. Ватрослав Јагић није полемисао са Зерензеном око особеног рехабилитовања Милутиновићевог рада на сакупљању народних песама. Лично се и није освртао посебније на лајпцишку *Пјеванију*. Светозар Матић истиче да је Јагић Милутиновића и *Пјеванију* поменуо тек у знаменитој *Историји словенске филологије* где је на страници 531 кратко пресудио да се у оцени *Пјеваније* још мање слаже са Зерензеном, него ли са Вуловићем [73].

Милутиновићева збирка доживела је, како се из претходног излагања види, и пажљива, темељита прочитавања. Асмус Зерензен и Јосип Милаковић учинили су у томе смислу много. Нажалост, њихове студије нису послужиле у неопходној мери ни као полазиште, ни као подстрек за некоја скорашња разматрања Милутиновићевог сакупљачког рада и лајпцишке *Пјеваније*.

Између два светска рата *Пјеванија*, ни будимска. ни лајпцишка, није била предмет посебнијих проучавања. Овај међуратни период одликовао се инсистирањем ма теренском испитивању народне поезије, па с тога и не чуди, што се Милутиновићевом збирком нико није посебније бавио.

Будимска и лајпцишка Пјеванија у светлу стручне и научне критике након Другога светског рата

Након Другога светског рата ни сам Милутиновић није привлачио много пажње књижевних историчара, а поготову се то односи на његов рад на сакупљању народних песама.

Проучавајући књижевно дело Петра Другог Петровића Његоша, као и литерарне творевине Његошевог стрица, владике Петра Првог Петровића, Никола Банашевић је начинио једновремено и одличну студију о некојим песмама лајпцишке *Пјеваније*. Желећи да утврди шта све јесте Његош испевао од песама које се тичу најстарије црногорске историје и уопште црногорске историје, Банашевић је подвргао минуциозној анализи и песме о најстаријој црногорској историји у *Пјеванији* Симе Милутиновића [74]. Пошао је

---

[73] Светозар Матић, нав. дело, 228, напомена 19.

[74] Никола Банашевић: *Песме о најстаријој црногорској историји у "Пјеванији" Симе Милутиновића*,Зборник радова Института за проучавање књижевности САНУ, књига 1, Београд, 1951, 275-299.

од радне претпоставке да песме о најстаријој црногорској историји у Милутиновићевој лајпцишкој *Пјеванији* нису праве народне песме. Основ за такву хипотезу давале су саме песме: честом појавом риме, употребом стилских обрта који нису блиски народној песми, особеном лексиком, наглашеном политичком обојеношћу. Пре Банашевића на сличну помисао дошли су и Петар А. Лавров, Трифун Ђукић, Данило Вушовић. Такве песме приписали су Његошу, а Вушовић их је наштампао као Његошеве у међуратном издању целокупних дела владике Петра Другог Петровића Његоша[75].

Лавров, Ђукић и Вушовић помишљали су конкретно на три песме из Милутиновићеве *Пјеваније*, као и на једну песму из Милутиновићеве *Историје Црне Горе*. У питању су песма бр. 4 из будимске, односно песма бр. 8 из лајпцишке *Пјеваније (Свјер)*, песма бр. 11 *(Ђуприлић)*, песма бр. 14 *(Боговање)*, као и песма о боју на Цареву Лазу која је штампана у Милутиновићевој *Историји Црне Горе*. Проблем који собом носе песме о најстаријој црногорској историји у будимској и лајпцишкој *Пјеванији* сложенији је него ли се то учинило Лаврову, Ђукићу и Вушовићу. У лајпцишкој *Пјеванији*, уз двадесет једну песму није саопштено име певача. Реч је, готово искључиво, о песмама са тематиком из црногорске историје. Свакако је веома важно ко јесте песме испевао. Једнако је битно, ако не и суштинскије – због чега то јесте учињено? Николу Банашевића превасходно је интересовао аутор песама, али слуха је имао и за други проблем. Пажљиво је, критички ишчитао студије Јована Томића и Јована Ердељановића, које су се односиле на питање постојања или непостојања боја на Цареву Лазу. Доказујући да је бој на Цареву Лазу измишљен, Томић је обраћао пажњу и на неколико других песме (на песму *Свјер*, примерице). Банашевић није приступио одгонетању проблема са предубеђењем да је Његош аутор кључних песама иако је итекако имао у виду чињеницу да је већи број тих песама Његош унео у *Огледало србско*. Разлажући и слажући логично чињенице, Банашевић је констатовао како је Његош био премлад када је уобличавана Милутиновићева *Пјеванија* (рукопис предат Кухарском за штампу половином 1829. године). Није потценио могућност Милутиновићевих интервенција, али је исправно закључио да Милутиновић није имао праве интересе да сâм испева неколике кључне песме из најстарије историје Црне

---

[75] О свему поменутом опширно и документовано расправља Никола Банашевић. В. нав. дело, 276-277.

Горе. Свему је помогао и рукопис од шест песама које је Петар Мар-
ковић донео са Цетиња, од владике Петра Првог Петровића, Вуку
Караџићу у Крагујевац 15. јуна 1828. године. Тако је Банашевић
утврдио да су пет песама из Милутиновићеве *Пјеваније* испеване од
стране владике Петра Првог Петровића (песме су у лајпцишкој
Пјеванији под бр. 4, бр. 8, бр. 11, бр. 13, бр. 14, а у будимској
Пјеванији исте песме су редом под бр. 8, бр. 7, бр. 11, бр. 13 и бр.
14). Такође је Петар Први несумњиви аутор и песме штампане у
Милутиновићевој *Историји Црне Горе* (стр.85-90), добро познате
под насловом који је добила у *Огледалу србском – Стан полако
Рогоје, много ти је обоје* (песма је штампана и у алманаху *Грлица*
за 1836. годину, стр. 86-91, под другачијим називом – *Бој
Црногораца с Турцима*). Утврђујући ауторство владике Петра
Првог, Никола Банашевић је упоређивао варијанте поменутих
песама које су сачуване у рукопису Вука, у будимској и лајпцишкој
Пјеванији, те у *Огледалу србском* и *Грлици*[76]. Користећи се руко-
писом који је Петар Марковић донео 1828. године Вуку, а у коме су
песме које је сачинио владика Петар Први, Банашевић је утврдио
ауторство Петра Првог на поменутим песмама у *Пјеванији*. Тиме је,
једновремено извршио и препознавање аутора песама које су
наштампане на страницама Милутиновићеве збирке. Реч је, дакако,
о владики Петру Првом Петровићу. Банашевић разложно претпо-
ставља да је стари владика сачинио свих седам песама у Историји[77].

Петрово ауторство за пет песама потврђује сâм Вук, односно
рукопис који је добио са Цетиња, а песме о истрази потурица и
Иванбегу Црнојевићу и његовим синовима потпуно се уклапају у
исказану поетику и песнички поступак старога владике. Будући да
су га у *Пјеванији* ипак интересовале само песме из црногорске
историје, а међу њима превасходно оне које би се могле приписати
некоме од чланова куће Петровића, Банашевић се није даље бавио
Пјеванијом, нити се, пак, враћао некоме од бројних проблема које
она намеће.

Убрзо после сјајне Банашевићеве студије (1954), Сима
Милутиновић и његово дело изнова су привукли пажњу испитивача.
Године 1959. обелодањена је монографија Владана Недића о животу
и књижевном делу Симе Милутиновића Сарајлије[78]. Монографија,

---

[76] Н. Банашевић, нав. дело, 287-291.
[77] Н. Банашевић, нав. дело, 295.
[78] Владан Недић: *Сима Милутиновић Сарајлија*, Библиотека Портрети,
књига 17, Београд, Нолит, 1959.

тачније докторска дисертација, посвећена је осветљавању свеукупног списатељског рада Симе Милутиновића. Пошавши од студија које су крајем деветнаестога века о Милутиновићу написали Ђорђе С. Ђорђевић, Светислав Вуловић, Андра Гавриловић, Недић је утврдио да у животу песника Сербијанке постоје јасно разлучива раздобља: *детињство, српски устанак, Видин, Лајпциг, Црна Гора, Србија*, затим *Беч, Лајпциг, Будим, уставобранитељски период и путовање у Русију*. У свакоме од поменутих раздобља песникова живота догађале су се значајне новине, како у Милутиновићевом животу, тако и у списатељском раду.

Милутиновићевим радом на сакупљању народних песама, Владан Недић се у монографији није посебније бавио. Дакако, пратио је Милутиновићева интересовања и љубав за народну песму и народне умотворине уопште. Од песниковог детињства, преко времена устанка и песама испеваних у Видину 1816. и 1817. до лајпцишке сарадње са Герхардом око превођења наших народних песама на немачки језик. Обратио је пажњу да у Лајпцигу, у две своје песничке збирке, у *Неколиким пјесмицама* и *Зорици* (збирка песама посвећена Терези Албертини Луизи фон Јакоб), Милутиновић, по сећању, објављује и прве народне песме. Разматрајући Милутиновићев боравак у Црној Гори и дела која је песник ту и тада сачинио (*Трагедију Обилић*, драму *Дика Црногорска*, историјски спис *Историја Црне Горе*), Недић се задржао и на Милутиновићевој збирци народних песама, која се пред јавношћу појавила у виду две *Пјеваније* (Будим, 1833. и Лајпциг, 1837). Испитујући и анализирајући Милутиновићево књижевно дело у целини, Недић је *Пјеванији* посветио онолико пажње, колико је било допуштено у сразмери према другим, а уз то и оригиналним, самосвојним Милутиновићевим делима. Има се утисак да се Недић није дубље упуштао у проблеме *Пјеваније*. Био је добро упознат и са Милаковићевом студијом, као и са студијом Асмуса Зерензена. Милаковићева му је свакојако била ближа и прихватљивија, па је у монографији о животу и делу Симе Милутиновића – њу углавном и следио. Том приликом је пооштрио извесне Милаковићеве судове. Тако је за будимску *Пјеванију* закључио:

"*Издање од 1833. године садржи објашњења уз поједине песме: историска, географска и језичка – која су од користи; и филозофска – која су од сметње. Издање од 1837. нема их никаквих. Главна разлика је, међутим, у обиму: прва књига броји тридесет и једну песму, а друга сто седамдесет и пет. Како лајпцишка 'Пјевани-*

ja' обухвата и све песме из будимске, и то верно прештампане, она сама чини целину. Тако се исакључује потреба да ранију збирку претресамо понаособ.

Милутиновић није средио песме ни по временским раздобљима (као што је Вук радио), ни по сродним мотивима, ни по певачима. Није оставио ни ред којим је записивао – чак ни тај ред, а пошто је заборавио да унесе садржај, збирка није нимало прегледна" [79].

Садржину *Пјеваније* Недић је изложио делом по мотивима, деломице по јунацима, или по тзв. циклусима. Подвукао је старину неких песама из Милутиновићеве збирке. Тако је, примерице, подвукао старину песме бр. 123 (*Оклада*) која је варијанта познате Вукове песме *Милош у Латинима*, али је по речима В. Недића "од веће старине, јер цркву пребацује Воинић Милош". Истакао је значај и преостале три песме из круга Немањића и Мрњавчевића: бр. 69 (*Чије је царство*), варијанта песме Урош и Мрњавчевићи, бр. 156 (*О смрти младог цар-Уроша*), те песму *Момчила смрт* (бр. 147) која је варијанта познате Вукове песме *Женидба краља Вукашина*. Констатовао је да има двадесетак песама о Краљевићу Марку, али да су то "махом познате варијанте". "Петнаестак песама", пише даље Владан Недић, "односи се на Бранковиће, Јакшиће, Угричиће; овде се спомиње и други косовски бој и страдање Сибињанин Јанка (бр.32). Круг Црнојевића чини само једна, већ наведена, иначе кратка песма (бр.70). Приближан је број песама хајдучких и ускочких – по двадесетак. Код првих најчешћи су јунаци Старина Новак, Томић Мијат и Бајо Пивљанин, код оних других, међу којима су неке врло дуге (бр. 169), муслимани крајишници више но Сењанин Иво и Јанковић Стојан" [80].

Битно је Недићево запажање да песме са црногорском тематиком чине две петине *Пјеваније:*

"Две петине 'Пјеваније' заузимају песме чисто црногорске; већим делом о разним чаркама на граници, а мањим делом о војевању владика у XVIII веку против Турака и Млечана (са много историских чињеница). Кругу ослобођења Србије припадају 'Посљедци јунаштва' (бр. 63) где је изнет бој на Делиграду" [81].

---

[79] В. Недић, нав. дело, 101-102.
[80] Исто, 103.
[81] Исто, 103.

Недић је подвукао како се Милутиновић први од наших сакупљача сетио да помене певаче, мада су подаци о њима шкрти. Покушавајући да певаче систематизује у одређене сталешке или сличне групе, Недић је устврдио:

"Гро певача јесу обични сељаци ратници. Мало је слепаца (тројица), а доста црквених људи – попова, игумана, ђака (осморица); и код једних и код других осећа се књига. Казали смо већ да се, између осталих, јављају и две жене (Госпава-Гола ђевојка и Јаглика Мушкобана) и два детета (мали Брацан Козарчић и дванаестогодишњи Стојанчић Живков), и да је највише певача родом из Бјелопавлића и Мораче. Скоро сви су, изгледа, преносиоци туђих песама; бар се само за једног, Павла Чурлу, изриком вели да је 'собом спјевао'" [82].

Треба подвући да је на крају разматрања песама у **Пјеванији**, Владан Недић идентификовао још четири песме (изван идентификације Николе Банашевића) као песме старога владике Петра Првог Петровића. За песму бр. 161 (**Соперник Бушатлије**) то је утврдио на основу делимично сачуваног рукописа Милутиновићеве **Пјеваније** у којој је, поред песме, Милутиновић сам назначио аутора. На основу стилских особина, сличности и блискости одређених стихова, Недић је предложио да се још три песме којима у **Пјеванији** није означен певач, треба да припишу владики Петру Првом. Реч је о песмама: бр. 47 (**Загарчани**), бр. 136 (**Бој Бушатлије с царем**) и бр. 140 (**Црногорац**).

Трима лирским песмама, трима "коледкама", како их назива Сима Милутиновић, Недић уопште није посветио пажњу. Намах се усредсредио на епске песме ("ако се занемаре лирске, на самом почетку, збирку сачињавају – као што рекосмо – епске песме").

Расправљајући о Милутиновићевом записивању песама, Владан Недић је одлучно тврдио да је песник тај посао обавио "савесно", "хватао је најситније особине црногорских говора", "насупрот Вуку није нимало уједначавао језик, већ је ишао у другу крајност, у фонетско записивање" [83]. Разматрање лајпцишке **Пјеваније**, Недић је закључио констатацијом како су Милутиновићеви наслови углавном неприхватљиви и да су они, а делом и песме за које је касније утврђено да им је аутор стари владика Петар, које су препуне специфичних историјских детаља – учинили да завлада уверење како је Милутиновићева збирка сумњива. Закључује потпуно тачно:

---

[82] Исто, 103-104.
[83] Исто, 106-107.

"Уопште, у сенци Вукових књига 'Пјеванија'је некако брзо заборављена".

Недићев суд о **Пјеванији** изречен у монографији посвећеној проучавању живота и књижевног дела Симе Милутиновића Сарајлије – изнова је враћао **Пјеванију**, истина само лајпцишку (1837) у науку о усменој народној књижевности. Недића нису превасходно интересаовале песме Петра Другог Петровића Његоша, као ни песме Његошева стрица, владике Петра Првог Петровића. Обратио је пажњу на збирку у целини. Значајно је да је после дугога времена (после Асмуса Зерензена, Јосипа Милаковића и Милоша Ивковића) **поновио** како су Милутиновићеви записи верни, тврдио је шта више , како је Милутиновић тежио "фонетском записивању" стихова. Као и Милаковић и Недић је посебно подвукао да **Пјеванија** садржи велики број "правих црногорских песама", односно песама које за садржај имају догађаје, па и оне најбезначајније, из даље, ближе и сувремене историје Црне Горе. Јунаци тих песама су добро знани, али и сасвим непознати житељи Старе Црне Горе и седам Брда. Нажалост, Недић се ипак **Пјеванијом** бавио у оквиру свеукупне списатељске делатности Симе Милутиновића, па се и није могао удубити у све њене проблеме. Тако је поновио да будимска **Пјеванија** из 1833. године има само библиофилски значај, јер су све песме из ње верно прештампане у лајпцишкој **Пјеванији**. **Поновио** је став претходника (Ивацевича, Милаковића, Ћоровића) како се три лирске песме на почетку – могу мирне душе занемарити. Није застао ни пред чињеницом да Милутиновић "коледкама" назива песме које то свакојако нису, а Милутиновићево образовање је, неспорно, било тада довољно да је могао поуздано да разликује **песме од коледа** од других лирских песама. Ако икако другачије, а оно му је појам морао бити познат и из **Српског рјечника**, који је 1818. године објавио побратим му Вук и у коме се под речју *коледо* налази и објашњење и незбуњујући пример.

Посебна заслуга Владана Недића јесте и у чињеници што је утврђивањем, чини се неспорног, ауторства неколиких песама у лајпцишкој **Пјеванији,** смањио број неатрибуираних песама на десет.

Владан Недић се проблемом Милутиновићеве **Пјеваније** позабавио још једанпут. Године 1958, непуну годину дана пре него што ће изаћи из штампе монографија о Милутиновићу, Недић ће објавити у *Прилозима за књижевносш, језик, исшорију и фолклор* студију о делимично сачуваном рукопису Милутиновићеве *Пјеваније* [84].

Студија невелика обимом, али писана на Недићев начин: крајње сажето и изузетно прецизно. Резултате ових Недићевих истраживања треба укратко поновити, јер су у каснијим писањима о лајпцишкој *Пјеванији* једноставно пренебрегавани, иако се име Владана Недића често спомињало. Није сачуван читав рукопис који је послужио као основа за потоњу лајпцишку *Пјеванију*, већ само један део, отприлике трећина првобитног рукописа. Оно што је сачувано не иде све "редом". Рукопис је сачуван у деловима, а прати и исказује редослед записивања [85].

Анализирајући правопис у сачуваним деловима рукописа, Владан Недић је дошао до значајног опажања и закључка. Утврдио је, наиме, да правопис није једнак. Будући, пак, да рукопис директно прати след и хронологију бележења, Недић утврђује када долази до промена у Милутиновићевим ортографским схватањима: *"све до друге свеске"*, пише Недић, *"он је употребљавао правопис 'Неколиких пјесница' и 'Србијанке' – скоро вуковски. Међутим, текстове бр. /136/-158 бележио је уз помоћ јери, јата и јерова; као у штампаној 'Пјеванији'. Знамо да се староме правопису окренуо спролећа 1828. Према томе, већ тада је имао готову трећину збирке, ако не и више. Да нису пропали бројеви 58-135, наш одговор би могао бити још тачнији"* [86].

Другачије речено, Милутиновић се служи скоро вуковским правописом све до разлаза са Вуком Караџићем, а о разлозима разлаза било је доста речи на почетку овога поглавља.

---

[84] В. Недић: *Рукойис Милушиновићеве 'Пјеваније'*, Прилози за, КЈИФ, књига двадесет четврта, Београд, 1958, 238-246.

[85] В. Недић, нав. дело, 239: *"На првим табацима који су се изгубили, морале су бити оне од Петра Мркаиља и Гаше Ришњаиина (бр.1-18, слушане сентембра 1827. у Котору; а и од Мојсија Зечевића (бр.19-21), уписане мало касније на Цетињу. Први очувани табаци садрже песме забележене – свакако на Цетињу – од игумаиа Мојсија (наставак бр./22/-24) и од Петра Првог (бр. 29-34). Затим једна свеска приказује сабирање у Бјелопавлићима, у манастиру Острогу (где се Милутиновић бавио 1828. и 1829) и у целоме племену. Друга очувана свеска приказује скупљање у Морачи (нарочито у селу Јасеиову) и у Ровцима (где је, сем домаћих гуслара, срео и Леку Мастиловића). Најзад на три одвојена табака забележеии су текстови једног певача из Бјелица. Рукопис, дакле потврђује да је песник ишао од гуслара до гуслара: од' мјеста до мјеста', као што је сам говорио. Овај природни ред записивања, Милутиновић је,нажалост, изиеверио када је штампао 'Пјеванију'. Тада је измешао песме, без икаквог мерила"*.

[86] В. Недић, нав. дело, 239.

122

На основу анализе рукописа *Пјеваније,* Недић је утврдио и одлике Милутиновићевог редакторског поступка. Милутиновић је приликом штампања текста вршио измене. У главни део песме није дирао, осим ситних исправки. Последње стихове песама "обично је мењао, прерађивао, изостављао или додавао нове" [87]. Из рукописа будуће *Пјеваније* јасно се види да Милутиновићево накнадно размишљање над песмом и о песми није, по правилу, било најсрећније. Тако је мењао првобитне, спонтано записане, разумљиве наслове, другима који су више збуњивали, него ли што су одгонетали и указивали. У лајпцишком издању *Пјеваније,* Милутиновић је изоставио све напомене, како оне које су пратиле песме познате нам из будимске *Пјеваније,* тако и оне које се у рукопису налазе, местимично, уз друге песме. Недић посебно истиче прозно предање о Петру Бошковићу.

Недићева студија о сачуваним деловима рукописа *Пјеваније* драгоцена је за свако будуће проучавање Милутиновићеве збирке, а битно доприноси стварању потпуне, исправне представе о збирци у целини, као и о њеном записивачу и редактору. Нажалост, Недићеви резултати нису ни издалека били коришћени, још мање искоришћени, у мери у којој је то било нужно.

Петнаестак година након појаве Недићеве студије о рукопису *Пјеваније* и монографије о животу и књижевном делу њенога творца – Симе Милутиновића Сарајлије – обелодањена је обимна књига Радосава Меденице, *Наша народна етика и њени творци.* И сам наслов Меденичине књиге, а још више поднаслов, који се при помињању књиге, по правилу изоставља, много обавезују. Меденица је, наиме, ставио себи у задатак да утврди постојбину епске песме Динараца, па то и подвлачи у поднаслову књиге: *Црногорско-херцеговачка планинска област постојбина патријархалне културе и епске песме Динараца.* За очекивати би било да је Милутиновићева збирка, прва целовита штампана збирка са песмама из Црне Горе и Старе Херцеговине, била фундаментална књига за Меденичина изучавања. Међутим, то се у пракси није догодило. Сакупљачком раду Симе Милутиновића, Радосав Меденица је приступио са недопуштено много предрасуда и са унапред створеним, негативним мишљењем. Зачудно је како познате формулације Владана Недића, у највећем броју случајева и тачне, звуче потпуно

---

[87] В. Недић, нав. дело, 240.

супротно у Меденичиној артикулацији. Излагање о лајпцишкој *Пјеванији* црногорској и херцеговачкој, Меденица започиње констатацијом да је збирка имала: *"ретку и доста чудну судбину"* и да је *"неповољан пријем на који је збирка наишла"* запечатио, *"иако неправедно, њену судбину"*. Због тога је остала непрештампана до дана у којима Меденица пише. Меденица потом вели да је збирка значајна, али да јој је битно наудила Милутиновићева:

"сулуда идеја да, насупрот Вуку, штампа књигу старом словенском ортографијом (изјашњавајући се против Вукових нових ортографских знакова – 'репатога'ј и'куљавога'љ и њ) и уносећи словенске и руске речи и поред Вуковог савета да се чува словенских и руских речи и кованица, него да се служи народним језиком. У збирку је унео све што је прибрао, без обзира на вредност прилога, и песме набацао без икаква реда и система, нити по временским раздобљима, ни по предметима или мотивима, нити по местима скупљања односно певача, чија имена мења час овако, час онако, да је тешко чак утврдити њихов број. Уместо да бар са неколико речи каже нешто о њима, даје само њихова имена и места одакле потичу. Наслови песама су често немогући и неразумљиви ('Свјер', 'Турство', 'Све ослобод', 'Свој освој', 'Непољуб', 'Превршавац' итд.). Заборавио је чак да сачини садржај тако да се није могао добити никакав преглед збирке. И што је још горе често се мешао у текст додајући своје стихове, срећом само на крају песама. У једном случају ('Златна свирала', бр. 77) додајући неколико стихова у мотивској балади од Јаглике Мушкобање из Мораче и везујући песму за св. Саву, изазвао је једну крупну научну заблуду о којој се врло дуго расправљало, док је није после низа деценија скинуо с дневног реда писац ових редака узимајући у претрес и једну варијанту из **Ерланѓенскоѓ рукописа**. *И Копитар, и Ј. Грим и Ранке, главни протагонисти наше народне песме у Европи и у свету уопште, неповољно су судили о овој збирци, јер је она значила уствари велики назадак. Вук Караџић имао је и право да пренебрегава збирку и из личних разлога јер се Милутиновић према своме оданом пријатељу понео врло некоректно. У писму од 31. V 1828, каже Вуку да ће о песмама с њим разговарати, јер су 'оне сад под мојом влашћу а не Владичином'. Затим му их обећава послати (писмо од 14. августа исте године), а после неколико месеци јавља да му их никад неће послати (писмо од 13. марта 1829. године) и шеретски се изиграва 'што нијесам у Србији...оклесам теби обећо их слати, ер сам предзнавао да бих морао. И што сам овдје, тј. у Црној Гори, ђе могу не*

124

морат иначе, но како за најбоље налазим'. У наведеном писму од 14. августа, саветујући Вуку да не долази у Црну Гору, приговара му чак што је досађивао Владици тражећи од њега песме. Још горе, Сима је шест песама старога владике Петра Првог, које је овај послао Вуку по Петру Марковићу и он их примио од њега у Крагујевцу 15. јуна 1828. године, кришом преписао и објавио у својој збирци не означујући аутора и кријући се иза фразе 'не знам ким је спјевана'...'' [88].

Овај дуг навод уводних реченица Меденичиног разматрања Милутиновићевне збирке понајбоље илуструје Меденичин приступ *Пјеванији* и њеноме творцу. Излагање започиње мирно, релативно одмерено, следећи готово ред по ред ставове Владана Недића. Потом се Меденица све више жести, судови су све оштрији. Иако наводи Недићев текст о рукопису *Пјеваније*, мада се позива на Недићев текст констатацијом да је Милутиновић вршио допуне само на крају песама *("срећом само на крају песама")* ипак тврди да је сам Милутиновић свесно фалсификовао, песму бр. 77 *(Златна свирала)* додајући завршне стихове са поменом светог Саве. Међутим, Недић је управо упозорио да се ти стихови налазе једаки и у рукопису, односно у запису песме. Меденица то уопште не помиње. Оптужујући Милутиновића за довођење врсних научника у блудњу, упозорава да је он лично, студијом о *Златној свирали* скинуо коначно проблем са дневног реда. У сукобу између Вука и Милутиновића стаје безрезервно на Вукову страну истичући осведочено Милутиновићево непоштење *("према своме оданом прихатељу")*. Меденица наставља у истоме духу тврдећи, без икаквих чињеница, да је владика Петар Први послао Вуку, по Петру Марковићу, у Крагујевац јуна 1828. године, рукопис са шест сопствених песама. Тврди да је Вук лично примио рукопис 15. јуна, иако је Вук у то време био у Бечу, а у Крагујевац дошао тек у јесен исте године. Меденица даље тврди да је Милутиновић кришом преписао песме, заправо их свесно и подло украо, како би их штампао касније не спомињући никако владичино име. У све то упетљава и Николу Банашевића који је, у спомињаној студији, *Песме о најстаријој црногорској историји у 'Пјеванији' Симе Милутиновића*, први расправљао о рукопису владичиних песама, односно о пошиљци

---

[88] Радосав Меденица: *Наша народна епика и њени творци. Црногорско-херцеговачка планинска област постојбина патријархалне културе и епске песме Динараца*, Цетиње, 1975, 115-116.

коју је у Крагујевац донео Петар Марковић, иако Банашевић никакво преписивање кришом, нити крађу песама није спомињао. Нападао је Меденица Милутиновића и због нечасног држања према Његошу, због намерног губљења драгоцених докумената који су доказивали легитиметет Његошеве владавине. Оптужио је Милутиновића и да је намах пристао уз Његошеве непријатеље, уз гувернадура Радоњића и његове присташе. Позивања на документе, изворе, студије који садрже одговарајуће податке и доказе – изостала су. Не тврдим да не постоје и текстови који заговарају, па чак и устврђују ставове које заступа и Меденица, али било је неопходно да се они наведу. Следећи став не навођења извора информација, Меденица је констатовао да *"главни протагонисти наше народне песме у Европи"*, поименце – Јернеј Копитар, Јакоб Грим и Леополд Ранке – *"неповољно су судили о овој* (Милутиновићевој, прим. Н. Љ.) *збирци"*. Меденица је имао две могућности, или да наведе Копитарево писмо Вуку од 20. децембра 1837. године, или да помене свој прави извор, **Bibliografiju hrvatske i srpske narodne pjesme** Јосипа Милаковића (коју не наводи ни на крају књиге, у најважнијој литератури). Милаковић је ту дословце написао:

"Kopitar, i ne dočitavši druge njegove knjige, izrazuje se nepovoljno o njegovu radu, te pišući 20. prosinca 1837. Vuku ističe čak i to, kako je Milutinović veliki takmac i suparnik njegov, ali da mu na svu sreću Grimm i Ranke više ne vjeruju. Ujedno potiče Vuka, da njegovu pjesmaricu jednom čestito prorešeta" [89].

У даљем тексту Милаковић саопштава у оригиналу, на немачком језику, део Копитаревог писма. Да се Меденица није задржао само на наведеном пасусу, а и да њега није тумачио у складу са сопственим предубеђењима, да је прочитао Копитарево писмо у оригиналу, што му је као врсном германисти, било лако – утврдио би шта је Копитар уистину рекао. Ни Милаковић није добро сажео Копитарев, текст, али је бар саопштио оригинал, па је тиме сваком допустио да га сам провери. Пре свега, ни сам Копитар не саопштава негативни суд о *Пјеванији*, већ наглашава да му се више свиђа начин на који Вук верно преноси песме. Разлози Гримовог разочарења нису Милутиновићева *Пјеванија*, већ, вероватно, песме у *Србијанки*, а Ранкеа су разочарали Милутиновићеви историјски списи. Ко год је имао у рукама Ранкеову *Српску револуцију* зна да

---

[89] Josip Milaković, nav. delo, 140.

је она значајним делом писана и уз обилато коришћење Милутино-
вићевог спева *Србијанка* и списа о трогодишњој историји Србије.
Све је, дакле, јасно, али нема никакве везе са *Пјеванијом*. О свему
овоме не би имало смисла трошити оволико речи и простора да
Меденичина монографија *Наша народна ейика и њени йворци* не
претендује свакојако за изузетно стручно место у обимној литера-
тури о усменој народној поезији и њеним творцима и да се она не
користи пречесто као главни, а каткад и као једини стручни, специ-
јалистички текст. Чудним начином писања, још чуднијим и дубиоз-
нијим односом према чињеницама и изворима, Меденица је довео у
битну блудњу и екипу која је радила на новом издању *Пјеваније*:
Новака Килибарду и Добрила Аранитовића.

Меденица се осврће на Зерензенову студију *Прилог исйори-
ји развоја срйских јуначких йесама*, тврдећи да је то студија "*са
промашеном основном тезом: да су многе песме из "Пјеваније' стар-
ијег типа од оних код Вука и да су Вукове добрим делом варијанте
оних код Милутиновића. Због тога је Јагић најзад прекинуо објав-
љивање и Зеренсен био приморан да заврши део сам објави*"[90].

Податак у одговарајућој напомени о Зерензеновом тексту
није тачан (XIV-XX свеска Јагићевог *Archiva*, односно свеске
штампане између 1892. и 1898. године). Пун предубеђења, како је
Милутиновић крао и плагирао Вука, Меденица је поводом песме бр.
66 – *Два калуђера* коју је Вук записао од малога Брацана
Козарчића, наводећи стихове:

> Је ли тестир ситно поиграти,
> Поиграти ситно калуђерски...
> Сва се кула из темеља љуља ...

значајно подвукао "*Брацан зна дакле и за познату песму Марко и
Мина од Костура (Вук, II, 61)*"[91]. Закључак се сâм намеће. Значи:
није знао Брацан (уз то и мали, још козар), али јесте знао Сима
Милутиновић, а Милутиновић је уопште склон нечасним делима, па
је ваљда и ову песму скнадио према добро познатој, а лепшој,
Вуковој песми.

Када је већ желео да стави још један фалсификат Милути-
новићу на душу, Меденица је морао да исправи и допуни Владана
Недића, који је тврдио да се Милутиновићеве интервенције срећу

---

[90] Р. Меденица, нав. дело, 117.
[91] Р. Меденица, нав. дело,128, напомена 14.

само на крају песама, а да Милутиновић није дирао у главнину песме. Утврђивање супротног поступка била би значајна допуна Недићевих истраживања. С друге стране, Меденици се може рећи да мали Брацан Козарчић свакојако није знао за песму *Марко Краљевић и Мина од Костура* која у бечком издању Вукове збирке, у другој књизи носи број 61. Друга књига бечког издања штампана је 1846. године. Дакле ту песму – Вук, II, 61 – нису могли користити ни Брацан Козарчић, ни Милутиновић. Право питање, које Меденица није поставио, гласи: постоји ли у лајпцшком издању, или у некој од двају *Пјеснарица* песма *Марко Краљевић и Мина од Костура*? (Или каква њена блиска иначица?). Одговор је: не! Ова чињеница ипак не негира Меденичино запажање о приметној сличности стихова из *Пјеваније* и из Вукове песме. Утицај једне песме на настајање друге, тачније некојих њених стихова није невероватан, али може да буде само обрнут.

Меденица се не осврће на три лирске песме које се налазе, истим следом, на почетку обе *Пјеваније*. Занимљиво је да не саопштава ни тачан број епских песама (вели да их је 170, а има их 171), а ту не спомиње и један прозни умотвор: *Сан на Божић*.

У склопу свега што је написао о Милутиновићу и његовом сакупљању народних песама, изнова изненађује Меденичин сводни суд, изречен на првим страницама поглавља о Сими Милутиновићу. Овај својеврсни закључак садржи тачне тврдње, али тврдње које су супротне ставовима и судовима изреченим у другим деловима поглавља:

"Тако 'Пјеванија' представља у неку руку пресек гусларске традиције у тадашњој Црној Гори око 1830. године. Пренебрегавајући сва естетска мерила и бележећи све што му дође под руку, Милутиновић је, држећи се фонетског начина записивања, фиксирао многобројне специфичне језичке, стиховне и поетске особености оних крајева. Тако је његова 'Пјеванија' од великог значаја не само за историју народне епике по карактеру и стилу песама, него и за језичка проучавања. Да је вртоглави Сима у бележењу песама био савестан утврдио је и В. Недић у својој изврсној монографији"[92].

Поменуто тврђење јесте тачно, али у каквој вези са њим стоји текст на претходној страници:

---

92 Р. Меденица, нав. дело, 117. Библиографски податак о Недићевој књизи није у потпуности тачан. Наиме, Меденица тврди у напомени да Недићева монографија припада едицији или библиотеци "Монографије Филолошког факултета".

"Збирка кипти неразумљивим и тешко схватљивим изразима, спајањима речи, употребом чудних кованица, недоследним и чудним писањем имена, уопште чудним правописним шаренилом итд".

Директно се на ово надовезује напомена бр. 7 на истој страници:

"Удвајање сугласника, уметање гласа ж уместо з и тамо где му никако нема места, тенденција да се предлог од претвори у о, произвољно уметање гласа х где му нема места (похробити, хага, Харап, Харбаннја, Хавала, хашиковање итд.): шаренило у писању личних имена и придева, чудна употреба интерпункције без икакве логике итд." [93].

Меденица врши преглед песама у **Пјеванији** по певачима, дакако, превасходно испитујући оне који су у збирци заступљени са више песама. У анализама је видно, да је Медценица и своје схватање шта народна песма јесте и како она треба да изгледа, односно звучи – обликовао на песмама Вуковога бечког издања. Меденици су суштински стране и обе Вукове **Пјеснарице**, и лајпцишко издање песама. Једноставно речено, Меденици су туђа и Вукова естетска и друга лутања. Примерице, Меденица оштро замера Милутиновићевој **Пјеванији** непостојање садржаја, а садржај има тек четврта књига Вуковог лајпцишког издања. Претходне га немају. У анализама Меденица полази, како је то био случај са песмом **Марко Краљевић и Мина од Костура**, од аксиомског убеђења да су све Вукове песме записане пре Милутиновићевих и **штампане** пре њих. У некојим другим случајевима, као на пример. при разматрању песме о Марку Краљевићу и Филипу Маџарину, зачуђује неспремношћу да прихвати ишта, што је изван вуковских канона.

Захваљујући добрим делом и труду и настојањима Радосава Меденице, Милутиновићева збирка народних песама из Црне Горе и Херцеговине штампана је изнова, након више од стотину педесет година. Године 1987. Радосав Меденица је, у заједници са Добрилом Аранитовићем, објавио у издању "Универзитетске ријечи" из Никшића "популарно издање" **Ерланѓенскоѓ рукойиса сйарих срйскохрвайских народних йесама**. Издање је пропраћено добрим предговором и потребним регистрима, као и пописом најзначајније литературе. Уз песме из **Ерланѓенскоѓ рукойиса** у напомени нису саопштаване одговарајуће варијанте из Вукове и других збирки.

---

[93] Р. Меденица: нав. дело, 116.

Тада се Меденица заносио и жељом да припреми за штампу и Милутиновићеву *Пјеванију*. У томе га је смрт спречила, а посао око припреме и штампања довршио је, а вероватно и највећим делом обавио вредни Добрило Аранитовић. Претпостављам да је идеја била да се ново издање појави тачно сто педесет година после штампања лајпцишког издања. Читав посао је, међутим, био заметан и *Пјеванија црногорска и херцеговачка* појавила се пред читаоцима тек крајем 1990. године.

Добрило Аранитовић је ново издање приредио према лајпцишком издању, с тим што је три прве песме, тзв. "коледке" прештампао, заједно са Милутиновићевим коментарима, из будимске *Пјеваније*. Такође је прештампао и Милутиновићеву посвету будимској збирци, као и песму Исидора Стојановића посвећену Милутиновићу, те Милутиновићеву песму *Посвештење свом' Србинству* иза којега долазе три лирске песме, па даље епске песме. Потоњи след песама донет је по лајпцишкој *Пјеванији* (у лајпцишкој *Пјеванији* су изнова штампане, без коментара и све песме из будимске збирке, али нешто другачијим следом). То све мало збуњује, јер у лајпцишкој *Пјеванији* збирка почиње само са "три коледке".

Ново издање *Пјеваније* Аранитовић је пропратио бројним, корисним регистрима: *регистром личних имена, регистром географских и етничких назива, регистром пренумераната, регистром пјевача, регистром тема, мотива и сижеа у пјесмама, азбучним пописом првих стихова народних пјесама, речником туђица, архаизама и других мање познатих ријечи и израза, одабраном библиографијом радова о Пјеванији и Милутиновићевом сакупљачком раду уопште* [94].

У самоме издању видан је утицај ставова Радосава Меденице. Добрило Аранитовић, у својству приређивача, није се, наиме, одлучио за Милутиновићеву славеносербску граматику и ортографију, већ је лајпцишку *Пјеванију* преобукао у "вуковско рухо". Добро је познато и одавна знано да је један од званичних разлога сукоба између Милутиновића и Вука био управо у питањима граматике и ортографије. О томе је сам Милутиновић често говорио, а можда понајоштрије у писму Гају када је тражио могућности за штампање *Пјеваније*. Том приликом је Милутиновић изрекао одлучно и без-

---

[94] Сима Милутиновић Сарајлија: *Пјеванија црногорска и херцеговачка*. Приредио: Добрило Аранитовић. Предговор: проф. др Новак Килибарда. Библиотека Калиопа. Никшић, НИП Универзитетска ријеч, 1990, 1202 стр.

резервно опредељивање за славеносербску граматику и ортографи-
ју. Писао је Људевиту Гају:

"...само ти ваља знати да сам се ја вратио, како из овога
видиш, у нашу Стару Славено-Сербску граматику и ортографију, а
која је боља не само одсвие Европеиске, нег и од самие Курјач-
кие...!" [95]

Реч је, дакле, о ставу чијих је могућих последица Милути-
новић био итекако свестан и упркос свему – определио се, како се
определио. У томе случају, није срећно решење накнадно опредељи-
вање потомака за "супротну страну" у сукобу. Могло би се чак рећи
да је у питању својеврсно кривотворење, а свакојако стварање нета-
чне слике о Милутиновићевој збирци. Угађајући ново издање
Пјеваније Вуковим језичким назорима, Добрило Аранитовић није
само издао Милутиновића, већ је будућим читаоцима онемогућио
да се упознају са једном од великих врлина Сарајлијине збирке.
Практично је уништен значајан део дијалектолошке грађе који по-
стоји у стиховима *Пјеваније*, а чега је сâм Милутиновић био свестан
и потанко разлагао у писму Вуку. 26. августа 1828. Том приликом је
написао да песме тренутно не може послати, јер их мора преписати
начисто, а боји се да његов нечитак брзопис не би био лак за чита-
ње, па би која реч могла бити погрешно протумачена, што он
никако не жели; потом вели да у његовим песмама има доста
провинцијализама које треба истумачити, јер их ни Вук не би могао
разумети [96].

Зачудно је у којој мери Милутиновић исказује лексикограф-
ска интересовања и смисао за лексикографска истраживања. Има се
утисак да када алудира на провинцијализме, које Вук не би разумео,
то чини након што је пажљиво прегледао Вуков *Рјечник* из 1818.
године и утврдио да тих речи нема у *Рјечнику*.

Нажалост, овај особени аспект Милутиновићеве збирке
великим делом се изгубио начином приређивања новог издања.
Поступак приређивача чуди тим више, што је и у стручној литера-
тури (дакле, не само Милутиновић) скретана пажња на дијалекто-
лошку вредност *Пјеваније* [97].

[95] Писмо није датирано, али се на основу садржаја може ставити у 1835. год-
ину. Писмо се чува у рукописном одељењу Националне и свеучилишне књижнице у
Загребу, R 4702 b. V. i N. Ljubinković: *Vukova četvrta knjiga lajpciškog izdanja i budimska
Pjevanija Sime Milutinovića*, u "Zborniku radova o Vuku Stefanoviću Karadžiću", Sarajevo,
Institut za književnost, 1987, 636, napomena 18.
[96] в. *Преписка*, књига трећа (1826-1828), 897-898.
[97] в. Милош Ивковић: *Неколико дијалектолошких напомена о 'Пјевани-
ји' Симе Милутиновића*, Извештај приватне гимназије В. Зделара, Београд, 1908/9,
42-46.

Новоме издању *Пјеваније* мора се ставити и једна другачија примедба, примедба која не залази у само исказивање текста, већ се тиче тзв. напомена и коментара који треба да олакшају стручњацима служење књигом, а који могу да привуку и пажњу радозналијих читалаца. Реч је о амбициозно рађеном одељку *Напомене и објашњења*. У њему је Аранитовић разрешио скраћенице, које је користио, придодајући објашњењима уз поједине песме и попис варијаната. Чини се да је рад на утврђивању варијаната започео још Радосав Меденица користећи притом неку од радних верзија *Индекса мотива народних песама балканских Словена* Бранислава Крстића. Разлога за такво домишљање има. Напочетку одељка *Напомене и објашњења*, саопштене су скраћенице за збирке народних песама које су коришћене ради утврђивања варијанти песама из *Пјеваније*. Тај списак јесте директно преузет из Крстићевог *Индекса*. (у штампаном издању Крстићевог *Индекса* одговарајући одељак носи назив: *Преглед коришћених извора. Скраћенице и извори*. Из тога прегледа преузете су за "потребе" *Пјеваније* не само збирке које нису консултоване, већ и оне које уопште не садрже одговарајуће варијанте. Приликом одбира тзв. извора из Крстићевог *Индекса* чињене су битне омашке. Као "извор" варијаната песама за *Пјеванију* наведена је трећа књига *Блгарских народних песни* Арнаудова из 1939. године. Реч је о књизи која садржи новеле, баладе и легенде, а изостала је друга књига која садржи епске песме. Није поменута ни књига истога аутора из 1918. године, која садржи песме о Марку Краљевићу. Други пример: наводи се да је као извор за варијанте коришћена рукописна збирка Лазара Бркића *Две народне песме*. Рукопис се налази у оквиру Етнографске збирке САНУ. У *Пјеванији* није назначено, али тај рукопис садржи две песме о Мијату Томићу. Мијат Томић према регистру приложеном у *Пјеванији* помиње се у пет песама, било као главни јунак, било само као јунак-учесник. Ни у једном случају није наведена поменута Бркићева збирка као збирка која садржи варијанту. Зашто баш **Narodna pjesmarica** Matice dalmatinske из 1865. године (Задар), а не неко касније, допуњено издање (а, коинциденција, и Крстићу је било доступно искључиво то издање). У *Пјеванији* се помиње рукописна збирка Стевана Дучића сакупљена међу Кучима, а не помиње се штампана збирка Марка Миљанова. (1904). Уопште није узет у обзир званични, државни алманах Црне Горе – *Грлиц*а, а узет је *Цариградски весник*. Шта тражи у свему томе збирка **Istarske narodne pesme** (1924), или

Српске муслиманске женске пјесме из Херцеговине Османа Ђикића (рукопис предат Српској краљевској академији 1898, данас је у склопу Етнографске збирке САНУ), или збирка Фрање Кухача *Južnoslovenske narodne popievke, I-IV* (1878-1881). Уистину бих волео да ми неко каже како је у Етнографском музеју у Београду пронашао рукописну збирку *Народних песама из Јужне Србије* Миленка Филиповића (дакако, и то наводи Крстић). Но, све ово скупа не спада у најужи предмет нашега интересовања у овоме поглављу. Чињеница јесте да је добар део одељка *Напомене и објашњења* у новоме издању *Пјеваније* урађен уз обилато коришћење, а често и уз механичко преношење делова Крстићевог *Индекса мотива*. Пропуст је, па и својеврсна некоректност да то није нигде изриком речено (Крстићев *Индекс мотива* се нигде не помиње). Тим поступком је приређивач једноставно преузео на себе искључиву одговорност за варијанте које је наводио уз песме из *Пјеваније*, а те варијанте су у највећем броју случајева једноставно преписане из Крстићевога *Индекса*, чак уз поштовање Крстићевог редоследа навођења. Приређивач је, указавши слепо поверење Крстићу, а не истакнувши *Индекс мотива* као извор, прихватио у целости, без резерве, све значајне недостатке, па и очигледне погрешке Крстићевога дела. Треба знати да Крстићеви критеријуми систематизације и класификације мотива нису најсрећнији. Рад на тако замашном послу какав је, примерице, *Индекс мотива народних песама балканских Словена* јесте озбиљан задатак и за бројну, добро опремљену научну институцију. У питању су стотине и стотине збирки које треба прегледати, ишчитати и обрадити десетине и десетине хиљада песама. При свем том прецизно одредити сваки мотив, непогрешиво га разлучити од сродних итд. Дело Бранислава Крстића задивљује, али као невероватни учинак једног јединог човека. Грешака, пропуста, нетачности, непрецизног и погрешног одређивања мотива, несналажења у сложеним и деликатним ситуацијама има на претек. Постоје и очигледни случајеви замене радних листића, односно картончића, губљење истих, настављање рада на мотиву након дневне или вишедневне паузе, без удубљивања у претходни рад итд. Укратко, од Бранислава Крстића се и може и мора поћи, али његове тврдње (а попис варијаната уз један мотив, јесу својеврсне тврдње) — морају се проверити, једна по једна. Нажалост, у новоме издању *Пјеваније* саопштене су варијанте уз песме, према Крстићевом *Indeksu motiva*, а варијанте нису провераване. Тако се догодило да знатни број варијаната које наводи

Аранитовић, нису уопште варијанте, ни најдобронамерније читане. С друге стране праве варијанте су остале незабележене, чак и када су старе, што није добро. Изостављен је, што је недопустиво, читав корпус народних песама из збирке Вука Караџића, обелодањен у издању Српске академије наука и уметности 1974. године (приређивачи: Владан Недић и Живомир Младеновић). Разлог изостављања је потпуно схватљив, ако се има у виду да у Крстићевом *Indeksu motiva narodnih pesama balkanskih Slovena*, који је аутор окночао у јесен 1960. године – није могло бити помена академијиног издања насталог петнаестак година позније. Крстић јесте те песме обрадио у своме *Indeksu motiva*, али будући да су оне тада биле у рукопису, у архиву САНУ, Крстић их наводи као **Вук(р)**. Приређивач Крстићевог *Indeksa motiva* за штампу, др Илија Николић, није учинио неопходни напор, приликом приређивања рукописа за штампу, да песме **Вук(р)** пребаци (дакако са потпуно другим бројевима) у шифру **Вук(САНУ)**. Приређивач новога издања *Пјеваније* није знао шта му је чинити са варијантама које се крију иза ознаке **Вук(р)** у Крстићевом *Indeksu*. Прибегао је најједноставнијем, али за тип издања какав је требала да буде *Пјеванија* – **погубном решењу**. Све варијанте са ознаком **Вук(р)** – изоставио је. Настала је апсурдна ситуација: наводе се дубиозне варијанте из збирки Кашиковића и Шаулића, из првих деценија двадесетога века, а изостављају се песме које је Вук сам забележио или од других добио у раздобљу (начелно узевши) од 1814. до 1864. године.

Основна мана новога издања *Пјеваније* (преоблачење славеносербске граматике и ортографије у "вуковско рухо") могла се избећи репринт издањем. Друга значајна слабост новога издања – упућивање на погрешне варијанте могла се избећи да се Аранитовићу нашао когод од помоћи, јер народна књижевност очигледно није Аранитовићева ужа специјалност.

Предговор Новака Килибарде, писан после Зерензена, Милаковића, Банашевића, Недића, Меденице, морао је, по логици ствари, да оде корак даље. А свакако је морао да сумира досадашња ишчитавања и проучавања *Пјеваније*. Предговор је, међутим, писан уопштено, без удубљивања у проблем, али уз очигледно ауторово опредељивање за Вука Караџића, а против Симе Милутиновића. Овакво опредељивање уистину није најсрећеније, поготову ако је то учињено у тексту који је посвећен новоме издању књиге мање вољенога (и то након пуних сто педесет година). Килибарда, преузима од Меденице (*Наша народна етика и њени творци*, Цетиње, 1975) и

134

тврдње да су и Вукови и Милутиновићеви савременици, као, приме-
рице, Копитар, Грим и Ранке – мислили неповољно о *Пјеванији*.
Килибарда прихвата и већину предрасуда о *Пјеванији* које су
настале од 1827. (када се *Пјеванија* није ни назирала) до нашега
доба и студије Радосава Меденице. Притом, изван круга чињеница
којима барата остају Вукова писма, објављена не тако скоро, о
Вуковој жељи да преузме неке песме из *Пјеваније*, примерице ону о
Ђакону Стефану, која је иначе оставила утисак и на Јернеја
Копитара [98].

Међ очигледно невеликом стручном литературом о
Милутиновићевој *Пјеванији* особено место заузимају истраживања
Ђенане Бутуровић. Њу се интересовале превасходно, па и искљу-
чиво песме са муслиманском тематиком. Сматра да десетак песама
из *Пјеваније* показују или муслиманско порекло, или, пак, његов
значајан утицај. О томе вели:

*"Osim pomenute pjesme 'Otkud je Gerzelez', za koju se može
s većom sigurnošću pretpostaviti da je muslimanskog porijekla,
rezultati dobijeni detaljnom analizom pjesama iz 'Pjevanije' ukazuju
na muslimansko porijeklo i nekih drugih pjesama. Sve te pjesme,
uključujući i pomenute, pripadaju osmorici pjevača: Petru Mrkaiću i
popu Gašu Popoviću Piperu po dvije pjesme, Risti Medenici,
Ćepanu Lomparu, Vulinu Popoviću, Dimitriju igumanu nikšićke
župe, Blagoti Lekinu Pavićeviću i Nikoli Mitroviću, moračkom
uskoku, po jedna pjesma"* [99].

---

[98] в. Станиша Војиновић: *Шест необјављених писама Вука Караџића
Сими Милутиновићу*, Зборник Матице српске за књижевност и језик, XXXIV, Нови
Сад, 1986, 135-136. Писмо је кратко. Написано је 24 маја 1840. и у њему Вук Милутино-
вићу шаље обавештење, односно објављење за преплату на прву књигу *Српских нар-
одних пјесама* бечкога издања. Након тога и поводом тога, Вук моли Симу: *Хоћеш ли
ми допустити, да из твоје пјеваније међу ове моје пјесме узмем ону пјесмицу како је
протопопе орало у неђељу? Ја имам једну много налик на ону, али бих рад поред ње
штампати и ону твоју, да се одмах може видјети, како се по народу о једној ствари раз-
лично пјева. Одговори ми на ово молим те.* На писму је Милутиновићева забелешка
да је одговорио позитивно, али да је условно и обрнутом дозволом, наиме, да Вук
њему одобри да и он може из Вукове збирке узети што му драго. Милутиновићеву пре-
дусретљивост битно доводи у сумњу датум када је, како вели, послао Вуку одговор.
Тврди да је то учинио 11. марта 1842, односно готово пуне две године после Вуковог
молбеног писма.

[99] Đenana Buturović: *Epska narodna tradicija Muslimana Bosne i Hercegovine od
početka 16. vijeka do pojave zbirke Koste Hörmanna (1888)*, Posebni otisak "Glasnika
Zemaljskog muzeja". Etnologija sv.XXVII/XXVIII, Sarajevo, 1972/73, 59.

Тврдња, у овом облику, није сасвим уверљива. Уосталом, и сама Ђенана Бутуровић мења у бити мишљење, у истоме тексту, у размаку од неколико пасуса. Тако поводом песме *Откуд је Герзелез*, Ђ. Бутуровић ће прво изрећи следећи суд:

"*Pesma Otkud je Gerzelez, kazivača Petra Mrkaića iz Petrovića u Banjanima, rodom Hercegovca, sadrži dijelove muslimansko-hercegovačke tradicije o Đerzelezu. Hrišćanski pjevač, dobar poznavalac muslimanske narodne pjesme, posudio je iz nje legendu o tajanstvenom porijeklu Đerzelezovu, kao i omiljeni motiv muslimanske epike o djetetu rođenom po očevom odlasku iz doma*"[100].

Уистину, није свеједно да ли је хришћански певач посегнуо и у муслиманску епску традицију или је, како стоји у потоњој формулацији, песма "муслиманског поријекла". Мотив о детету, које се рађа након очевог одласка из дома, јесте омиљен и у муслиманској епици, али је итекако познат и заступљен код хришћанских певача. Само мушко име Ненад, прилике у којима се оно, по правилу, надева детету (или дете врло старих родитеља, или посмрче) никако не иде у прилог тези да је поменути мотив искључиво, а ни превасходно муслиманског порекла.

Несумњива вредност студије Ђенане Бутуровић јесте у чињеници што она сматра да је Милутиновићева збирка била потцењена без разлога, "*da je Milutinovićevo bilježenje narodnih pjesama korektno, a da mu je posebna vrijednost u specifičnostima crnogorskih govora (iz čega se izuzima, naravno, fonetski pravopis kojim se Milutinović služio)... Zbirka je nastala na terenu koji je sakupljač obilazio tragajući za kazivačima, slično kao i Hörmannova, za razliku od Vukove i Marjanovićeve. Na ovakav način nastale zbirke daju autentičnu sliku stepena šarolikosti epske pjesme na određenom tlu, odražavajući posebno međusobne uticaje raznih pjevača, pa i konfesionalno-etničkih sredina kojima pripadaju. Zbog tog i takvog karaktera zbirka nam i pruža obilje podataka i o muslimanskoj epskoj pjesmi*"[101].

Будући да се надасве бавила особеним проблемом епске народне традиције Муслимана у Босни и Херцеговини, студија Ђенане Бутуровић није прочитавана због Милутиновићеве збирке, па се чак може рећи да је ауторкино размишљање о *Пјеванији* остало више-мање непознато, односно некоришћено.

---

[100] Исто, 58.
[101] Исто, 57.

Припремајући за штампу трећу књигу бечкога издања *Срйских народних йјесама* Вука Стефановића Караџића, Радован Самарџић се посебном малом студијом осврнуо на *Прейходнике Вука Караџића*. У кратком прегледу невеликог броја Вукових претходника, као последњи је обрађен и Сима Милутиновић. Њему је посвећен шести одељак студије.

Милутиновићев рад на сакупљању народних песама, а и сама лајпцишка *Пјеванија*, представљени су на основу монографије Владана Недића о Сими Милутиновићу. Самарџић није консултовао ширу литрературу о Милутиновићевој *Пјеванији*, ни студију Радосава Меденице, нити студију Јосипа Милаковића. Занимљивији део његове мале студије о Милутиновићу и *Пјеванији* представља онај у коме истражује паралеле на релацији: Вукова трећа књига бечког издања (унутар које јесу и многе песме обелодањене још у лајпцишком издању, а има и нових, тек у бечком издању објављених). Нажалост, Самарџић је том испитивању приступио са већ унапред донетим судом, чија се бит своди на извесност Милутиновићевих интервенција у песмама. У томе смислу, изрекао је и крајњи закључак, односно суд:

"Пјеванија С. Милутиновића са својих сто седамдесет пет песама и садржајем вишеструко различитим сувише је богато и сложено песничко завештање да би се о путевима његова настанка и начину рада самог сакупљача могло судити упоређењем само с једном Вуковом збирком, и то никако друкчије него међусобним повезивањем малобројних варијанти. Ово упоређење наводи, донекле, на извесна запажања о развитку српског усменог песништва (в. можда о Сими Милутиновићу – да ли више склоном ненадним поступцима или смишљеним мистификацијама – као сакупљачу)." [102]

---

[102] Радован Самарџић: *Прейходници Вука Стеф. Караџића*, у књизи *Срйске народне йјесме*, III, Сабрана дела Вука Караџића, књига шеста, Београд, Просвета, 1988, 566.
Поводом треће књиге бечкога издања Вукових *Срйских народних йјесама* потребно је изнова указати на неприхватљивост постојања различитих приступа, различних научно-методолошких концепата критичкога издања Вукових народних песама. Међу четири књиге бечкога издања посебно штрчи – трећа књига (у одређеној мери и четврта, али на други начин). Пропратни текстови: мале студије, библиографски пописи монографија, студија и чланака о проблематици треће књиге Вукових народних песама – више указују на уже поље интересовања самога приређивача, него ли што представљају праву стручну библиографију. Библиографски материјал уопште је морао да буде сређен пре штампања: према хронологији штампања или по ауторима. Није учињено ни једно, ни друго.
И Владан Недић (прва књига народних песама) и Радмила Пешић (друга књига) наглашавају не само да ли је нека песма штампана пре бечкога издања (тај

Сводна оцена критичких написа, записа и ставова о Милутиновићевој Пјеванији

Преглед ретких стручних критика Милутиновићеве *Пјеваније*, а посебно разматрање тзв. рецепције *Пјеваније* и њенога творца у кореспонденцији и у узгредним изјавама истакнутих појединаца показује недвосмислено да историја *Пјеваније* почиње још у Лајпцигу крајем 1826. односно почетком 1827. године. Од средине 1827. године, највише захваљујући великом труду Вука Караџића, сувременици заузимају негативан став и према Милутиновићу и према његовом раду на сакупљању народних песама, иако тај рад није ни био почео.

Милутиновић је отишао у Црну Гору не би ли ту изнашао толико жуђено уточиште и душе лечилиште. Несрећна, неузвраћена, заправо прекинута љубав са Талфјевом притискала га је и док је ходио црногорским кршевима. Сувременици, Милутиновићеви познаници, знали су добро да се Талфјева итекако премишљала шта ће учинити, ком ће се приволети. Јакоб Грим обавештава Вука 3. августа 1828. године да је након очеве смрти, Тереза Албертина Лујза фон Јакоб одлучила да се уда и да са изабраником отпутује у његову земљу. Знајући, као и Вук Караџић, све љубавне недоумице и колебања Талфјеве, Грим о њеној удаји за др Робинсона вели:

"Не одлази ни у Русију ни у Србију, него у Северну Америку, наиме њен младожења се зове Робинзон, из близине је Бостона, учен теолог" [103].

Верујући да се његова изабраница окреће супарнику, Русу, Милутиновић је напустио Лајпциг и кренуо да нађе свој песнички Понто. Међутим, Талфјева се одлучила за ригорозну промену изабраника, за потпуно новог човека, кога је тек упознала. Могло би се рећи да се у тој одлуци и одласку у далеку Америку крију сложена осећања према песнику *Србијанке*.

У Црну Гору је пристигао дубоко несрећан, готово изгубљен човек. У црногорске кршеве веровао је као у вилинско боравиште и могуће лечилиште сопствене несреће. Смисао живота тражио је у раду. Што више рада, то мање размишљања о сопственој муци. Вук

податак, на одређен начин истиче и Самарџић), већ и тачно наводе у којој књизи и када. За многа истраживања то јесте значајно. Нејасно је, због чега је измењен принцип поштован у прве две књиге.

[103] *Преписка*, III (1826-1828), 888.

Караџић није показао никакав смисао за разумевање деликатних душевних стања. Сматрао је да се Милутиновић понаша као дете, а Вук ни за своју децу није имао премного времена. То је ипак била дужност Ане Караџић, рођене Краус. Вук није схватио као знак добре воље ни када је са Цетиња добио рукопис са песмама Петра Првог, 15. јуна 1828. године. Милутиновића је изружио код свих заједничких познаника, а и код значајног броја својих личних, али утицајних, познаника. Од 1827. године Вук пише кореспондентима како је Милутиновић луд, да не зна језик, ни правопис, алудира на песниково непоштење, посебно на незахвалност према осведоченом пријатељу, какав је, по прилици, он сам. Захваљујући везама са кумом, Јернејом Копитарем (сведок на венчању са Аном Краус) успео је да максимално одложи штампање прве свеске *Пјеваније* (1833) и да наштампа ванредну, четврту књигу тзв. лајпцишког издања *Срйских народних йјесама* у којима ће саопштити и знаменити "рачун од народних пјесама". У предговору четврте књиге тзв. лајпцишког издања (а лајпцишко издање има два предговора: уз прву и уз четврту књигу), Вук ће наћи повода и да напише како Милутиновић не разуме народне песме, иако би се, природно, очекивало супротно. Вук ће ову књигу пропратити и садржајем, који претходне три књиге нису имале. Тиме ће код неупућених, дакле код огромне већине, стећи глас као сакупљач и редактор који је први, ради прегледности књиге, ставио садржај, први који је саопштио веће податке о певачима. А Вук је заправо водио жестоку полемику са Симом Милутиновићем и будимском *Пјеванијом* [104].

Захваљујући Милутиновићу или, пак, подстакнут њиме, Вук је учинио многе ствари. Глас "х" Вук почиње да пише од 1836. године, од издања *Срйских народних йословица*, а глас "х" се наводи у Милутиновићевој *Пјеванији* и Милутиновић чак, чини се, и претерује са писањем овога гласа и у неким случајевима где му није по етимологији место. Чини се, да је и писање гласа "х" Вук преузео заправо од Милутиновића.

Вукови поштоваоци и следбеници прихватили су безрезервно Вукова полугласна говорења о *Пјеванији*, као несумњиво тачан суд који никаквој провери не сме бити подвргнут. Драстичан пример величине и снаге предубеђења представља отпор Ватрослава Јагића

---

[104] в. Ненад Љубинковић; *Vukova četvrta knjiga lajpciškog izdanja i budimska Pjevanija Sime Milutinovića*, Zbornik radova o Vuku Stefanoviću Karadžiću, Capajeвo, 1987, 631-642.

Зерензеновом покушају да рехабилитује Милутиновићев сакупља-чки рад. Јагић се, у својству уредника часописа, упустио у поле-мички дијалог са сарадником, у сопственом часопису, чак и у самом сарадниковом тексту. Уосталом, и у *Споменима свога живота*, Ватрослав Јагић је исказао недокументован, али одлучан став да Милутиновићева збирка јесте својеврсни фалсификат [105].

Покушаји савременика, Милутиновићевих пријатеља, одно-сно, тачније, Вукових противника, сводили су се на спорадичне иступе, без икакве тежње за организованом, систематичном акци-јом. Сам Милутиновић се у једноме тренутку поуздао да би Лукијан Мушицки могао да заузме упражњено митрополитско место (после смрти Стевана Стратимировића), а имао је разлога да верује ·да Мушицки није више склон Вуку. Припремајући лајпцишку *Пјеванију*, Милутиновић је испевао и *Сјев словено-сербаљству сјеверном* у коме је предлагао Лукијана Мушицког за будућег поглавара српске цркве. Нажалост, у часу када се лајпцишка *Пјеванија* појавила пред читаоцима, Лукијан Мушицки је већ био мртав (27. 01. 1777 – 15. 03. 1837). Пишући касније о Лукијану Му-шицком, Ђорђе Рајковић ће се сетити и Милутиновића, песама које је овај сакупљао по Црној Гори, а Вук упорно годинама тражио. С приметном горчином, Рајковић је записао:

"...*Вуку би право било да му је још и Сима Милутиновић дао оне народне песме које је по Црној Гори и Херцеговини купио, зато му је и писао, па и Мушицког навраћао да му о томе пише. Дакле сваки своју муку да само шаље Вуку...*" [106].

Познијих покушаја озбиљнијег разматрања *Пјеваније* било је веома мало. Прегледе штампаних збирки народних песама начи-нили су Владимир Ивацевич и Пера Ђорђевић. Међутим, ни један ни други нису се битније, суштинскије упуштали у анализу *Пјевани-је*. Знатнији прилог не представља ни Ћоровићев преглед штам-паних збирки српских народних песама. Озбиљан, суштински, до данас најзначајнији допринос осветљавању и испитивању *Пјеваније* јесте у студији Јосипа Милаковића (*Bibliografija hrvatske i srpske narodne pjesme*, 123-142). Особен допринос ишчитавању *Пјеваније* дао је Владан Недић, и то у два наврата. Први пут је то учинио у монографији посвећеној животу и стваралачком делу Симе Милути-

---

[105] Ватрослав Јагић: *Спомени мојега живота. Први дио (1838-1880)*, По-себна издања СКА, књига LXXV. Друштвено-историски, књига 30, Београд, 1930, 387.
[106] Ђорђе Рајковић: *Изабрани списи*, Нови Сад, Матица српска, 1950, 237.

новића, а други пут разматрајући сачувани део рукописа *Пјеваније*. Студија Радосава Меденице објављена у оквиру амбициозно замишљеног дела *Наша народна етика и њени творци*, као и предговор Новака Килибарде новоме издању *Пјеваније*, нису допринели дубљем, свестранијем, или барем другачијем сагледавању *Пјеваније*. Полазишна идеја ових текстова је у потпуном и некритичком прихватању свих Вукових гласних и полугласних критика *Пјеваније* и њенога творца. У томе смислу, обе студије представљају враћање на ставове са којима се покушавао да обрачуна још Јосип Милаковић почетком двадесетог века.

Одлична студија Николе Банашевића о песмама из најстарије историје Црне Горе јесте знатно допринела обнављању интересовања за Милутиновића и његово дело, али је она, суштином, већи допринос проучавању књижевног стварања Петра Првог Петровића и Петра Другог Петровића Његоша, него ли истраживању саме *Пјеваније*. Сличан је случај са студијом Ђенане Бутуровић. Њу Милутиновићева *Пјеванија* интересује искључиво због песама са муслиманском тематиком и ради утврђивања чистог муслиманског порекла и карактера некоје од десетак песама које је у *Пјеванији* уочила. Студија доприноси сложенијем ишчитавању *Пјеваније*, међутим, ни она не даје стабилну слику Милутиновићеве збирке, врлине и недостатке.

Студија Радована Самарџића саопштена у оквиру приређивачевих коментара треће књиге бечкога издања *Српских народних пјесама*, полази у представљању и анализама Милутиновићеве збирке од монографије Владана Недића. У закључку, уздржаном тврдњом да је песник склон "ненаданим поступцима или смишљеном мистификовању", Самарџић се није држао ставова Владана Недића, већ је пристао уз широко распрострањено, чак владајуће усмено мишљење по коме је Милутиновићева збирка народних песама сумњива. Или је сва кривотворена, или, је, пак, таква "на парче". Део ових усмених аксиомских уверења преточио је Меденица у књигу *Наша народна етика и њени творци*, у поглавље посвећено Сими Милутиновићу.

У овоме прегледу нису разматрани предговори антологијским изборима народних песама са тла Црне Горе. Реч је о предговору Вида Латковића књизи *Ейска народна йоезија Црне Горе* и о предговору Радована Зоговића антологији *Црноїорске ейске ійесме разних времена* [107].

Нису посебно разматрани ни ставови Бориса Николаевича Путилова изнети у књизи *Јуначки ей Црноїораца*. Путилов, наиме, често посеже за Милутиновићевом збирком, узима пример-песму из ње. Међутим, самом *Пјеванијом* Путилов се није бавио [108].

Теоријски ставови Б. Н. Путилова јесу занимљиви, али и дискутабилни. Но, његова студија свакојако излази из оквира проблематике Милутиновићеве будимске и лајпцишке *Пјеваније*.

Серијом прилога који нису директно посвећени *Пјеванији црноїорској и херцеїовачкој*, Станиша Војиновић је у току последњих петнаестак година знатно допринео стварању предуслова за свеобухватно сагледавање и ишчитавање Милутиновићевог корпуса народних песама. [109]

---

[107] *Ейска народна йоезија Црне Горе*. Избор и редакција: Видо Латковић и Јован Чађеновић. Предговор и биљешке: Видо Латковић. Библиотека "Луча", књига 7, Титоград, 1966; Радован Зоговић: *Црноїорске народне йесме разних времена*. Антологија, Титоград, Графички завод, 1970. У оба случаја предговори су осмишљени на особен начин. Видо Латковић се конкретније дотиче Милутиновићеве збирке. Међутим, оно што је изрекао о њој на страницама 14-15 спада у круг добро знаних чињеница. Радован Зоговић разматра поједине песме из Милутиновићеве *Пјеваније* (примерице песме: *Ойей Лазар Пейирей, Лука Пусйахија и Везировић Рамо, Дјевојачка хийрой*). И у предговору и у белешкама има ставова који свакојако јесу за дискусију. Зоговићева антологија је дубиозна и у смислу несхватљивих интервенција у текстовима песама. Често су интервенције такве, да се једноставно ни најдобронамерније гледано – не могу прихватити.

[108] Борис Николаевич Путилов: *Јуначки ей Црноїораца*. Превео Добрило Аранитовић. Библиотека Преводи, Титоград, "Универзитетска ријеч", 1985.

[109] У "Прилозима КЈИФ", у књизи четрдесет петој за 1979. годину штампао је *Чейири йрилоїа йроучавању Симе Милуйиновића Сарајлије*. Први прилог је о народним песмама Симе Милутиновића у "Летопису Матице српске" (77-78). У четрдесет шестој свесци истога часописа, за 1980. годину, у чланку *Три йрилоїа о Сими Милуйиновићу*, објавио је и непознато писмо Марије Милутиновић "Пунктаторке" о последњим Милутиновићевим данима 1847. године. Текст је штампан тек 1984. За XLVII–LXVIII "Прилога КЈИФ", (1981-1982, Београд, 1984), Војиновић је припремио за штампу *Нейознайи рукойис Симе Милуйиновића*. У томе спису Милутиновић је прозборио штошта и о Вуку Караџићу, и о народним песмама, и о Филипу Вишњићу, Андрији Качићу Миошићу (113-133. У "Прилозима КЈИФ", XLIX–L, у тексту *Три йрилоїа о Сими Милуйиновићу*, Војиновић је обелоданио и два непозната писма Симе Милутиновића Теодору Павловићу, писана почетком јануара и фебруара 1837. године. Писма се добрим делом односе на Милутиновићеву *Пјеванију* (43-48). Драгоцен прилог проучавању Симе Милутиновића представља и Војиновићев текст Један нештампани Милутиновићев спис о правопису, "Прилози КЈИФ", LIII–LIV за 1987-1988, Београд, 1990, 117-120.

142

Преглед стручних и свакојаких других размишљања о *Пјеванији* и њеноме творцу показало је како критика углавном није желела да прихвати будимску и лајпцишку *Пјеванију* као својеврсну допуну Вуковој збирци народних песама. А управо је о томе реч. Будимска и лајпцишка *Пјеванија* настају у време штампања и припремања лајпцишког издања српских народних песама (1823-1833) и покривају просторе које Вук није до тада могао да сам посети и одакле је песме тешко прибављао. Здружено гледане, збирке Вука Караџића и Симе Милутиновића одсликавају стање епског певања на просторима српскохрватског језика у другој и трећој деценији деветнаестога века.

Будимска и лајпцишка Пјеванија
Симе Милутиновића

I
Три коледке – први кључ
за читање и тумачење будимске и лајпцишке Пјеваније
Симе Милутиновића

Уводне напомене:

Године 1833. у Будиму и године 1837. у Лајпцигу, под једнаким насловом ***Пјеванија црногорска и херцеговачка,*** појавиле су се две збирке народних песама, које је Сима Милутиновић сакупио за време боравка у Црној Гори (после 25. септембра 1827-пролеће 1831). Збирке су неједнаке величине [1]. Прва садржи тридесет једну песму, а друга стотину седамдесет четири песме и један прозни умотвор (***Сан на Божић*** Петра Другог Петровића Његоша). На самоме почетку и будимске и лајпцишке ***Пјеваније*** налазе се три исте лирске песме, сврстане у једнаком следу. Милутиновић их заједнички назива "коледкама".

У будимској ***Пјеванији***, "коледке" су пропраћене исцрпним песниковим коментарима. Они, на особен начин, осветљавају песниково виђење поменутих песама. Од реднога броја четири до, закључно, тридесет један, у будимској ***Пјеванији*** су сврстане епске песме. У лајпцишкој ***Пјеванији***, уз незнатне текстуалне разлике, поновљене су све песме из будимске ***Пјеваније***, али је редослед почетних епских песама, наизглед незнатно, али значајно промењен. Нове епске песме у лајпцишкој ***Пјеванији*** поређане су у следу који ремети прозни умотовор Његошев, под бр. 60.

Будући да је будимска ***Пјеванија*** из 1833. године увек била библиофилска реткост, да су све песме из ње поновљене у тзв. лајпцишкој ***Пјеванији***, а Милутиновићеви коментари уз песме, поглави-

---

[1] ***Пјеванија церногорска и херцеговачка.*** */Volkslieder der Montenegriner und Herzegowinaer Serben/.* Собрана Чубром Чојковићем Церногорцем, Издана Јосифом Миловуком. Част прва. У Будиму, У Крал. Свеучилишта Унгарског Печатни, 1833; ***Пјеванија церногорска и херцеговачка.*** */Volkslieder der Montenegriner und Hrzegowinaer Serben/.* Сабрана Чубром Чојковићем Церногорцем па и њим издана истим, У Лаипцигу, Печатано код Берн.Таухбица Јуниора, 1837.

144

то они најопширнији уз три "**коледке**" нису, по мишљењу стручне и научне критике, били значајни – *Пјеванија* штампана у Будиму 1833. године сматрана је првим издањем, скромнога обима. У том смислу, верује се како је друго издање (Лајпциг, 1837) – допуњено издање, па да се као такво једино оно и треба да консултује.

О *Пјеванији црногорској и херцеговачкој*, како о оној обелодањеној у Будиму 1833. године, тако и о другој, штампаној у Лајпцигу 1837. године – писано је релативно мало. Међутим, негативна рецепција Милутиновићеве збирке припремана је пре него ли је Милутиновић и закорачио у Црну Гору[2].

Питања која Пјеваније собом намећу и покрећу

Проблем који данас собом намећу будимска и лајпцишка *Пјеванија* јесте сложен. Бројни су **императивни** разлози да корпус народних песама, које је Милутиновић сакупио, буде пажљиво проучен:

а. Пре свега, реч је о великој збирки песама. Бројем епских песама, Милутиновићева лајпцишка *Пјеванија* већа је од Вуковога лајпцишког издања (друге, треће и накнадне, четврте књиге) за педесетак песама[3].

---

[2] Од тренутка када је Милутиновић, напустивши Лајпциг, одлучио да се не врати у Србију, већ да се упути у Црну Гору где би, како је тада говорио, ако буде прилике и среће, сакупљао народне песме и писао историју Црне Горе, Вук Караџић је чинио све што је било у његовој моћи да различитим кореспондентима стави до знања, како је Милутиновић "више од пола луд", како не зна српски језик и свесно га квари, народну песму не познаје како би се очекивало, а сакупљачким радом само ће штетити Вуку и "кварити му" посао. У томе смислу Вук је писао и Копитару, и кнезу Васи Поповићу, многим заједничким познаницима у Трст, и рускоме конзулу Јеремији Гагићу у Дубровник. О свему томе опширније у поглављу *Будимска и лајпцишка Пјеванија* у светлу сувремене и позније стручне и друге критике.
[3] Друга књига лајпцишкога издања садржи тридесет осам епских песама, трећа књига тридесет пет песама, а четврта их има највише – четрдесет седам. У три књиге Вук је објавио укупно стотину двадесет епских песама. Број епских песама битно је повећан управо штампањем четврте књиге. Изнова треба нагласити да су прве три књиге лајпцишкога издања штампане током 1823. и 1824. године. Књиге нису имале садржаја, нису садржале податке о певачима, односно казивачима песама. Опширан предговор налазио се у првој књизи, која је из штампе изашла трећа по реду. Епске песме су у тим двема књигама биле сложене у складу са неком претпостављеном хронологијом опеваних догађаја и јунака. Четврту књигу Вук је наштампао деценију касније, 1833. године. У четвртој књизи су се изнова нашле здружене и песме о најстаријим историјским догађајима и јунацима са песмама које су се надахњивале зби-

6. Будимска *Пјеванија* прва је штампана збирка епских народних песама са простора Црне Горе. Лајпцишка *Пјеванија* је друга у томе редоследу, али знатно богатија епским песмама. Корпус песама, које чине будимску и лајпцишку *Пјеванију*, сабран је на просторима Боке Которске, Црне Горе и Старе Херцеговине крајем треће деценије деветнаестога века (за време владике Петра Првог Петровића).

в. Лајпцишка *Пјеванија* јесте прва (и до данас једина!) штампана збирка, која систематски представља племенско певање на тлу петровићевске Црне Горе, и то певање Бјелопавлића, Пипера, Морачана (Горња и Доња Морача) и Роваца.

г. Милутиновићев корпус песама на особен начин потвр-ђује државотворну идеју и њен континуитет у Црној Гори. Песмама се доказује да су житељи Црне Горе из времена Петра Првог и Петра Другог припадници једнога истог народа, без обзира на дотадашње одвојене, па често и сучељене и сукобљене животне и историјске путове. Увек се мора имати на уму да је Милутиновић највећи део песама за *Пјеванију* прикупио у крајевима који су тек били придружени црногорској држави. Реч је о просторима које заузимају брдска племена: Бјелопавлићи и Пипери (у Црној Гори од 1796. године) и Морачани и Ровци (од 1820. у Црној Гори) [4].

вањима из Вуковога времена. Песме су опет биле разређене према претпостављеној хронологији збивања, односно хронологији епских јунака. Четврта књига садржи нов, други по реду предговор, као и тзв. "рачун од народнијех пјесама" у коме је Вук назначио од кога је сâм записао, или од кога је забележена поједина епска песма и ко му их је, у том случају, послао. Четврта књига лајпцишкога издања има и садржај. У време његова објављивања, Милутиновићев корпус народних песама већ дуго чека на објављивање. Будући да је четврта књига лајпцишкога издања штампана формално пре Милутиновићеве будимске *Пјеваније* у науци није схваћено у којој мери је четврта књига лајпцишкога издања полемика са Милутиновићевим *Пјеванијама*. А довољно је упоредити прве три књиге Вуковога лајпцишког издања са четвртом књигом, штампаном, симболично, у Бечу 1833. (О томе више у тексту **Vukova četvrta knjiga lajpciškoga izdanja i budimska Pjevanija Sime Milutinovića**, Zbornik radova o Vuku Stefanoviću Karadžiću, Sarajevo, Institut za književnost, 1987, 631-642).

[4] Никола Банашевић је свестрано размотрио песме о најстаријој црногорској историји у лајпцишкој *Пјеванији* Симе Милутиновића и том приликом је извршио атрибуцију песама за које је Милутиновић назначио да им не зна аутора, или једноставно није ништа напоменуо. Банашевићева истраживања показују да, практично, све такве песме потичу било од владике Петра Првог Петровића, било од владике Петра Другог Петровића Његоша (*Песме о најстаријој црногорској историји у 'Пјеванији' Симе Милутиновића*, Зборник радова Института за проучавање књижевности САНУ, књига I, Београд, 1951, 275-299). Десет песама, којима није назначен аутор, сачинио је Петар Први Петровић: бр. 4, 8, 11, 13, 14, 136, 140, 161, 168,

д. Будимска и лајпцишка *Пјеванија* за састављача имају песника особене поетске и уопште стваралачке индивидуалности. Милутиновић је и сакупљању, а посебно разређивању песама, приступио на оригиналан начин. Будимска и лајпцишка *Пјеванија* могле су се, дакле, посматрати и у склопу Милутиновићеве поезије, али и у оквирима његовога свеукупног стваралаштва (лирика, епика, драма, историјска проза).

ђ. Милутиновићеви коментари трију лирских песама, стављених истим следом на почетак обеју *Пјеванија*, указују на "**коледке**", као на кључ за тачно ишчитавање и разумевање епских песама, које представљају суштински део збирке.

е. Пре Августа Шеное, Васка Попе, Миодрага Павловића, Олинка Делорка – песник Сима Милутиновић начинио је особену епску антологију, ставивши у њу, једне поред других, песме записане у народу и песме добијене од идејних блискомишљеника[5].

170, а Петар Други Петровић Његош оне под бр. 25, 55, 56, 60 (прозни умотвор), 61, 172, 173.

О приближавању Бјелопавлића и Пипера с једне стране, и Црне Горе са друге, в. Ђоко Д. Пејовић: *Црна Гора у доба Петра I и Петра II. Оснивање државе и услови њеног развитка*, Београд, Народна књига, 1981, одељци: *Односи са брдским племенима до тјешњег повезивања са Бјелопавлићима и Пиперима* (132-136) и *Уједињење с Морачом и Ровцима* (1820), *одржавање веза с Кучима и Васојевићима и искушења стварне заједнице у вријеме обрачуна Турске с ослободилачким покретима на Балкану* (152-161).

[5] Увек се истиче, а и сам то често чиним у студији о будимској и лајпцишкој *Пјеванији*, како је Милутиновић објављивао, за разлику од Вука Караџића, епске народне песме без икаквога одбира, од реда. Тврдња је само делимично тачна. Милутиновић је покушао да песмама покаже шта се пева и како се пева. Естетски критеријум није пресуђивао. Милутиновића су песме интересовале и због догађаја и јунака које опевају, али и због занимљивости племенског говора, због необичности појединих речи или некојих лексичких облика. Међутим, из сачуваног дела рукописа *Пјеваније* очигледно је да Милутиновић није 1837. године наштампао све песме, којима је располагао. Будући да рукопис *Пјеваније* није сачуван у целини – не може се рећи колико је песама Милутиновић изоставио. Поуздано знамо да у лајпцишку *Пјеванију* није уврстио песме које су недавно обелодањене у додатку новоме издању *Пјеваније*. Реч је о двадесет једној епској песми и о осам лирских песама. Неколике, међ епским песмама, штампао је Милутиновић још 1826. године у песничкој збирци *Неколике пиеснице старе*, нове, преведене и сочињене (две песме које је испевао владика Петар Први Петровић, додатак, бр. 1 и 2; у *Неколиким пиеснищама*, 32-35, 42-44), односно у збирци *Зорица* 1827. године (*Краљевићство, песму чуо у детињству од ђеда Срдана*). Песму о Иван-бегу Црнојевићу и његовим синовима, песму којој је такође аутор Петар Први Петровић, Милутиновић је штампао у *Историји Црне Горе* 1835. године, преузевши је, можда, из државног црногорског алманаха *Грлице* за 1835. годину (88-96). Постоје заправо две могућности: или је *Грлица* преузела поменуту песму из

147

ж. Према Милутиновићевим *Пјеванијама* одређивали су се, на *Пјеваније* су реаговали и Вук Караџић и Петар Други Петровић Његош. Узајамни однос између *Пјеванија*, лајпцишког и бечког издања српских народних пјесама Вука Караџића, односно Његошевог *Огледала српског* итекако су значајне теме у оквирима испитивања и ишчитавања усмене народне књижевности.

з. Будимска и лајпцишка *Пјеванија* настале су под крај треће деценије деветнаестога века, у приближно једнако време када и лајпцишко издање Вука Стефановића Караџића. Здружено посматрани, Караџићев и Милутиновићев корпус песама одсликавају стање епскога певања на значајном простору Милошеве Србије, деломице Босне и Херцеговине и Црне Горе. Просторно се допуњују.

и. Будимска и лајпцишка *Пјеванија* могу се (и морају) прочитавати и проучавати у контексту најстаријих познатих збирки епских песама: *Ерлангенског рукописа старих српскохрватских народних песама* и Богишићевог зборника *Народних пјесама из старијих*, највише приморских записа.

ј. Разложно се може проучавати и певачки репертоар и поетска самосвојност Милутиновићевих певача (појединачно, племенски, заједнички).

к. Корпус песама из Црне Горе и Старе Херцеговине може се испитивати и по групама песама, које имају заједничког главног јунака (Краљевић Марко, Јанко и Секула, Мијат Томић итд.).

л. Прецизна слика племенског певања, велика фонолошка и ортографска тачност записа, омогућавају многа историјско-дијалектолошка испитивања племенских говора.

љ. Државни аламанах Црне Горе, *Грлица*, објављујући током недугог излажења (1835. до, закључно, 1839.) и народне песме

Историје Црне Горе, или, пак, Милутиновић баш ту песму старога владике није имао код себе, па је био приљнуђен да посегне за управо тада обелодањеним алманахом. Мислим да је последње домишљање мало вероватно, јер песма о Иван-бегу и његовим сиповима јесте једна од битних, конститутивних песама у *Историји Црне Горе*, такорећи камен темељац за све што је Милутиновић, у договору са старим владиком, желео да буде казано и утемељено *Историјом Црне Горе*. Преостале песме у додатку новоме издању *Пјеваније*, седамнаест епских и осам лирских сачуване су у остатку рукописа *Пјеваније*. Милутиновић је, да других песама није имао, дакле да ништа није изгубљено са пропашћу главнине рукописа *Пјеваније* – могао да повећа величину лајпцишке *Пјеваније* за бар још двадесет једну песму. Тиме би његова збирка, објављена у Лајпцигу 1837. године, била за шездесетак процената већа од збирке епских песама у лајпцишкоме издању *Народних српских пјесама* Вука Стефановића Караџића.

(и песме испеване у народноме духу, 1835-1838). Објављивањем, одабиром песама, такође успоставља одређени дијалог са Милутиновићевим *Пјеванијама*, прво са будимском, а потом са лајпцишком.

У прилог неопходног проучавања двају Милутиновићевих *Пјеванија* говоре: време записивања, област записивања, величина збирке, личност записивача, особена осмишљеност обеју *Пјеванија*, богатство лексичке и дијалектолошке грађе итд. Због свега побројаног, због многобројних тема које намеће, чуди да је Милутиновићева збирка остала до данас без свестранијег испитивања (изузетак је рад Јосипа Милаковића, као и текстови Николе Банашевића и Владана Недића, који се односе на специфичне проблеме лајпцишке *Пјеваније*).

Резултати Милутиновићевог сакупљачког рада очигледно јесу такви да захтевају бројна, темељна изучавања, као и синтетитчка сагледавања. Извесно је, такође, да је свеукупна проблематика, коју *Пјеваније* собом намећу, исувише сложена, разноврсна и свакојако преобимна да би се могла претрести на једноме месту, у оквиру једне студије. Принуђен сам стога да међ бројним питањима које *Пјеваније* садрже, собом носе одаберем оне које појединачно доприносе приступу, "одкључавању" и ишчитавању *Пјеванија*. Будући да сматрам да три лирске песме које Милутиновић назива "коледкама", које је истим следом ставио на почетак обеју *Пјеванија*, јесу кључ за отварање *Пјеванија* – започећу анализом управо њих.

Три "коледке" – кључ за тумачење Пјеванија

Будимска и лајпцишка *Пјеванија* Симе Милутиновића настале су за време песниковог трогодишњег боравка у Црној Гори, у раздобљу које је, свакојако, најплодније у Милутиновићевом књижевном стварању. Црногорски период је сав у знаку политичких и масонских идеја песникових. Свеукупно песниково дело настало у тим временима мора се посматрати, ишчитавати и тумачити у сложеном идејном контексту у коме је настајало. Нимало случајно, управо у црногорским кршевима, Милутиновић завршава *Трагедију Обилић* и заједно са њом ступа 25. септембра 1827. године на Цетиње, пред владику Петра Првог Петровића. Разрађујући са старим владиком идеју црногорске државотворности, маштајући и комбинујући са њим могући будући изглед Црне Горе и њених граница, Сима Милутиновић је у циљу разматрања и популарисања идеје о црногорској државотворности, о црногорској држави, па и у циљу ширења сновиђења о "великој" Црној Гори – написао драму *Дика црногорска* (пет хронолошки блиских догађаја из црногорске историје – пет етапа у развоју ране црногорске државности) и *Историју Црне Горе*. *Историја Црне Горе* јесте историографски изнета идеја о развоју и будућности црногорске државе. *Дика црногорска* има суштински једнак садржај (то се може и упоређивањем, доказати), али је у драмском облику, намењена драмском читању пред бројним слушаоцима.

Будимска и лајпцишка *Пјеванија* развијају једнаку идеју као *Дика Црногорска*, односно као *Историја Црне Горе*, али је исказују народном песмом. То је проверен начин излагања народне историје (Андрија Качић-Миошић), али и опробан метод имплицитног пропагирања одређених идеја. Будимска и лајпцишка *Пјеванија*, примерице, истичу неопходност узајамности и свакојаке сарадње између простора тзв. Старе Црне Горе и њене четири конститутивне нахије, са једне, и брдских племена, са друге стране. Нимало случајно, будимска и лајпцишка *Пјеванија* посебно инсистирају на вези Старе Црне Горе и племена Бјелопавлића, Пипера, Морачана и Роваца. Прва два брдска племена ушла су у склоп петровићевске Црне Горе 1796, а друга два 1820. године. Будући да су крајем треће деценије, у време Милутиновићевог боравка у Црној Гори, ова брдска племена била тек "скоро придружена" Старој Црној Гори – неопходно је било свикнути их на нову државну заједницу. Било је потребно много радити да Бјелопавлићи, Пипери, Морачани и Ровци не прихвате нову државну заједницу као привремено решење, нити као трајну присилу, већ као природну будућност.

Вероватно је само сакупљање народних песама по Црној Гори била лична, Милутиновићева идеја. Уосталом, он то помиње Вуку пре него што се и приближио Црној Гори. О тој намери говори и полицији у Котору приликом саслушавања. Можда је то био резултат хтења да следи Вука, а још је вероватније да се песник надао, како ће песме, које он сакупи по Црној Гори. надахнути њему веома драгу жену, Терезу Албертину Лујзу фон Јакоб, да их преведе на немачки језик, као што је то већ учинила са Вуковим песмама.

Милутиновић је одређене контакте (директне, преко писама, или вероватније, посредним путем) успоставио са старим владиком још за време боравка у Лајпцигу. У сопственој песничкој збирци

Неколике пјесмице... објавио је, као песме непознатога песника, и неко̑је владичине песме. До њих, свакако, није дошао мимо знања, а поготову не против воље владике. Чињеница да Милутиновић то чини 1826. године показује да је већ тада у блиским односима са Црном Гором и њеним владаром. Према томе, опредељивање јуна 1827. године да уместо у Србију отпутује у Црну Гору и није никакво изненађење, макако се то Вуку причинило.

У договору, вероватније у дослуху с владиком, Милутиновић је ступио на тле Црне Горе и заузео **договорено** место секретара Црне Горе. Сакупљање народних песама је свакако био најављен, можда и договорен посао. Владика се, ако ништа друго, бар свесно, и из дубоког уверења у ваљаност планираног посла, сагласио са новопеченим секретаром Црне Горе.

Народна песма је много значила у то време Црногорцима из Старе Црне Горе, али и брдским племенима. Стварање заједничког корпуса народних песама свакако је био понајбољи почетни, основни камен који се могао уградити у темеље будућег здруженог живота. Заједнички корпус народних песама имао је задатак да покаже испреплетаност животних интереса и да укаже на благодети и свакојаке користи од здруженог живота и узајамне сарадње. Милутиновић се служио оригиналним народним песмама нађеним и записаним на терену. Потребан пропагандни тон његовим *Пјеванијама* давале су смишљено испеване, свесно одабране песме двојице владика: Петра Првог Петровића и Петра Другог Петровића Његоша, као и неких блиских чланова њихове владајуће куће. Милутиновић није, дакле, поступао као Хердер, нити као Вук Караџић (случај прве *Пјеснарице*) када је уз народне песме приштампавао и песме тзв. уметничког порекла. Хердер, Вук Караџић, а касније Шеноа или Миодраг Павловић то чине у једнакој тежњи (поводи су различити) да суштински не одвајају духовну баштину истога народа. Сима Милутиновић тако поступа руковођен политичком идејом и политичким циљем. Због тога Милутиновић, готово по правилу, не наводи владике као ауторе песама [6]. **Пропагандна порука увек губи када јој се зна творац.** Песме са јасним политичким импликацијама често остају непотписане, а када се таква песма забележи са "топлих народних усана", како би то рекао Јакоб Грим,

---

[6] в. Ненад Љубинковић: *Огледало српско - утук на лајпцишку Пјеванију Симе Милутиновића*, Научни састанак слависта у Вукове дане, књига 18/2 (Београд-Нови Сад, 9.-13. септембар 1988), Београд, 1989, 197-201.

издавач ће тврдити да "не зна ким је спевана" (Милутиновић), или да је певач "непознат трговац из Босне" (записао Вук Караџић уз "комаде пјесме" о боју на Чачку, који се збио 1815. године; у "комадима пјесме" се у лошем светлу приказује књаз Милош Обреновић, финансијер књиге и, једновремено човек коме је књига посвећена).

Милутиновићева збирка у целини садржи знатно више песама записаних међ брдским племенима. У часу када је Милутиновић на њој активно радио, за живота старога владике, за тако што је постојало мноштво разлога. Свим средствима, па и самим простором у *Пјеванији,* морало се ставити до знања Брдима колико су она од животног интереса за државу Црну Гору. Мало ко је могао тада да претпоставо, како ће петнаестак година касније управо оваква оријентација *Пјеваније* бити разлог њеног прећуткивања у петровићевској Црној Гори, а владика Петар Други Петровић Његош биће принуђен да, десетак година након обелодањивања лајпцишке *Пјеваније,* сачини својеврсни утук на њу, *Огледало српско* [7].

Милутиновић је прикрио ауторе појединих песама управо због њиховог пропагандног садржаја. Једнако је поступио и у случају када је, чини се, он сам био аутор. Мислим на три тзв. лирске народне песме, које се налазе на почетку *Пјеванија.* Милутиновић их назива "коледкама", указујући тиме на начин како их треба читати и тумачити. Оне су исход песниковог певања у народноме духу, односно "на народну". Поменуте песме јесу, напоменуто је, својеврсни кључ за тумачење, како будимске, тако и лајпцишке *Пјеваније.* Ништа у њима, ништа од онога што је са њима у директној вези – није случајно. Свакоме ко имало познаје песме од коледа, коледарске песме, обичај коледа, потпуно је јасно да је заједнички назив, који Милутиновић придаје трима лирским песмама – "коледке" – потпуно погрешан. Милутиновић, међутим, добро познаје обичај коледа, као и коледарске песме. Још у својим песничким почецима, певао је:

> Моје прси заузео коледо,
> Смјећу косу распауно Винко ми...
>   /Мило ройство/

---

[7] Ненад Љубишковић: *Преношење епских народних песама из једне културне средине у другу (у оквиру истога језика) – особен вид усменог превођења,* у зборнику радова *Књижевно превођење теорија и историја,* Институт за књижевност и уметност-Београд, Брашичево-Пожаревац, Пожаревац, 1989, 214.

[8] Радосав Меденица: *Наша народна епика и њени творци. Црногорско-херцеговачка планинска област постојбина патријархалне културе и епске песме Динараца,* Цетиње, "Обод", 1975, 116.

152

Милутиновићев дугогодишњи побратим и пријатељ, Вук Стефановић Караџић, још је у првоме издању *Српскоīа Рјечника* 1818. године прецизно одредио значење речи **коледа** [9].

Поводом треће по реду лирске песме – *Сабљу йаше Сīар Новаче* – написаће Милутиновић у будимској *Пјеванији* "**примје-ченије**", које се односи једнако на све три песме. Из њега јасно произилази да песник свесно ставља одредницу, која изазива недоумицу. Одредницу "**коледке**" не треба тумачити у смислу да три песме припадају групи коледарских песама. **Треба је читати као особену дидаскалију, као упутство, тачније упозорење, какав смисао треба тражити у трима лирским песмама.**

Свеукупна стручна и научна кртика "**коледке**" је схватила потпуно површно. Та чињеница нас додатно обавезује да управо њима посветимо посебну пажњу.

Изриком се на присуство лирских песама у *Пјеванији* осврћу Владан Недић и Живан Ђурковић. Недић је учинио то два пута. Први пут у монографији *О живоīу и делу Симе Милуīиновића*, а други пут у студији о *Осмерачкој усменој народној ейици*. У монографији о животу и стваралачком делу Милутиновићевом, Владан Недић је сасвим потценио три лирске песме. Приступивши разматрању *Пјеваније*, Недић је прво отписао, као непотребно, будимско издање из 1833. године, а одмах затим и лирске песме:

"Издање од 1833. године садржи објашњења уз поједине песме: историска, географска и језичка која су од користи и филозофска - која су од сметње...Како лајпцишка 'Пјеванија' обухвата и све друге песме из будимске, и то верно прештампане. она сама чини целину. Тиме се искључује потреба да ранију збирку претресемо понаособ... Ако се занемаре лирске (на самом почетку), збирку сачињавају, као што рекосмо – епске песме" [10].

---

[9] *Српски рјечник 1818. Сабрана дела Вука Караџића*, књига друга, Београд, Просвета, 1966, под речју **коледа**: *"Прийовиједају да су отприје ишла момчад у очи Божића од куће до куће, те играла и пјевала некакве пјесме од коледе, т.ј. готово уза сваку ријеч говорили су коледо! Ја се мало опомињем из такве једне песме, како пјевају да им краве буду млијечне, да намузу пун кабао млијека, да окупају малога Бога:*

Да окупам, коледо!
Малог Бога, коледо!
И Божића, коледо! -

Момчад она, што играју и пјевају, зову се колеђани. Читава коледа (реку и сад кашто кад виде млого људи заједно ђе иде)."

[10] Владан Недић: *Сима Милуīиновић Сарајлија*, Београд, Нолит, MCM-LIX, 101 и 102.

Са проблемом лирских песама у *Пјеванији*, Недић се сучелио још једном, пишући о осмерачкој епици. Задржао се на песмама о Секули и Новаку и то искључиво као варијантама некојих мотива који су га интересовали [11].

Три лирске песме биле су предмет посебнога интересовања Живка Ђурковића. У анализи Ђурковић је заступао став да су три лирске песме на почетку *Пјеванија* аутентичне народне песме. Песме су упоређене са одговарајућим варијантама из Вукове збирке, које су у крајњем закључку добиле становиту предност. Ђурковић је изразио посебно чуђење што је песма о вилином зидању града из Милутиновићеве збирке добила предност над Вуковом варијантом у антологији лирских народних песама из Црне Горе, коју је сачинила Јелена Шаулић [12].

Тумачењем само прве од трију лирских песама позабавио се Миодраг Павловић у тексту *Тумачења трију митолошких народних песама*. Изрекао је неколика значајна опажања. Претпоставио је да је први део песме стара градитељска песма, која се певала приликом удварања темеља, али и у прилици "заснивања новога дома". Друга половина песме види као "свадбену атмосферу":

"На вратима полу-небеског града, догађају се свадбе и игре које их прате. Као да се град подизао да буде симболом будућих домова младенаца".

---

[11] Владан Недић: *Сима Милутиновић Сарајлија*, Београд, MCMLIX, 101-102; Исти: *О српскохрватској осмерачкој епици* у књизи *О усменом песништву*. Приредио и предговор написао Мирослав Пантић. Библиотека Српске књижевне задруге, коло LXIX, књига 462, Београд, 1976, 21 и напомена 20, 22 и напомена 26, 30 и напомена 50, 37-38.

[12] Живко Ђурковић: *Лирске народне пјесме у 'Пјеванији' Сима Милутиновића*, "Зборник радова XXXVI конгреса Савеза удружења фолклориста Југославије", (Сокобања 1989), Београд, 1989, 184-188. *Лирска народна поезија Црне Горе*, избор и предговор Јелена Шаулић, библиотека "Луча", 14, Титоград, "Графички завод", 1965, 123. Занимљив случај догодио се у *Антологији лирске народне поезије* коју је начинио Миодраг Павловић (Београд, Вук Караџић, 1982). Колебајући се између Милутиновићеве и Вукове варијанте, Павловић се ипак определио за Вука. Међутим, колебање је очигледно било озбиљно и дуготрајно. Тако се догодило да је Робер Марто у истој *Антологији* на француски језик превео Милутиновићеву песму, расправљајући у омањој студиозној белешки, веома умно, о симболици бисера, злата, скерлета и вишезначности броја три (178; *вилинска глоса* - 183-188).

На крају Миодраг Павловић даје и сјајну анализу гласовне изражајности и звучне семантике стихова песме [13]. На проблему контекста: три "коледке" у оквирима будимске и лајпцишке *Пјеваније* није се задржао. Није покушао да објасни због чега је Милутиновић испред **збирке** епских песама (не: испред епских песама) ставио три лирске.

Будимска и лајпцишка *Пјеванија* морају се проучавати и са тачке гледишта трију лирских песама, које се, једнаке, истоветним следом, налазе на почетку обеју *Пјеванија*, а које Милутиновић назива "**коледкама**". На почетку и будимске и лајпцишке *Пјеваније*, Милутиновић је саопштио три лирске песме. Реч је о песмама : *Вила зида град, Лов ловио Бан-Секуле, Сабљу паше Стар Новаче*.

Збирка започиње песмом карактеристичног наслова: *Чувај се, радуј се*, познатог почетног стиха *Град градила б'јела вила*. Песма гласи:

> Град градила б'јела вила
> ни на небу ни на зенљи,
> нег на грани од облака;
> на граду је троја врата:
> једно врата од скерлета,
> друго врата од бисера,
> треће врата сухог злата.
> Што су врата од скерлета,
> на та вила шћер удава,
> што л'су врата од бисера,
> на та вила жени сина,
> што ли врата сухог злата,
> на та вила сједи сама.
> Вила гледа у облаке,
> Ђе се муња с'громом игра,
> мила сестра су два брата,
> а невјеста с'два ђевера;
> муња грома надиграла,
> мила сестра, оба брата
> и невјеста два ђевера,
> а то мило вили било.

У *Indeksu motiva narodnih pesama balkanskih Slovena*, Бранислав Крстић наводи петнаестак варијаната. Омашком је изостављена управо песма из Милутиновићеве збирке. Све варијанте, поменуте у Крстићевом *Indeksu* записане су након Милутино-

---

[13] Миодраг Павловић: *Тумачењу трију митолошких народних пјесама* у књизи *Антологија лирске народне поезије*, Београд, Вук Караџић, 1982, 202-207.

вићеве [14]. Међу њима најстарија је песма обелодањена у Вуковој првој књизи *Срйских нароgних ūјесама* бечкога издања. Јединовремено, она је и најближа Милутиновићевој песми. При површнијем читању може се учинити да разлика међу њима практично и нема. Милутиновићева песма броји двадесет један стих. Вукова песма садржи их двадесет. Двадесет први стих у Милутиновићевој песми чини се очигледно придодатим:

А то мило вили било

Суштински не доприноси основноме значењу песме. Наглашава постојање одређенога задовољства, чак и среће, што одлично кореспондира са насловом који је Милутиновић ставио испред песме.

Преостали део Милутиновићеве песме, као и Вукова песма у целини – никада нису били оспорени у смислу аутентичности.

Истакнуто је да се Милутиновићева и Вукова *"варијанта"* чине готово једнаким. И једна и друга имају једнак почетак: *Граg граgила бјела вила.* У обе песме вилин град има троја врата. У обе песме, на двојим вратима вила обавља венчање (**небеску свадбу**), жени сина и удаје кћер. Трећа врата, у обе песме задржана су за саму вилу. У обе песме, вила, седећи на трећим вратима "посматра игру муње и грома, миле сестре и два брата", односно невесте са два девера. У обе песме женски принцип излази као победник: муња надигра грома, сестра оба брата, а девојка два девера. Међутим, између песме из Милутиновићевих *Пјеванија* и песме из Вукове прве књиге бечкога издања постоји и пресудна разлика, разлика у томе ко је представљен у којим вратима. Одговарајући стихови из Вукове збирке гласе:

Једна врата сва од злата,
Друга врата од бисера,
Трећа врата од шкерлета.
Што су врата суха злата,
На њих вила сина жени;
Што су врата од бисера,
На њих вила шћер удава;
Што су врата од шкерлета,
На њих вила сама сједи, ...

---

[14] Branislav Krstić: *Indeks motiva narodnih pesama balkanskih Slovena*, Posebna izdanja SANU, knjiga DLV, одељење језика и књижевности, књига 36, Београд, 1984, А 5,6,6 – *Вила зиgа īраg ни на небу ни на земљи.*

У Милутиновићевој песми постоје једнака троја врата: од злата, скерлета и бисера, али се уз њих везују друге особе. Вила удаје кћер на скерлетним вратима, сина жени на бисерним, а себи оставља *"врата сухог злата"*. Бисер означава лунарни симбол *"који се веже уз воду и жену"*. Према општем, широко распрострањеном уверењу, бисер је принцип *"стваралачког женског"* [15]. Скерлет означава скупоцену чоху црвене боје [16]. Црвена боја једновремено је и знак владарског достојанства. Византијски цар Константин Порфирогенит, надимак Порфирогенит добија управо да би се истакло његово царско достојанство, односно царско порекло (*"рођен у порфиру"*, или *"рођен на порфиру"*). Злато је најдрагоценији метал. *"Оно има пламени сунчев и краљевски, чак и божански карактер"* [17]. Разлика између варијаната у Милутиновића и Вука јесте у томе што песма коју је Вук обелоданио у бечкоме издању личности везује за принципе који их симболизују. Ћерка је у знаку женскога принципа, бисера, па се удаје на вратима од бисера; вилин син представља мушки принцип и везан је за злато, односно за сунце на које злато исијавањем подсећа. Вила заузима место код врата од скерлета, код врата која подразумевају и симболишу знаке владања и власти. Песма из *Пјеванија* заступа потпуну другачију логику. Тежи стварању равнотеже потирањем мушког и женског принципа. У варијанти у Милутиновића, син, симбол мушког принципа, жени се код бисерних врата која су симбол и носилац женског принципа. Кћер се удомљује код врата од скерлета, код врата црвене владарске боје. Реч је о тзв. дневној црвеној боји, која представља и исказује мушки принцип. Вила остаје сама на златним вратима, озарена златносунчаним сјајем и опомињући на тзв. **пламену звезду** [18].

Милутиновићева песма успоставља космичку равнотежу и одговарајући мир. То није начин размишљања усмене народне песме. Други део песме о вилином граду, део у коме се пева како вила гледа игру муње и грома, сестре и два брата, девојке са два девера — садржајем и смислом као да припада потпуно другој песми. У кругу варијаната, Милутиновићева и Вукова песма су и једине које имају

[15] J.Chevalier–A.Gheerbrant: *Rječnik simbola (mitovi, sni, običaji, geste, oblici, likovi, boje, brojevi)*. Treće prošireno izdanje, Zagreb, Nakladni zavod Matice hrvatske, Zagreb, 1989, s.v. biser.
[16] Драгутин Костић: *Тумачења друге књиге Српских народних пјесама Вука Ст. Караџића*. Додатак четвртом државном издању, Београд, 1837, под речју скерлет.
[17] *Rječnik simbola*, под речју злато.
[18] *Rječnik simbola*, под речју звијезда, 2.

такав изглед. Колико је наметљива њихова узајамна сличност, односно блискост, толико једнако изненађује изглед познатих, забележених варијаната. Крстић их у *Индексу мотива народних песама балканских Словена* спомиње неколико. Потврду да су се певале – имају две варијанте. Старија је из збирке Тодора Бушетића, из Левча. Бушетићева песма броји тринаест стихова. Део о игри муње и грома и све што потом следи – у њој не постоји. Вила зида град са тројим вратима: *"једна врата све од злата, друга врата полузлатна, трећа врата од скерлета".* На златнима вила нија чедо, на полузлатним преде свилу, а на скерлетним вратима преде гајтан [19]. Знатно је другачија хрватска кајкавска варијанта, коју је забележио Винко Жганец. Има двадесет три стиха. Састављена је из две, садржајем одвојене песме. Вила зида град са тројим вратима: од скерлета, од платна и од сухог злата. На златним вратима вила жени сина, на вратима од бела платна удаје кћер, а на вратима од скерлета седе кум и кума. Овај део песме броји једанаест стихова. Песма се наставља стиховима:

А ја млада и румена,
Седнем свекру на колена ...

Даље следе свекрови савети, како снаха треба да се понаша кад оде у посету мајци [20].

Песма бр. 219 у седмој књизи корпуса народних песама Матице хрватске потиче из рукописне збирке Балда Главића. Песма је, наглашава се, записана у Луци на Шипану од девојке Вице Главић. Састављена је из дугих стихова које чине по два осмерца. После свакога стиха следи припев при коме се обавезно, осим после првога стиха, понавља прва половина другог дела дугога стиха (прва половина другога осмерца). Вила зида град са тројим вратима: једна врата сунца жарка, друга бјела од мјесеца, трећа врата суха злата. На вратима од сунца ишетава сама вила и погледује низ море. На месечевим вратима жени сина, а на златнима удаје кћер [21]. Варијанту коју су певали Срби граничари обелоданио је Никола Беговић.

---

[19] Тодор М. Бушетић: *Српске народне песме и игре с мелодијама из Левча.* /Приредио Тодор М. Бушетић; музички приредио Стеван Ст. Мокрањац/, *Српски Етнографски зборник* Српске краљевске академије, књига трећа, Београд, 1902, бр.173 (стр. (83-84), музички пример бр. 67.

[20] Vinko Žganec: *Hrvatske narodne pjesme kajkavske.* Biblioteka "Narodna književnost", knjiga 1, Zagreb, Matica hrvatska, 1950, br. 255.

[21] *Hrvatske narodne pjesme,* knjiga sedma. Uredio dr Nikola Andrić, Zagreb, Matica hrvatska, 1929, br. 219.

Она броји и највише стихова – двадесет осам. Вила зида град са тројим вратима: од бела платна, од скерлета и од сухог злата. На скерлетним вратима жени сина, на вратима бела платна удаје кћер. На вратима сухог злата вила сама шета и гледа кроз ковиље и кроз босиље сватове. У сватовима је младо момче у прелепој кошуљи (и сунчаној и месечној, звездама извезеној). На питање вилино: од куд му је кошуља, момче одговара:

Мајка прела за јакости;
Снаје ткале за младости,
А сестрице училе се вести [22].

Беговић је наштампао и другу варијанту. Она потиче из области Лике и Баније. Сваки стих започиње припевом: *Ладо*, а после свакога стиха иде припев *Лијепо је Ладо*. Посебно је занимљива варијанта коју је записао Никола Беговић. Беговић је песму сврстао мећ тзв. *пјесме ивањске*, напомињући да се та и сличне песме певају између Ивањдана и Петровдана. Певају их деца, увече, испред цркве, окупљена у круг, држећи се за руке, као да играју коло. Међутим, коло не играју. У песми вила зида град са тројим вратима: од злата, од платна и од босиља. На вратима од злата жени сина, на вратима од танка платна удаје кћер, а на вратима од босиља вила пева необичну песму о томе како се вода не сме дирати (не сме се лити вода у воду, *"не пер'ноге о ногу", "не пиј воде ноћнице"*) [23].

Поред Милутиновићеве и Вукове песме, на подручју Црне Горе варијанту песме *Вила зида град* записао је и Мићун Павићевић. Песма има четрнаест стихова. Вила зида град са тројим вратима: од мермера, од бисера и сва од злата. Код мермерних врата вила жени сина, код бисерних удаје кћер, а код златних врата вила сама седи и злато преде [24]. Посматрање игре муње и грома и све остало што следи – изостаје и у овој варијанти.

Варијанте записане на простору Источне Македоније и Западне Бугарске – развијају се у другачијем смеру. Вила не зида град,

---

[22] Никола Беговић: *Живот Срба граничара*. Поговор написао Миодраг Матицки, Библиотека Баштина, књига 19, Београд, Просвета, 1986, 55.

[23] Никола Беговић: *Српске народне пјесме из Лике и Баније*, књига прва, Загреб, 1885, бр. 2.

[24] Mićun M. Pavićević: *Narodne pjesme (Crna Gora – Dukađin)*, Zbornik za narodni život i običaje Južnih Slavena, knjiga XXX, svezak 1, Zagreb, 1935, br. 32.

већ кулу ни на небу ни на земљи, од костију јунака [25]. Варијанте у **Босанској вили** и **Јавору**, које помиње Крстић – нису вредне пажње.

Размотране варијанте показују да једино песма у **Пјеванија-ма** и њена млађа иначица у Вука имају и други део песме – о игри муње и грома. Овај мотив припада посебном типу песама. То се може закључити и консултовањем Крстићевог **Indeksa motiva** [26], као и анализом самих песама.

Песма из збирке Јоце Ћосића о игри муње и грома потиче из Рекаша у Румунији. Текст записа и примедбе уз запис речито говоре да је песма певана. И у њој неко посматра игру муње и грома, игру снашице с два диверца:

> Муња ј'грома надјачала
> С двама, с трима оровима,
> А снашица два диверца
> С двама, с трима колачима,
> С трим с четирма орасима,
> С петма, с шесма лешњикама [27].

Блиска је и песма штампана у седмој књизи корпуса Матице хрватске. Песма потиче из рукописне збирке Милана А. Миличе-вића. Записана је у Чаглићу крај Липика. Девојка посматра игру муње и грома и муњића и громовића. Овде Муња надигра грома двема трима јабукама и четирма наранчама [28]. У сагласју је и вари-јанте које се находи у збирци Мићуна М. Павићевића [29].

Упоредно разматрање варијаната показује:

а. велику сличност варијаната, које су, наводно у Црној Гори, записали Милутиновић и Вук Караџић;

б. разлике, које постоје између тих варијаната (ко је код којих врата), као да више говоре о супротстављању и полемисању, него ли о природним и аутентичним разликама;

[25] Миладиновци: **Зборник (1861-1961)**, Скопје, Кочо Рацин, 1962, бр. 10; Антон П. Стоилов: **Показалец на печатните през XIX век блгарски народни песни**, II (1881-1878), Софија, 1918, бр. 8; Божан Ангелов - Христо Вакарелски: **Сенки из Невиделица. Книга на блгарската народна балада**, Софија, 1936, бр. 10; В. Крстић: **Indeks motiva**, А 5,2,1 – Вила зида град, каткад ни на небу ни на земљи, од људских и коњских костију, или узиђује у њега људе, жене и децу.

[26] В. Крстић: **Indeks motiva**, А 4,1,2.

[27] Joca Ćosić: **Narodne pjesme (Rekaš u Rumunjskoj)**, Zbornik za narodni život i običaje Južnih Slavena, knjiga XXIX, sveska 1, Zagreb, 1933, br. 29. Уз реч **оровима**, Ј. Ћосић ставља напомену да то значи **грмљавина**.

[28] **Hrvatske narodne pjesme**, knjiga sedma, uredio Nikola Andrić, Zagreb, Matica hrvatska, 1929, br, 322.

[29] Mićun M. Pavićević: **Ženske narodne pjesme iz Crne Gore**, Zagreb, 1938, br. 52.

в. мотив о игрању муње и грома и надигравању - само је у Милутиновићевој и Вуковој варијанти саставни део песме о вилином зидању града;

г. мотив о надигравању муње и грома само у Милутиновића и Вука јесте троделан: надигравање муње и грома, сестре и два брата, снашице и два девера;

д. песме о надигравању муње и грома показују да је реч о мотиву који се посебно обликује и исказује, који се не придружује.

Аутентичност и неспорност песама о вилином зидању града заснивала се управо на двема најстаријим варијантама – Милутиновићевој и Вуковој. Међутим њихово усмено народно порекло уистину је сумњиво. Чини се да је реч о следећем: Милутиновић је, пошавши од двају мотива познатих у народниј песми, начинио песму каква му је одговарала и дужине која му је, из неких разлога, потребовала. Вуку се свидела Милутиновићева песма и поверовао је да је она у бити усмена, народна. Један део песме ипак му се учинио сумњив – тежња за потирањем мушког и женског принципа. Тај део песме је и изменио битно. Песму је, како је већ неколико пута подвлачено, наштампао тек у првој књизи бечкога издања.

Милутиновић је своју варијанту сачинио полазећи од двају мотива, које је сусрео у усменој народној песми – вилино зидање града са тројим вратима и надигравање муње и грома. Други мотив, у песниковом поетском виђењу, употпуњавао је први и доприносио стварању заједничке слике о небеском весељу и раздраганости. Интервенисао је неколика пута. Пре свега, стварајући равнотежу између женског и мушког принципа. Дужио је потом песму убацајући стихове о надигравању сестре и два брата, а на крају је, опет због потребне му дужине, придодао последњи, двадесет први стих:

а то мило вили било.

Питање које се намеће гласи једноставно: због чега?

Није нимало случајно Милутиновић испред свих епских песама ставио три лирске песме. Нимало случајно их није назвао "**коледкама**", иако оне то нису; такође нимало случајно песма *Град градила б'јела вила* нашла се на почетку *Пјеванија*.

Будимска и лајпцишка *Пјеванија* јесу и збирке **масонски** осмишљене. У томе духу песма о вилином грађењу града јесте химнична слободнозидарска песма. Следећи масонско учење, а вероватно илуструјући и сопствени статус у оквирима масонске хијеархије, Милутиновић посебно истиче слику виле која седи на златним вратима, сунцем обасјана. У оквирима масонске симболике, посебно место заузима тзв. **пламена звезда**. У масонској хијерархији она се налази као обележје тзв. **калфе**. Представља се са обавезним словом **Г** у средини [30]. Под **пламеном звездом** подразумева се звезда даница, јутарња звезда, зорњача. Милутиновић, у духу слободног зидарства, ставља на почетак *Пјеванија* не само наглашено градитељску песму, већ и песму која почиње двоструким, наглашеним гласом и знаком **G** (као енглеско *God* или немачко *Gott*), симболом **пламене звезде**.

Милутиновић се представио на особен начин на фронтиспису Лајпцишке *Пјеваније*. У вињети, која краси насловну страну, поред **харфе** која симболише Милутиновића песника, насликана је и **пламена звезда**, ознака Милутиновићеве политичке и интелектуалне припадности и људских опредељења.

Пламена звезда се ликовно приказује као **пентаграм**, који је, пак, геометријски облик **пентаде**, односно броја пет. Број пет се од античких времена и питагорејаца сматрао светим бројем, који собом обједињује први мушки, асиметрични, број три и први женски парни број – два. За Грке број пет је био број љубави и брака. То је био и број Афродите, богиње оплођујућег сједињавања. Број пет оличава хармонију и здравље, лепоту оличену у људском телу, пројекцију космичког духа. **Пентада** је половина све-броја, декаде и стога одражава собом и ритам **Свеопштег Живота**. **Пентада** исказана **пентаграмом** симболички представља кроки **човека- -микрокосмоса** [31]. **Пентаграм** вековима ужива дубоко поштовање људи, који му приписују сложену симболичку семантику. Почетком шеснаестога века, године 1530, Агрипа из Нетесхајма објавио је у Антверпену књигу *De Occulta Philosophia*. У њој је о симболици броја пет, а потом и о симболици **пентаграма**, написао:

"Састављена од првог парног женског и првог непарног мушког броја, већ **пентада** *поседује извесно савршенство и значајну моћ; шта више она је половина декаде, све-броја...Код питагорејаца је била Број Брака... она је такође број среће и захвалности, ознака Светог Духа, веза која све спаја;... пагански философи стављали су* **пентаду** *тако високо изнад тетраде, као што је живо изнад неживог"* [32].

---

[30] *Rječnik simbola*, под речју, **звијезда**. Ненад Ђ. Јанковић: *Астрономија у Предањима, обичајима и умотворинама Срба*, Српски Етнографски зборник САН, књига LIII, друго одељење, **Живот и обичаји народни**, књига 28, Београд, 1951, 117-124; Исти: *Астрономија у старим српским рукописима*, Посебна издања САНУ, књига DXC, одељење природно-математичких наука, књига 64, Београд, 1989, 152-153.

[31] Матила Гика: *Филозофија и мистика броја*, библиотека Anthropos, 14, Нови Сад, Књижевна заједница Нови Сад, 1987, 13.

[32] Исто, 78.

162

Парацелзус (Teofrastus Bombastus iz Hohenhajma, 1493- -1541) тврдио је да је најмоћнији знак од свих, "знамење микрокосмоса или **пентаграм**" [33].

Песма *Град градила б'јела вила* није само промасонска, химнична песма, она је делом и скровита посвета. Песма је посвећена песниковој вили, песниковој јутарњој звезди, звезди зорњачи. Милутиновићева збирка властитих стихова, наштампана у Лајпцигу под карактеристичним и симболичним насловом – **Зорица**. Посвећена је Терези Албертини Лујзи фон Јакоб. Песма, којом започињу обе *Пјеваније*, указује да су и *Пјеваније*, збирке усмених народних песама, посвећене особи коју је Милутиновић много волео и чију је удају боловао управо у Црној Гори. Талфјева је песникова зорњача, а петоделним именом образухе **пентаграм** и претвара се у **пламену звезду**.

Ни друге две лирске песме које следе на почетку будимске и лајпцишке *Пјеваније* нису праве народне песме, мада од народне песме обе полазе.

Друга песма у следу, у Милутиновићевим *Пјеванијама* јесте песма Лов ловио Бан-Секуле, коју Милутиновић, у своме начину, назива Дика је врлости мазда. Песма садржи двадесет осам стихова. Гласи:

> Лов ловио Бан-Секуле
> и планином и горицом.
> Намјера га нанијела
> на јуначко разбојиште,
> на вучије вијалиште
> и вилиње игралиште.
> Ту уфати Секул вилу.
> Богом куми б'јела вила:
> "Богом, брате, Бан-Секула!
> Не води ме ујку своме,
> своме ујку Угрин Јанку,
> три ћу теби казат'биља:
> да си частан у дружини.
> да ти љуба роди сина,
> да ти сабља с'јече Турке."
> Ал'јој вели Бан-Секула:
> Муч'не лудуј, б'јела вило!
> Био Секул јунак собом –
> биће частан у дружину;
> била здрава глава моја,

[33] Исто, 78.

родиће ми љуба сина,
а и оштра сабља моја,
здраво моја десна рука,
сјећи ће ми сабља Турке."
Пак одведе б'јелу вилу
дарива је ујку своме,
а он њему крило златно,
крило златно и перјатно.

Милутиновић је песму пропратио одговарајућом напоме-
ном [34], Песмом о лову бан-Секуле позабавио се Владан Недић
пишући о проблему осмерачке народне епике. Набројао је неколико
варијаната [35]. У Вука се варијанта налази у првој књизи бечкога
издања. Песма је знатно дужа од Милутиновићеве и броји четрдесет
два стиха. Почиње стиховима како Угрин Јанко пење шатор на
вилином игралишту на шта вила запрети да ће га устрелити. Угрин
Јанко јој вели да се не плаши док су у његовој близини "бан Секуле
с Мијаилом". У том тренутку на сцену ступа Секула, хвата вилу и
даље песма практично тече као и Милутиновићева варијанта.
Уводни део песме посвећен Угрин Јанку садржи петнаест стихова. У
напомени Вук је, по сећању, саопштио и неколико стихова једне
десетерачке варијанте коју је слушао у детињству, у Тршићу [36].
Варијанта је садржајем блиска песмама из рукописног зборника
Матије Мажуранића и из збирке Стјепана Мажуранића.

Варијанта се налази и у збирци Богољуба Петрановића.
Песма има седамнаест стихова. У лову, на вучијем разбојишту и
вилином игралишту, ухвати Секула вилу. Вила изнова нуди троје
биље, а Секула јој три биља одбија у три стиха [37].

---

[34] Сима Милутиновић Сарајлија: *Пјеванија црногорска и херцеговачка*,
приредио Добрило Аранитовић, Никшић, 1990, 26 – *Ове је пјесме предмет или Тема
право и нелажно знање, (и противио), које укорењава врлину, и добавља мудрост,
пачели вјеру; која се оказује овди с оснonanijem да је вјера, у избор бољега и разумно-
паметнијега дјела и поступка, сушћеством и душом врлости; а врлост се врлошћу воз-
награждава неотложно, и управо-дично).*
О новоме издању *Пјеваније* в. Н. Љубинковић: *Усмено народно ствар-
алаштво у сведочењима, сагледавањима, тумачењима* (VIII), "Расковник".
Часопис за књижевност и културу, бр. 63-66, Београд, 1991, 181-183.
[35] Владан Недић: *Српскохрватска усмена осмерачка епика*, у књизи *О
усменом песништву*, LXIX коло Српске књижевне задруге, књига 462, Београд, 1976,
22 и 30 (песма о Секули), 21 (песма о Старини Новаку).
[36] Вук, I, 266.
[37] Богољуб Петрановић: *Српске народне пјесме из Босне и Херцеговине*,
књига прва, Библиотека Културно наслеђе Босне и Херцеговине, Сарајево, 1989, бр.
14.

Песма из збирке Ђорђа Рајковића има двадесет четири стиха. У песми вила се зове Мандалина. Када је Секула, после дужег гоњења ухвати, обећава му троје биље и вели му које је биље за шта добро. Вила не нуди биље, како је Секула не би даровао ујаку, већ да јој не би одсекао главу [38]. Секула одбија.

Варијанта из збирке Стјепана Мажуранића певала се у колу у Новом Винодолском. Броји четрдесет шест стихова. Шатор пење бан Секула, а вила га опомиње да то не чини, претећи му несрећом коју ће навући и на своје људе и на коње. Секула одвраћа да се не плаши док има ујака Јанка. У поноћ вила почиње да испуњава претњу. Секула је помоћу соколова, хртова и својих људи ухвати. Вила му обећава троја биља да је пусти. Секула одбија, три пута се позивајући на ујака Јанка:

> Док је мени ујца Јанка,
> Мој је коњић бржи од виле,
> И док ми је ујца Јанка,
> Моја сабља с'јече Турке,
> И док је мени ујца Јанка,
> Моја љуба сина рађа [39].

Песма из рукописног зборника Матије Мажуранића садржи четрдесет три стиха. Готово је једнака песми коју је обелоданио Стјепан Мажуранић. Разлика постоји у извесној испремештаности стихова и у ситним лексичким разликама. И сам крај песме је скоро једнак. Секула одбија вилину понуду говорећи:

> Док је мени ујац Јанко,
> Ја сам срићан у дружини;
> И докле ми ј' ујац Јанко,
> Моја жена сине раја;
> И докле ми ј' ујац Јанко,
> Мој је коњић бржи виле! [40]

Најчуднија су последња два стиха песме из збирке Стјепана Мажуранића и претпоследња два из зборника Матије Мажуранића. Они као да говоре о некојим врло сложеним и деликатним односима у оквирима матријархално изграђене породице у којој се, можда, деверово право прве ноћи пребацује на ујака.

---

[38] Ђорђе Рајковић: *Српске народне пјесме (женске)*. Већином у Славонији сакупио --, Нови Сад, Матица српска, 1869, бр. 169.

[39] Stjepan Mažuranić: *Hrvatske narodne pjesme (čakavske)*. Skupio ih po Primorju i Granici --. Treće popunjeno izdanje, Crikvenica, 1907, str. 208–209.

[40] Владан Недић – Милорад Живанчевић: *Зборник Матије Мажуранића*, Зборник Матице српске за књижевност и језик, Нови Сад, 1966, 253, бр.74.

Варијанта која се певала у Прчњу, а забележио ју је знаменити етномузиколог Миодраг Васиљевић, свакојако је занимљива,
иако није претерано блиска. Васиљевић је уз своју варијанту записао
значајну опаску: **ђурђевданска песма**. Песма се иначе не везује за
Секулу. У њој се пева, како је Момак ухватио вилу-девојку. Она му
нуди троја биља да је пусти – учиниће да му љуба буде лепша и виша
од виле саме, да буде "миран у дружини", да задобије благо. Момак
све одбија, напомињући вили да све понуђено има [41].

Песма о бану Секули и његовом улову, из Милутиновићеве
збирке, у сагласју је искључиво са песмом из збирке Вука Караџића.
Вукова песма почиње другачије, али у другоме делу сасвим је у
сагласју са песмом из Милутиновићевих *Пјеванија*. По времену
објављивања, Милутиновићева варијанта је старија. У томе контексту је занимљиво да песма у дестерцу, које се Вук присећа да је слушао у детињству у Тршићу, јесте много ближа варијантама Стјепана
и Матије Мажуранића. У тој, фрагментарно запамћеној варијанти,
Секула у лову на вилу користи и псе, и соколове и јунаке (у Вуковој
песми – два јунака-ронца хватају вилу под водом). Неопходност
присуства јунака ронилаца, односно ронаца, свакојако је занимљива за изучавање митолошког устројства наших простора, али је то
ипак тема изван тренутних интересовања.

Трећа лирска песма, по следу, у Милутиновићевим *Пјева-*
нијама почиње стихом *Сабљу паше Стар-Новаче:*

> *Сабљу паше Стар-Новаче*
> *По Мисиру бијеломе,*
> *Ниско сабљу припасао,*
> *А срете га турско момче,*
> *Тер Новаку бесједио:*
> *"Окле теби сабља моја,*
> *Сабља моја, баба мога?"*
> *А Новак му бесјеђаше:*
> *"Није ово сабља твоја,*
> *Нег' је ово сабља моја!*
> *И оштра је и ево је,*
> *А ја сам је саковао*
> *У Николе кујунџије;*
> *Ако ли ми не вјерујеш,*
> *Извешћу три свједока:*
> *Радојицу и Грујицу,*
> *И Николу кујунџију,*
> *Што је сабљу саковао. "*

---

[41] Миодраг А. Васиљевић: *Народне мелодије Црне Горе*, Београд, 1965, бр.
268а.

166

Сви Новака Турци чуше,
Па будали вјеровали
И сабљу му оставили.
Удри тко ће, неста веће ...!
Скочи коло да скочимо!
Ко ли море, ко л' не море,
А ја знадемо ко не море:
Тко се скоро оженио,
Сваког добра пожелио,
Л'јепе душе ђевојачке, ..!
Коловођо, дико наша,
До тебе је л'јепа снаша
Што т'је коло задр'јемало,
Што скакало посустало?
Оком трени, колом крени,
Нек'је коло сво весело!

Вук Караџић варијанту није објавио за живота. То је учинио Љубомир Стојановић у петој књизи првог државног издања [42]. Песма има двадесет пет стихова. У бити она следи дужу Милутиновићеву песму (тридесет четири стиха). У обе песме Новак истиче да нема за појасом сабљу оца младог Турчина, кога је сусрео ходајући Мисиром. Оба пута вели да је сабља његова и да за то има три сведока: Радивоја и Грујицу и Николу кујунџију, који је сабљу саковао. Вук се упињао да песму учини препознатљивом народном, што она, по свему судећи није.

Песма из зборника Матије Мажуранића почиње стихом:

Шетао се ј' Новак јунак...

Мажуранић за песму напомиње да је поскочица, дакле песма која се певала у колу. Песма броји двадесет један стих. Нема готово никакве везе са варијантама у Милутиновића и Вука, али је у сагласју са песмом из збирке Стјепана Мажуранића [43]. Шетајући се, каже песма из зборника Матије Мажуранића, Новак наиђе на једну *"киту Нијемаца"* које предводи немачки краљ. Немци се надмећу у скоку и бацању камена. Новак тражи и добије дозволу да и сам учествује. Новак три пута скаче и три пута баца камен. Први скок и прво бацање су слабији, другим скоком и бацањем достиже најбоље, а трећим све надскочи и надбаци.

Песма **Новак најбољи јунак**, из збирке Стјепана Мажуранића, броји такође двадесет један стих. Напоменуто је да је такође

---

[42] Вук, V, бр. 265.
[43] В. Недић – М. Живанчевић: **Зборник Матије Мажуранића**, 252, бр. 72; Stjepan Mažuranić, str. 213–214.

певана у колу. У почетку се мало разликује од претходне песме. Новак се шета по јуначком шеталишту и на њему сусреће јунаке који се надмећу. Затражи и добије дозволу да и сам учествује и потом се све понавља. Песме Матије и Стјепана Мажуранића опомињу, у одређеном смислу, на познату Вукову песму *Смрт војводе Каице*.

Несумњиво је зачуђујуће и упозоравајуће да три лирске песме из Милутиновићевих *Пјеванија* праве варијанте имају искључиво у песмама из Вукове збирке. У случају првих двају песама, варијанте Вукове постоје тек у бечкоме издању народних песама, а у случају треће поскочице, оне о Старини Новаку, Вук своју лепу варијанту није за живота ни штампао. Интуитивном и опрезном Вуку очигледно је нешто било сумњиво. У одређеној мери Вук је био сумњичав и поводом песме о бан Секули, јер је у напомени напоменуо како је фрагментарно изгледала песма коју је о томе слушао у детињству.

Поскочица, која се надовезује на песму о Старини Новаку и његовој, у боју задобијеној сабљи, многим испитивачима учинила се непотребним Милутиновићевим додатком, баластом у целовитој и јасној песми. Међутим, ови стихови уопште нису случајни, као што је код Милутиновића све махом – неслучајно, осмишљено. У првој лирској песми присуствовали смо комбинованој **небеској свадби**. **Пламена звезда** удавала је кћер и женила сина, а о просторима дешавања двеју свадби сведочио је додатак песми о посматрању игре муње и грома. Трећа песма, која се иначе односи на једну од неопходних врлина правога јунака, завршава се свадбеном поскочицом да би се затворио круг отворен првом песмом.

Три лирске песме на почетку двеју *Пјеванија* имају троструку улогу. Здружене, оне јесу посвета вољеној жени; подизање обожаваног бића у небеске висине, **уз особено** препоручивање властитих врлина. Три лирске песме на почетку двеју *Пјеванија* јесу Милутиновићеве дораде, обраде и допевавања усмених народних песама. Наводећи у примедби од кога је те песме наводно чуо, Милутиновић прави прецизну разлику између чина записивања и писања:

"Ове сам, и неке још друге пјесме, које ће следовати на своје мјесто, од некога Херцеговца, у Котору Бокељском живјевша, полани (1827 г.) примио и написао".

У којој мери три песме јесу плод песникових умовања и туговања јасно се види из писма, које је Милутиновић упутио Вуку Караџићу 14/26. августа 1828. године. Јадајући због Талфијине удаје и њеног напуштања Европе, Милутиновић поводом сопствене брачне будућности, пише побратиму Вуку:

168

"Моја је пак пуница свевишњости дивота, а љуба ми је твари, чоечности красота, и ово је Поете женидба, коино чешће поздно долази, но рано на деобу земнога блага – удовољствија; премда ожаљује срце онога, тко само духу живи, али што ће се де, кад' је чоечија крајност и недопуност воље..."

Песма ***Град градила б'јела вила*** може се, уистину, и овако истумачити.

Шест месеци касније, у временима када је сукоб између Вука и песника прешао границу до које се могао минизирати и прикривати, Милутиновић ће у писму од 13/25 марта 1829. године обавестити Вука да он, Милутиновић, није никакав никоговић. За време дотадашњег боравка у Црној Гори сачинио је, пише, *"три багателице"*, а то су: ***Распјевке о Талфи, Трагедија Обилић*** и ***Црногорска Дика.*** У стручној литератури постоји мишљење да су ***Распјевке о Талфи*** настале пре ***Трагедије Обилић*** и ***Дике Црногорске*** [44]. Мишљење се заснива на редоследу, којим Милутиновић дела наводи у писму Вуку, али и у другим писмима која одашиље у исто време. Једнаким редом наводи своје књижевне радове из црногорског раздобља и Ђорђу Димитријевићу, Лазару Лазаревићу, Јовану Рајићу Млађем. Мислим да се редослед у овоме случају не сме прецењивати. Пре свега, он је резулатат снажног емоционалног набоја. То је Милутиновићев емоционални, а не хронолошки след. ***Распјевке о Талфи*** јесу, према владајућем уверењу у нашој науци, изгубљене [45]. Изненађује да никоме није било зачудно, што Милутиновић, међу пословима које је до средине првог тромесечја 1829. године доконао, не именује збирку усмених народних песама, које је по Црној Гори, а још више међу четири брдска племена записивао. Коју недељу после поминаног писма Вуку, рукопис ће предати Андреју Кухарском уз молбу да га где год наштампа. Невероватно је да песник не именује тај велики посао који је обавио. С друге стране, тешко је поверовати да је Сима Милутиновић могао да изгуби, или, чак уништи *"стихове посвећене вољеној девојци"*. Мислим да се то није ни догодило. У Халеу се Милутиновић упознао са де-

---

[44] Владан Недић: ***Сима Милутиновић Сарајлија***, Београд, 1959, 91.

[45] Исто, 92 (*"Штета је само што се стихови о драгој девојци нису очували"*); Миодраг Поповић: ***Историја српске књижевности. Романтизам***, књига прва, Београд, Нолит, 1968, 172 (*"По свој прилици, дознавши за њену удају, уништио је 'Распјевке'"*); Јован Деретић: ***Историја српске књижевности***, Београд, Нолит, 1983, 264-269 (не помиње ***Распјевке о Талфи***); Сима Милутиновић Сарајлија: ***Играње ума***. Приредио Матија Бећковић, Београд, Слово љубве, 1989, 156;

војком која преводи српске народне песме на немачки језик. Заљубио се посредством народних песама, може се рећи. Кратко-трајна романса зачела је на сусретима којима су крајњи повод биле народне песме, које је Талфијева преводила, а које је, пак, Милути-новић одлично познавао. Веровао је да се све једнаким путем може и вратити или обновити. **Читав корпус песама, које садрже будимс-ка и лајпцишка** *Пјеванија,* **чини** *Расијевке о Талфи,* **а три препе-ване и допеване лирске песме јесу својеврсна посвета и химна вољеној жени.**

Три лирске песме јесу и особен масонски проглас. Песма о вилином зидању града јесте промасонска химнична песма, а свака песма понаособ садржи и понеки битни масонски принцип [46]**,** што се може докучити и ишчитавањем Милутиновићевог коментара уз три песме. Сима Милутиновић је, свакако, био члан масонерије. То потврђује и гласовити масон Срета Ј. Стојковић [47]. Мислим да се не може поуздано рећи, када је Милутиновић приступио слободним зидарима; а не може се засигурно рећи ни где. Постоји мишљење да се то догодило за време песниковог боравка у Лајпцигу и Халеу, 1826, године. Тада је, наводно постао члан масонске ложе *"Минерва са три палме".* У прилог оваквој претпоставци могли би да сведоче и некоји стихови из *Србијанке:*

> *Чарна Горо ....*
> *Постојбино Урана мезимца,*
> *Преовлађе Јупитера циглог,*
> *Бавилиште Пана и Минерве,*
> *Завичају сами полубога* [48]

---

[46] в. и Г. Е. Лесинг: *Разговори за слободног зидара*, тематски број часописа "Градац" (Тајна друштва), год.17, бр.89-91 (јули-децембар), Чачак, 1989, 6-25; Анри Dirvil: *Масони*, библиотека Fenomeni, knjiga prva, Beograd, KIZ Altera, 1990, 5–50; Norman Mekenzi: *Tajna društva*, drugo izdanje, Beograd, IRO Nova knjiga, 1990, 255–273 (masonska ceremonija inicijacije na treći stepen).

[47] /Срета Ј. Стојковић/: *Слободно зидарство, његов циљ и принципи, његова садашњост и прошлост.* Писма брата Ср. једном непосвећеном пријатељу, Београд, издање ложе "Побратим", 1893, 100 (*"Али, за прослављеног песника 'Срби-јанке', Симу Милутиновића, може се поуздано рећи да је припадао братском савезу"*).

[48] Сима Милутиновић Сарајлија: *Играње ума.* Избор из целокупног песни-штва. Приредио Матија Бећковић, Библиотека "Ex libris", коло друго, 13, Београд, Слово љубве, 1981, 155; Рајнхард Лауер: *Народна и уметничка поетика у српском епском песништву* (Јован Рајић, Сима Милутиновић-Сарајлија, Јевта Поповић), Прилози КЈИФ, књига педесет трећа и педесет четврта (1097-1988), Београд, 1989, 37.

Могуће је да помен Минерве, у контексту размишљања о Црној Гори као уточишту богова и полубогова, јесте и алудирање на име ложе којој песник припада. Но, то ипак припада категорији натегнутих домишљања. Не бих искључио ни могућност да је Милутиновић слободним зидарима приступио и знатно раније. Почетком деветнаестога века познате масонске ложе биле су, између осталог, и у Видину и у Влашкој, у просторима у којима се песник дуже задржавао. Некоји истакнутим тамошњи масони, као Пазванција у Видину, били су чести Милутиновићеви саговорници и садрузи.

Три лирске песме, на послетку, јесу и сам кључ за разумевање будимске и лајпцишке *Пјеваније*. Оне симболишу три значајнее вредности, које се потврђују у епским песмама које следе. Милутиновић их у коментару одређује као:

"*...оне су као три грације, свака собом простокрасне и прекрасне, што и шалом и уображенија игром као прстом показују, како чојек дасе проза живот влада, што је право јунаштво, и да врлости необојдно наградасе подаје; и да Витез чојек дужан је гледати какосе што може свршити и о мање зла својега и туђега, баш када би и сам своје собствено бранити морао. То све троје, нама наше Народне Даворије живијем дјелима представљају и доказујући самом повјешћу живота, дејателности Српске, изјашњују и нашега Народа мудровање, из којега се јасно види да и ми имамо читав систем Философије, ако и није у гола сухопарна и замишљена правила пером сведен, а које је боље од обога, или је обојега тога совокупност и саглас равомјерниј понајсходниј бољему, озбиљскоме благосостојанију и благополучију људствам то нека радљивости обозрење истога мудроватеља нашега, то јест Народа, својим нас увјери Сербаљством*"[49].

Три лирске песме из Милутиновићевих *Пјеванија*, очигледно треба да изгледају као аутентичне народне песме. Међутим, у свакој од њих Милутиновић је интервенисао, више или мање. Међу трима песмама – прва је свакојако суштаствена. Она, колико у Милутиновићевој обради и доради, толико у његовој рецепцији правих, народних стихова – јесте масонска химна, али и апотеоза његове велике љубави – Терезе Албертине Лујзе фон Јакоб. Божанска Беатрича Дантеова открива рајске лепоте и вредности, Милутиновићева божанска вила озарује земљу и људе као пламена звезда.

---

[49] *Пјеванија црногорска и херцеговачка*, Никшић, 1990, 27-28..

Друга и трећа песма певају о врлинама које су потребне и неопходне да би јунак био уистину јунак. Сви јунаци које опевају будимска и лајпцишка *Пјеванија* јесу уистину јунаци управо због тога што је у њих препознатљива било храброст и самосвест бана Секуле, било јунаштво пропраћено опрезом и самоконтролом Старине Новака. У коментарима треће песме, Милутиновић се много задржава на Херама и Хераштву. Он, наиме, сматра да су Хераци-Херцеговци највећи јунаци на свету, па због тога, када говори о врхунскоме јунаштву, он говори о хераштву. Сматра да епске песме које саопштава у будимској *Пјеванији* јесу најбоља илустрација и потврда такве тврдње. Нимало случајно, у будимској *Пјеванији*, након три лирске песме, прва епска песма у следу носи наслов *Два Херака*. Пева о двојици браће, који не знају један за другога, а на бојноме пољу налазе се у на супротним странама. Обојица су најбољи борци, највећи јунаци у војскама којима припадају. Стицајем околности, у незнању ступају у двобој у коме време пролази, а да ни један од бораца не стиче предност. Следи препознавање, па затим, здружени, уједињени – браћа успевају да измире бечкога ћесара и турског султана. Будимска и лајпцишка *Пјеванија* јесу и својеврсне апотеозе јунаштву Херака, односно хераштву. Хераковићи су настањени у Његушима и место Хераковићи налази се на подручју Његушкога племена. Уздизањем хераштва, Милутиновић на посебан начин велича и династију Петровића из Његуша.

Друга и трећа лирска песма јесу, напокон, и особено Милутиновићево препоручивање себе самога љубљеној жени, истицање одлика које верује да поседује.

Истерујући посебну симболику, па и симболику бројева, Милутиновић је тежио да му песме буде различних, али смишљених и обавезних дужина. Штошта би се могло придодати досадашњим разматрањима трију лирских песама и на основу броја стихова у свакој од њих. Прва песма броји двадесет један стих да би се добиле две значлајне симболичне комбинације : 7 x 3, 7 и 3, као и 2+1. Друга броји двадесет осам стихова, што ствара комбинације: 7 x 4, 2+8. Трећа песма садржи тридесет четири стиха. У њој песма о Старини Новаку и његовој сабљи броји двадесет један стих, једнако првој песми, а сватовска поскочица тринаест стихова. Тринаест стихова поскочице у директној су супротности самој поскочици. Дубоко је уврежено и исконско је уверење да је тринаест несрећан број. Свадба и свадбено весеље јесу срећа, тринаест стихова, пак, несрећа. Свадбена поскочица значи нечију туђу срећу, која се заснива на нечијој

172

личној несрећи. Удаја Талфјеве представљала је срећу и за њу и за господина Робинсона, њенога супруга, али, једновремено тај срећни чин за другога, за песника, значио је сумрак свих снова. У истоме духу, нимало случајно Милутиновић пише Вуку писмо, којим озваничава њихов међусобни разлаз, тринаестог марта 1829. године.

II
Будимска Пјеванија – прва штампана збирка црногорских и брдских народних песама

Милутиновић је будимску, а касније и лајпцишку **Пјеванију** необично осмислио. Свакојако изненађују три лирске песме стављене, попут мота, на сам почетак и једне и друге збирке. Не мање изненађује и даљи распоред песама. Прве три епске песме у будимској **Пјеванији** тематиком се не везују за црногорске просторе. Песме **Два Херака, Турство и Јакшићи** предводе групу епских песама, јер оне, у особеном песниковом виђењу, сублимирају и исказују три филозофско-етичка животна принципа постављена и амалгамисана лирским песмама.

Песма **Два Херака** развија идеју коју, по Милутиновићу, садржи прва лирска песма (**Град градила б'јела вила...**), којој он, нимало случајно, даје наслов: **Чувај се, радуј се!** У песми је реч о двојици браће које је куга потерала из роднога Мостара. Одлазе у свет, свак својим путем, трбухом за крухом. Један одлази у војску бечкога ћесара, а други турскоме султану. Рат царева сучељава их на бојноме пољу. Милинко, ратник ћесарев, изазива на двобој турске мегданџије и редом их на мегдану убија. Напослетку нико више не прихвата борбу. Султану је то мучно и пушта телале по војсци да траже јунака који сме да се супротстави Милинку. Султанови војници су од реда заплашени:

> Ко чујаше нечуо се чини,
> Ко виђаше преда се гледаше ...

У војсци царевој, многољудној и многонационалној, нема јунака који се усуђује да прихвати изазов ћесаревог мегданџије. Нема осим *Херака* Милоша.

Два Херака деле мегдан као најбољи ратници двеју великих, сукобљених војски. По устаљеном епском шаблону, оружје је мање издрживо од људи. Пуца дрво, ломи се гвожђе, али јунаци су од чвршћег материјала саздани. Долази до хватања у коштац. И ту одлуке нема. Сила је сили равна. Чини се споразумни прекид борбе. У предаху браћа се препознају. Одлуче да се више не боре. Реше се да измоле код својих господара да се мир учини. Као што турски султан, у народној песми, вазда послуша Марка Краљевића, тако и два моћна цара прихватају молбу браће и учине мир међу собом.

Осећајући и сам како је веза ове песме и тзв. **"коледке"** *Чувај се, радује се!* – недовољно очигледна, Милутиновић прибегава својеврсном затварању круга. Прави почетак **"коледке"** је наслов који јој је песник придао. Имајући то у виду, Милутиновић закључује коментар песме ***Два Херака:***

"Она свједочи сама довољно, какав је и колики дух Хераках нашијех и ја јој се свакако радујем!!!"

Из још једнога разлога нашла се ова песма на почетку првога издања ***Пјеваније.*** У закључку песме саопштено је предање по коме су Милош и Милинко родоначалници гласовитих породица: Милорадовића и Владисављевића, породица које се, у одређеном тренутку, налазе у особеној жижи политичких збивања у Црној Гори, и то збивања која јесу предмет, шире узевши, бројних песама у обе ***Пјеваније.***

Песма ***Два Херака*** можда понајбоље илуструје различност и противстављеност ***Пјеванија*** и ***Огледала српског.*** Два брата, два Херака, служе господаре који нису само у међусобном ратном, већ и у националном и у верском сукобу. Порука Милутиновићеве песме јесте да разлика у вери није довољна да брат брату одузме живот. Песма о истрази потурица коју Његош ставља на почетак песама из новије црногорске историје (након уводних песама о Иванбеговим синовима и освети Батрића Перовића) полази од крајње супротнога става. Уосталом, Милутиновић у ***Пјеваније*** не уноси ни песму о синовима Иванбега. Штампао ју је у ***Историји Црне Горе,*** у којој има логично место. Песма о Иван-бегу Црнојевићу у ***Огледалу српском,*** у контексту песама које следе (***Освета Батрића Перовића, Српски Бадњи вече***) директно најављује и једновремено оправдава ритуални обрачун са иноверницима на дан рођења родоначалника хришћанске вере.

Друга по реду епска песма у будимској ***Пјеванији, Турство,*** треба да илуструје другу **"коледку"** – ***Дика је врлости мазда (Лов ловио Бан' Секуле).*** Песма је грађена по препознатљивом епском шаблону. Чине је три битна дела. Први је у знаку Андријиног несрећног хтења да се у јунаштву одмери са братом. У другоме делу песме Андрија гине, јер није добар јунак, нема врлине које морају да

174

красе јунака. У трећем, освећујући брата, Марко примером показује и доказује ко је бољи.

Андрија чини три кобне грешке у градацијском низу. Прво, у пићу изазива брата на мегдан; затим у тешкој ситуацији, када га жеђ надвлада, бира најлакши начин да је утоли, начин недостојан јунака – намеран је да убије коња. Последња, трагична погрешка стаје Андрију главе. Једновремено она понајбоље показује шта све Андрија не поседује од неопходних одлика. Подложан је ласкању, слаб и неумерен у пићу, лишен моћи запажања, неспособан да се у сваком тренутку суочи са изненадном, непосредном опасношћу.

Марко људске и ратничке одлике, речју – јунаштво, испољава такође три пута. Одговара брата од међусобног мегдана, потом и од намере да убије коња. На крају, суочен са неочекиваном опасношћу – посестрима му ради о глави – Марко дела на најбољи могућ начин: убија тридесет Турака, а вероломну посестриму ставља на муке.

Као што у тзв. "**коледки**", бан-Секула не верује обећањима виле, јер се поуздаје у себе, у сопствену, вештину, часност, мужевност – тако ни Марка не "*успављује*" чињеница да крчму држи његова посестрима.

Трећа епска песма у будимској *Пјеванији* носи назив *Јакшићи*. Треба да буде епска аналогија "коледки" *Умјеш, имјеш! (Сабљу паше Стар Новаче)*. Велика врлина правога јунака јесте и у неприхватању кавге када околности нису повољне. Новак у боју уграбљену сабљу задржава без борбе, мудрошћу. Турчину, сину човека чију сабљу о пасу носи, упитан за порекло сабље, одговара да је њему лично ту сабљу саковао Никола Кујунџија. Додаје како за такву тврдњу има и три сведока: Радивоја, Грујицу и самога Николу. Новак је принуђен да прибегне лукавству, јер се налази у Мисиру, у чаршији препуној Турака. Из неравноправне борбе сваком јунаку је тешко изаћи са главом на раменима.

Песма *Јакшићи* пева како браћа, Шћепан и Митар, ослобађају из ропства сестру Анђелију. Браћа се не усуђују на директну акцију. Успешно разрешење недаћа тражи се у прерушавању, дугим проценама ситуације, затим у хитром бегству пошто је противник претходно усапаван.

Идејна блискост трећој лирској песми у *Пјеванијама* је очигледна.

У лајпцишкој *Пјеванији* Милутиновић је, након три "**коледке**" ставио епску песму о доласку Милорадовића, изасланика Петра

Великог на Цетиње. Након тога песме иду познатим следом. Поступак је свакојако чудан. Нема хронолошког оправдања, а и символичност је натегнута. Претпостављам да је таквим, новим разређивањем песама, Милутиновић желео да подвуче како лајпцишка *Пјеванија* јесте корпус епских песама са подручја Црне Горе и четири брдска племена и да, сакупљеним песмама, представља својеврсну народну историју поменутих простора. Стављајући у лајпцишкој *Пјеванији* песму о Милорадовићу и потоњем руско--турском, односно црногорско-турском рату на почетак епскога дела збирке, Милутиновић је недвосмислено исказао противљење могућем другачијем следу, примерице оном који се налази у *Историји Црне Горе*. Ни по коју цену Милутиновић није хтео да *Пјеваније* започне песмом о истраги потурица, што би било оправдано у складу одређене хронологије догађаја.

Након епских песама: *Два Херака, Турство, Јакшићи*, будимска *Пјеванија* се наставља песмама из црногорске историје. Међутим, Милутиновић је на особен начин издвојио прве три такве песме. Реч је о песмама *Царев-Лаз, Вјеро-свез* и *Ослобод*. Оне, чини се, треба да наставе символичну идеју првих песама. Прве две песме, *Царев-Лаз* и *Вјеро-свез* (у лајпцишкој *Пјеванији* штампана је под бр. 4 и насловом *Свјер*), потичу из пера старога владике Петра Првог Петровића. Владика ће бити аутор и треће песме, *Ослобод*, песме о истрази потурица. Милутиновић је напоменуо да ју је записао од блиског владичиног рођака Мата – Радова Мартиновића Бајице. Логика редоследа је превише натегнута, претерано осмишљена. Песма *Царев-Лаз* је најподложнија расправљању, ако се посматра као особена паралела песми *Два Херака*. У песми *Два Херака* била је реч о браћи која одрастају готово не знајући један за другог. Одлазе од куће и служе различите и међусобом завађене господаре. У незнању се сукобљавају оружјем. Препознају се и њиховом заслугом се два царства умире.

Песма *Царев-Лаз* Милутиновићу је била приступачна у две верзије. Једна је обелодањена у *Пјеванијама*, друга у *Историји Црне Горе*. Међусобом се верзије значајно разликују. Његош је у *Огледало српско* унео варијанту из *Историје*. Разлика мећ, иначе свакако блиским, варијантама јесте у дужини и у улози Вука Раслапчевића. У песми о боју на Цареву-Лазу која је штампана у *Пјеванијама* (и која је знатно краћа) – Вук Раслапчевић се не помиње. Део његове активности преузима на себе Вук Мићуновић. Лично мислим да је варијанта из *Историје Црне Горе* више одговарала

176

Милутиновићу, али је касније дошао до ње, па промену није желео да изврши ни у лајпцишкој **Пјеванији**. Идеја песме **Царев-Лаз** у **Пјеванијама** јесте у здруженом деловању црногорских племена против заједничког непријатеља – Турака. Владика Данило разређује војску којом лично командује:

Све по реду, племе до племена...

У томе и јесте идејна блискост ове песме и песме Два Херала. Инсистирање на користи од јединства, здружености, безрезервног заједништва. Варијанта из **Историје Црне Горе** занимљива је управо различношћу. Турске чете крећу на Стару Црну Гору. Опасност је по Црну Гору велика. Разлика у војном потенцијалу је огромна. Међутим, здруженим Црногорцима прискаче у помоћ и један Брђанин, Вук Раслапчевић. Прво у корист Црногораца, са браћом Ђурашковићима, уходи турску војску, а потом прихвата да јој калаузи, како би је одвео у припремљену клопку. Не само што ће турску војску увести у клопку, већ ће песмом опоменути владику и Црногорце који део турске војске да не дирају, а који, пак, да одлучно нападну:

О соколе који си у Врању,
Не удара̂ј војсци најпрвојзи,
е ћеш удрит' на живоме огњу,
и не удри ни најзадњој војсци,
е су у њој крвави Спужани
и остала Брда сваколика!

(стих 155-160)

Следимо ли Милутиновићев начин размишљања и особен систем асоцијација, стижемо и до песниковог виђења песме **Царев-Лаз**. Када се раздвојена браћа здруже (Црногорац и Брђанин у другој варијанти, црногорска племена међусобом у верзији из **Пјеванија**) – нико им не може одолети.

Песми **Турство**, варијанти познатог мотива о свађи међу браћом, Марком и Андријом, одговара песма **Вјеро-свез**. И у овоме случају, реч је првенствено о Милутиновићевом начину размишљања и повременој усредсређеној симболизацији. У песми **Турство**, један од браће (Андрија) жели да мегданом дозна да ли је бољи јунак од брата (Марка). Брат предлаже уместо двобоја популарни народни тест издржљивости. Изазивач попушта, а потом, због трагичних погрешака почињених у низу – губи главу. Песма **Вјеро-свез** је, наизглед, сасвим другачије тематике. Опева долазак Михаила Милорадовића, рускога изасланика на Цетиње. Милорадовић долази у име рускога цара Петра Великог, са царским грамотама.

Петар Велики, путем грамота и свога изасланика, позива Црногорце да се придруже Русији у рату против Турске. Црногорци одушевљено прихватају позив, али убрзо остају усамљени у борби. После пораза на реци Пруту, Русија је принуђена да склопи сепаратни мир са отоманском империјом. Уговором о миру ни на који начин није решено учешће Црне Горе у рату. Црногорци су приморани да наставе даљу борбу уздајући се искључиво у сопствене снаге и могућности. Црногорци се сналазе и излазе као победници. И не само то! Победом у неравноправној борби Црногорци постају свесни сопствене вредности, властите снаге:

> *Вино пију с Турцима се бију,*
> *И бранеће с' док их једног траје*
> *Од свакога, толи од Турчина;*
> *Није сјенка вољност Црногорска!*
> *Нејма тога, изван самог Бога,*
> *Црногорце то би ујармио,*
> *Н' ако би их најпре погубио,*
> *Но и то би још мучније било.*
>
> *(стих 132-139)*

Ова поента јесте Милутиновићева допуна песме!

Ова поента још је боље исказана (боље редигована) у Његошевом *Огледалу српском:*

> *вино пију, с Турцима се бију,*
> *и браниће с' док једнога има*
> *од свакога толи од Турчина,*
> *од својега двојног душманина,*
> *душманина вјере и слободе!*
> *Није сјенка слога црногорска:*
> *нејма тога тко б' их ујармио,*
> *то л' их отле некуд призајмио!*
>
> *(стих 146-153)*

Песма *Ослобод* (у лајпцишкој *Пјеванији* штампана је под насловом *Све-ослобод*) представља особену паралелу песми *Јакшићи*. У овој потоњој песми браћа Јакшићи ослобађају сестру. Године лутања, трагања, окончавају се успешно. Привремено разбијена породица окупља се изнова и очигледно је да их у даљем животу очекују бољи дани. Песма о истрази потурица такође јесте песма о ослобађању. Међутим, док је прво ослобађање на нивоу породице, у скромнијим оквирима – друго ослобађање је на разини црногорске заједнице. Црна Гора је та која се ослобађа. Ослобађа се отпадника, угњетача. Верски и етнички чисту Црну Гору очекују бољи дани.

178

Песмом *Три сужња* започиње други део будимског издања *Пјеваније*. У свим даљим песмама, закључно са песмом бр. 31 – *Комнен* – присутна су сва три основна Милутиновићева филозоф-ско-етичка принципа. Црна Гора је последње уточиште и при-бежиште, боравиште вила и слободе. Јунак мора да буде свестан властите вредности. Не сме да дозволи да га непријатељ (епски про-тивник, национални противник или верски противник) поткупи или како другачије превари. Напослетку, прави јунак је увек мудар и свестан тренутка и околности у којима се налази. Прилагођава се условима. Све песме, дакле, од *Три сужња* до *Комнена* испуњавају ове захтеве. Међутим, Милутиновић је на особен, чудан начин покушао да исприча и својеврсну причу користећи се епским песма-ма.

Песма о *Три сужња* која се налазе у тамници скадарског везира јесте и прича о домишљатости и песма о храбрости и јунаштву, и мала химна слободи и слободарском духу. У контексту, она је и више од тога. Три сужња су угледници из три црногорска, заправо из три брђанска племена: из Пипера, Васојевића и Роваца. Суочени са судњим часом, двојица, Лијешо Пипер и Селат Васојевић, жале за личним губицима, за властитим неоствареним жељама. Једноме су мисли упућене старим родитељима, а другоме супрузи тек доведеној. И једнога и другога целат ће погубити на тамничким вратима. Избавиће се Вуксан Булатовић Ровчанин. То је природна последица његовог животног става. По опредељењу је борац. Свестан је нужности борбе. У разговору са тамничком сабраћом – жалиће једино што гину без замене, на одређен начин – узалудно. Лукавством ће надмудрити целата и затим га убити. То није крај искушењима. Потера ће Вуксана усмерити на мост на коме су и хоџа и кадија и многи други Турци. Обруч је стегнут. Сваки даљи отпор чини се бесмисленим. На то Вуксана опомињу хоџа и кадија:

> *Не напријед Булате Вуксане!*
> *Није куде бјежати овамо!*
>
> *(стих 64-65)*

Одговор Вуксанов је типична реакција борца који се бори до краја:

> *Стани мало хоџо и кадијо,*
> *Ако није куђ'бјежати тамо,*
> *Није сада куђе ни овамо.*
>
> *(стих 66-68)*

Када се силник сусретне са непоколебљивом храброшћу – он попушта:

> *Хоџа од стра' скочи у Бојану,*
> *А кадију Булат погубио*
> *и око ње' Турак' неколико*
> *Пак утече горе у планину...*
>
> (стих 69-72)

Постоји слободно парче земље у планинама, у кршевима – тамо где орлови свијају гнезда. Јунак се ту може склонити, припремити за окршаје, ту се очеличити за сва искушења која га вребају на путу до потпуне слободе, до обнављања граница постојбине предака. Следе једна за другом песме које даље развијају ову мисао, које је документују и понављају толико често и упорно да нам се она после **Комнена** чини и развијеном.

Ћуприлић је песма о великом казненом походу везира Ћуприлића кроз Црну Гору. Том приликом је много људи побијено или одведено у ропство. Наравно, Турци после тога очекују да је Црна Гора умирена. Долази до напада Турака, Херцеговаца на Кчево. Међутим, мада су Озринићи десетковани, у помоћ стижу Велестовци. У окршају који следи гине и вођа турске војске, бег Љубовић. И не само он. Потпуно је освећен претходни пораз од војске Ћуприлић везира. Још је и камата наплаћена.

Никола Томаш, срећан, предлаже тзв. пребијање:

> *Дивно ли смо браћу осветили!*
> *Кад' ни ови погибоше Турци,*
> *Ход'мо браћо да се умиримо,*
> *Пребијајмо прве за потоње:*
> *Два Делића за попа Милића,*
> *Два Ченгића за Мрваљевића,*
> *Љубовића за Ђукановића,*
> *А Муркића Зука од Клобука*
> *За сокола Мандушића Вука;*
> *А остале од Крајине Турке*
> *Немамо их пребит' ни за кога,*
> *Но проклете босанске балије,*
> *Пребијајмо сваког по за вепра.*
>
> (стих 80-92)

Освета Кчева је освета за пораз против војске Ћуприлића.

Погибији браће Ченгића и барјактара Зука од Клобука посвећена је и песма Ченгијћ Синан-бег. Песма **Боговање** односи се на турски напад на Црну Гору у време Шћепана Малог. Међутим, песма лажнога цара готово и не спомиње. Посвећена је опет величању црногорскога јунаштва: малобројни, слабо наоружани, без џебане, а опет несавладиви. Поводом ове песме Милутиновић ће ставити примедбу из које се види како је он у схватању народне поезије на типичним народним позицијама, на онима које познајемо још од сведочанстава Петра Хекторовића, Николе Охмућевића до Филипа Грабовца, Андрије Качића Миошића, Филипа Вишњића – вредност и лепота песме су у веродостојности, у историчности.

Освета Црне Горе је песма испевана у част царске Русије и њене владарке. Наиме, љубав Русије према Црној Гори је безмерна, а неспорно дирљива. Покренуће праву крсташку војну да освети увреду и понижење Црне Горе, Због малене Црне Горе дижу се војске великих царстава и краљевстава: Русије, Аустрије, Пољске и Енглеске. Борба се не води на црногорској територији. По песми та освета има вредност и одмазде, али и опомене за убудуће.

Песме *Зулум без Баја* и *Конац турском харачу* у Пипере имају заједничку тему: борбу против зулумћара и харачлија и заједничку идеју: једино право решење проблема је у константном оружаном отпору. Уз ту идеју треба придодати и уверење да се слобода и правда не могу извојевати само на своме прагу, већ се за њу мора борити свугде: слобода суседова јесте и слобода твоја сопствена. Песма *О србском патријарху* и *Слом Татарах* певају о сукобу до кога долази из готово једнаких разлога. Наиме, Турци (односно Татари у другом случају) поседују три српска блага:

> Алај барјак славнога Лазара,
> И одежду светога Јована,
> Златну шљаку деспотова Ђура...
> *(Слом Татарах, стих 24-26)*

односно четири:

> Славни барјак славнога Лазара,
> одежда светога Николе,
> Јеванђеље светога Јована,
> Златна шљака Деспотовић'Ђура...
> *(О сербском патријарху, стих 64-67)*

Повраћањем ових реликвија у православне руке – долази и до пропасти (блиске) Отомановићевске империје и до слома Татара.

Песма *Харачлија Црногорац*, која следи, већ показује обртање улога. Окренула се срећа. Црногорци су у прилици да траже харач од дојучерашњих угњетача. Песма велича јунаштво Никца од Ровина и његових другова: Радуловић Сима и Турчина Гаврилова. Песма *Пастири* поново узима за тему тражење харача од Црногораца (у овом случају од Пипера). Не само харача у новцу и стоци, већ и у девојкама, и "љубовцама". Пипери прихватају све услове

181

осим последњега и борба почиње. Заврши се по Турке кобно. Песма *Три Вука* карактеристична је раскораком који постоји између садржаја песме и Милутиновићевог коментара. Пева о сарадњи Брђана са Турцима, против Црногораца. Иван Поповић, Брђанин јесте јунак, али он ради плена пристаје уз Турке и са њима напада крвну браћу. Сукоб се завршава смрћу Ивановом, али и погибијом Маркићевић Вука, смрћу једнога од три Вука (друга двојица су: Вук Томановић и Вук Бојановић). Песма је уперена против оних Брђана који пристају уз Турке. Милутиновићев коментар песме је у сврху својеврсне рехабилитације Брђана. Брђани нису, готово никад, били под турском влашћу. Пристајали су кадкад уз Турке ради сопствених интереса, а не због присиле.

"Нека су Брда бивала турска више због пазарах вољности, него ли због силе турске и страа; ма им се зулуму вазда противила, бранила, и одметала се често, док најзад нека и посве" [50].

Хвалећи и уздижући јунаштво браће, Милутиновић се држао идеје назначене још у песми *Два Херака*. Нема правога јунаштва без "наших" људи.

Песма *О зидању Никшића* садржајем не одговара наслову. О зидању готово нема речи. Алај-паша је саградио град "на Никшићу" и зове брђанске главаре на виђење и подворење. Позива дробњачког војводу Илију, попа Јушковића из Горњег Поља, Тодора Калабића (Каламић) из Требјеса и Николића и Лалатовића из села Озринића. Песма не вели дал'су се сви одазвали позиву. Изрично помиње само војводу Илију. Илија долази паши. Овај му нуди да се потурчи обећавајући му богату награду. Илија одбија понуду узвративши противпредлогом да ће паши дати и своје војводство над Дробњацима и хиљаду оваца и планину Волујак, ако се паша покрсти. Предлог плати главом. Паша затим позове и Илијина сина Томаша који у међувремену стаса (напуни двадесет година). Међутим, смрт очева поучи сина. Полази паши у пратњи Дробњака које оставља прикривене. Понавља се епска ситуација, понуда, одбијање, противпонуда. Изнова паша наређује џелату да погуби дрскога госта. Томаш реагује како приличи правоме јунаку: прибрано, спремно, одлучно. Убија хицем из мале пушке џелата, а затим пламеним мачем погуби још седам-осам ага". Позива у помоћ Дробњаке. Сукоб се завршава потпуном победом Дробњака. Наме-

---

[50] *Пјеванија црногорска и херцеговачка*, Никшић, 1990, 102.

ран је да руши Никшић, али га одговори Тодор Калабић, *"не даде им разорити града"*. Коментар Милутиновићев уз песму изнова показује песникову концепцију, али указује и на разлоге због којих Његош није могао ни мало бити задовољан учитељевим домишљањима и премишљањима. То је без резервно хваљење Брђана на штету свих осталих:

"Дробњак племе под гором Дурмиторовом, јест мјесто сњегопадно и зимно, но и све у њему, скот и чоек, јест чвршће и здравије, него другди унаокол, и баш ка' у великој Росији, око Москве, тврд прав и крепка воља, и решителност чудна, но у колико непросвијештен ум повели; и ту се чешће може видети Витез Срб без страха и без порока. Диван је и ка Швајца предјел." [51]

Песма ***Балешићи*** надовезује се на претходну песму, јер се у њој опет помиње породица Калабић из Никшића. Док је у песми о зидању Никшића, Тодор Калабић био епизодна личност, значајан само због отпора који пружа намери да се поруши Никшић, овде су Мина и Милета Калабић главне личности, али негативне. Из извештаја који *"два галића врана"* подносе мајци Калабића сазнајемо о походу Мине и Милете на торине Рада Балетића у Ласту озрињићску. У сукоб се, међутим, умешају Вукота Балетић и Пејо Марковић, па Турци предвођени браћом Калабић – изгину.

Песму ***Црмничани*** Милутиновић је записао од тадашњег ученика, потоњег владике црногорског, Рада Томова. У питању је једна од оних, сасвим ретких песама у ***Пјеванији***, која хвали јунаштво житеља Старе и праве Црне Горе. Марко Вучетић јунаштвом и сналажљивошћу, са мало рушства (*"три-четири друга"*) уништи чету од четрдесет Турака (што убије одмах, што зароби и касније посјече). Црмничанин Марко Вучетић одбија понуду да заробљене преда на откупе. Национални и верски непријатељ мора бити искорењен, а не повремени извор прихода и непрекидна могућна опасност.

Песме које даље следе настављају слављење Брђана и брђанских јунака.

Песма ***Тко је јунак*** изнова нас упућује на принципе утврђене у "**коледкама**", на ситуацију коју опева песма Турство (о сукобу Марка и брата му Андрије, о Андријиној смрти и Марковој освети). Почетак песме затиче двадесет војвода са чашама у рукама, у Кру-

---

[51] Исто, 108. Сличан заплет је и у песми ***Златна свирала*** (бр. 77). Реч је уопште о познатом и радо коришћеном мотиву.

шеву, у "пјаној механи". У пићу чине оно што је јунака недолично – пијано се хвалишу. Уз пуну чашу понајбољи испадне војвода Јанко, а понајгори Краљевић Марко. Долази прави тест за јунака. Наилази опасност у обличју Црнога Арапина. Марко упозорава друштво на опасност (јер је мудар). Војводе охоло одбијају упозорење (јер нису мудре и нису прави јунаци), сматрајући Марка страшивцем. Наилази Арапин! Суочени са непосредном опасношћу, војводе заборављају хвалисање и нуде Арапина чашом добродошлицом. Сукоб покушава да изазове Бановић Секула. Међутим, он то не чини због личне храбрости, већ услед уверења да се може ослонити на помоћ осталих. Посебно верује у помоћ хвалом овенчаног ујака Јанка. Међутим, у одсудном часу нико од војвода нема храбрости да се умеша, чак ни гласом да протестује. Марко прихвата борбу и у двобоју убија Арапина. Враћа у крчму разбежале војводе. Весеље се наставља, али овога пута признање добија уистину најбољи, највећи јунак – Краљевић Марко. Ово је једна од релативно ретких песама о Краљевићу Марку у *Пјеванији*, а Милутиновић ју је прибележио од Вулине ђака из Бјелопавлића.

Песма *О Медуну граду* забележена од Луке Шћепанова из Роваца подсећа, у извесном смислу, на песму *Бановић Страхиња*. Наиме, штошта је у полазишту слично, али штошта је у даљој разради битно другачије. Силни Мехмед-паша хоће да утврди град Медун, како би из њега могао да роби сиротињу, понајвише Куче. Прохте му се да добије и неку девојку, невесту или удовицу за друштво. Слуга му, Лале Дрекаловић, помиње лепоту љубовце Бановић Батрића:

> Љепоте јој у свијету нејма,
> За цара би, пашо, требовала!
>
> (стих 35-36)

Једновремено упозорава:

> Њу ти Батрић без јада не даде,
> Ја без ране, ја без мртве главе,
> Јал'без твоје, јали без његове.
>
> (стих 38-40)

Паша се о упозорење оглуши. Опрема тридесет војника. Ови одлазе у Васојевиће. Искористе срећну околност да Батрића нема код куће:

> Батрићеве дворе похараше,
> Велико му благо покупише,
> А вјерну му заробише љубу,
> И стару му мајку прегазише...
>
> (стих 50-53)

184

До овога тренутка наметљиво је поређење поступака Влах Алије и Мехмед-паше. Међутим, Бановић Страхиња у тренутку несреће остаје сам, од свих напуштен. Бановић Страхињи отказују помоћ и таст и деветоро шура. Батрић Бановић има брата, Батрићева супруга има девера, Батрићева мајка – још једнога сина, Бановића Ђуру. Он ће отићи у пашину кулу и ослободити снашу. Осветиће се до краја и за понижење и за пљачку. Ухватиће Мехмед-пашу жива! Ђуро Бановић је добар јунак и зна да има казни које су горе од смрти. Због тога ће Мехмед-пашу, силника, искористити уместо коња:

> Он одсиједа хата пашинога,
> А закрочи истог'Мехмед-пашу,
> Па му меће ноге у џепове,
> У џепове зелене доламе,
> Нагони га боса по камену,
> Изјах'о га у Васојевиће.

(стих 112-117)

Ни Батрић Бановић неће пожелети да се паши горе освети. Седам дана је паша као коњ јахан кроз Васојевиће. Ослобођен након свих понижења – паша бежи! Суочен са свешћу о властитом унижењу, физичком и психичком слому – паша не може да се заустави нигде где га познају. После свега, више никада не би могао да изиграва силника. Пролази, незаустављајући се, Подгорицу, Скадар:

> Но утече покрај мора сиња,
> Сам не знао куђ'је отишао.

(стих 140-141)

Свему следује и коментар у Милутиновићевом начину, чудно написан, али разумљив [52].

Милутиновићево схватање јунаштва подразумева и признавање туђе храбрости, чак и оне која је против нас самих уперена. Паши силнику из претходне песме нема шта да се призна. Силеџија

---

[52] Исто, 118:

"Ова пјесна изјављује каквост права Србскога и Турскога; Турчин мина да утврђавати себе и својост, јест изабраност туђу и свачију наградит' и својој подчинит', а Срб показује, да својеродну изредност несамо воли од туђости, но и одбранит' је да је моћан, нит' се никакве за то страши силе и угрожње. О томе још само и ово:

> Туђе драго нека је туђину,
> Ал' у Србско нетичи – де туђко!"

Његош би то казао много једноставније и ефектније:

> Вук на овцу своје право има,
> Ка' тиранин на слаба човјека ...

је у односу на немоћне и незаштићене. Мехмед-аги Мекићу из песме **Хрђак ал'јунак** (од Илије Ристова Бјелопавлића са Сретње) јунаштво се итекако признаје, иако је "хрђак". Мотив је познат. Изазван је на дмегдан старац који се више не може борити. Уместо њега на двобој излази младић коме је изазвани, у овом случају, кучки војвода Радоња, обећао свакојаке награде, па и кћер за жену. Долази до сцене која у многоме подсећа на одговарајуће место из приповести Кањош Мацедоновић. Наиме, опазивши противника, Мехмед-ага Мекић му се подсмешљиво обраћа:

> Авај јадан Станковић' Јоване!
> Дал' не нађе војвода бољега,
> Да на тебе не гријешим руке?

(стих 40-42)

Следи одговор у маниру Кањошевом:

> А тако ми, Мекић Мемед-ага!
> Кад се Кучи на збор окупише,
> Збор збориле, вијеће чинише,
> Да бољега хране за бољега,
> А мене су на теб' оправили,
> Ако Бог да те буде суђено,
> Да ти данас посијечем главу.

(стих 45-51)

Почетни део мегдана припада Турчину, али се након савета старога војводе Радоње, млади Јован Станковић прибере и успешно заврши борбу. Крај овога мегдана означава и почетак боја између Куча и колашинских Турака, али исход двобоја указује и на исход потоњег сукоба. Погину четири Мекића и још седамнаест Турака из Колашина. Радоња на крају награђује заточника, како је и обећао.

Песма **Није боја без Баја** понавља Милутиновићева размишљања и ставове према правом јунаштву, односно према пустом хвалисању и неспособности да се у прави час **опстоји** на страшном месту. Реч је о томе како Мијат Томић и побратим му Харап желе да лако дођу до блага које носи Китовић Осман, а за градњу Зворника. Обавештење о преносу велике количине новца дотура Мијату побратим из Сарајева, кадија. Саветује га да позове и Баја Пивљанина са тридесет хајдука. Побратими се одушеве вешћу. Новац већ сматрају својим. Позивају и Баја. Међутим, у часу када наилази Китовић Осман и са њиме три стотине баша, Мијат Томић и Харап се препадну. Мијат Томић спас види у бекству:

> О ти Бајо, мио побратиме!
> Да бјежимо утећ не моремо,
> Да чекамо чекат' не смијемо.

Бајо мучи ништа не говори,
Ал'побјеже Мијат уз планину,
А за њиме Харап капетане,
Су његово тридесет кесеџијах...

(стих 57-63)

У одсудном часу Бајо Пивљанин прихвата неравноправну бробу. У борби изгине тридесет хајдука, али и три стотине баша:

Док текоше тридесет ајдуках.
Три стотине башах погинуло.

(стих 66-67)

Бајо Пивљанин и Осман Китовић остају последњи да поделе одлучујући мегдан. Бајо има више среће и убија хицем из "гарабина" Османа. Нуди Мијату Томићу и Харап капетану да поделе плен, а приде обећава да им ову издају неће за зло узети. Поделе благо Мијатовим ћулаком део оставе и кадији. После деобе плена разилазе се. Песма се завршава закључком:

Ал'без Баја не имаше боја.

(стих 94)

и Милутиновићевим "примјечењем":

"И ова казује, да турској науци и мудрости следовавнији Мијат, на чисту позоришту озбиљскога јунаштва од'ржати се не може".[53]

Песма је повремено смушена. Почиње стихом:

Вино пију до два побратима...

Потом се именује само Мијат Томић. Да је други побратим Харап капетан сазнаје се тек у часу постављања заседе. Тада певач обавештава и о бројном стању. Наиме, уз Мијата Томића и Харап капетана стоје и тридесет Харапових кесеџија.

Као да је у препису штошта изостављено.

Невадна освета записана од Горчина Љешњанина, опева јунаштво Пера Брђанина Васојевића.

У тешком часу, а то је права проба за јунака, суочиће се сâм са тридесет наоружаних Турака, предвођених силним Дурмиш-агом из Скадра. Ситуација је таква да се може само нечијом смрћу разрешити. Дурмиш-ага је дошао да похара Дечане. То је остварење обећања датих у пијанству. Ухватили су старца игумана и претукли га, не би ли сазнали где је *"намастирско благо"*.

Несрећни игуман се држао јуначки. Турци нису дознали за манастирску ризницу, али су манастир ипак опљачкали. Започиње

---

[53] Исто, 124.

187

пијанка. Наставља се агонија. У томе часу долази Перо Брђанин. Од игумана сазнаје шта се догодило. Тражи да се помири са животом: да пољуби руке светога краља Дечанског, да се причести, исповеди и да му се очита самртна молитва. *Стекавши на тај начин положај светога ратника* – ступа пред Турке. Кратак обрачун речима завршава се машањем за оружје. Перо Брђанин из пушке устрели Дурмиш-агу и још једнога Турчина. Пламеним ножем посече петнаесторицу, а петнаесторица побегну. Рачун се не слаже у потпуности. Ако је Турчин, поред Дурмиш-аге, који је погођен и мртав – Турака би било на броју тридесет један, односно тридесет два са Дурмиш-агом. Могуће је, што је све уистини безначајно, да је Турчин био само рањен, а да је потом погинуо од пламеног ножа. Дакако, највероватније је да је читаву смутњу начинио певач који се занео описујући борбу. Песма изнова извлачи у први план јунака изван међа Старе и праве Црне Горе. Чак му кроз ритуал припреме за одлучну битку, а затим и наоружавајући га *пламеним ножем* архангела Михаила – придаје статус светитеља-ратника. Значај пламенога ножа илиу пламенога мача установљен је још у Старом завету у првој књизи Мојсијевој:

"И изагнав човека постави пред вртом Едемским херувима с пламенијем мачем, које се вијаше и тамо и амо, да чува пут ка дрвету од живота" [54],

Последња песма у првом издању *Пјеваније* јесте **Комнен**, а записана је, како стоји испод наслова, од Благоте Лекина Павићевића са Сретње у Бјелопавлићу. Поприште збивања се помера према северозападу. Није реч о црногорским кршевима, нити о пределима херцеговачким, нити косовско-метохијским. Збивања су везана за ускочки Сењ и за упориште турских крајишника – Удбину. И личности припадају овоме поднебљу. Тридесет хајдука предводе Иван Сењанин и Комнен барјактар. Са турске стране помињу се Танковић Осман, Гојени Халил, Мујо од Удбине. Све то није случајно, као што уосталом, код Милутиновића ништа није случајно (недомишљено – можда, исхитрено – често, натегнуто – понајчешће). *Пјеванија* је започела са три "**коледке**" и Милутиновићевим коментарима уз њих. Идеје ту успостављене разрађене су по два пута у првих шест песама. Били бисмо, можда, још ближе истини, ако бисмо тврдили да се три основна филозофско-етичка принципа, по Милутиновићевом уверењу, појављују у већој или мањој мери у свакој од двадесет-

---

[54] *Постање*, глава 3, алинеја 24. (Наведено по Даничићевом преводу).

сет осам епских песама. **Комнен** затвара круг. У песми је изнова истакнута сценографија слободе. Место збивања јесте планина – вилинско боравиште, а по потреби хајдучко уточиште и азил за све који траже слободу. У духу друге и треће "коледке" лик Комнена барјактара у песми подвлачи значајне одлике правога јунака храброст, самосвест, крајње објективну процену ситуације. Комнен барјактар зна шта може и колико може (**коледка о** *Секулу и вили*). У часу када јунаштво не помаже више, када би даље настављање истим начином водило у испразно јунаштво, самоубилачко, бесмислено – Комнен поступа мудро! Попут Старине Новака и сâм позива помоћ. На мегдану треба показати храброст, али одважност мора да има и дубљи смисао. Врлине Комнена барјактара посебно су истакнуте чињеницом да борбу води озбиљно рањен. Први хитац Танковић Османа погодио га је у ногу тане је, *"сломило му ногу у кољену"*. Тешко рањени Комнен не само што наставља борбу, већ продужава да гони Танковић Османа. Осман је тај који ће завапити за помоћ. У помоћ пристижу Гојени Халил и Мујо од Удбине. Остали Турци су заостали. Са Комненом се први сукобљава Халил. Певач ту гради слику страшнога јунака доведеног у шкрипац. Опасност ситуације само подстиче јунака:

> *На њега се Комнен обрнуо,*
> *Великим је оком превалио,*
> *А деснијем брком намигнуо,*
> *И бијелим пошкрипнуо зубом,*
> *До Турчина ј' огањ долазио.*
> *Колико се Туре препануло,*
> *Од страха га уфати грозница,*
> *Те га Комнен уфатио жива ...*

(стих 114-121)

У борбу се умеша и Мујо од Удбине. Мујо намах запада у положај у коме је био Комнен (и у коме је Комнен и даље). Хитац из пушке хришћанског барјактара погађа Мују у десно колено. Међутим, Мујо јесте јунак и наставља потеру за Комненом. Комнен исправно процењује да му је нови противник неупоредиво опаснији, иако је рањен. Комнен не жели да непотребно ризикује. Поступа мудро и зове у помоћ другове који су у планини. Ови дочују позив и постављају заседу. Пропуштају Мују, али му поубијају тридесет другова. И Мујо је мудар. Схвативши да је даља борба бесмислена, да његова лична храброст и смрт, као природна последица такве одважности, не би имали праве сврхе – тражи од Комнена да ослободи Халила и да их обојицу пусти да се слободно врате у Удбину:

> *О, Комнене, мој по Богу брате!*
> *Пушти мене Гоена Халила.*
> *Да ја ш њиме идем у Удбине,*
> *Да кажемо ка' смо погинули,*
> *Оли дођи те ме посијеци,*
> *Нек' и мене није од дружине.*
>
> *(стих 178-183)*

Приликом сукобљавања двојице несумњивих јунака – крв не пада, ако то није уистину неопходно. Милутиновић **воли** (ако се нечији филозофско-етички принцип може тако изразити) да се противници узајамно поштују. Њему јесте ближи **непријатељ-јунак** од **сабрата-кукавице**, или не дао Бог – издајице. У завршним стиховима песме **Комнен** долази до поновног наглашавања става који је недвосмислено изречен у песми **Два Херака**. Непријатељи, ако јесу јунаци, увек могу да изнађу заједнички језик. То је разлог и што Комнен у последњој песми будимске **Пјеваније** прихвата предлог Мује од Удбине, што прихвата побратимство, а новоме побратиму дарива Гојеног Халила.

Занимљиво је и како певач решава крај песме. Мујо се враћа са Халилом, преосталим чланом дружине, крвавој Удбини. Повратак јесте тужан, али је за Муја и јуначан:

> *Оде Мујо Удбини крвавој,*
> *И плачући а не кукајући...*
>
> *(стих 194-195)*

Кукњава је недостојна јунака. Жене смеју да кукају. Међутим, судбина чете, смрт другова не може правога јунака да остави равнодушна. Јунаку не сме да буде једино важно да извуче из невоље властиту главу. Због свега што се јесте догодило Мујо напушта поприште у сузама. На те сузе има пуно људско и јуначко право.

Певач песме **Комнен** поседује смисао за психолошка нијансирања и детаље. Њега, примерице, уопште не занима понашање Гојеног Халила. Халил се током боја није држао како јунаку доликује, па певача Халилово доживљавање напуштања разбојишта – уопште не интересује.

На бојишту остаје рањени, али добро расположен јунак-победник, Комнен барјактар. Као супротност Мујиној тузи и сузама, планином на растанку, одјекује смех победника:

> *Оде Комнен у своју крајину*
> *И рамљући, али се смијући*
> *Каква харча донесе дружини.*
>
> *(стих 196-198)*

Последњом епском песмом у будимској *Пјеванији*, Милутиновић се, суштински, изнова ограђује од **истраге потурица**, од легенде о српској бадњој вечери. У *Дики Црногорској*, у *Историји Црне Горе*, у самим *Пјеванијама*, будимској и лајпцишкој, Милутиновић је подвлачио постојање истраге потурица. Не би било зачудно и да је он сâм заправо увео легенду о бадњој вечери у политичку и свеукупну историју Црне Горе, направивши од маленог и локалног верског обрачуна – симбол установљења верске чистоте на широким просторима Старе Црне Горе и Брда.

Нестављање песме о истрази потурица на почетак *Пјеванија*, а стављање песме *Комнен* на крај будимске *Пјеваније* – битно умањује историјски значај и символичну вредност легенде о ноћи уочи рођења Христовог. Не може се, у политичком смислу, једновремено инсистирати на истрази потурица и братимити се са Турцима. Такву смешу може да направи само песник који живи у свету чији је градитељ – он сам. Дакако и Његош је песник, итекакав. Међутим, у часу када прави *Огледало српско* и пише *Горски вијенац*, Петар Други Петровић јесте пре свега владар Црне Горе, суочен са драматичним проблемима. Песник Његош може себи да дозволи предивну лирску химну Стамболу, *"кутији шећера"*, или сетне стихове упућене Фатиминој мајци (*Не плач' мајко дилбер Фатиму...*), **али** *истрага потурица* **остаје истрага потурица**. Њом суштински започиње *Огледало српско*, а само о њој збори *Горски вијенац.*

За Милутиновића *истрага потурица* је примамљива литерарно-политичка фикција. Залажући се за њу, или је, пак, мало потискујући у други план, Милутиновић је имао на уму искључиво њену функционалност у саопштавању литерарно-политичке приче. Уосталом, прилике у Црној Гори за владе старога Петра Првог Петровића биле су сасвим другачије, него ли ће бити после 1830. године за владичанства премладог, политички наивног, а свакојако неискусног Петра Другог Петровића. Петар Први Петровић је имао много проблема, а његов наследник је у земљи непрекидно имао притуљени племенски и социјални рат. Живео је међ потурицама, као и међ онима који су ваздан били спремни да се потурче, како не би са породицама поумирали од глади. У Црмничкој и Ријечкој нахији било је много оних који су једноставно желели Његошеву главу или бар уклањање са црногорског владичанског трона.

Инсистирајући у *Огледалу српском* на *истрази потурица*, посвећујући *Горски вијенац* тој теми – Његош је очајнички настојао да песничком речју преобрати сународнике и иноплеменике. Од успеха или неуспеха *Огледала срйскоī* и *Горскоī вијенца* није зависио ловоров венац, већ глава на раменима.

Треба више пажње обратити Његошевој преписци, па ће бити јасно у којој мери је велики песник бивао кад кад уплашен и збуњен човек. Окружен непријатељима и ласкавцима – зазирао је од свакога. Карактеристична су, примерице, Његошева писма Јеремији Гагићу, руском конзулу, писана почетком 1831. године, у тренуцима када се млади владика боји да га је Милутиновић продао опозиционој струји гувернадура Радоњића. Инфантилно, у тинејџерском начину, оптуживаће дојучерашњег учитеља, старијег духовног сабрата и пријатеља, Симу Милутиновића за преверавање и нечасност. Притом ће сâм у писмима, која нипошто нису исто што и разговор у четири ока, писати увек неколико сувишних, откривајућих реченица.

Зазираће Његош и од блиског му рођака Ђорђије Савова Петровића, зазираће и од војводе Пламенца, и од гувернадура Радоњића и од браће Мишикина, и од Али-паше скадарскога и од босанског езира, и од Бјелопавлића, и од Пипера, и од Морачана и од Роваца. Живот ће му свакодневно стављати до знања да не може имати поверење ни у Катуњане, ни у Лешњане, а поготову не у Ријечане и Црмничане.

Премлад је заузео фиктивно место црногорскога вође. Као нестасао (осим физички), у грчу је пролазио кроз многобројне политичке Сциле и Харибде. Није се могао заклонити ауторитетом који, у неком смислу, доноси старост. Млад човек, пак, у одређеним културним срединама може да стекне ауторитет једино страхом који почиње да шири око себе. Пут Његошевог сазревања јесте пут губитника згађеног људским родом. До 1837. године бавио се поезијом. После 1843. постао је песник, како и доликује најнесрећнијем човеку који је у деветнаестом веку ходио балканским просторима.

III
Разлике и сличности међ будимском
и лајпцишком Пјеванијом
и
Племенска заступљеност певача
у будимској и лајпцишкој Пјеванији

Сличност будимске и лајпцишке *Пјеваније* јесте пре свега у трима лирским песмама, које Милутиновић назива "**коледкама**".

Три исте песме штампане су једнаким следом на почетку обеју *Пјеванија*. И будимска и лајпцишка *Пјеванија* исказују стање епскога певања крајем треће деценије деветнаестога века на простору Старе Црне Горе и брдских племена – Бјелопавлића, Морачана, Роваца и Пипера.

Будимска и лајпцишка *Пјеванија* јесу прве две штампане целовите збирке народних песама са подручја Старе Црне Горе и Старе Херцеговине. Једновремено то су и прве две штампане збирке које теже да систематски представе племенско народно певање Бјелопавлића, Морачана, Роваца и Пипера.

Разлика између будимске и лајпцишке *Пјеваније* јесте, посматрано у логичном следу, пре свега у епским песмама којима једна и друга започињу тзв. епски блок. Будимска *Пјеванија* започиње песмом **Два Херака**, а лајпцишка *Пјеванија* песмом **Свјер**. Разлика у одбиру почетне песме условљава и повлачи додатне, обимом невелике, али значајне разлике у следу првих десет песама у будимској и лајпцишкој *Пјеванији*. Следећа наметљива разлика јесте у величини. Будимска *Пјеванија* садржи двадесет осам епских песама, а лајпцишка стотину седамдесет једну и један прозни умотвор. Будимска *Пјеванија* обилује разноврсним коментарима, лајпцишка их, готово доследно изоставља.

Разлика у почецима епских делова будимске и лајпцишке *Пјеваније* свакако припада врсти особености које се могу означити концепцијским. Преостале разлике као да немају битне везе са Милутиновићевим различним осмишљавањем двају корпуса. Ипак имају! До битне концепцијске разлике између будимске и лајпцишке *Пјеваније* долази из једнога баналног разлога о коме тешко да је и сâм Милутиновић на тај начин размишљао. Разлика у величини будимске и лајпцишке *Пјеваније* суштински је допринела уобличавању двају потпуно другачијих, различних и противстављених збирки. Сакупљајући током 1827. и 1828. године у Боки Которској, у Старој Црној Гори и међу поменутим брдским племенима народне песме, Милутиновић је прибавио велики рукописни материјал. Понајвише записаних песама потицало је из области у којима се највише бавио. Како је добро знано, песник је у својству поверљивог човека владике Петра Првог Петровића понајвише времена провео међ брдским племенима, посебно међу Бјелопавлићима. Природно, највећи број записа народних песама, пропорционално и потиче из Бјелопавлића. Припремајући за штампу велики корпус сабраних народних песама, као и других епских песама које су се певале и слушале на просторима Старе Црне Горе и Брда, Милутиновић је очигледно био намислио да следи Вука Караџића. Збирку је тако осмислио у више мањих свезака, односно у "више части". Захваљујући "објављенију" који је издао Јосиф Миловук поводом прве части – можемо да доста прецизно реконструишемо како је песник *Србијанке* осмислио *Пјеванију* црногорску и херцеговачку.

"*Имајући у рукама песама Црногорски и Херцеговачки числом 174. досад још нештампани, које је Г. Чубро Чојковић Црногорац – Стихотворац преузвишени – сакупио, и мени да свету како Србском тако и осталим Славеном на штампи издам, послао, наумио сам (разделено у свеске до 25 песама) сваког Пештанског вашара по једну свезку издати, од који ће свака по 10 табака садржавати печатани. Овако мислим, да ће се ове песме лакше издати, и даће Љубитељи лакше ко присвојенију ови доспети моћи" [55].*

Сведочење Миловука вишеструко је драгоцено. Пре свега Објављеније сведочи да је марта месеца 1833. године Миловук пред собом имао 174 песме, колико ће их садржати лајпцишка *Пјеванија* 1837. године. То даље значи да је једнак број песама имао пред собом 1832. године и цензор Јернеј Копитар. Управо о те 174 песме Вуков венчани кум, цензор Јернеј Копитар, детаљно је известио Вука висте 1832. године. Уосталом, по много чему би се рекло (пре свега по четвртој књизи Вуковога лајпцишког издања) да је Копитар омогућио Караџићу стицање детаљнога увида у садржај рукописа.

Сведочење Миловука даље указује како је Милутиновић, а никако издавач, осмислио будимску *Пјеванију*. Да је било по Миловуковом, Милутиновићев корпус би се штампао у свескама које би садржале око 25 песама, и биле величине од око 10 табака. Да је Миловук бирао епске песме за будимску *Пјеванију* одабрао би 25 песама, а не двадесет осам. Овако долази до парадоксалне ситуације. Издавач објављује позив на претплату за књигу коју штампа, а он за ту исту књигу саопштава непрецизне, да не кажем нетачне податке о садржају. Милутиновић је у договору са Миловуком био замислио да његов корпус буде подељен у свеске, односно у мање части, попут Вукове збирке. Миловук је планирао да буде објавље-

---

[55] *Објављеније на Црногорске и Херцеговачке народне јуначке песме*, потписано Јосифом Миловуком, а написано "у Пешти Месеца Марта 1833." у књизи *Објављенија. Избор огласа на књиге и листове 1791-1871*. Избор, предговор и библиографија – Голуб Добрашиновић, Београд, Друштво библиотекара СР Србије – Југословенски библиографски институт, 1974, 107-108.

но седам свезака песама (то произилази из објављенија), а Милутиновић је очигледно тежио мањем броју. Да је могао да до краја спроведе своју вољу, његова збирка народних песама из Црне Горе и Херцеговине била би штампана у пет свезака. Ради мистичне вредности броја пет и због Вука, како би овога и у броју свезака (и броју песама) – надмашио.

До битне разлике између будимске и лајпцишке *Пјеваније* дошло је као последица заступљености појединих певача у *Пјеванијама*.

У будимској *Пјеванији*, Милутиновић је спровео неопходну равнотежу између броја песама насталих на просторима Старе Црне Горе и епских песама записаних у четири брдска племена. Будимска *Пјеванија* садржи три лирске песме и двадесет осам епских песама. Шест песама у будимској *Пјеванији*, Милутиновић је записао током септембра 1827. године за време боравка у Котору. Пет песама је забележио од Петра Мркаића (1, 2, 3, 4, 6). Реч је о песмама: *Чувај се, радуј се!* (Град градила бјела вила), *Дика је врлости мазда* (Лов ловио Бан-Секуле), *Умјет', имјет'* (Сабљу паше Стар Новаче), *Два Херака, Јакшићи.* Једну је записао од Гаше Ришњанина (5 – *Турство*). Девет песама потиче из племена Бјелопавлића (16, 17, 19, 21, 23, 26, 28, 29, 31). То су песме: *Зулум без Баја, Конац турско' харачу у Пипере, Слом Татарах, Пастири, О зидању Никшића, Тко је јунак, Хрђак ал' јунак, Ни је Боја без Баја, Комнен.* Једна је из Роваца (27 – *О Медуну граду*). Петнаест песама потиче са подручја Старе Црне Горе. Пет је засигурно испевао владика Петар Први Петровић (7, 8, 11, 13, 14). То су песме: *Царев-Лаз, Вјеро-свез, Ћурилић, Ченгијћ Синан-бег, Боговање.* Једну је сачинио тада млади Раде Томов (25 – *Црмничани*), једну његов отац (20 – *Харачлија Црногорац*). Осам песама потиче од људи блиских породици Петровића и врху власти у Црној Гори (9, 10, 12, 15, 18, 22, 24, 30). Реч је о песмама: *Ослобод, Три сужња, Освета Кчева, Освета Црне Горе, О сербском патријарху, Балетићи, Ненадна освета.* Прву у овоме следу (*Ослобод*) вероватно је испевао сâм Петар Први Петровић, а Милутиновић напомиње како ју је записао од Мата Радова Мартиновића Бајице. С обзиром на важност песме о истрази потурица могло је бити контрапродуктивно не навођење певача или казивача ове песме. Дакле, није ваљало да певач буде сасвим непознат, а свакојако није било добро означити владику Петра Првог као њениог аутора. Иначе ову песму унео је Милутиновић и у *Историју Црне Горе* где му је баш требовала. У

Историју Црне Горе коју је писао у договору са Петром Првим, а делове чак по владичином диктату, Милутиновић је као епску илустрацију хроничарског текста саопштио одговарајуће епске песме владике Петра Првог. Од седам песама шест је сигурно владичиних. Тешко је поверовати да од њега не потиче и стожерна песма *Историје Црне Горе*, песма о истрази потурица. Тим пре што се она, у поетском смислу, уклапа у песничка остварења старога владике.

Од тридесет и једне песме колико их садржи будимска *Пјеванија*, петнаест је свакојако са подручја Старе Црне Горе, тринаест песама је записано изван простора Црне Горе: у Котору, Бјелопавлићима, Ровцима. Три лирске песме јесу својеврсни проблем. Верзије од којих је пошао, Милутиновић је записао од Петра Мркаића Херцеговца из Бањана. Песме је забележио у Котору. Међутим, песме је битно допевао и изменио. Но, било како било, однос песама у будимској *Пјеванији* јесте приближно 50% према 50%. Видно је да Милутиновић тежи избором да ода особено признање брдским племенима, али се држи некоје равнотеже и прихватљиве узајамности. Када је у лајпцишкој *Пјеванији* обелоданио све 174 песме које је имао намеру да код Миловука штампа, Милутиновић је темељно променио утисак који је на читаоце остављала будимска *Пјеванија*. Лајпцишка *Пјеванија* јесте обимом несумњиво израсла у особену апотеозу брдских племена, брдскога јунаштва и чојства. Једноставно речено: број песама говори све сâм. Да ли је то Милутиновић баш тако желео или не – тешко је рећи. Али крајњи исход је очигледан. Лајпцишком *Пјеванијом* Стара Црна Гора јесте несумњиво потиснута у други план.

О двојици певача који су заступљени песмама у будимској *Пјеванији*, стицајем срећних околности, имамо података и независно од онога што је оставио Милутиновић. Вуко Ђуров Радоњић певао је Милутиновићу песму *Три сужња*, као и песму бр. 171 – *Пипери*. Захваљујући Русу, Владимиру Броњевском, данас знамо приближно и како је тај певач изгледао. Његов лик се, наиме, налази у књизи Брoњевског *Записки морскаго официера* (1818). На ту књигу и на одређену илустрацију упућује Милутиновићева белешка. Милутиновићева додатна опаска је свакојако драгоцена, јер у књизи Брoњевског, легенда која прати илустрацију није довољно прецизна: *"Вуко Јуро. Славњејши стрелок Черногорскиј"* [56].

---

[56] Милутиновићева напомена уз песму бр. 10 *Три сужња* гласи: *"Од Вука Ђурова Радоњића, што је у књизи Морскоме Официру Г. Брoњевским изображен"*. У

Песму *Турство*, Милутиновић је записао од Гаше Ришњанина у Котору крајем августа или почетком септембра 1827. године. Поред поменуте песме, забележио их је још пет: бр. 37 – *Мина и Марко*, бр. 38 – *Туркиња што воли*, бр. 165 – *Морски бој Русах с Турцима*, бр. 166 – *О узећу Озије*, бр 167 – Иво Подгорица. Овога певача је дванаест година касније сусрео у Котору, у рану јесен 1839. и знаменити Немац, Хајнрих Штиглиц (1801-1849), на пропутовању за Црну Гору. О сусрету са слепим певачем оставио је овећу драгоцену забелешку "у осмој секвенци путописа о Боки":

"Овога пута опчинио ме је један слепи гуслар који је, ослоњен на тополу у близини градског зида, седео на камену и гудећи уз једнострунe гусле певао песме, док су их окупљени рибари пажљиво слушали. Гуслар се зове Гаспар(о), а народ га од 'милоште' зове Гашо, а има му преко седамдесет година'. Родом је Ришњанин, али већ одавно живи у Котору, 'где откако је ослепио зарађује хлеб певајући народне песме'. Његов репертоар сачињавају 'опште познате јуначке песме о Краљевићу Марку', о 'јаком Јанку', о 'јуначком Скендербегу'. Нарочито је вичан састављању здравица и молитви у чије су 'чудотворно дејство' и 'утицај на свеце'морнари убеђени, због чега награђују гуслара на одговарајући начин" [57].

питању је књига Владимир Брoњевској: *Записки Морскаго Официера в продолжени кампани на Средоземном мор под началством Вице-Адмирала Димитрија Николаевича Сенявина от 1805 по 1810 год*. Част прва, В Санктпетербурге, в Морској Типографији, 1818 года. Илустрација се налази између страница 278 и 279. Легенда гласи: *"Вук Јуро Славнејиши стрелок Черногорскиј"*.

Драгоцена је белешка коју Брoњевски или Брoњевској чини на страници 192 своје књиге. Пишући о боравку на Цетињу, аутор додаје и следеће: *"Три дни проведенија мноју између ими, ја так сказат перенесен бил в новиј мир и познакомјал се с предками моими 9-го и 10-го стољетија, видје пред собоју простоту Патријаршеских времен, бесједовал с Илеју Муромцом, Добрињеју и другими богатирјами нашеј древности."* Запис индиректно објашњава и разлог настанка слике-цртежа Вука Ђурова Радоњића, али показује како су и други путници, не само Симо Милутиновић, доживљавали Црну Гору као неке сасвим друге просторе, свакојако необичне и изузетне.

Име аутора књиге *Записки Морскаго Официера* не палази се на фронтиспису, већ тек као потпис на крају посвете пасловљене Вице-Адмиралу Александру Семеновичу Шишкову. Потпис гласи; Владимир Брoњевској. Марко Драговић у делу *Покушај за библиографију о Црној Гори* (Цетиње, 1892) под бр. 28 наводи га као **Бронeвски В.**

[57] Олга Елермајер-Животић: *Из немачко-југословенских књижевних веза: Хајнрих Штиглиц (1801-1849)*, Посебна издања САНУ, књига DCVIII, Одељење језика и књижевности, књига 44, Београд, 1991, 236.

Овоме сведочењу, Штиглиц је придодао и занимљиву опаску о односу гуслара и публике. Наиме, када је чуо да је међу слушаоцима и један странац, слепи Гаша Ришњанин намах је реаговао и импровизовао неколико стихова у част странца-путника. Ово запажање и напомињање јесте драгоцено утолико што одлично илуструје будан, активан однос певача према слушаоцима и посматрачима.

У лајпцишкој *Пјеванији* наштампане су сто четрдесет три нове песме. Подаци о певачима (начин навођења личних имена, као и географских имена) нису саопштавани једнообразно, па постоје дилеме да ли је у некојим случајевима у питању иста особа или не. Такође некад није најјаснија племенска припадност одређених певача или казивача. Томе је доста скривио и сâм Милутиновић. Песме је разредио по својој ћуди, поводећи се за тренутним хиром. Његовој полазишној политичкој идеји није одговарало да примени најједноставнији поступак и да песме наштампа редоследом којим их је записивао. Разматрајући сачувани део рукописа Милутиновићеве *Пјеваније*, Владан Недић је утврдио да је песник уистину ишао, како је сам назначио, од племена до племена, од певача до певача [58]. Да се придржавао тога реда, Милутиновић би намах спознао како се у лајпцишкој *Пјеванији* битно нарушава прихватљива равнотежа коју је, бар колико-толико, заступала будимска *Пјеванија.*

Колико је заправо певача заступљено у *Пјеванији* тешко је рећи сасвим поуздано. Пословично опрезни Владан Недић, у монографији о Сими Милутиновићу, поводом могућег броја певача у лајпцишкој *Пјеванији*, написао је сасвим уздржано:

" Биће их преко шездесет – тачан број се не може утврдити јер је исто лице вођено час овако, час онако, сасвим неуједначено" [59].

Радосав Меденица, пак, врло је одређен:

"Сабрао је 170 епских песама од 66 казивача, односно гуслара" [60].

Прва тврдња свакако није тачна. У *Пјеванији,* како је неколика пута наглашено, штампане су 174 песме и један прозни умотвор. Међу штампаним песмама три су лирске, а 171 је епска песма. Једнако је непоуздана тврдња да у *Пјеванији* има на број шездесет

---

[58] Владан Недић: *Рукопис Милутиновићеве "Пјеваније"*, Прилози КЈИФ, књига двадесет четврта, Београд, 1958, 230.

[59] Владан Недић: *Сима Милутиновић Сарајлија*, Београд, 1959, 103.

[60] Р. Меденица, *Наша народна етика*, 117.

шест певача. Уосталом, сама чињеница да Владан Недић није желео да каже тачан број, а итекако је пажљиво прочитао лајпцишку **Пјеванију** и знао сва имена певача и казивача – морала је да упозори Меденицу да не истрчава са прецизним бројем. Посебно је недопустиво навести дискутабилан број без икаквих објашњења и коментара. Приређујући ново издање **Пјеваније** црногорске и херцеговачке, Добрило Аранитовић се одлучио за трећу могућност. У додацима издању објавио је и списак певача, сврстаних према почетном слову имена. На списку су се нашла 72 имена. Међутим, у тај попис Аранитовић је, природно, унео и певаче песама које Милутиновић није за живота обелоданио, а које је Аранитовић наштампао у додатку. У додатку је штампана 21 епска песма и 8 лирских. Дакако, има певача који се искључиво појављују у додатку и због тога је укупни број толики. Наведени број је извесно непоуздан. Милутиновић је, примерице, међу певачима из Мораче навео и неколике жене од којих је записао три. песме. Прва од жена је Јаглика Мушкобана, девојка-тобелија, верџинуша. Друга два имена су Госпава девојка и Гола девојка. Рекло би се да је у питању иста личност. Уосталом, тако је мислио и Владан Недић, а и Меденица. Постоје као двојица, на пример, Ђуриша Перовић и Ђуриша Перовић Бјелош, раздвојени су Брацан Перчевић, односно Брацан Козарчић и Брацока Бјелопавлић итд. Међутим, у сваком случају Аранитовићев попис је користан.

Занимљива је племенска структура певача. Највише их је из Бјелопавлића, чини се, двадесет [61]. Из Мораче (Горње и Доње) их је, чини се, једанаест [62]. Рекло би се да су само четворица певача из Роваца [63]. Из Пипера би засигурно био само један певач, Гашо Пипер. Ако се, пак, посматра број записаних песама мећ брдским племенима, слика се делом изоштрава, а делом се и помера. Од

---

[61] Благота Лекин Павићевић, Благота Н. Бјелопавлић, Брацан Козарчић-Перчевић, Видак Батаковић, Зајо Гојков Бјелопавлић, Завиша Петров, Илија Ристов Бјелопавлић, Марко Гојков Бјелопавлић, Мирчета Алексин Бјелопавлић, Мићо Мехмедов, Мојаш Гојков Павићевић, Нико Крксљин, Перован Марушић, поп Грујица Поповић, поп Јован Кнежевић, поп Ликоч Вујадиновић, поп Раде Кнежевић, Вулина Поповић, Ристо Пелевић, Стево Јованов Павићевић.

[62] Витор Мијајлов, Госпава-Гола ђевојка, Драгоје Дрекаловић, Иво Јанковић Морачанин, Јаглика Мушкобана, Никола Митровић, Петар Вуканов, поп Андрија Драговић, Ристо Меденица Равњанин, Тодор Јоксимов, Стојанчић Живков.

[63] Радован Милошев Булатовић, Лука Шћепановић Ровчанин, Ђоко Вулетић Ровчанин, Радован Радоњин Булатовић.

двадесет певача из Бјелопавлића, Милутиновић је записао 49 песама, од 11 певача из Мораче – 19 песама, од четири певача из Роваца 14 песама, а од једнога Пипера – 6 песама. Наиме, у Бјелопавлићима и Морачи Милутиновић има много певача од којих је записао само једну песму. Са певачима из Роваца и Пипера је сасвим супротан случај. Њих је мало, али су представљени уочљивим певачким репертоарима. Посебну групу певача у *Пјеванији* чине Херцеговци. Предњаче, међ њима, Петар Мркаић из Бањана и слепац Гаша Ришњанин. Обојицу је Милутиновић сусрео у Котору и од њих двојице записао је 18 песама. Њима треба придодати ускока Лука Мастиловића из Гацка, Јефту Ћираковић из околине Никшића, Милутиновићеву мајку и ђеда Срдана, па и санцаклију Павла Чурлу. Од свих њих заједно, забележио је Милутиновић 9 песама. Стотина и петнаест песама у лајпцишкој *Пјеванији* сигурно не потиче са простора Старе Црне Горе. Стару Црну Гору, дакле, у најбољем случају заступа 59 песама. Од тога броја на двојицу владика, на Петра Првог Петровића и Петра Другог Петровића Његоша отпада засигурно 16 песама, а под различним упитницима, у смислу исте атрибуције, је бар још 5 песама.

У будимској *Пјеванији* однос песама записаних међ брдским племенима и оних забележених (или добијених) у Старој Црној Гори био је приближно 50% према 50%. Однос у лајпцишкој *Пјеванији* је посве другачији, 115 песама записаних изван Старе Црне Горе према 59 песама из Старе Црне Горе јесте готово однос два према један. Другачије речено, две трећине лајпцишке *Пјеваније* чине песме записане изван граница Старе Црне Горе. С једне стране у тој чињеници, а са друге и у самоме садржају поменутих 115 песама треба тражити узрок позније судбине *Пјеваније* у самој Црној Гори. Можда је у одређеној мери зачуђујуће што *Пјеванија* није пустила дубље корене међ брдским племенима. Међ пренумерантима само су четири имена из Црне Горе и сва четири са Цетиња. Бојати се да у читавој петровићевској Црној Гори није било више од десет примерака *Пјеваније*.

Иако је суштинско неслагање са лајпцишком *Пјеванијом* исказао тек *Огледалом српским* 1846. године, Његош је, много шта, у томе смислу, дао наслутити још 1837. и 1838. *Дика црногорска* јесте, на пример, штампана на Цетињу, у цетињској штампарији. То није био случај са *Историјом Црне Горе*, а ни са лајпцишком *Пјеванијом*.. Државни алманах Црне Горе забележио је штампање *Дике Црногорске*, а уместо осврта на Милутиновићеву *Историју*

200

Црне Горе, Милаковић је започео да објављује *Кратку историју Црне Горе* Петра Првог Петровића, да би је потом сâм наставио и довршио са, закључно, 1830. годином. *Грлица* није забележила излазак лајпцишке *Пјеваније*, али га је обележила на особен начин. Не напомињући ништа, прештампала је две песме из лајпцишке *Пјеваније*. Прештампала је, међу те две песме, и песму о Марку Краљевићу и Мини. Међутим, доследно је кроз песму изменила име Марковога противника у Нина Цидовина. Нигде није речено да неко сумња у Милутиновићеву редактуру песме, али је то недвосмислено показано.

Још је Владан Недић у монографији о животу и свеукупном делу Симе Милутиновића уочио како је веома занимљива друштвена структура певача у лајпцишкој *Пјеванији*:

"Гро певача јесу обични сељаци ратници. Мало је слепаца (тројица), а доста црквених људи – попова, игумана, ђака (осморица), и код једних и код других осећа се књига. Казали смо већ да се, између осталих, јављају и две жене (Госпава-Гола дјевојка и Јаглика Мушкобана) и два детета (мали Брацан козарчић и дванаестогодишњи Стојанчић Живков), и да је највећи број певача родом из Бјелопавлића и Мораче. Скоро сви су, изгледа, преносиоци туђих песама; бар се само за једног, Павла Чурлу, изриком вели да је 'собом спјевао'" [64].

Нисам сигуран да су *"гро певача обични сељаци ратници"*, а извесно је да мeђ Милутиновићевим певачима јесте велики број племенских угледника и виђенијих људи. Мeђ певачима лајпцишке *Пјеваније* занемариво је мали број певача који живе од свога певања. Управо та чињеница се огледа и на самим песмама. Велики број песама је из новије историје, знатан је број оних које опевају савремене догађаје. С друге стране, ређе су песме, како би их Вук назвао, из најстаријих времена. Од стотину седамдесет једне епске песме, Марко Краљевић се помиње у *"око двадесет песама"*. *"Петнаестак песама се односи на Бранковиће, Јакшиће и Угричиће".* Само једна песма опева Црнојевиће. Више песама опева личности и догађаје из тзв. средњих времена: Баја Пивљанина, Мијата Томића, Старину Новака, Комнена барјактара, Иву Сењанина и Стојана Јанковића, као и плејаду муслиманских крајишника: Муја од Удбине, Танковић Османа, Алију Ђерзелеза.

---

[64] В.Недић, нав. дело, 103-104.

Песме записане на просторима Старе Црне Горе хроничар-
ске су, по правилу. Изузетак су песме типа *Чије је царство, Смрт
змај Огњена Вука,* (бр. 69, 104). Архаична традиција чува се погла-
вито међу брдским племенима. Најразноврсније епско певање, у
тематском смислу, испољавају Бјелопавлићи, што је потпуно схват-
љиво, јер су бројчано, у сваком погледу (и број певача и број
песама) – највише заступљени. Изразиту архаичност показује епско
певање Ровчана. Милутиновић је у Ровцима имао четири певача од
којих је записао 14 песама. Међутим, двојица певача су казивала по
шест песама. Радован Милошев Булатовић Ровчанин му је певао, на
пример, четири песме о Марку Краљевићу (бр. 35, 36, 68, 75), а по
једну о смрти цара Уроша (бр. 156) и Ђурђевој Јерини и нејаком
Лазару Бранковићу (бр. 71). Лука Шћепановић Ровчанин певао му
је једну песму о Марку Краљевићу (бр. 73), једну о деспоту Ђурђу
(бр. 74), једну о Јовану Поповићу и мукама за веру хришћанску (бр.
154), једну о Медуну граду (бр. 27) и две које опевају догађаје из
историје племена Роваца (бр. 134, 135). Од Ђока Вулетића Ровча-
нина, Милутиновић је записао једну песму о Леки Дукађину (бр. 41),
а од Радована Радоњина Булатовића једну песму о Лазару Пецирепу
(бр. 133).

Од 19 песама записаних у Доњој и Горњој Морачи, шест
песама је о Марку Краљевићу, и то бр. 78, 91, 94, 119, 153, 155, две
су о Јакшићима (бр. 95, 101), по једна о Секулу и Герзелезу (бр. 79),
односно Груји Новаковићу (бр. 76). У Морачи је Милутиновић
записао и гласовиту песму Златна свирала (од Јаглике Мушкобане
бр. 77), која је, поменом имена Светога Саве, изазвала својевремно
многе недоумице и полемике. У Морачи такође, од Тодора Јокси-
мова забележио је Милутиновић и песму о протопопчету које је
радило недељом (старија варијанта познате Вукове песме о ђакону
Стефану, бр. 98). Песма се својевремено допала и Јернеју Копитару
и Вуку. Вук је чак тражио 1840. писмом дозволу од Милутиновића
да песму уврсти у своју збирку.

Певачи који су у *Пјеванији* заступљени већим бројем песама:
Петар Мркаић, Гаша Ришњанин, Лука Шћепановић Ровчанин,
Радован Милошев Булатовић Ровчанин, Вулина ђак из Бјелопав-
лића, Брацан Козарчић из Бјелопавлића – имају и разноврстан пе-
вачки репертоар са знатним бројем старијих епских песама. Заним-
љив, делимичан изузетак представљају два бјелопавлићска угледни-
ка – поп и војвода Јован Кнежевић и поп Раде Кнежевић. Певачки
репертоар попа и војводе Јована Кнежевића је осмишљен етичко-
-педагошки и племенски (бр. 17, 51, 108, 118, 131, 162, 164), а попа
Раде Кнежевића је помало измешан. Од пет песама које су у
Пјеванији штампане (две су остале у рукопису), три песме су пле-
менски осмишљене, а две припадају старијем епском наслеђу.

Међу певачима који су у *Пјеванији* заступљени са по једном до две песме, понајвише је тзв. певача-хроничара. Учесник или сведок догађаја значајног за историју племена или за хронику интересне сфере племена – испевава хроничарску песму о одређеном догађају. То су песници "од прилике" и "према прилици". Епско певање им никако није животна преокупација, па ни чешћа разонода. У животу, ако их прилике подстакну сачиниће једну-две песме.

Изузетака, дакако, има. Од Перована Марушића, на пример, Милутиновић је записао само једну песму – *Оклад* (бр. 123), али песма опева Милоша Војнића који топузом пребацује цркву у Котору. Сличан случај је и са певачем песме о Марковој опклади у верност супруге (бр. 81 – *Ибрахим и Марко*). Реч је о Мојашу Гојкову Павићевићу из Бјелопавлића. Међутим, питање је да ли тај Мојаш Гојков није једнака личност са Мојашем Бјелопавлићем који је Милутиновићу казивао две песме тзв. средњих времена.

Епско певање три брдска племена, Бјелопавлића, Морачана и Роваца, представљено је добро лајпцишком *Пјеванијом*. У та три племена Милутиновић је записао најмање седамдесет две песме. Управо је толико епских песама објавио Вук Караџић у другој и трећој књизи лајпцишкога издања *Народних српских пјесама*. Најлошије су у певачком смислу представљени Пипери (поп Гашо Поповић Пипер, са шест песама). Међутим, песама које се односе на хронику Пипера има знатно више.

Добро је представљена и област Старе Херцеговине, Бањани и Васојевићи, на пример. Одатле потичу и неки певачи који би, свакојако, заслуживали појединачне текстове. Реч је, пре свих, о Петру Мркаићу из Бањана и игуману Мојсију Зечевићу из Васојевића.

Зачудно је да се на забележено племенско певање Бјелопавлића, Морачана, Ровчана и Пипера мало осврћало у нашој науци, чак и у случајевима када се тако што чинило неопходним. Тако се, примерице, на Милутиновићеве записе епских народних песама у Бјелопавлићима не осврће Драго Ћупић пишући монографију о језику Бјелопавлића. А на епску традицију Роваца, забележену у лајпцишкој *Пјеванији*, не обраћа пажњу Мирко Барјактаровић, припомињући Милутиновићеву *Пјеванију* тек узгред [65].

---

[65] Мирко Барјактаровић: *Ровца. (Етнолошка монографија)*, Посебна издања Црногорске академије наука и уметности, књига 17, одјељење друштвених наука, књига 3, Титоград, 1984.

Постепени развој идеје о стварању велике, уједињене Црне Горе на челу са династијом Петровића из Његуша

Да би се у потпуности разумела свеукупна Милутиновићева делатност у Црној Гори – морају се, бар у главним цртама, размотрити етапе у развоју идеје о великој, уједињеној Црној Гори, као и битни моменти у стварању и обликовању схватања да Црна Гора и Црногорци треба да буду оличење елитнога дела српске нације. Без основног познавања развоја идеје о великој, уједињеној Црној Гори не може се правилно разумети и протумачити Милутиновићева драма *Дика црногорска*, не могу се схватити будимска и лајпцишка *Пјеванија*, а остаје потпуно непримерен покушај дијалога између црногорских јуначких попевки штампаних у државном алманаху Црне Горе, *Грлици* (1835-1839) и будимске и лајпцишке *Пјеваније*. Изван битног историјско-политичког контекста немогуће је уочити напад на будимску и лајпцишку *Пјеванију*, исказан концепцијом Његошевог *Огледала српског*. Његошево књижевно дело, посебно оно које настаје у владичиним зрелим годинама (*Луча микрокозма, Огледало српско, Горски вијенац, Лажни цар Шћепан Мали*), мислим да се не може до краја ишчитати изван контекста, не само политичких и историјских збивања на просторима суврмен Црне Горе, већ ни изван контекста Милутиновићевог "црногорског раздобља".

Значај рада на историографији Црне Горе за осмишљавање будимске и лајпцишке Пјеваније Симе Милутиновића

Идеја о великој и уједињеној црногорској држави која би обухватала просторе Старе Црне Горе, то јест четири конститутивне црногорске нахије: катунску, ријечку, љешанску и црмничку, као и области које заузимају околна брдска племена (тзв. седам Брда: настаје половином осамнаестога века, скромно. Први јасни траг у томе смислу, оставио је владика Василије Петровић. Он је

204

штампао у Москви кратак спис под значајним и обавезујућим насловом *Историја о Черној Гори* [1]. Делце није писано са историографским, већ са поллитичким амбицијама. Намера митрополитова је била да утицајне политичке кругове у царској Русији заинтересује за Црну Гору, у мери која обезбеђује :

а. сталну, годишњу материјалну помоћ Црној Гори и

б. руско званично признавање да је црногорска држава једина слободна православна држава на Балкану и да су у њу, као у могућег осолободитеља поробљених – уперени погледи осталих Срба, Босанаца, Македонаца, Албанаца и Бугара.

Митрополиту Василију Петровићу било је посебно стало да маленим прегледом црногорске историје наметне Русији идеју, како нова Црна Гора настаје са родоначалником династије Петровић, са владиком Данилом Петровићем. Василије чини осмишљени напор да покаже како је владика Данило за настајућу нову црногорску државу и Немања и Сава.

Историјом о (Черној) Црној Гори, владика Василије је био намеран да укратко обавести утицајне људе у царској Русији о најважнијим моментима из црногорске историје. Идеја је била да се посебно подвуку догађаји који су у Русији већ били добро знани, популарни и међу самим Русима често спомињани (примерице: Косовска битка). Потом је све учинио како би посебно издвојио и подвукао збивања која су истицала старину руско-црногорских политичких веза и војних савеза (време цара Петра Великог и владике Данила Петровића).

Историја о Црној Гори јесте осредње литерарно дело, али политички вешто сачињено. Владика Василије Петровић наглашава, на пример, сличност новије руске и црногорске историје. Два братска, словенска и православна народа имају сличне животне и блиске историјске путове. Моћна Русија помпезно ступа на европску политичку сцену под царем Петром Великим, а "нова" Црна Гора скромно излази на балканску политичку позорницу у једнако време, предвођена својим "оснивачем" и "утемељивачем" – влади-

---

[1] Василије Петровић: *Историја о Црној Гори*, превео Радмило Маројевић, коментари Радослав Ротковић, библиотека *"Montenegrina"*, књига 3, Цетиње-Титоград, Лексикографски завод Црне Горе, 1985, 17-97; Јован Н. Томић: *О Историји Црне Горе* митрополита Василија Петровића, Годишњица Николе Чупића, XXIII, Београд, 1904, 51-93; Боривоје Маринковић: *Василије Петровић Његош*, данас, Савременик, год. XIII, књига XXV, бр.7, Београд, 1967, 656-667; Глигор Станојевић: *Митрополит Василије Петровић и његово доба (1740-1766)*, Београд, Историјски институт САНУ-Народна књига, 1979, 206+/2/; Мирослав Пантић: *Књижевности на тлу Дубровника и Боке Которске од XVI до XVIII века*, коло LXXXIII, књига 548 Српске књижевне задруге, Београд, СКЗ, 1990, 405-434. У поменутим деловима наведена је и сва друга важнија литература.

ком Данилом. Поседујући политички слух, владика Василије Петровић истиче како Црна Гора ступа у турско-руски рат, као руски савезник 1711. године. Подвлачи грамоте, посланице цара Петра Великог Црногорцима у којима руски самодржац предлаже Црној Гори да се придружи Русији у рату против турске империје. Василије се труди да у маленом историјском спису не скреће пажњу читалаца на споредне, мање значајне детаље. За рускога читаоца уистину је неважно преко кога је Петар послао грамоте у Црну Гору. Медаковића, дакле, Василије Петровић не спомиње. Међутим, подвлачи оно што руски читалац треба да сазна и упамти: како се руски самодржац обратио и другим хришћанским земљама да му помогну у рату, али се спремно одазвала једино малена Црна Гора[2].

Пишући *Историју о Черној Гори*, владика Василије жели да једновремено нагласи и помоћ коју је Црна Гора пружила моћнијем савезнику, али и невоље, које је због таквог држања морала да претрпи од отоманске империје. Василије не инсистира много на невољама. Исправно размишља да су Русима борбе против Турака итекако у живом сећању, па им није тешко ни да замисле како је могла да изгледа турска казнена експедиција против малобројног и слабо наоружаног противника. Дакле, оно што Руси треба да схвате – схватиће. С друге стране, претерано наглашавање Голготе црно-горскога народа могло би лоше да се одрази на руску одлуку о новчаној помоћи Црној Гори. Ако у Црној Гори буде видела само злосрећника који је пропатио у жељи да јој помогне, царска Русија може да удели и тек симболичну помоћ. Василије, имајући то на уму, представља страдање Црне Горе као жалосну неминовност ратних метежа, и повременог и привременог окретања точка ратне среће. Василије подвлачи да Црна Гора јесте пропатила када је 1712. године сераскер Ахмет-паша повео казнену експедицију на њу, али су Црногорци турску војску разбили. На исти начин помиње и велики турски поход 1714. године. Војску од, како вели владика Василије, сто хиљада људи предводио је "везир Думан-паша Ћупрелић". Међутим, и та војска била је потпуно поражена. Године 1712. Црногорци су се носили сами са Турцима, јер је царска Русија, после пораза на реци Пруту, била приморана да склопи сепаратни мир. И две године касније Црногорци су принуђени да се сами боре против моћне турске империје. Овога пута су Црногорце напустили њихови суседи и тадашњи савезници Срби, а Херцеговци су се, пак, придружили Турцима у војни на Црну Гору[3].

Далеко од домовине, владика није у могућности да провери извесне податке. Тако се догађа да једино он у својој историји тур-

---

[2] Василије Петровић: *Историја о Црној Гори*, 71-72.
[3] Исто, 76-77.

скога везира назива Думаном. Овај нетачни податак (везир се звао Нуман) наћи ће се и у једној песми која, вероватно, потиче из пера потоњег владике Петра Првог [4].

Владика Василије даје много простора догађајима који су се наводно збили у прве две деценије осамнаестога века. Те године владе владике Данила Петровића јесу и раздобље у коме Црна Гора стасава и као државна организација и као војна сила која се мора поштовати, макар у балканским границама. Међутим, у *Историји* владике Василија Петровића нема помена истраге потурица, односно легенде о Бадњем вечеру. Овај догађај је поред свега онога што је речено да се збило у прве две деценије осамнаестога века (а може се рећи и пре свега тога) – преломни тренутак у црногорској историји. После невеселог раздобља које је настало након пропасти Црнојевића и трајало пуна два века – истребљење потурица обављено у ноћи Христова рождества јесте симболични почетак нове црногорске државе и, једновремено, нове владарске династије.

Многи познији испитивачи, било Његошевог *Горског вијенца*, било црногорске историје првих деценија осамнаестога века, склони су да поверују како је легенда о Бадњем вечеру настала позније, у време владике Петра Првог и његове десне руке, секретара, саветника и песника Симе Милутиновића. Међутим, не само тзв. истрага потурица, и некоји други догађаји с почетка осамнаестог века, забележени у историјама Василија Петровића, а потом у историјама Петра Првог Петровића, Симе Милутиновића, Димитрија Милаковића – подложни су сумњи. Чланови владајуће куће

---

[4] Јован Н. Томић: *Питање Царева Лаза*, Посебна издања СКА, књига XCIV, друштвени и историски списи, књига 42, Београд, 1933, 177. У седмом и осмом одељку студије, Томић је расправљао о "народним" песмама које опевају догађаје из црногорске историје из 1712, 1714. и 1717. године, а потом и о Петру Другом Петровићу Његошу, као састављачу поменутих народних песама. Томићева разматрања су заснована на одличним анализама и у томе смислу су од знатне користи. Коначни закључак: да је Његош састављач песама о догађајима из раздобља 1711-1717 – неприхватљив је. Томић није први који је покушао да у Његошевој личности види и песника који је испевао неке песме о догађајима који су се збили у Црној Гори 1711-1717. Једнаку идеју имао је Петар Алексјејевич Лавров (Петар II Петрович Његош, владика черногорскиј и его литературнаја дјејателност, Москва, 1887, 287-289). Аутор поменутих песама јесте митрополит, односно владика Петар Први Петровић, Његошев стриц (Никола Банашевић: *Пјесме о најстаријој црногорској историји*, Зборник радова САН, Књига X, Институт за проучавање књижевности, књига 1, Београд, 1951, 286-289). Истим проблемом бавио се и Никола Вукчевић: *Питање боја на Цареву Лазу*, Београд, издање аутора, 1968, пристајући у потпуности уз Банашевићев став (в. 71-72).

Расправљајући проблем односа Црне Горе и Дубровника у очи Пожаревачкога мира и Владимир Ћоровић се позабавио народним песмама који опевају догађаје из црногорске историје из раздобља 1711-1717. (Односјаји Црне Горе са Дубровником до Пожаревачког мира, Глас СКА, CLXXXVII, други разред,, 94, Београд, 1941, 82 и даље.

Петровића – Василије и Петар Први, као и најближи сарадници династије Петровића, секретари Црне Горе – Сима Милутиновић и Димитрије Милаковић, трудили су се да у својим историјама Црне Горе ударе што чвршће темеље црногорској државности. Сви они суштински започињу писање *Историје Црне Горе* описом ступања на владичански престо Данила Петровића Његуша. Догађаји и времена који су томе претходили – прелазе се сумарно. Пажња се делимично задржава на Црнојевићима, али само онолико, колико је потребно да читалац уочи како црногорска државност јесте некада постојала и да схвати да је због потурчења, односно издаје извесних чланова владарске породице – Црна Гора изгубила и државу и слободу.

Поводом Василијеве *Историје о Црној Гори*, Глигор Станојевић је написао:

"Василијева Историја о Черној Гори је један пригодан спис у којем није вођено рачуна о историјским чињеницама...

Непосредни Василијев политички циљ је био да себе прикаже као јединог аутентичног представника једине слободне земље на Балкану" [5].

Та тврдња се може, мање-више слободно проширити и на *Историје Црне Горе*, које су писали, после митрополита Василија, Петар Први Петровић, Сима Милутиновић и Димитрије Милаковић. Појединачно посматране и прочитаване, оне очигледно нису поуздано историјско штиво. Здружено ишчитаване, оне се показују и исказују као занимљива слика времена у коме су настајале. Све оне заједно, и свака од њих посебно желе да нешто докажу, односно потврде. Као и у *Историји о Црној Гори* Василија Петровића, и у овим другим историјским прегледима опстајања и развоја црногорске државности – значајан период јесте онај на самоме почетку осамнаестога века, посебно раздобље 1711-1717. Свакојако је ту много штошта сумњиво и историјски неаутентично. Међутим, политички је било потребно, штавише неопходно да се тако шта измисли. Сви поменути писци *Историја Црне Горе* теже на пример да покажу и докажу како је Црна Гора увек била слободна, бар један њен део. Истицаће и како је црногорска црква аутокефална. Глигор Станојевић може себи да дозволи духовиту опаску:

Василије *"није измислио традицију о вјековној слободи и независности Црне Горе. Та мисао прожимала је сваког Црногорца"* [6].

---

[5] Глигор Станојевић: *Митрополит Василије Петровић и његово доба (1740-1766)*, 108.

[6] Исто, 108; Љубомир Дурковић-Јакшић: *Митрополија црногорска никада није била аутокефална*, библиотека Свети Петар Цетињски, посебна издања, књига 1, Београд-Цетиње, Свети архијерејски синод Српске православне цркве и Митрополија црногорско-приморска, 1991, 11 и даље.

Међутим, чињеница јесте да су поменути историчари од "традиције" начинили ауторитативну аксиомску истину. Тачна је, и не мање духовита, и друга Станојевићева опаска:

"Да је Василије казао истину о Црној Гори, руски двор не би обратио пажњу на његове молбе и захтјеве" [7].

Митрополит Василије Петровић би се могао означити идејним зачетником и утемељивачем црногорске нације. Он јесте тврдио да су Црногорци Срби, али не било који Срби – већ понајбољи, најодабранији. Црногорци чине заправо елиту свег српства:

"и да се нијесу ови народи тако снажно оружјем бранили, засигурно би пали у ропство, као и остала Србија" [8].

Нимало случајно, најгласнији носиоци идеје о великој Србији потицали су из Црне Горе и из Старе Херцеговине. Заступајући великосрпску идеју подвлачили су и непрекинуту слободарску традицију Црне Горе. Колико, пак, мало истине, а премного фантазије има у свему томе жучно су уствђивали Василијеви савременици а политички противници, попут игумана Теодосија Мркојевића. Игуман Теодосије је, примерице, тврдио како је Црна Гора под турском влашћу од када је султан Зетом завладао, а да је под том истом влашћу и у тренутку када он то изјављује, у време Василијево [9].

Иако сви поменути писци *Историја Црне Горе* обухватају својим делом црногорску историју од њених почетака до властитог времена – посебну пажњу обраћају раздобљу у коме на историјску и политичку позорницу ступа породица Петровић из Његуша са родоначалником митрополитом Данилом Петровићем. Очигледна је тежња поменутих историографа да црногорску историју до, закључно, краја седамнаестога века, исприповедају тако да и просечни читалац схвати колико је позитивно судбоносан био долазак Данила Петровића за митрополита Црне Горе.

Сима Милутиновић, на пример, завршава одељак о Станиши Црнојевићу и његовим потомцима карактеристичним речима:

"А они ш њиме потурчени Црногорци дошавши богати натраг свак у своју браћу пође, и дома ка' од приед' стајат' и живјети, тек' у Турскоме закону, коино им је толико био смилио се, да су они у њему не само живјели и помрли, но и дјеци га својој намјетнули и оставили, и мнозину Црногорацах дома бившијех још тијем

---

[7] Г. Станојевић: *Митрополит Василије Петровић и његово доба (1740-1766), 108.*

[8] Василије Петровић: нав. дело, 83.

[9] Јован Н. Томић: *О Историји Црне Горе Василија Петровића*, 91-92; Глигор Станојевић: *Митрополит Василије Петровић и његово доба (1740-1766)*, 109. Мирослав Пантић: *Књижевност на тлу Црне Горе и Боке Которске од XVI до XVIII века*, 428-429.

отровали и премамљивали; те тако самовољством и краткоумијем својим они и рајско дријево собствене свободе својом руком подсијецати уложили бјеху, како но се за длаку и неподсијече, кад' се (потурице) Турци с временом проз биједну Црну Гору приумложе и преодолевати почну домороце и Христољубиве старосједиоце како ће се из поредачнога причања видети [10].

Милутновић већ ту припрема терен да у хипу премости два века, од краја петнаестог до краја седамнаестог и читаоце суочи са рађањем нове Црне Горе под управом владике Данила. Епска песма о синовима Иван-бега, прва песма-епска илустрација у Милутиновићевој *Историји Црне Горе*, као и сумарно набрајање црногорских владика у раздобљу од два века представљају делом интермедиј, делом ексордиј подругивање ономе што је претходило и припрему, увођење у "оно право", битно што долази са владиком Данилом. Песму о синовима Иван-бега Црнојевића преузима и црногорски државни алманах *Грлица* за 1835. годину.

Пажња свих поменутих писаца *Црногорске историје* усредсређује се на личност владике Данила Петровића, као родоначалника не само династије Петровића, већ и црногорске државе и идеје о Великој, уједињеној Црној Гори. Проучаваоци црногорске историје у деветнаестом и двадесетом веку проверавали су и преиспитивали историјске списе како би утврдили шта је истина, дакле, шта је веродостојно, а шта не!

Проблем се може сагледати и из другог, не мање важног угла. Сматрам да далеко више времена и пажње треба посветити ономе што се није догодило, а неко је осетио потребу да недогођено измисли и осмисли. Много шта се дешава и нама и око нас – мимо наше воље, а, по правилу, против наших интереса. Разматрати чињенице, значи расправљати о ћуди слабо контролисаног догађања. Разматрати фалсификат, узроке настанка, сврху постојања, смисао опстајања и трајања – јесте, пак, нешто што може да нам усмину осветли и разјасни некоји историјски и политички тренутак. Далеко се занимљивије објашњење крије у чињеници што је неко измислио убиство, него ли у истини да се убиство догодило. Друго може да буде и последица афекта, а и зао исход несрећног случаја. Прво, пак, резултат је дугог и, по правилу темељног размишљања.

Укратко, ако Црногорци нису у прве две деценије владе владике Данила имали све војне успехе који се у раним историјама помињу, ако није било ни истраге потурица – који је то политички тренутак условио да они буду измишљени.

---

[10] Сима Милутиновић Сарајлија: *Историја Црне Горе од искона до новијега времена*, Београд, 1835, 13.

210

Врсни познавалац црногорске историје осамнаестог века, Глигор Станојевић, не верује у битку на Цареву-Лазу 1712. године и назива је легендом:

"...Народно предање у Црној Гори и неколико записа говоре о томе да 1712. године нијесу страдали Црногорци него Турци и да је, штавише, турска погибија на Цареву-Лазу те године била таква да су 'мртви Турци као лазина лежали'. Испрела се легенда да су Црногорци до ногу потукли турску војску од шездесет хиљада људи, да Турци 1712. године нијесу заузели Цетиње, и да је султан због овога пораза спремио нови поход на Црну Гору..." [11].

Станојевић је још мање спреман да поверује да су Црногорци након једног наводног војног успеха 1706. године приморали Турке да мењају заробљену сабраћу за вепрове:

"Народна традиција забиљежила је да су Турци 1706. године сузбијени 'с великијем губицима и да су Црногорци заробили много угледних бегова. Веле да су Црногорци заробљене бегове, да би им се наругали, измијењали за свиње; за свакога бега по једног крмка'. Сигурно је да се ово односи на неки каснији турско-црногорски сукоб, јер те године Црногорци нијесу били у могућности да постављају овакве понижавајуће услове Турцима" [12].

Глигор Станојевић разматра и проблем истраге потурица. Уочава његову симболичну вредност, ставља управо њу у први план закључујући:

"Потурице у Црној Гори нијесу нестале у једном дану, на Бадње вече. Истрага потурица одвија се у ослободилачкој борби Црногораца против Турака и њихових помагача унутар земље, Муслимана, јер су они били кочница те борбе. Иако владика Данило није очистио цијелу Црну Гору од Муслимана, њему припада заслуга што је био идеолог непоштедне борбе против Турака и Потурица. Он је уз много напора разбио традиционално племенско схватање да је племенска припадност изнад вјерске и у црногорско-племенско друштво унио идеју да је вјерско опредељење исто што и народна припадност. Без таквог опредјелења немогуће је замислити

---

[11] *Историја Црне Горе*. Књига трећа. Од почетка XVI до краја XVII вијека. Том први, Титоград, Редакција за историју Црне Горе, 1975, 256. /Књигу су заједнички напоисали Глигор Станојевић и Милан Васић. Заправо највећи и историјски део – написао је Г. Станојевић. Васић је аутор само последњега поглавља треће књиге *Историје Црне Горе/*.

[12] Исто, 241.

ослободилачку борбу Црногораца у осамнаестом вијеку. *Због саме чињенице да је владика Данило био инспиратор и организатор истраге потурица у Црној Гори, њему је приписана изванредна улога као родоначалнику династије Петровић"* [13].

Станојевићеву закључну реченицу ставио бих ипак под знак питања. Наиме, тврдећи да је *"владика Данило био инспиратор и организатор истраге потурица"*, Станојевић прихвата у бити чињенично стање, које нуде историје Симе Милутиновића, Петра Првог Петровића и Димитрија Милаковића. Несумњиво су тачна Станојевићева размишљања због чега је било потребно да "постоји" истрага потурица. Инсисистирање на заједничком верском опредељењу, вероватно јесте био једини начин да се превлада племенска подвојеност и завађеност. Међутим, идеја истраге потурица битнија је од њене реализација. *Историје Црне Горе* Симе Милутиновића и Петра Првог Петровића, а то преузима и Милаковић, инсистирају на тврдњи како је истрага била потпуна. Милутиновић пише:

"Сада већ владика Данило истога годишта тајно подговори војводу цетињскога и остале уздане Црногорце да његов давни умишљај у дјело произведу, такви они на самиј Бадњи дан вечером ударе свуђ проз Црну Гору на Турке, сретно их ископају, неке посјекавши, друге прогнавши, а неке млађе искрстивши; ето тако се и тад' са свијем очисти и ослободи сва Црна Гора од Тураках, који су је били почели умложавањем самијем превазмогавати" [14].

Петар Први Петровић има оштрије формулације, али је смисао истоветан:

"По овоме митрополита Данила говорењу, обећаше Црногорци да ће испунити његове наредбе, које и самијем дјелом нимало не растезајући засвједочише, побивши и прогнавши све своје потурченяке, које се крстити не кћеше, од којих и данас находе се потомци на различита мјеста по Турској, такођер и у Црну Гору од онијех који су крштење примили и сваки готово назиува се турскијем прозванијем, неки Мухадиновићи, а неки Алићи, Рамадановићи, Хусеиновићи и пр." [15].

---

[13] Исто, 248-249. Култ породице Петровић стварао се упорно и дуго. У томе смислу је, на пример, занимљива књига Лазара Т. Перовића: **Двовековна влада славне куће Петровић-Његоша**. Приликом двјестагодишњице, Цетиње, Цтногорска државна штампарија, 1896, 1-111; Династија Петровића имала је и жестоке противнике у Црној Гори. Они су започели систематичну акцију за умањење вредности куће Петровића. У томе смислу карактеристична је књига — Андрија Лубурић-капетан Шпиро М. Перовић: **Поријекло и прошлост династије Петровића**. Књига прва, Београд, 1940, 284 стране.

[14] Сима Милутиновић Сарајлија: **Историја Црне Горе**, Београд, 1835, 34.

[15] Петар Први Петровић: **Кратка историја Црне Горе**, у књизи **Фреске на камену**, /приредио Чедо Вуковић/, библиотека "Луча", књига 13, Титоград, Графички завод, 1965, 468.

Када се текстови Милутиновића и Петра Првога пажљиво погледају намеће се закључак да је проблем потурчењака потпуно решен године 1702. или 1703. То даље значи да су у Црној Гори остали само "проверени", "подобни и исправни", речју – лојални. Нема ни дуговања крви, јер они који су побијени – мртви су, који су отишли – отишли су, а који су остали – наши су. Из тога произилази да се некадашњи потурчењак када из људских разлога дође у сукоб са званичном политиком и ставовима владајуће куће Петровића – може опоменути да не отпада од опредељења својих старих, дедова и прадедова, јер су се ови још за владике Данила определили исправно. Истрага потурица била је неопходна у процесу утемељивања идеје о црногорској државотворности и уједињењу. По логици да ако нечега и није било (а потребно је) – то треба измислити – створена је! Тиме се извукла сва потребна корист из одређенога чина, а будући да тај чин није и извршен – никакве штете није било (а иначе би је морало бити). Довољно је само пажљивије проучити ситуацију на Балкану и у време владичанства владике Данила, а и током читавог осамнаестог века, па да се закључи како Црна Гора не би могла некажњено да спроведе погром турскога живља, без обзира на порекло тога живља, у обиму који је истрагом потурица означен. Ако је отоманска царевина слала казнене експедиције због учешћа Црне Горе у турско-руским ратовима на страни Русије, шта би се тек догодило да су Црногорци у току једнога дана или (како мисли Станојевић) у дужем периоду систематски поубијали и (у мањој мери) покрстили турски, тачније муслимански живаљ. Уосталом, са верске тачке гледишта резултат је исти.

О истрази потурица расправљано је у нас много. Стручна литература о томе проблему веома је обимна. Мишљења су и даље подељена, мада се мора подвући да различите стране у овој полустручној, а често више политичкој, националној и верској полемици – оперишу само са чињеницама које су одабрали.

Извесно је да није било никакве истраге потурица великих размера, не на онај начин како то представљају некоје тзв. народне песме, *Дика церногорска, Горски вијенац,* или, пак, Милутиновићева *Историја Црне Горе, Кратка историја Црне Горе* Петра Првог Петровића, *Историја Црне Горе* Димитрја Милаковића.

С друге стране, сматрам да приликом расправљања о постојању или непостојању истраге потурица и о њеном могућем обиму - није се водило рачуна како се данас под Црном Гором подразумевају простори који ни почетком деветнаестога века, а камоли почетком осамнаестога – нису били у склопу Црне Горе. Постојећа докумената која помињу истрагу потурица такође треба читати пажљиво. Мора се читати оно што пише. Историјско ишчитавање сведочанстава битно се разликује од књижевне рецепције одређеног документа.

Народне песме о истрази потурица изриком веле да се истрага догодила у Црној Гори. Ако одбацимо, а то морамо учинити, наша данашња подразумевања о просторности Црне Горе, ако прихватимо (а морамо) суремена схватања о Црној Гори и Брдима – произилази да у Брдима никада није ни било истраге потурица. Она се, дакле, могла одиграти само у четири староцрногорске нахије. Према обимним и темељитим теренским истраживањима Јована Ердељановића, сећање на истрагу потурица сачувано је у две нахије у црмничкој и у ријечкој [16].

У једноме тренутку се проблем истраге потурица учинио решеним. Никола Мусулун је обелоданио запис самога владике Данила Петровића. Запис је начињен на последњој страни једне литургијеске књиге, а садржајем се директно односи на саму истрагу потурица [17]. Иларион Руварац је у гласовитој *Montenegrini* палеографском анализом утврдио да запис не потиче из Даниловог времена. Допустио је теоријску могућност да може да буде реч о познијем препису [18]. Руварац иначе у *Montenegrini* заступа став да је истрага потурица била, како и Његош подвлачи у *Горском вијенцу*, крајем седамнаестога века, а не почетком осамнаестога. Руварац сматра да је до истраге потурица могло доћи током млетачко-турског рата 1687. године, а на наговор Млечана. Међутим, та, евентуална, истрага потурица – нема никакве везе са владиком Данилом Петровићем, нити са породицом Петровића уопште. Црногорски

---

[16] Јован Ердељановић: *Стара Црна Гора. Етничка прошлост и формирање црногорских племена*, Српски Етнографски зборник СКА, књига тридесет девета, прво одељење, *Насеља и порекло становништва*, књига 24, Београд, 1926, 60 и даље.

[17] *Гласник друштва србске словесности*, књига 17, Београд, 1863, 315-316.

[18] Иларион Руварац: *Montenegrina. Prilošci istoriji Crne Gore*, друго издање, Земун, 1899, 173-183; Црногорски историчари, и у Руварчево време и касније полемисали су, експлицитно или имплицитно, са ставовима изнетим у *Montenegrini*. Руварчево анализирање кључних догађаја из новије црногорске историје доживљавали су као чин очигледног светогрђа. Посебно оштро неслагање са Руварчевим анализама и закључцима изрекао је Лазар Томановић (Г. Руварац и *Montenegrina*, прештампано из "Бранкова кола" за 1899. год, Сремски Карловци, Српска манастирска штампарија, 1899, 95 и даље).

владика је у то време био Висарион Бориловић из Бајица. Руварац претпоставља да је у време владике Василија Петровића (који истрагу потурица уопште не помиње) још народних песама, а и народних предања који су опевали или казивали овај догађај, али стављајући у први план владику Висариона и Бориловиће. Руварац даље верује да је након смрти Василијеве, а због потреба династичке куће Петровића, дошло до преузимања овога догађаја. Куриозитета ради, а свакако и не само због тога, треба споменути да Његош у размаку од отприлике годину дана потпуно различито хронолошки одређује догађај, који је бар по члановима куће Петровића и њиховим присталицама, од судбоносног значаја за црногорску историју. Уз песму *Српски Бадњи вече* у *Огледалу српском* (штампаном 1846), Његош испод наслова песме, између заграда, песму датује "око 1702. год." Године 1847, спев *Горски вијенац* одређује као "историческоје собитије при свршетку XVII века".

Разматрајући песме које опевају догађаје из новије црногорске историје (реч је заправо о збивањима у прве две деценије осамнаестог века), Никола Банашевић је пошао од Руварчевих ставова. Поводом текста наводног Даниловог записа, Банашевић је одлучно устврдио да Данило није аутор записа [19]. Није допустио, дакле, ни могућност коју је, условно, оставио Руварац.

Мишел Обен, пошавши од оваквих полазишних уверења, проблем истраге потурица разматрао је два пута. Први пут је то учинио у врсној монографији о Његошу – *Visions historiques et politiques dans l'oeuvre poetique de P. P. Njegoš,* у поглављу посвећеном Његошевом *Огледалу српском* [20]. Ту ће, готово узгред, припоменути да Његош у *Гласу каменишшака* не прави никакву алузију на истрагу потурица, док у *Свободијади* о томе има итекако помена [21].

---

[19] Никола Банашевић: *Песничка легенда о Бадњем вечеру*, Прилози КЈИФ, XXIII, Београд, 1957, 18.

[20] Michel Aubin: *Visions historiques et poetiques dans l'oeuvre poetique de P.P.Njegoš,* Paris–Belgrade, Universite de Paris–Sorbonne – Faculte de Philologie de Belgrade, 1972, 189-214; Године 1989. у преводу Живојина Живојновића Обенова књига је преведена на српски језик: *Његош и историја у песниковом делу,* Београд, "Књижевне новине", 1989, 153-169.

[21] M. Aubin: *Visions historiques et poetiques dans l'oeuvre poetique de P. P. Njegoš,* 198:

"Njegoš, dans Glas Kamenštaka, n'avait fait aucune allusion au massacre de la nuit de Noel. Svobodijada, par contre, rappelait que Danilo:

"изгна Турке и пос'јече
из области Црне Горе."

Одломак није наведен према српском преводу књиге, јер у њему једноставно – не постоји. Уопште има доста одступања и разлика између књиге штампане 1972. године и превода из 1989. Чини се, да је Обен, у договору са преводиоцем, понудио нешто измењен, а и скраћен текст.

Обен запажа и да песма *Срӣско Бадње вече* у *Огледалу срӣском* не наводи на помисао да је истрага потурица могла бити већих размера. Петоро браће Мартиновића и Вук Бориловић (ипак је неко од породице Бориловић преостао у читавом послу) не представљају озбиљнију, импресивнију завeру.

Док је монографија о Његошевом поимању и претакању историје била још у штампи, Обен се вратио проблему истраге потурица у чланку *Легенда о Бадњем вечеру и европска књижевносӣ* [22]. Обен полази од Банашевићевог става да наводни запис владике Данила о истребљењу потурица нити је настао у Данилово време, нити му је Данило аутор. Наставивши да размишља на тај начин, Обен је дошао до закључка да о истрази потурица нема помена до Милутиновићевог доласка у Црну Гору:

"Фрапантна чињеница, у историји легенде о истрази потурица, јесте да се она одједном, одмах по доласку Симе Милутиновића на Цетиње гласно прочула, док до 1828. нема од ње никаквог трага" [23].

Обен том приликом подсећа да је о истрази потурица реч у петом чину *Дике Црногорске*, коју је Милутиновић написао 1828. године. Истрага потурица се потом опева у тзв. народној песми штампаној у *Пјеванијама* Чубре Чојковића. У будимској *Пјеванији* песма носи наслов *Ослобод*, а у чајпцишкој *Пјеванији – Све-ослобод*. У Милутиновићевој *Исӣорији Црне Горе* песма је штампана без наслова, као епска илустрација хроничарског текста. О истрази потурица реч је и у *Краӣкој исӣорији Црне Горе* Петра Првог Петровића Његоша, која је после његове смрти наштампана у државном црногорском алманаху – *Грлици*.

Обен закључује како је легенда о Бадњем вечеру смишљена у раздобљу од Милутиновићевог доласка у Црну Гору (јесен 1827.), па до онога дана у 1828. години, када је написан пети чин *Дике црногорске*. Након тога, Милутиновић и Петар Први само раде на популарисању легенде. У раздобљу од седам година (1828-1835) појавило се неколико књига у којима је приповест о истрази потурица била на овај или онај начин наглашена. Обен даље претпоставља да је Милутиновићу као инспирација за легенду о Бадњем вечеру

---

[22] Мишел Обен: *Легенда о Бадњем вечеру и европска књижевносӣ*, Filološki pregled, I–IV, Београд, 1971, 13-17.
[23] Исто, 13. О истрази потурица нема никаквога помена ни у објављеним списима тајног ватиканског архива (в. Марко Јачов: *Сӣиси ӣајноӣ ваӣиканскоӣ архива XVI–XVIII*, Зборник САНУ за историју, језик и књижевност српских народа, друго одељење, књига XXII, Београд, 1983.

216

послужио Шилеров *Виљем Тел*, или *Сицилијанско вечерње* Кази-
мира Делавиња, или трагедија *Ђовани да Проћида* Ђанбатисте
Николинија. Истини за вољу, Обен се намах исправља. Не верује да
је Милутиновић могао да познаје *Сицилијанско вечерње*, јер је
париска премијера била 1819. године, а комад је преведн на немачки
језик тек 1845. године. Николини је своју трагедију започео да пише
1817. године, али премијера је одржана у Фиренци тек 1830. Пре-
остаје једино да је на Милутиновића могао да утиче Шилеров *Виљем
Тел*, изведен још далеке 1804. године, исте године када је започео
српски устанак. Помишљање на Шилера није, пак, Обенова ориги-
нална идеја. Са таквом могућношћу забављао се иронично, по
обичају, Иларион Руварац у *Montenegrini* [24].

Обен некоје чињенице није узимао у обзир. Не користи ни све
резултате Банашевићевих анализа, иако управо од овога полази.
Није, на пример, обратио пажњу на Банашевићево упозорење да је
Милутиновић у *Пјеванијама* означио певача – Мата Радова Марти-
новића Бајицу, а да је познато како је мајка владике Рада била
родом од Мартиновића из Бајица [25]. Ако се има у виду да је сећање
на истрагу потурица, према Ердељановићевим теренским истражи-
вањима, забележено само код Ћеклића и Цетињана сачуван, онда се
легенда о Бадњем вечеру, као догађај скромних размера и локалног,
уско племенског значаја – могла преносити у племенским оквирима.
Чин петорице Мартиновића и Вука Бориловића могао је Милути-
новићу да допре до ушију из локалне племенске традиције. Милути-
новићево познацање литературе, посебно љубав према Шилеровом
стварању, свакако су допринели да песник намах уочи сав симболи-
чки, политички, али и поетски набој опеваного чина. Милутиновић
у договору са владиком Петром Првим Петровићем, а свакојако уз
његову сагласност, развија широку акцију популарисања истраге
потурица. Намах се од локалне "истраге потурица" коју је спровело
шест људи на уском простору – осмислила широка акција верскога
чишћења која се, у време коме нико од живих није ни случајно могао
да сведочи, одиграла на просторима васколике Црне Горе.

Никола Банашевић јесте тврдио да је наводни запис о истра-
зи потурица владике Данила Петровића – неаутентичан. Међутим,

---

[24] Ил. Руварац: нав. дело, 176-178.
[25] Н. Банашевић: *Песме о најстаријој црногорској историји у
"Пјеванији" Симе Милутиновића*, Зборник радова САН, књига X, Институт за
проучавање књижевности, књига 1, Београд, 1951, 254.

једновремено је упозоравао на вероватно родбинско сродство између означеног певача песме о истрази и Његоша. Тиме је, на особен начин допуштао могућност да легенда о Бадњем вечеру, да легенда о Мартиновићима и Вуку Бориловићу има и аутентично, историјско исходиште, мада свакојако скромнога обима. Мишел Обен је у потпуности, са свим последицама, прихватио Банашевићев став да је Данилов запис о истрази потурица неаутентичан. О Банашевићево упозорење оглушио се, такође, без икакве резерве, без трунке опрезности.

Разматрајући легенду о Бадњем вечеру у трећем тому *Историје Црне Горе (Од почетка XVI до краја XVIII вијека)*, Глигор Станојевић се користио и сведочанством барског, потоњег задарског надбискупа Вићентија Змајевића, огорченог противника владике Данила Петровића. За владику Данила, Змајевић је написао како је *"неумољиви непријатељ Турака, којима се са сагласношћу земље заклео на вјечно непријатељство, пошто је носио на раменима колац, додијељен му као страшан инструмент његове смрти"*. Змајевић додаје да ће Сава Петровић заменити владику Данила *"толико познатог ради самовоље свога управљања владику цетињског, који пошто је умрљан људском крвљу, проливеном по његовом наређењу и његовим саучесништвом, изгледа да не може више вршити црквене обреде"*. Сведочанство Вићентија Змајевића, мада је обелодањено давне 1899. године, искоришћено је у овом смислу тек 1964. године, у критичком издању *Горскога вијенца* са предговором и белешкама Ристе Ј. Драгићевића. Прихвативши бит Змајевићевог сведочанства, тим значајнијег, јер потиче од заклетог непријатеља, Глигор Станојевић је наставио размишљања у смеру који се нудио. Истраге потурица јесте, дакле, било, али никако не у обиму који наговештавају *Дика црногорска*, песма које је испевао неко из породице Петровића и *Горски вијенац* [26].

Историчари Црне Горе, Василије Петровић, Сима Милутиновић, Петар Први Петровић – створили су, а потом на различите начине понављали и одржавали одређене историјско-политичке контексте. Василије Петровић историографски уобличава владавину владике Данила Петровића, родоначалника династичке куће Петровића. Идејни је творац наводних сјајних војних успеха влади-

---

[26] *Историја Црне Горе*, том трећи, 247-248. О Вицку Змајевићу в. Мирослав Пантић: *Књижевност на тлу Црне Горе и Боке Которске од XVI до XVIII века*, 265-294.

ке Данила. Од скромних историјских збивања начинио је догађаје од изузетнога значаја. У неким случајевима мењао је и првобитни исход збивања и последице у смеру који му је одговарао. Политички добро замишљена и до детаља осмишљена прича није била намењена Црној Гори. Политичка и материјална корист из тако сачињене приповести могла се добити само у Русији. Њена проходност у Црној Гори била је отежана једноставном чињеницом што је у време објављивања *Историје о Черној Гори* било живих сведока Данилове владе. Уосталом, од оних који су знали другачију истину, она је и била жестоко критикована и оспоравана.

Измењени политички услови за време владавине Петра Првог Петровића, а још више знатна временска удаљеност омогућили су Сими Милутиновићу да, у договору са старим Владиком Петром, настави и поентира посао који је започео владика Василије. Поновљене су приче о славним догађајима који су се у густом следу издешавали за владе Данила Петровића. Њима је Милутиновић придодао и политички можда најзначајнији – истрагу потурица. Том причом Милутиновић је спретно повезао свеукупну црногорску историју у прихватљиву, логичну причу. Приказ владе Црнојевића, Милутиновић завршава наглашавањем проблема који је настао потурчивањем значајног броја Црногораца, предвођених сином Ивана Црнојевића. Владарска породица Црнојевића изгубила је владарски трон, Црна Гора је привремено потпала под Турке, а у њој самој као унутрашња рак рана појавили су се потурчењаци. Пуна два века Црногорци не успевају да нађу решење за све невоље које су им као зло завештање оставили последњи Црнојевићи. Сима Милутиновић описивање владавине Данила Петровића започиње приказом решења проблема потурчењака. У часу када Милутиновић уноси овај детаљ у црногорску историографију за тако што постоји и додатни разлог. Црну Гору не сачињавају само четири конститутивне нахије. Захваљујући војној и дипломатској вештини владике Петра Првог Петровића у склопу његове Црне Горе су и нека брдска племена. Од 1796. године Црној Гори се тешње придружују Бјелопавлићи и Пипери [27]. Од 1820. придружују се и Морачани и Ровци [28]. У одређеним временима и они су знали да

---

[27] Ђоко Д. Пејовић: *Црна Гора у доба Петра I и Петра II*. Оснивање државе и услови њеног развитка, Београд, "Народна књига", 1981, – Односи са брдским племенима до тјешњег повезивања са Бјелопавлићима и Пиперима, 132-135.
[28] Исто, – Уједињење с Морачом и Ровцима (1820), одржавање веза с Кучима и Васојевићима искушења стварање заједнице у вријеме обрачуна Турске с ослободилачким покретом на Балкану, 152-160.

буду уз Турке. Њима је такође могла да буде од користи прича о истрази потурица.

Димитрије Милаковић, секретар Црне Горе и уредник државног алманаха *Грлица*, и Његош у својству владике Црне Горе – начинили су одличан полтички потез када су у *Грлици* 1835. обелоданили *Кратку историју Црне Горе* коју је, вели се, начинио стари, тада већ и свети владика Петар Први Петровић. Управо његов ауторитет, увећан чињеницом да га нема, а да је проглашен за светитеља 1834. године [29] био је неопходан дâ свему написаном да потребну тежину и веродостојност. Тиме је, на особен начин кодификована и Милутиновићева *Историја Црне Горе*, као и Василијева која јој је претходила, односно Милаковићева која ће је тек следити.

Војни успеси митрополита Данила описани у историјама Василија Петровића, Симе Милутиновића и Петра Првог Петровића – импресионирају. Масакр Турака на Цареву-Лазу, још више понижавајуће мењање Турака за свиње (по муслиманском веровању нечисте животиње), оставља дубок утисак на читаоце, као и на слушаоце. Родоначалник династије Петровића чини се у сваком погледу изузетан. Што се писци историја више приближавају збивањима која су могла бити упамћена, којима још може бити живих сведока – и Милутиновић и Петар Први су све уздржанији.

Обојица, међутим, воде рачуна кога ће све и међ Петровићима хвалити. Милутиновићева идеја, свакојако одлична, јесте да новија црногорска историја има двојицу великих владика-владара. Први јесте Данило Петровић, а уз раме му је Петар Први Петровић.

Државотворне идеје Петра Првог Петровића једнаке су ако је судити по историјама које су начинили Василије Петровић, Сима

---

[29] Ђоко Д. Пејовић: *Црна Гора у доба Петра I и Петра II*. Оснивање државе и услови њеног развитка, Београд, Народна књига, 1981, 121-123, са фотокопијом Његошевог "Објављенија и поздрава" црногорском и брдском народу од 18. односно 30. октобра 1834. о проглашењу Петра Првог Петровића за светитеља; Леонтије Павловић: *Култови лица код Срба и Македонаца*. (Историјско-етнографска расправа), Посебна издања Народног музеја у Смедереву, књига прва, Смедерево, 1965, 172-187. Светитељски култ Петра Првог Петровића установио је владика Петар Други Петровић Његош. Прогласом датованим, по старом календару, 18. октобра 1834. обавестио је народ црногорски да је отворена гробница Петра Првог, јер му се старац у спу јавио и наредио му да то учини. Тело старога владике било је нетакнуто, као и одежда, а осим тога утврђено је да тело мирише. Његош је прогласом одредио и дан прослављања – Петровдан, владичин имендан. Тропар и кондак Петру су написани исте, 1834. године, а житије је саставио митрополит Михаило тек 1893. године.

Милутиновић, па и сам Петар I – онима, које је наводно имао његов предак, владика Данило. Да би идеје оживотворио, Петар Први се позива на дела и речи родоначалника династије Петровића. За разлику од владике Данила коме насиље, како сведоче сувременици, није било страно, Петар Први Петровић опстаје, окупља, умирује, напредује готово искључиво путем клетве. Чим нешто запне, а запињало је непрестано, стари владика диже руке према небу и куне. Основна тежња његове управе Црном Гором јесте да брдска племена прикључи Старој Црној Гори, да међ њима пробуди свест како им је Црна Гора свакојако ближа и од скадарског и од босанског везира. То није био нимало лак задатак. Племенска подвојеност је била велика. Осим тога, брдска племена су била, вековни непријатељи Црногораца. Са Брда су силазили у нахије, пљачкали, отимали стоку. Често су се брдска племена привремено удруживала са турским одредима. Окупити их и припојити старој Црној Гори подразумевало је превазилажење готово вековних непријатељстава. Такви циљеви подразумевају и употребу разноврсних средстава. Једно од тих, можда најефикасније, било је одавање почасти брђанскоме јунаштву.

Смишљено, свакако у одређеном договору и са владиком Петром Првим, Милутиновић приступа сакупљању народних песама управо међу Брђанима. Старом владики Петру Првом било је итекако јасно какву моћ међ Црногорцима и Брђанима има народна песма. Та свест је и узроковала да сâм владика испева одређене епске песме у народноме духу. Песме које су угледале свет на страницама Милутиновићеве *Историје Црне Горе:* пјесма о Иванбегу Црнојевићу и његовим синовима, песма о српском Бадњем вечеру *(Сабор чини Хаџи-йойе Јове)*, песма о грамотама које је Петар Велики упутио Црногорцима, позивајући их да му се придруже у рату против Турака *(Кад' Русија с Турцим' ратоваше)*, песма о борби на Цареву-Лазу 1712. године *(Књигу пише царев сераскере)*, песма о походу Синан-бега Ченгијћа на Црну Гору 1717. године и неуспелом удару на село Трњине *(Захвали се Ченгијћ Синан-бего)*, песма о неуспелом нападу Турака на Црну Гору у време владике Василија *(Књигу пише од Босне Везире)*, песма о Шћепану Малом *(Књигу пише дужде Млечанине)*. Ако се пажљиво погледа, осим последње песме, све друге опевају историјски сумњиве догађаје, оне чије је постојање под знаком питања или, ако су се и збили – нису се одиграли на начин како је у Милутиновићевој и Петровој историји назначено. Испевавши поменуте песме, влади-

221

ка Петар Први једноставно пушта у народ жељене верзије збивања и осмишљене описе догађаја. Њихово би историјско постојање одговарало Петровим државним и државотворним идејама, али би такве Петрове потребе задовољило и само распрострањено уверење како се тако шта некад збило.

Милутиновићева *Историја Црне Горе* има два паралелна, сагласна тока. Први чини писање самога Милутиновића (по владичином причању, некада и диктату, како је изриком подвучено). Други ток чине илустративне епске песме које, у хронолошкоме следу, опевају у народноме духу стожерне и преломне догађаје из црногорске прошлости. Седам их је на броју. Шест песама опевају догађаје који су се збили за време владавине породице Петровић. Четири песме се односе на збивања из времена Данила Петровића, родоначалника династије Петровића и творца Нове Црне Горе. а по једна песма се односи на догађаје из времена владике Вљасилија, односно владике Саве Петровића. Прва у следу опева синове Иван-бегове, сумрак државе Црнојевића и настајање потурчењака на црногорским просторима (*Историја Црне Горе*, 14-20). Друга се односи на легенду о Бадњем вечеру, односно на истрагу потурица (*Историја*, 35-44). Трећа опева долазак Милорадовића у Црну Гору са задатком да у име цара Петра Великог позове Црногорце да се придруже Русији у рату против Турака (*Историја*, 50-54). Четврта опева сјајну црногорску победу на Цареву Лазу (*Историја*, 58-64), а пета неуспео напад турске силе на село Трњине (*Историја*, 71-75). Тих првих пет песама истим следом објављује и Његош у *Огледалу србском*. Следеће две песме у Милутиновићевој *Историји Црне Горе* наштампане су *Огледалу* тек под бр.19 и 24. Под бр. 19 штампана је шеста песма из Милутиновићеве историје *(Књигу пише од Босне везире)*, познатија иначе под насловом који носи у *Огледалу: Стан полако рогоје, много ти је обоје (Историја*, 85-90). Песма опева некакв неуспео турски напад на Црну Гору у време владе владике Василија. Последња, седма песма у *Историји Црне Горе*, она о Шћепану Малом, испевана је да покаже сву безначајност Шћепанове личности и да истакне све недаће које је Црна Гора морала да преброди због тога што се у једноме тренутку одвојила од проверене династије Петровића и приклонила другом вођи. Епске песме из *Историје Црне Горе*, читане једна за другом у хронолошком следу, јесу прва званична, озакоњена историјска црногорска песмарица. С обзиром на циљ, догађаји су зналачки одабрани и песмама одговарајуће истакнути. Милутиновићев текст

222

Историје Црне Горе одлично се слаже и допуњује са песмама. Аутор песама у књизи није означен. Милутиновић није, свакако у договору са старим владиком, а још вероватније на владичино инсистирање, означио аутора стихова. Песме су имале задатак да обаве значајан пропагандни посао међ Црногорцима, а добро је знано да пропагандна порука губи у ефикасности када јој је аутор познат. Очигледно су и Милутиновић и сам владика Петар Први мислили да је за посао који *Историја Црне Горе* треба да обави у народу – боље да се не зна име аутора песама.

Седам епских песама у Милутиновићевој *Историји Црне Горе* представљају особен избор догађаја историјски значајних, и за црногорску државност потребних, које народ свакако треба да зна и памти. Реч је о утицајним догађајима који су битно одређивали потоњу црногорску историју. Све песме, од прве, (о Иван-бегу Црнојевићу и његовим синовима), до последње (о збивањима у време Шћепана Малог) нису тзв. народне песме. Расправљајући о пореклу песама о најстаријој црногорској историји у *Пјеванији* Симе Милутиновића, Никола Банашевић је био склон да их готово све припише владики Петру Првом. Међутим, у неким случајевима, као на пример, у питању песме о Црнојевићима – био је резервисан. Није могао да прецизније одреди степен владичиног или Милутиновичћевог учешћа у остварењу песме [30]. Поступак који је касније применио Његош приправљајући *Огледало српско*, где је у већини случајева у којима је узимао песме које су објављене и у *Историји Црне Горе* и *Пјеванији* – предност давао верзијама из *Историје* – навео је, чини се, Банашевића на криви пут. Стекао је уверење да су песме у *Историји*, већим делом из пера владике Петра Првог, а да су извесни стихови, одступања, разлике у појединим стиховима – резултат Милутновићевих интервенција. У овоме тренутку, само напомињем да *Историја Црне Горе* и у своме историографском и у своме псеудоисториографском делу јесте чврсто осмишљена целина. Исту такву целину чине и епске песме које је "илуструју". Све песме су прошле кроз заједничку редакцију владике Петра Првог и Симе Милутиновића. Приписивати поједине стихове само једноме од њих, у већини случајева је чисто нагађање. Његош се није определио за верзије у *Историји*, због тога што оне одража-

---

[30] Никола Банашевић: *Песме о најстаријој црногорској историји у "Пјеванији" Симе Милутиновића,* Зборник радова Института за проучавање књижевности САНУ, књига прва, Београд, 1951, 275-299.

вају верније литерарна схватања и песнички поступак његовога стрица. *Исшорија Црне Горе* јасно, политички прецизно и недвосмислено, исказује битна схватања и политичка полазишта Петра Првог, указује на пут којим треба ићи у стварању велике и уједињене Црне Горе. *Исшорија Црне Горе* јесте историјски преглед и политички концепт Црне Горе. Милутиновићеве *Пјеваније* настају из жеље и политичке нужности да се придобију брдска племена. Реч је дакле о делима која су у бити различита, али која у одређеним историјским тренуцима могу бити и у сагласју и међусобом се допуњавати. Према једнакој логици, у одређеним историјским моментима поменута два дела могу бити и сучељена, па и у огорченом сукобу. Уосталом, такве ствари нису нимало ретке када се дела осмишљавају и сачињавају у духу ако не дневне, а оно бар краткорочне политике. Чињеница је и да Милутиновићеве две *Пјеваније*, будимска и лајпцишка нису начињене у једнаком духу. Будимска *Пјеванија* је много ближа ставовима Петра Првога Петровића, него ли је то лајпцишка *Пјеванија*. У будимској *Пјеванији* постоји одређена сразмера мећ црногорским и брћанским песмама. У лајпцишкој *Пјеванији* та је сразмера битно нарушена на штету црногорских, односно у корист брћанских песама. Милутиновићева *Пјеванија* јесте и у првој, будимској верзији делимично одраз Милутиновићевих личних политичких виђења и концепција, а у лајпцишком облику она је то у драстичној мери. Опредељујући се за верзије песама из *Исшорије*, Његош се не опредељује за аутентичнији литерарни текст свога стрица, већ се наглашено противставља Милутиновићевој политичкој концепцији.

Да би све било јасније, усредсредимо пажњу на седам песама из *Исшорије Црне Горе*. Оне опевају кључна збивања из црногорске историје у великом временском раздобљу: од последњих Црнојевића (крај петнаестог века) до Шћепана Малог, до времена која непосредно претходе владавини Петра Првога, до времена којима је сâм владика савременик. Ако се ова начелна тврдња даље анализира, пада у очи да само једна песма, она прва о Иван-бегу Црнојевићу, о његовим синовима Ђури и Станиши, припада ранијим временима. Смисао постојања је да укаже на сјај и беду владарске куће Црнојевића. Гласовита владарска породица уклања се са историјске и политичке сцене остављајући Црној Гори у наслеђе живу рану, потурчењаке. Пуна два века не заслужују ни по владици Петру Првом, нити по Сими Милутиновићу – већу пажњу читалаца и слушалаца. Збивања у томе раздобљу приказана су сумарно, летописачки. Нема ни једне епске песме која би народу црногорскоме указала на догаћаје памћења достојне. Почетком осамнаестога века ступа на политичку сцену митрополит Данило, први из куће Петровића и племена Његуша. *Историја Црне Горе* усмерава пуну пажњу на поступке владике Данила и збивања у његово време. Историја шаље народу и одређену поруку путем четири песме чији садржај сажима битне, прекретничке догађаје из времена када је владика Данило управљао Црном Гором. Прва у редоследу, и најзначајнија, је песма о истрази потурица. Милутиновић и Петар Први Петровић датују тај наводни погром потурченог становништва у 1702. или 1703. годину. Ово датовање задржао је и Његош у *Огледалу српском*, али је од њега одступио годину дана касније одређујући *Горски вијенац* као *"историческо собитије с краја осамнаестог века"*. Поручује народу да је исправљена грешка Црнојевића и да после два века Црна Гора може сама да одлучује о сопственој судбини и даљем путу. Друга песма показује колики је углед владика Данило брзо прибавио Црној Гори. Велики руски самодржац, цар Петар Велики, грамотама које шаље преко пуковника, Црногорца родом, Михаила Милорадовића – позива Црногорце да му се прикуче у рату против турске државе. Моћној царској Русији потребита је црногорска помоћ, не би ли заједничким снагама поразили отоманску царевину. Веће међународно политичко признање тешко се може замислити. Трећа песма нас уводи у смутна времена настала после пораза руске војске на реци Пруту и принудног умира са султаном. Црна Гора и њена акција тим миром није обухваћена. Сав гнев моћне отоманске државе усмерава се, усредсређује на Црну Гору. Међутим, владика Данило спремно дочекује велику турску војску у Врани планини. Пораз Турака је страшан. Због тога што су њихова телеса лежала свуда по кршу, као лазина, место се прозове Царев-Лаз. Ова песма је, свакојако, веома занимљива, Прво пада у очи да творац песме чини велики напор како би направио што наметљивију паралелу између кнеза Лазара са којим, по народној традицији, пропада српско царство, и владике Данила, са којом се оно, у одређеном смислу, обнавља. Свачега има у тој песми, чак и ухођења турске војске и лажнога извештаја ухода. Песма је значајна још по нечем: "ужој" Црној Гори помажу и поштени припадници Брда – Вук Раслапчевић [31]. Он се

---

[31] Владимир Ћоровић: *Личности народне песме. 1.Један помен Вука Раслапчевића, 2.Погибија војводе Илије Косорића*, Прилози проучавању народне поезије, Београд, год. VI, Београд, 1939, 153-154; Новак Килибарда: *Објашњења уз Огледало српско*, у књизи П. П. Његош, *Огледало српско, Целокупна дела Петра II Петровића Његоша*, књига пета, четврто издање, Београд, 1975, објашњење уз стих 47 пете песме у *Огледалу*, 500.

прихвата да калаузи турској војсци, али то чини тако што је одводи у припремљену клопку.

У песми о Милорадовићу и царским грамотама, реч је била о молби царске Русије да малена Црна Гора потпомогне у борби против Турака. У песми о борби на Цареву-Лазу показано је, пак, како малена Црна Гора сама може да савлада моћну отоманску империју. Песма која следи, о походу Синан-бега Ченгијћа на Црну Гору 1717. треба само да нагласи, како Царев-Лаз није случајност.

Наследници Данилови на владичанском трону Црне Горе – владика Василије Петровић и владика Сава Петровић – нису посебно изразите политичке фигуре. Међутим, да би се одржао континуитет угледа куће Петровића и племена Његушког, народу су предочене две епске песме. Прва опева неуспео напад на Црну Гору за време владике Василија [32]. Друга и једновремено последња у оквиру ове мале историјске песмарице, односи се на појаву Шћепана Малог у Црној Гори. У политичким збивањима везаним за појаву лажнога цара, владика Сава Петровић није се најбоље снашао, а није се добро ни држао. Мало је допринео и Шћепановом уклањању. Међутим, како у време Петра Првог и Милутиновића, крајем треће деценије деветнаестога века, још може бити живих, а свакако тим временима блиских сведока – Петар Први се у заједници са својим секретаром одлучује да догађаје представи из особеног угла. По њима двојици, Шћепан Мали, самозванац, готово и не постоји. Не користе се ни неки постојећи политички трачеви који Шћепана приказују као кукавицу. Једноставно се показује Црногорцима да у одређеним, битним догађајима, у борбама против Турака – Шћепана Малог нема! Песма га не блати, не ружи, она га само мимогред припомиње.

* * *

Владика Василије Петровић је *Историјом о Черној Гори* започео писмено стварање култа владике Данила и куће Петровића. Петар Први Петровић у сарадњи са Симом Милутиновићем, тај посао је не само наставио, већ и потпуно осмислио. И *Кратка Историја Црне Горе* Петра Првог Петровића и *Историја Црне Горе* коју Сима Милутиновић пише уз, како вели, значајну помоћ Петра Првог – имају исти циљ да покажу како Црна Гора, Стара

[32] в. Н. Килибарда: *Објашњења уз Огледало српско*, напомене уз песму бр. XIX – *Стан полако, реогоје, много ти је обоје*, 529-531.

Црна Гора, има изграђену идеју државности и слободарски дух. Доследно, ова два историјска дела величају значај и успехе "уже" Црне Горе. То такође чине и епске песме у Милутиновићевој *Исто-рији Црне Горе*. Милутиновићева *Пјеванија*, у будимској верзији, имала је да настави, продуби и прошири утврђене идеје. Њен основ-ни задатак је био да напоредо стави песме које певају о подвизима уже Црне Горе и оне које опевају бојеве Брђана. Дакако, било је важно да се у последњем случају не саопштавају песме које опевају бојеве, посебно не оне успешне, Брђана против Црногораца. Будим-ско издање *Пјеваније*, бар у највећем делу избора – ако и није сачињено са знањем и одобрењем владике Петра Првог Петровића, свакојако није осмишљено против његових интереса. Уосталом, у Милутиновићевој непосредној близини било је и других умних људи којима је итекако био јасан значај писања историја црногорске државе, као што им је бвила очигледна неопходност сакупљања и обликовања корпуса народних песама са темом из историје уже Црне Горе и брдских племена. У томе смислу, карактеристичан је пример Мојсија Зечевића, игумана манастира Ђурђевих ступова код Берана. Близак сарадник Милутиновићев током песниковог борав-ка у Црној Гори, Зечевић је заступљен у Милутиновићевој *Пјеванији* и сопственим, а и народним песмама. Од Зечевића је Милутиновић, колико данас знамо, записао пет песама, а штампао две, обе у лајпцишкој *Пјеванији*. Објављене су песме: под бр. 158 – *Млоѓострручна невјера* и бр. 159 – *Цар и Секула*. У рукопису су остале три и наштампане су у *Додатку*, у новоме издању *Пјеваније*. То су песме: *Отмица љубе Брајотића Вука, Бој на Иванковцу и Делиѓраду* и *Карађорђево војевање у Старом Влаху 1809. ѓодине*. Биће да је Милутиновић штампао две песме за које је веровао да им је Зечевић само преносилац. Међутим, рекло би се да је у свих пет случајева, Зечевићево учешће у коначном обликовању песме – у мери која не допушта да се његова улога гледа како друга-чије до ауторска [33]. И као близак сарадник Милутиновићев у Црној Гори, али и као песник и политички писац у временима која су била

---

[33] Р. Меденица: *Наша народна етика и њени творци*, Цетиње, 1975, 138-139. Меденица такође сматра да је Зечевић и творац песама које је Милутиновић наштампао у лајпцишкој *Пјеванији*. Но, то саопштава на свој начин:

"Песме игумана Мојсија нису народне песме него његови саставн, често са крајњнм а понекад и са унутрашнм сликом. Стих је вештачки десетерац, већином прозанчан и непеснички... То су уствари заповетања доконог попа који нема ни мере ни укуса, нарочито кад почне с немогућим хиперболама да би истакао јунаштво Обрчића Рада у првој и Бановић Секуле у другој песми..."

значајна за будућност Црне Горе, игуман Мојсије Зечевић свакако привлачи пажњу и захтева да озбиљна истраживања [34]. Није само по својој ћуди Милутиновић онолико времена прикупљао песме, готово искључиво међу Брђанима. Није такође случајно, што блиског сарадника у томе послу има у игуману Мојсију Зечевићу, једном од најистакнутијих личности у стварању црногорске државе. Милутиновић је имао задатак да у име куће Петровића, представника Старе Црне Горе – пружи руку пријатељства и сарадње Брђанима. Његово борављење међу Брђанима уверавало је последње да стари владика, и читава Црна Гора уз њега, желе њихово пријатељство, јер их изузетно поштују. Инсистирање на подвизима Брђана – годило је брђанској сујети; наглашавање организованих војни Црне Горе и Црногораца против Турака – указивало је на корист коју ће и једни и други имати од заједништва, по логици: удружени смо јачи. Милутиновић је посао добро обавио. Међутим, претерао је у подвлачењу брђанскога јунаштва. Будући пореклом Херцеговац, имао је много, не само наклоности, већ и "слуха" за брђанску етику, поимање јунаштва. Већ у будимскоме издању *Пјеваније*, Брђани су добили угледније место од Црногораца. Међутим, одређена сразмера ипак је поштована и спроведена. Прва верзија *Пјеваније*, могла се, дакле, условно уклопити у Петровићевску идеју стварања велике, уједињене Црне Горе. Лајпцишка верзија представља, међутим, чисто застрањивање. Милутиновић се враћа видинским идејама о слободи, која постоји једино у вилином боравишту, у црногорским кршевима. Прва *Пјеванија*, са двадесет осам епских песама, поштује одређен реципроцитет. Друга *Пјеванија*, са стотину седамдесет једном епском тога реципроцитета нема. Лајпцишко издање је неконтролисани хвалоспев Брђанима.

За сва ова и оваква размишљања, налазимо потврду и на страницама црногорског алманаха *Грлица*. Прва годишта *Грлице*

---

[34] в. П. А. Ровински: *Грађа за историју Васојевића*, Нова Зета, год. прва, св.12, 1889, 456-459; Батрић Марјановић: *Архимандрит Мојсије Зечевић*. У књизи *Васојевићски главари. Неколико портрета*, Подгорица, 1929, 23-25; Мирко Барјактаревић: *Један од савјетника младог Његоша*, Зета, год. десето, број од 22. јануара 1939; Милисав Лутовац: *Мојсије Зечевић – Његошев сарадник*, Гласник Етнографског музеја на Цетињу, књига 3, Цетиње, 1969, 97-108; Ђукан Н. Јоксимовић, професор: *Лик и дјелатност игумана Мојсије Зелевића и архимандрита Никодима Зечевића*, Ивánград, Штампарија-Ивангрáд, 1971, стр.31, у формату осмине.

Посебно се захваљујем колеги, историчару Милораду Радевићу за низ драгоцених обавештења и података о игуману Мојсију Зечевићу, његовој политичкој и књижевној активности.

не заузимају одбојан став према Милутиновићу. На њиховим страницама не одражава се ни наводни сукоб, који је у једном тренутку постојао између Његоша и његовога учитеља. За свога недугог излажења *Грлица* објављује прегршт Милутиновићевих песама. Противно некојој својој оријентацији и пракси, *Грлица* ће донети и информативан приказ Милутиновићеве драме ***Дика Црногорска***, драме чији је пети чин, завршни, посвећен истрази потурица и који директно користи Његош разрађујући *Горски вијенац*. *Грлица* доноси, у следу, у прва четири годишта (1835-1838) и омању, али занимљиву збирку епских народних песама. Укупно је штампано једанаест песама. Највише их је обелодањено у прва два годишта – укупно седам песама; у првом четири, а у другом три песме. У трећој и четвртој години излажења, обајвљене су још четири песме, по две у сваком годишту.

Грличину малу йесмарицу чине следеће песме: ***Иван-бег Црноевић и његови синови*** (88-96), ***Бој Црногорацах с Махмуш-Пашом год. 1796. јулија 11. догођени*** (97-109), 3. ***Бег Љубовић и Лазар Пецирей*** (110-116). Као последња, четврта пјесма у 1835. години наштампана је песма *"спјевана покојнијем Митрополитом Петром Петровићем Његошем на похвалу покојноме Кара-Ђорђију Петровићу"* (117-123). Као пета песма у *Грлици*, а прва у 1836. години, обелодањена је песма *О боју Рускоме и Турскоме код Чесме* (79-85); Шеста, односно друга песма јесте *Бој Црногорацах с Турцима, који се догодио 1756 год. Ноемвр. 25* (86-91). Песма је познатија под насловом који јој је Његош дао у *Огледалу срйском* – ***Сйан йолако рогоје, млого ши је обоје***. Седма, односно трећа песма је ***Освеша Кучка*** (94-110). Прва у 1837. години, осма од почетка излажења јесте песма ***Хајдуковање Томановић Вука, Турчина Гаврилова и Сима Радуловића*** (53-66). Девета песма, друга у 1837. је ***Узешак Будве и Троици*** (67-74). Десета песма, прва у 1838. години јесте ***Марко Краљевић и Џидовина Нина*** (100-109), а последња једанаеста црногорска попијевка у *Грлици* и друга песма у 1838. години је *Мујо Серхашлија и Арашин* (110-124).

Песме у *Грлици* нису биле прочитаване у следу, а да се притом водило рачуна и које године су које песме штампане. Оно што је до сада написано о *Грлици* и песмама које садржи – не помаже многу у суштинском ишчитавању *Грличине малене ейске исшоријске йесмарице* [35]. Пре свега, мислим да *Грличину збирку црно-*

---

[35] Радивоје Шуковић: *О алманаху Грлица, њеним сарадницима и уреднику*, Библиографски вјесник, Цетиње, 1976, 20-26; Јован Деретић: *Алманаси Вуковог доба*, Институт за књижевност и уметност-Вук Караџић, Београд, б. г., 123-124; Р. Шуковић је, пишући о *Грлици* у часопису *Сшварање* (бр. 9-10 за 1963. годину, 272-282), устврдио, између осталог, да су црногорске јуначке попијевке праве, аутентичне народне песме.

ѓорских јуначких йойијевки треба намах поделити. Првих девет песама и потоње две чине посебне целине. Две последње песме, оне које су наштампане 1838. године, **Марко Краљевић и Нина Џидовина** и **Мујо Серхайлија и Арайин** јесу својеврсно одавање почасти Сими Милутиновићу Сарајлији. **Грлица** није објавила никакв осврт на лајпцишку **Пјеванију** која је штампана крајем 1837. године. Објављујући две поменуте песме, обе из Милутиновићеве лајпцишке **Пјеваније**, **Грлица** означава штампање нове **Пјеваније** црногорске и херцеговачке. Но, и тада се упушта у мали полемички дијалог са Милутиновићевом збирком. У Милуттиновићевој **Пјеванији**, Марков противник је Мина, а у **Грлици** његово име је доследно измењено у Нина. Милутиновићев запис потиче из Котора, од Гаша Ришњанина. Очигледно, уредник **Грлице** сматрали су, на основу властитих сазнања, да је име које Милутиновић додељује Марковом противнику – погрешно, да није реч о Мини, већ о Нини. Да је је ово уверење засновано на познавању песме Гаше Ришњанина из Котора, или је реч о давном познавању песме која је опевала једнак сукоб, а у којој је Марков противник био Нина – немогуће је поуздано рећи.

Девет песама обелодањених у прва три годишта **Грлице** пружају другачију слику. Склон сам да верујем како четири песме штампане 1835. године, у првом годишту **Грлице** – јесу особен дијалог са Милутиновићевом **Исйоријом Црне Горе**. Будући да је 18. октобра 1834. године Његош издао проглас којим утврђује светитељски култ свога стрица (тело Петра Првог откопано пошто се у сну јавио своме наследнику; телу нађенои потпуно очувано и "мирише"; утврђивање Петровдана, Петровог имендана као дана обележавања култа) – Милаковић прави на страницама **Грлице** својеврсни омаж Петру Првом Петровићу. Као прву, објављује Петрову песму о Иван-бегу и његовим синовима. Четврта песма у томе годишту **Грлице**, посвећена Карађорђу има уза се и напомену да је њен творац стари владика. Друга песма по реду – **Бој Црногораца с Махмуй-йашом ѓод. 1796. јулија 11 доѓођени** – изузетно је блиска песми коју је Петар Први засигурно испевао о истом догађају [36]. Трећа песма у следу у 1835. години јесте песма **Беѓ Љубовић и**

---

[36] Петар I Петровић: **Фреске на камену**, приредио Чедо Вуковић, библиотека "Луча", књига 13, Титоград, Графички завод, 1965, – **Бој с везиром Махмуй-йашом (1796)** –, 432-441. Чини се да је реч о различитим песничким верзијама дела истог аутора.

Лазар Пецирей. Варијанта је објављена 1837. године у *Пјеванији*. под бр. 132. Милутиновић ју је записао од Миће Мехемедова у Бјелопавлићу. Склон сам да верујем да је у *Грлици* изнова реч о песми чији је аутор Петар Први Петровић. Једнако мислим и за песму *О боју Рускоме и Турскоме код Чесме*. Варијанта је позната из Милутиновићеве лајпцишке *Пјеваније*. Милутиновић ју је забележио од Гаша Ришњанина у Котору. Штампао ју је под бр. 165 и насловом *Морски бој Русах с Турцима*. Варијанта у *Грлици* неспорно показује боље познавање историјских догађаја. Свакојако је убедљивија. Следећу песму је неспорно испевао владика Петар Први Петровић. Преузета је из *Историје Црне Горе* Симе Милутиновића. Трећа песма у 1836. години, а седма од почетка излажења *Грлице* јесте *Освета Кучка*. Под тим насловом крије се песма добро знана из Његошевог *Огледала српског - Похара Жабљака (Огледало*, бр. LV). Постоји мишљење да је сам Његош аутор песме (склонији сам да је припишем Петру Првом) и да ју је због тога преузео [37]. Осмој песми по реду, првој у *Грлици* за 1837. годину, певач такође није назначен. Но, чињеница је да је и ову песму преузео Његош у *Огледало српско* и штампао под бр. XIV. Другу песму у *Грлици* за 1837. годину, а девету у следу такође је преузео Његош, незнатно измењену. Објавио ју је у *Огледалу* под бр. LI (*Горско каре*). Омашком, у објашњењима уз *Огледало* изриком је речено:

"Не зна се одакле је Његош узео песму за Огледало. Варијанту у Милутиновићевој Пјеванији, бр. 48 под насловом Бој Црногорава са Французима у Боки, саопштио је певач Бјелош Крстић" [38].

Девет песама обелодањених у прва три годишта *Грлице* мислим да потичу од владике Петра Првог Петровића, а свакако од најближих чланова породице Његош. Две песме штампане 1838. године обележавају, на себи својствен начин, штампање *Пјеваније* црногорске и херцеговачке у Лајпцигу 1837.

Све што је Милутиновић учинио у своме црногорском стваралачком раздобљу до 1837. године – углавном је добро, а свакојако, прихватљиво учињено.

Милутиновићева, рецимо то драмским језиком, трагична кривица, започиње суштински лајпцишким издањем. Године 1837,

---

[37] Јевто Миловић: *Да ли је Његош аутор пјесме "Освета Кучка"?*, "Стварање", бр. 1, Титоград, 1966, 68-83.

[38] Н. Килибарда: *Објашњења уз Огледало српско*, четврто издање, 595.

Милутиновић постаје отпадник од Петровићевске идеје и концепције. Тако званом петом књигом *Срйских народних йесама*, Вук Караџић ће поћи Милутиновићевим стопама, трагајући за песмама о њему сувременим збивањима [39]. Међутим, Вук Караџић, по обичају ради смишљено. Песме које он "сакупља", прибира, јесу кодификоване династичке песме. Вук Караџић се држи светога правила: ради како тражи онај ко те плаћа. Међутим, како политичка (и династичка) ситуација у Црној Гори и Србији, није довољно јасна почетком шездесетих година, опрезни Вук не објављује пету књигу, иако је најављује.

Стицајем уистину чудних околности, Милутиновићева *Пјеванија* стећи ће, после 1837. године, двојаке противнике. С једне стране, политички (и на одређени начин административно) негираће је званична Црна Гора, односно кућа Петровића. У томе смислу, "народна песмарица" – *Ойледало срйско* – означава ликвидсавију претходне "народне песмарице" – *Пјеваније црнойорске и херцейовачке*, посебно оне из 1837. године али практично обеју. Вукови пријатељи, поштоваоци, кивни су на Милутиновићеву *Пјеванију*, јер у њој, у лајпцишкој као и у будимској, виде покушај утука на Вука и његов рад. Вукове узгредне и тендециозне забелешке о тобожњем Милутиновићевом кривотворењу песама, придодате његовим многобројним усменим обезвређивањима *Пјеваније*, учиниле су да од тренутка када "Вуковци" преузимају кључеве позиције у српској књижевној историографији, Милутиновић бива окужен, прокажен, одбачен.

Милутиновићев концепт будућег јединства Црногораца и брдских племена био је, почетком четврте деценије деветнаестог века, политички неприхватљив. Песник је прешао чврсто омеђене, јасне просторе *Дике Цернойорске* и *Исйорије Црне Горе*. Док је у *Дики* драматизовао кључне моменте ране црногорске историје, а у *Исйорији*, следећи причање, а некада диктат старога владике, исказивао претежно новију повест Црне Горе – лајпцишким издањем *Пјеваније*, Милутиновић се упустио у лично акцентовање значајних епизода из прошлости Црне Горе и Брда. Међутим, свеукупна ситуација се брзо мењала. Једна фаза послова била је окончана, друга је започињала. Отворио ју је мудро Његош преко новога секретара

---

[39] Видо Латковић: *Пийање Вукове йейе књийе народних йесама*, *Ковчежић*. Прилози и грађа о Доситеју и Вуку, књига прва, Београд, Вуков и Доситејев музеј, 1958, 56-63.

Црне Горе и уредника алманаха *Грлице* – Димитрија Милаковића. Тако је 1835. године, непосредно после утврђивања светитељског култа старога владике Петра Првог Петровића, објављена и Петрова *Кратка историја о Црној Гори*. Њено штампање је било значајно већ због тврдње да јој је стари владика сам аутор. Свака реч, ту написана, другачије је звучала уз ново сазнање да је то реч светог човека.

Нови секретар Црне Горе, писар Његошев, како вели Вук Врчевић, наставио је, наизглед спонтано, писање црногорске историје, довршавајући тиме рад Петра Првога. Милаковићева *Историја* наставила је излази тамо где је Петрова започела – на страницама званичног органа Црне Горе *Преглед црногорске историје и политичких збивања*, Његошев секретар завршава годином 1830, односно временом када се са владичанског трона уклања Петар Први, а на њега ступа Петар Други Петровић Његош. Подржаван од стране куће Петровића од црногорске владе, спис Димитрија Милаковића је прихваћен као веродостојан, акрибичан, у сваком погледу обавештавајући. Као такав је преведен на италијански језик, у преводу Аугуста Казначића, а по речима самога Милаковића и на друге светске језике [40]. Милаковићева *Историја Црне Горе* биће штампана као посебна књига, са извесним измена и допунама, 1855. за владе Његошевога наследника, кнеза Данила Петровића.

На Милаковићев текст објављен у *Грлици*, ослониће се Милорад Медаковић, пишући педесетих година деветнаестога века, *Повјесницу српскога народа од најстарији времена до године 1850* [41]. На Милаковићев спис ослониће се и Вук Караџић у одговарајућим деловима своје књиге *Montenegro und die Montenegriner* објављеној 1837.

За трајања владичанства Петра Другог Петровића Његоша, окончан је рад на утврђивању темеља црногорске историографије. Кодификоване су битне поставке, заузет званичан став о величини учешћа Старе Црне Горе и Брда у стварању уједињене и велике Црне Горе. Напоредо са процесом кодификације, као његова неумитна последица, текао је, потихо, процес одбацивања апокрифних ставова. Милутиновићева *Пјеванија*, у оба своја издања, посебно у лајпцишком – била је апокрифно дело.

---

[40] Марко Драговић: *Покушај за библиографију о Црној Гори*, Цетиње, Књажевска црногорска државна штампарија, 1892, 29 (бр. 195); P. Chotch: *Bibliografia del Montenegro pubblicazioni del" istituto per l'Europa orientale in Roma*, Bibliografie, I, Napoli, Riccardo Ricciardi editore, 1924, 56.

[41] Милорад Медаковић: *Повјесница Црне Горе од најстаријег времена до 1830*, Земун, Књигопечатна дра Данила Медаковића, 1850.

Огледало српско – утук на лајпцишку Пјеванију Симе Милутиновића, или сукоб два политичка концепта

Уводне напомене:

Проучавање књижевнога дела Петра Другог Петровића Његоша има, готово по правилу, један недостатак. Сва пажња, оштрица танане, минуциозне анализе, усмерава се искључиво према делу које је тренутно у жижи интересовања. При томе се не води рачуна, а свакако се суштински о томе не размишља – како је Његош, од тренутка када је голобрад ступио на литерарну позорницу, напоредо обављао и други, у времену далеко сложенији и осетљивији посао – дужност владике и вође Црне Горе. Писао је док су ратови трајали и када би они зачас утихнули, бивали замењени деликатним дипломатским преговорима. Његошева књижевна дела су несумњиво самосвојне уметничке чињенице. Међутим, једновремено, она читавим ткивом припадају и смутним данима у којима су настајала, као њихов својеврсни одраз, коментар, полемичка реплика; духовни и политички напор да се мучна времена превазиђу и надрасту.

О суштини ствари:

Извесно је да су **Огледало српско**, **Горски вијенац**, **Лажни цар Шћепан Мали**, на пример, и уметничке чињенице по себи и за себе. Настала у следу који собом много говори о политичким неприликама у савременој Црној Гори – **ова дела откривају комплетну поруку тек када се изнова проматрају у контексту времена у коме су настала и политичких прилика са којима су се на особен начин носила.**

У књижевно-теоријском смислу, блискост, сродност ових дела – није очигледна. **Огледало српско**, је, по многим испити-

234

вачима Његошевога дела, добра антологија усмених епских народних песама. Избором и следом песама, она израста и у својеврсно ауторско дело.

"Историческо собитије", *Горски вијенац*, дело је драмског облика. Тема је истрага потурица. Спорно је, али мало битно: да ли тема припада црногорској Историји (раздобље 1700-1712), или је, пак, преузета из позније обликоване народне традиције.

Лажни цар Шћепан Мали такође је у драмском облику. Разматра појаву пустолова, Шћепана Малог. Самозван је дошао у Црну Гору у смутним временима, у другој половини осамнаестога века. Издајући се за преминулог наследника руског престола, покушао је да узурпира световну власт у Црној Гори.

Ова три дела, у особену трилогију повезују блиска политичка инспирација и једнака политичка идеја.

Огледало српско је начињено по угледу на *Разговор угодни народа словинског* Андрије Качића Миошића. На исти начин сачињена је, пре *Огледала српског*, и *Историја Црне Горе* Симе Милутиновића. Песме у *Огледалу српском* одабране су и поређане у хроничарском следу. Биране су и одабиране превасходно због политичких импликација које садрже. Упркос широко прихваћеном мишљењу, естетски, односно естетички моменат у *Огледалу српском* тек је у другом плану. Не мали је број песама који не би поднело никакав озбиљнији естетски суд. *Синови Иван-бегови, Удар на Вука Мандушића*, на пример, да поменем само неколике, међу првих десет песама из *Огледала српског*.

Огледало српско је настало у временима непрекидних ратовања између Црне Горе и Турске. Црној Гори је тада претила опасност са две стране: од скадарског паше и од херцеговачког паше. Скадарски паша је покушао да митом привуче себи некоја брђанска племена, конкретно Бјелопавлиће и Пипере. Херцеговачки паша, пак, врши стални притисак на Морачане и Ровце. Додатни проблем лежи и у чињеници што се поменута племена у то време нису још довољно сродила са Црном Гором. У новом заједништву, у Великој Црној Гори, су тек од краја осамнаестог, односно од почетка деветнаестог века. Бјелопавлићи и Пипери су у склопу Црне Горе од 1796, а Морачани и Ровци од 1820. године [1].

---

[1] Ђоко Д. Пејовић: *Црна Гора у доба Петра I и Петра II. Оснивање државе и услови њеног развитка*, Београд Народна књига, 1981. О тешњем повезивању Бјелопавлића и Пипера са Црном Гором в. одељак *Односи са брдским племенима до тјешњег повезивања са Бјелопавлићима и Пиперима (1796)*, 132-136; о уједињењу Црне Горе са Морачанима и Ровцима – в. одељак *Уједињење с Морачом и Ровцима (1820)*, одржавање веза с Кучима и Васојевићима и искушења стварање заједнице у вријеме обрачуна Турске с ослободилачким покретом на Балкану,

Милутиновићева *Пјеванија* настала је на трусном политичком подручју, које обухвата племена: Бјелопавлиће, Пипере, Морачане и Ровце. Ради суврмених, временски условљених и тренутних прилика – *Пјеванија* је морала бити сачињена тако да представља посебну част брдским племенима, а да их собом и потом постави и уклопи у идеју државности петровићевске Црне Горе.

Оīледало срīско је настало у временима када Његош има превелике проблеме – и на граници према Турцима, али и у сопственој земљи. Са херцеговачким пашом, Али-пашом, био је час у ратном сукобу, час у траљавим преговорима. Опхрван бригама и свакојаким недаћама, премлад за бреме које му је стављено на грбачу, Његош није увек размишљао политички. Тако ће, примерице, наредити да се побију преговарачи Али-пашини 7. августа 1843. на Башиној води, близу Острога, иако је ове штитила бела застава [2]. Овај недомишљени чин донео му је многе дипломатске невоље, наишавши на неподељено згражавање најближих црногорских суседа и заинтересованих великих сила. Згражају се и Турци и Аустријанци. Убиство преговарача, на веру придошлих, осуђивали су тада и многи Црногорци, Његошеви противници. Ужаснуто је јавно мњење Дубровника и Боке Которске. Његоша тада осуђује и иначе наклоњени му руски конзул у Дубровнику, Јеремија Гагић! Не мање је оштар Његош морао да буде, а и јесте био према сопственим поданицима. Бјелопавлићи и Пипери готово непрекидно воде преговоре са скадарским пашом. У зависности од тренутнога степена личне угрожености: час прихватају турску помоћ и заштиту, час се ње одричу [3]. Опште економско стање у земљи је такође против владике Његоша. Гладне године приморавају и многе Црногорце из Старе Црне Горе и Црмничке нахије, на пример, да се обрате за помоћ Турцима, односно скадарскоме паши. У замену за добијено жито, за могућност преживљавања, пристају да признају пашину врховну

152-161. Општем зближавању више су доприносиле заједничке недаће, него ли политичке декларације и гласна опредељења. Тако је, на пример, турски удар на Мартиниће 1832. године изазвао здружен отпор Бјелопавлића и Пипера и у свему је више допринео зближавању ова два племена међу собом и њиховом заједничком приближавању Црној Гори (в. Исто, 163), него ли све оно што је за тридесетак година чинио владика Петар Први Петровић.

[2] Јевто М. Миловић: *Пеīар II Пеīровић Њеīош у своm времену*, Посебни радови Црногорске академије наука и уметности, књига 5, Титоград, Универзитетска ријеч, 1984, одељак Погибија Али-пашиних посланика на Башиној води 7. августа 1843, 481-504.

[3] Јевто М. Миловић, нав. дело, 541-564; Ђоко Д. Пејовић: нав. дело, 171-173.

власт. Немири у Старој Црној Гори, знатна колебања међу брдским племенима (поглавито међ најмоћнијим Бјелопавлићима), бацили су Његоша у велику бригу. Учинило му се како је потребно да се брдска племена, посебно Бјелопавлићи, али и Пипери, Морачани, Ровци – "поставе на место". Спознао је да су исувише умишљени, претерано самосвесни, собом опседнути. Пуни илузија, како сами могу опстати, решавати све спољне проблеме, чак и односе са Турцима.

Након својеврсног бекства из стварности, из свега што га је окруживало, након филозофско-религиозног излета и узлета (како се то другачије може назвати) спевом *Луча микрокозма*, Његош се враћа текућим проблемима. Сачињава *Огледало српско*. Збирка је завршена 1845. године, а наштампана је у Београду почетком 1846. Садржи шездесет једну песму. Не мали број, двадесет три, односно двадесет четири песме, Његош је преузео из раније обелодањених збирки, књига, алманаха [4]. Девет песама узео је из лајпцишког издања *Народних србских пјесама* Вука Караџића, седам песама из *Историје Црне Горе* Симе Милутиновића (1835), пет из Милутиновићеве лајпцишке *Пјеваније* (1837), три, а не две из алманаха *Грлица*. Тридесет осам је нових песама у *Огледалу српском*. Или сличних песама није било забележених и штампаних пре Његоша, или су објављене знатно другачије варијанте.

У јесен, октобра, 1846. године, Његош је, чини се, надвладан бројним проблемима који га окружују, недаћама које се са свих страна сручују на његову главу. Посебно тешко му пада чињеница да се многи Брђани, па чак и Црногорци са подручја Старе Црне Горе, опредељују за Турке и да су спремни на свакојаке, па и војне савезе са Турцима против њега, владике Рада и његове власти у Црној Гори. Такву врсту проблема са брдским племенима, Његош је имао готово непрекидно од часа када је, наследивши Петра Првог Петровића, прихватио власт у Црној Гори. Његов далеки предак,

---

[4] Видо Латковић: *Огледало српско*, у књизи П. П. Његош, *Огледало српско*, *Целокупна дела Петра II Петровића Његоша*, књига пета, четврто издање, Београд, 1975, 486 и 488. И Видо Латковић у тексту о *Огледалу српском* и Новак Килибарда у *Објашњењима уз Огледало српско* пропуштају да запазе да је Његош из *Грлице* узео три, а не две песме. Трећа, неспоменута песма штампана је у *Грлици* за 1837. годину (67-74) под насловом. *Узетак Будве о Троици*. Песму је Његош преузео и са мањим изменама наштампао у *Огледалу* под бр. 23 MLI и насловом *Горско каре*. Постоји варијанта у Милутиновићевој лајпцишкој *Пјеванији* под бр. 48 (*Бој Црногораца са Французима у Боки*). Њен певач је Крстића Бјелоша из Црне Горе.

Данило Петровић, пре готово стотину педесет година, муку је мучио, вели предање, са потурицама. Кад год би било смутње – пристајали су уз Турке. Међутим, у време владике Петра Другог Петровића Његоша уз турску страну, у одлучујућим тренуцима, нису пристајале само потурцице, већ и многи Црногорци хришћанске вере. Владика Његош видео је потурице свуда око себе. Био је свестан да се са њима мора обрачунати – било како. Повремено је бивао принуђен и да војује против делова сопственог народа. Те војне су махом биле војнички успешне, а војску Црне Горе често је у тим приликама предводио Његошев рођак и несуђени владика Црне Горе, Ђорђије Савов Петровић. Вођење грађанског рата против дела сопственог народа никада није добро. Ни онда када се оно чини у војном погледу – успешно. Његош је одлучио да свеукупан проблем покуша да надрасте и уклони на другачији начин. Прво је сачинио политичко-историјску народну пјесмарицу *Огледало српско*. Потом је одлучио да обради тему о тзв. истрази потурица, о којој су толико говорили и писали стриц му, свети владика Петар Први, као и учитељ Сима Милутиновић. Новим проваравањима брдских племена, истрага потурица је изнова постала проблем, проблем Његошеве свакодневице. Литерарно, песнички оживљавајући стару тему – Његош се обрачунавао не са временима владике Данила Петровића, већ са себи сувременим. Саучествујући са владиком Данилом, Његош је испољавао крајње разумевање за сопствено држање и личне невоље. Игуман Стефан у *Горском вијенцу* је Његошева поетска визија Петра Првог, визија пуна дубоког поштовања, дивљења и оданости. Владика Данило, пак, јесте Његош сам.

Његош се у животу итекако знао да обрачуна са преверницима и издајицама. Напоменимо само за "мушкетање" Тодора, Ивана и Милоша Мушикина, или, пак, за наручено убиство Маркише Пламенца, истакнутог Црмничанина и присталице скадарског паше [5]. Одстрел тројице Пипера, који су се претходно својевољно предали, дошавши "на веру" Његошу на Цетиње – није одјекнуло повољно ни у Црној Гори, а камоли у Брдима.

Немире у Црмничкој нахији, као и својеврсну побуну дела брдских племена – успешно је локализовао, па потом и угушио, блиски рођак владике Рада, Ђорђије Савов Петровић [6] несуђени владика и господар Црне Горе. Њега је првобитно Петар Први

---

[5] Јевто М. Миловић, нав. дело, 560-561.
[6] Исто, 552 и даље; Доко Д. Пејовић, нав. дело, 113.

одредио за наследника и, као таквога, послао у Русију на школовање. Из разних разлога, Ђорђије је тамо скинуо мантију и заменио је униформом питомца војне академије. Одрекавши се свештене каријере, одрекао се и владичанства над Црном Гором. Међутим, његов углед у традиционално русофилској Црној Гори никада није био мали. Посебно му је у прилог ишла чињеница што је завршио руску војну академију. Интересе Ђорђије Савова Петровића заговарао је у часу именовања наследника Петра Првог, а после Петрове смрти, и црногорски гувернадур Вуко Радоњић. Од 1835. године, када се повратио у Црну Гору, Ђорђије је био непрекидно уз Његоша. Повремено се стиче утисак да готово владају заједно, само што Његош формално доноси одлуке, а Ђорђије остаје у сенци. Његош је непрекидно зазирао од Ђорђијина утицаја, али и од Ђорђијиних амбиција [7]. Последњи догађаји, на почетку 1847. године, Његоша су итекако забринули. Био је свестан да у Црној Гори, он лично, није много омиљен и да би многи били пресрећни да дође до промене владара Црне Горе. У страху од рођака, рускога официра и успешног црногорског војсковође Ђорђија Савова Петровића – Његош уобличава драмску причу, о авантуристи Шћепану Малом. И њега је, као и учитеља му Милутиновића, заинтересовао човек који је, позивајући се на ауторитет Русије, тврдећи за себе да је преминули руски царевић – настојао да загосподари Црном Гором и да потисне владику Сава Петровића. Дакле, **већ је било примера у црногорској историји да поред свештеног поглавара, Црна Гора има и световног владара. Управо понављање те ситуације Његош хоће да избегне пишући алегоријску драмску причу о** *Лажном цару Шћепану Малом.*

У новонасталим временима, Милутиновићева *Пјеванија*, посебно она лајпцишка из 1837. године, постала је политички неподобна. Његош није ни могао, нити смео да дозволи да она настави живот међ брдским племенима, чију је храброст, поноситост и свакојаку самосвесност тако штедро величала. Наступило је, по Његошевом дубоком уверењу, "пошљедње време" да се брдска племена доведу у ред.

Лајпцишка *Пјеванија* Симе Милутиновића била је духом супротна идеји *Огледала српског*, *Горског вијенца*, а русофилством није пристајала нити уз *Лажног цара Шћепана Малог. Огле-*

---

[7] Ђоко Д. Пејовић, нав. дело, 113-115; Јевто М.Миловић, нав. дело, 26, 30.

дало срйско и политичке неприлике прогнали су *Пјеванију* из друштвене и културне историје Црне Горе.

Разумљиво, Његош нигде није изрекао праве разлоге који су га приморали да начини *Огледало срйско*. У контексту *Огледала срйског* није припомињао Симу Милутиновића. Међутим, илустрације ради довољно је размотрити Његошев предговор *Огледалу* и само првих десет песама из *Огледала*. Након тога је однос *Огледала срйског* према *Пјеванији црногорској и херцеговачкој* (и то посебно према лајпцишкој, из 1837. године) – више него јасан.

"Предисловије" *Огледалу срйском*, Његош је осмислио на особен начин. Устврдивши да *"наше народне пјесме не требају никаква предговора за своју препоруку"*, због тога што су већ широм света познате, а лепотом су упоређиване са *"Омировим и Осијановим пјесмама"*, Његош се намах усредсређује на одлике црногорске усмене и традиционалне епике:

"За црногорске пјесне може се рећи да се у њима садржава историја овога народа, који никакве жертве није поштедио, само да сачува своју слободу. Истина да поезија на неким мјестима понешто увеличава подвиге Црногорацах; но на многима и важнијима држи се строго тачности. Од црногорскијех пјесанах што сада на свијет излазе, ово није ни десети дио; но главни бојеви од 1702. сви су готово. Унапријед настојаће се да се објелодане и она јунаштва о којима сад овдје није споменуто" [8].

Из овога дела Његошевог "Предисловија" произилази да је *Огледало срйско* особена народна историја или народна историјска песмарица, посебно за збивања од 1702. до Његошевога времена. Његош истинито, али надасве мудро уочава да *"поезија на неким мјестима понешто увеличава подвиге Црногорацах"*. *"Понешто"*, дакле не много, свакако је у границама прихватљивог. Међутим, значајна је допуна која томе следи: *"но на многима и важнијима држи се строго тачности"*. Битно упозорење читаоцима. Тачно је да се из "предисловија" не може закључити у којим то песмама има петеривања, али се не може поуздано ни рећи које су то песме о важнијим догађајима, које се држе *"строго тачности"*. Свакако да је тадашњим читаоцима Његошевога *Огледала* било извесно, како међу те песме, ван сумње припада свих седам песама преузетих из Милутиновићеве *Историје Црне Горе*. Уосталом, то су стожерне

---

[8] Петар Петровић Његош: *Огледало срйско*, Целокупна дела Петра II Петровића Његоша, књига пета, четврто издање, 11.

државотворне песме и у *Историји Црне Горе* и у *Огледалу српском*.

Његош не саопштава никакве податке о певачима, као ни о сакупљачима. За Његошеве стварне потребе и за смер политичко-литерарне акције *Огледала српског* – имена свакојако није требало помињати. Познато име изазива често проверене резерве и отпоре. **Пропагандна порука увек губи у убојитости и заразности ако јој се зна творац.** Међутим, иако није саопштио имена певача, односно сакупљача, Његош је, нехотице, подвукао колико је читава акција око настајања *Огледала* имала државно-политички карактер. Одвијала се **искључиво** на Цетињу, под строгом контролом владике:

"А што нема печатана имена ко је ове пјесме скупио, узрок је томе што их није један само човјек купио и писао, него су скупљене овако: кад би какав пјевач овдје на Цетињу испијевао пјесну добро, одмах би се повео у ког писара да је напише; даклен, не може се један назвати њиховим скупитељем" [9].

Колико је Његош ишчекивао од *Огледала српског* у политичком, па и државотворном смислу, може се слутити и из једне, наизглед безначајне, узгреднице којом се саопштавају место и датум писања "предисловја". Узгредница наглашава како је Његош то учинио на Цетињу, на Благовијести. Том узгредницом најавио је Његош једновремено и *Горски вијенац*, односно спев о истрази потурица. *Огледало српско* окончава се на Благовести, даном који најављује Христово рождество, а истрага потурица треба да се обави на Бадње вече, у освит Христова рођења.

Његош у "предисловију" речју не помиње Милутиновићеву *Пјеванију црногорску и херцеговачку*. Понаша се и пише као да никакво дело слично *Огледалу* није начињено на просторима сувремене петровићевске Црне Горе. Од лајпцишког издања *Пјеваније* до појаве *Огледала српског* није протекло ни пуних десет година. Све би се још некако и могло схватити да је *Огледало* садржало већи број песама. Међутим, шездесет једна песма Његошевога избора чини безмало тек трећину песама лајпцишке *Пјеваније*. Ако се има у виду да и тај невелик број треба умањити за двадесет четири песме које је Његош преузео из других збирки и других извора – испада да је Његош у *Огледалу* објавио тридесет седам песама. Из тога угла посматран однос између лајпцишке *Пјеваније* и *Огледала српског*

---

[9] Исто, 11.

– поразан је по *Огледало*. Разлог Његошевог непомињања Милутиновићевога корпуса народних песама из Старе Херцеговине и Црне Горе није, дакле, у томе што је, *Пјеванија* већ пала у природан заборав, нити је стога што је безначајно малена наспрам *Огледала*. Његош је не помиње управо због тога што *Огледало српско* и осмишља и сачињава како би њу истиснуо, како би се са њом обрачунао. Истина је да Његош не помиње ни Вука Караџића, а из његове збирке преузима песме Филипа Вишњића посвећене Карађорђу и првоме српском устанку. Међутим, Вук је изостављен само да би Његошев однос према лајпцишкој *Пјеванији* добио предзнаке принципијелнога става.

Приликом осмишљавања *Огледала српског*, Његош доследно следи идеју стрица и претходника на владичанском трону Црне Горе – Петра Првог Петровића, изречену у *Краткој историји Црне Горе*, а и у песмама којима је "илустрована" Милутиновићева *Историја Црне Горе*. Основна идеја (и тежња) *Кратке историје Црне Горе* јесте да се на сваки начин учврсти кућа Петровића на владичанском трону Црне Горе, а потом да се значајно прошире црногорске границе те да у државне међе уђу бар сва Брда. Петра Првог мало интересује даља прошлост. Све што се збивало пре краја седамнаестог, односно пре почетка осамнаестога века, пре доласка Данила Петровића за владику Црне Горе – прелази у хипу. Црнојевићи су му важни само утолико што описивање њиховога пада чини битну историјско-политичку припрему за познији долазак Данила Петровића. Црнојевићи губе државу. Након смрти Ивана Црнојевића, син му Станиша, са већим бројем Црногораца прихвата ислам и потурчи се. Синови Ивана Црнојевића, Хришћанин и Потурица, долазе у сукоб који постаје за следећа два века обележје суживота у црногорским просторима. Снажан осећај јединства црногорских племена пољуљан је непрекидним сукобима потурчењака и осталих Црногораца. Лошу унутрашњу ситуацију оставили су последњи Црнојевићи као зло завештање Црној Гори. Управо тај проблем успешно разрешава владика Данило Петровић, родоначалник куће Петровића – **истрагом потурица**.

Оваквог редоследа излагања држи се и Његош у *Огледалу српском*. Потребно је мало указати на сјај пропале и изумрле династије Црнојевића, сјај свакојако више нешкодљив, да би њихов катастрофални пад, чином потурчивања – добио у значају. Потурчивање последњих Црнојевића битно је, пак, да би се истакло стање које влада у црногорским крајевима до почетка осамнаестога века, до

Данила Петровића. Црнојевићи су у црно завили Црну Гору, а родоначалник династије Петровића је започео ослобађање и државно учвршћивање Црне Горе.

Срйско бадње вече, исйрайа йойурица, Горски вијенац – природне су и неминовне последице. Истрага потурица је политичка неминовност. Битна је као политичка, никако не као историјска чињеница. Да ли је до ње дошло у стварности – није важно. Основно је да она, у политичкој слици једнога времена и менталитета, има смисао и својеврсно оправдање.

У *Пјеванији* Милутиновићевој, идеја српског бадњег вечера је потиснута. На два начина. У први план је, у томе смислу, у будимској *Пјеванији* отишла песма *Два Херака*. Два брата живе служећи различите господаре. Сваки постиже максимум који се, у одређеном смислу, може достигнути. За потребе својих сизерена сукобљавају се оружјем, у незнању. Све се добро заврши. На земљи има места и за једнога и за другога, као и за заједничку срећу и спокој. У лајпцишкој *Пјеванији* прва песма, након "три коледке, јесте песма *Свјер* – о доласку Михаила Милорадовића са грамотама цара Петра Великог у Црну Гору. И у будимској и у лајпцишкој *Пјеванији*, песма која опева легенду о бадњем вечеру стављена је на мало уочљиво девето место. Песма *Ослобод*, како Милутиновић назива Истрагу потурица у будимској *Пјеванији*, односно песма *Свеосолобод*, какво име песма носи у лајпцишкој *Пјеванији* – од наслова је промашена. Идеја владике Петра Првог изнета у епској илустрацији *Исйорије Црне Горе* јесте чиста. Његошева, у *Огледалу срйском*, исказана истом песмом Петра Првог Петровића, насловом *Срйско бадње вече* – још је чистија. Нови живот се рађа у мукама. Порођај је тежак, болан, крвав, али управо је такав неопходан да би отпочео нови живот. Милутиновић се исувише креће у песничко-символичном кругу. Пореклом из Босне и Херцеговине, премного има слуха и осетљивости, за проблеме херцеговачких и брдских племена. Одбијајући све то, Његош недвосмислено даје на знање како не жели да се надовеже на Милутиновићеве идеје. Песме свога часног претходника, владике Петра Првог Петровића, не преузима из *Пјеваније*, што је мирне савести могао, већ из далеко ауторскије, у Петровом смислу, *Исйорије Црне Горе*. Његош не жели да призна *Пјеванију* као културну, још мање као политичку чињеницу. Друге песме, осим оних владике Петра Првога и сопствених – готово ни не покушава да преузме. За тај поступак, Видо Латковић је изнашао неколика могућа објашњења. "Његош", пише Латковић, *"никако није запостављао израђеност и лепоту песме; колико је полагао на уметничку страну песме најбоље се види ако се неке песме у* **Огледалу** *пореде са њиховим варијантама у Милутиновићевој* **Пјеванији"** [10]

Затим:

"Његош је песме за **Огледало српско** *бирао имајући стално пред очима васпитну намену збирке, а придржавајући се при томе и одређеног мерила"* [11].

Латковић упозорава и на чињеницу да до **Огледала српског** Његош стиже преко младеначког спева **Глас каменштака** (1833. године спеван); и **Свободијаде** (1835). Тим поводом изриче два важна става:

– да је **Огледало српско** у извесном смислу остварење једне давнашње Његошеве песничлке замисли;

– да *"збирка представља антологију, тј. Његошев избор песама учињен по личном мерилу и са одређеним циљем* [12].

Њима додаје и важну напомену како је *"Његош највећем делу песама у збирци дао коначну редакцију"* [13]

Латковићев став се уобичајено тумачи тако што се верује да је Његош направио васпитну и, једновремено, естетску антологију народних песама које обрађују збивања из црногорске историје. Верује се, такође, да је нека коначна редакција текстова – Његошева.

Битно је питање шта конкретно значи "коначна редакција". Мислим да је треба довести у везу са чињеницом да Његош не указује на сопствене изворе. Неки се накнадно могу докучити, други никако. Можда, због ових потоњих, треба подсетити на препознату чињеницу да се у Његошевом поетском опусу налазе и: **Мали Радојица** и **Нова пјесна црногорска о војни Русах и Тураках почетој 1828. году** и **Бјелице и Кавајка** и песма за **Вида и Мирчету, како су сакупили чету и узели топ са Спужа**, и **ударац на Мартиниће и Вук пријатељ овчији**, и **Кула Ђуришића**, и **Чардак Алексића** (поводом догађаја из времена објављивања **Горског вијенца** – 1847. године). Ово подсећање практично значи да нису погрешили они што су **Огледало српско** унели међу сабрана дела владике Петра II Петровића Његоша.

---

[10] Видо Латковић: **Огледало српско**, у књизи П. П. Његош, **Огледало српско**, Целокупна дела Петра II Петровића Његоша, књига пета, четврто издање, Београд, 1975, 489.

[11] Исто, 489.

[12] Исто, 485.

[13] Исто, 486.

244

Избор који је начинио владика Раде више је него ли осмишљен. Њему су биле потребне одређене, не које друге песме. Он није народне песме сакупљао, већ можда по народу тражио што му је одговарало. Верујем да када то није налазио, а политичке идеје често се не могу у пракси потврдити и документовати – мењао је у народној песми, коју је пред собом имао – све: и време и место и учеснике догађаја и став певача.

Подсетимо се на прве песме у *Огледалу*, на њихове садржаје, а потражимо након тога и њихову бит, суштинску поруку, смисао постојања.

Прва песма је *Синови Иванбегови*. Напомена уз наслов казује да су се догађаји, у песми опевани, одиграли око 1610. године. Аутор песме је стари владика Петар Први Петровић. Песму је наштампао Сима у *Историји Црне Горе* (1835), а штампана је и у алманаху *Грлица*, исте, 1835. године. Садржај је у следећем: Станиша Црнојевић се потурчи да не би са друштвом изгубио главу. Војује са војском турскога султана на Багдад и ту губи: *"тридесет братах"*. Након тога тражи војску да би освојио бабовину. Прети да ће се у противном одметнути:

> али ћу се опет покрстити
> и катил се тебе учинити,
> ка' што ти је Муса у Приморје
> јал' Краљевић у Прилипа града".
>
> (ст. 105-108)

Станиша – Станко, који је по потурчењу добио титулу паше и земљу Скендерију, креће са војском на Црну Гору. Брат му, Ђура Црнојевић нуди престо, само да се не сукобе:

> Ја сам брата у књиги кумио
> да се прође силе и војштења,
> а да дође на место бабово:
> ја ћу му се с' мјеста уклонити,
> то сам волиј но му крв попити,
> ал' се неће без ђавола проћи!"
>
> (ст. 141-146)

У истоме часу, Ђура сахрањује оца Ивана који умире од туге.

Црногорци подржавају Ђуру. Долази до битке у којој су Турци побеђени. Станиша бежи у Скадар, али га тамо не примају. Одлази у село Бушате и прозива се Бушатлија. Идеја са будућим Бушатлијама је више него јасна.

Важне су мисли у Ђуриноме писму султану. Ђуро пише да је турски цар Станишу више могао да усрећи да му је дао Босну јал' Херцеговину:

> но си посла њега на Цетиње,
> на столицу оца његовога;
> у њу, знади, Турчин сјести не мож',
> јер је бране љути Црногорци,
> којено си вјером преварио
> кад си њину браћу потурчио;
>
> *(ст.178-182)*

Занимљива је уводна сцена са соколом гласоношом. Спушта се до Пазара, од латинског града Котора. Црногорци хоће да га гађају стријелама, али Иван Црнојевић не дозвољава. Отера Црногорце, простире кабаницу, призива сокола, називајући га црним гласоношом. Од сокола сазнаје шта је учинио син му, Станиша, у Стамболу. Дознаје да Станиша у први мах није хтео да прими исламску веру, али када му је цар запретио да жив неће отићи – пристао је, заједно са Црногорцима у пратњи – да се потурчи. Чувши црну вест од сокола, божанског гласника, Иван Црнојевић пада мртав.

Има у овој песми подоста глупости, а и нелогичности. Тако, примерице, на вест о синовљевом потурчењу – Иванбег умире, одржавши краћи предсмртни говор. Наслеђује га син Ђорђије. Станиша војује са турском војском седам година на Багдад. Потом тражи од султана да му да, како је обећао, Црну Гору као пашалук. Султан пристаје, а вест о томе стиже до Ђорђије-Ђура Црнојевића баш онога дана када сахрањује оца!?

Следи песма: ***Освета Батрића Перовића.*** Између заграда, испод наслова, напоменуто је да песма опева догађаје из *"око 1700. год."* Његош вели да му је певач песме непознат. Постоји варијанта у Вуковој четвртој књизи од Ђура Милутиновића Црногорца. Вук је песму објавио већ у трећој књизи лајпцишкога издања.

Садржај песме у ***Огледалу*** је једноставан. Осман Ћоровић је ухватио Батрића Перовића *"а на вјеру и на побратимство".* Ставља га на муке. Батрић тражи да буде погубљен као јунак (сабљом или пушком) или да га Осман *"стави"* на откупе. Притом набраја шта се све као откуп може добити од његове породице, од браће, оца, снаја).

Осман одбија понуду и наставља са мучењем. Батрић умире. Отац Батрићев, Перо, на глас о смрти сина:

> скуба браду, вади очи црне,
> како, брате, за милијем сином.
>
> *(ст.43-44)*

Теши га Радул Перовић подсећајући да је остало још седам синова и

> *ако буде старога талиха,*
> *Турци ће ни платити Батрића!*
>
> *(ст.50-51)*

Отац се ражести. Вели да је сам кадар да освети свих седам синова, а камоли једнога – Батрића.

Радул прикупља чету и креће да свети Батрића. Током лета (толико траје четовање) посече тридесет Турака. Дружина му каже да је то одлична замена за брата и траже да се поврате. Радул пристаје, али тешка срца, јер је виновник братовљеве смрти још жив.

У тај час, појављује се Осман Ћоровић на коњу. Прати га пас. Радул поставља заседу. Османа ухвате живог. Изнова се понавља позната ситуација са нуђењем откупа. Осман је имућнији, него ли је био Батрић, па је и откупнина коју нуди за себе – двоструко већа. Уместо педесет *"коња и говеда"*, које је нудио Батрић, Осман даје *"стотину коња и говеда"*, а *"и сувише овце свеколике и у злату хиљаду дукатах"*. Радул понуду намах одбија:

> *Ножем врже, посјече му главу,*
> *И посјече кера Османова,*
> *Двије пасје зијевају главе!*
>
> *(ст.123-125)*

Кад се све пажљиво ишчита, бит песме је у стиховима:

> *На вјеру га Осман преварио,*
> *А на вјеру и на побратимство.*
>
> *(ст.10-11)*

као и у онима, наведеним, при крају песме, који описују смрт Османову.

У песми **Синови Иванбегови** назначено је да се Срби-Црногорци цепају на две значајне, сучељене и противстављене групе: на оне који вером не преверише и на потурченьаке. У првој песми **Огледала**, Ћуро Црнојевић још увек размишља и премишља:

> *Брат је мио ко је вјере био*
> *када братски чини и поступа,*
> *али они братски с нама неће,*
> *већ крвнички, по турском начину.*
>
> *(ст.136-139)*

У **Освети Батрића Перовић**а, у песми која се односи на времена која непосредно претходе ступању владике Данила Петровића на историјску позорницу, Батрић је ухваћен *"а на вјеру и на побратимство"*. Наравоученије је јасно и наметљиво. Потурченьаци непрекидно раде о глави крвној браћи. Нити они желе, нити могу да се измене. Са њима нема ни збора, ни могућег договора. Стога је неминовност оно што најављује трећа песма у **Огледалу** – **Српско бадње вече**.

Песма је објављена први пут у Милутиновићевој будимској *Пјеванији* 1833. године, под насловом *Ослобод*, али тек као девета песма у књизи. Прештампана је у лајпцишкоме издању 1837. године. Наштампана је такође под бр. 9, али са измењеним насловом: *Све-Ослобод*. Као певач је назначен Мато Мартиновић из Бајица, по женској линији сродник владичанске куће Петровића. Никола Банашевић, пак, испитујући песме о догађајима из новије црногорске историје у лајпцишкој *Пјеванији* Симе Милутиновића, дошао је до закључка да је творац песме владика Петар Први Петровић. Томе ставу се приклања и Новак Килибарда у коментарима песама *Огледала српског*.

Садржај песме, укратко, је следећи: Зећани, на предлог Хаџипопа Јове, измоле од скадарскога паше дозволу да сазидају цркву. Помоћу молби и поклона, односно мита, добијају дозволу. Када црква буде саграђена, Зећани покушавају да на једнак начин добију сагласност да владика Данило Петровић може да "*освешта цркву*". Неосвећена црква је, веле Зећани, попут пећине. Смисао поређења није до краја разумљив. У пећини се и Христ родио. Претпостављам да саграђена црква јесте место посвећено Богу и место на којем се, боље и директније но на другима, може да успостави контакт са њим. Освећена црква, односно "*освештана црква*" ту везу олакшава и продубљује. У том смислу, пећина јесте свето место Христовога рођења; у пећину, на поклоњење, долазе и света три краља. Међутим, није обављено потпуно елиминисање световнмих, профаних елемената, није обављено освећење пећине.

Зећани добијају тражену сагласност, а уз њу и уверавање како се владики Данилу неће ништа зло догодити, ако дође међ Турке, Владику су Зећани позвали и о свему обавестили. Сврха пута опредељује владику да се одазове позиву. Међутим, од почетка он нема поверења у турска обећања:

није вјера тврда у Омера!

(ст. 79)

Уз присуство житеља "*равне Зете*", "*Брда*" и "*гиздаве вароши Подгорице*", владика освешта цркву. Тада га хватају Турци и воде у Подгорицу. У руке владичине стављају колац на који га мисле ударити. Владика је принуђен да носи колац, као што је Христ био приморан да носи крст. Присутни, и мало и велико, ударе у кукњаву. Сви моле и преклињу да се владика стави на откупе. Молбама за откуп придружује се и сам владика, препоручујући верницима да продају и црквене реликвије, како би га ослободили зла и избавили од сигурне смрти:

продајите крсте и кандила,
и путире од сухога злата,
све црковно дајте за ме благо,
(ст. 128-130)

Турци прихвате предлог да се владика стави на откупе. Откуп се полако прикупи, а Турци владику ослободе. Најновије искуство подучило је владику да је доспело време за одлучније поступке. Стога предлаже немилосрдну акцију:

покољимо Црном Гором Турке...

Црногорци се заричу владики да ће нешто предузети. Време пролази, али се ништа не дешава. Никоме се не започиње тако што. Данило, који је на сопственој кожи готово осетио турски начин обрачуна са угледнијим Хришћанима – прибојава се да су га његови Црногорци издали. Обраћа се најпоузданијима, себи најоданијима – Мартиновићима. Мартиновићи се сви одазову владичином позиву, али на владичино неувијено питање одговарају да се једноствано боје да било шта предузму из страха за породице. Владика их умирује на особен начин:

биће они де и моја глава!

Мартиновиће умирују владикине речи и одлучни су да одрже раније дату реч. Владика Данило их причешћује:

још донесе једну чашу вина,
напијају сви у славу Божу
и у славу Христа спаситеља...
(ст.232-234)

После обреда причешћа, следи обредна вечера. Бадње вече измиче. Владика назначује да је дошло време за покрет. Мартиновићи припасују оружје и полазе. Све убијају на спавању. Троје деце поштеде, јер су ова (а друга нису!) викала да хоће да се покрсте. Воде их владики, који их покрсти. Свањива Божић, дан *"рождества Христова"*. На Цетињу се *"чини весеље"*. Владики стиже глас-муштулук да су сви црногорски Турци побијени. Он, усхићен, и Божијом милошћу озарен, на то вели:

Мили Боже, на свему ти хвала,
Баш весеља што жуђех одавна!
(ст.275-276)

Стижу Мартиновићи и Вук Бориловић, у крв огрезли, **виновници** весеља. Владиха их одушевљено дочекује. Потом одлази у цркву да срећан одслужи *"Божу летурђију"*. Мартиновиће награђује одговарајућим поклонима: пушкама и ножевима, а њиховом вођи, војводи Батру, даје *"коња испод себе"*. Оружје се дарује са наменом, а посебно је значајно даривање **мерџајли ханџара**:

249

> *Нек душмане све коље и пара,*
> *Нек их бије да их нигђе није,...*
>
> *(ст.301-302)*

Коначано су ликвидирани изроди и одроди. Црногорци изнова могу да делају здружено, уједињено.

Следеће питање које потребује одговор јесте: да ли малена Црна Гора може сама да се носи са Турцима? Није ли им нужна помоћ рускога царства? Одговор на оба питања пружа четврта песма у *Огледалу – Милорадовић посланик Петра Великог*. Песма је, између заграда, испод наслова, датована *"1711. год. мјесеца марта"*. Милорадовић, у улози посланика Петра Великог, доноси на Цетиње цареве грамоте, предлог за војни савез. Црногорци прихватају предлог и позив рускога цара Петра да помогну Русији у рату против Турске царевине. Међутим, после пораза руске војске на реци Пруту, Русија склапа сепаратни мир са отоманском империјом. Мир није обухватио, нити решио учешће Црне Горе у овоме рату. Препуштена себи, Црна Гора успешно наставља борбу. Способна је за то, јер:

> *Није сјенка слога црногорска:*
> *Нејма тога тко б' их ујармио,*
> *То л' их отле некуђ призајмио!*
>
> *(ст.151-153)*

Његош, лично подоста разочаран у помоћ коју је његова владавина добила од Русије, ређа иначе познате песме, следом који им даје особено значење. Истина је да су Црногорци увек били русофили, али њима помоћ руске царевине није неопходна за опстанак. Војни успеси, попут оних о којима се пева у песми о Милорадовићу – нису случајни. Самостално, успешно ратовање Црне Горе против велике турске царевине – наставља се. Пета песма у *Огледалу српском* јесте о боју на Цареву Лазу (*Царев Лаз*). Песму је Његош преузео из Милутиновићеве *Историје Црне Горе*. Мало измењена, претежно у ортографији, песма о боју на Цареву Лазу обелодањена је у будимској, а потом и у лајпцишкој *Пјеванији* (у будимској *Пјеванији* под бр. 7, а у лајпцишкој под бр. 8 – *Царев Лаз, крчевина царева*).

Сукоб у песми заснива се на уобичајеном шаблону: силник, турски султан, поставља понижавајуће услове, а слабији (наизглед!), али поносити – опредељују се за неравноправну борбу. Султан тражи од владике Данила харач и *"три добра јунака"*:

> *С Чева равна Поповића Драшка,*
> *с Велестова Мрваља Вукоту,*
> *и сокола Мандушића Вука;*
>
> *(ст.9-11)*

Данило се налази у недоумици налик оној у којој је био кнез Лазар уочи косовскога боја (а тај пораз Црногорци непрекидно изнова освећују, од народних песама до *Горскога вијенца*). Владика пролива грозне сузе и тражи савет што да чини. Главари су подељени. Неко вели да се султанову захтеву удовољи, други предлажу да му се камен пошаље уместо одговора. Вук Мићуновић, као Милош Обилић, вели да се ништа не да:

> До крваве сабље и пољане!
>
> *(ст.36)*

Данило, као кнез Лазар, тражи ухођење турске војске. Мићуновић препоручује Јанка и Богдана Ђурашковића, а ови траже и Вука Раслапчевића, који, пак, као Бановић Страхиња, говори више језика:

> Турску земљу јесте проходио,
> знаде турски, знаде арбанашки.
>
> *(ст.48-49)*

Раслапчевић утврди да војске има "сто хиљадах и седам стотинах":

> Исувише Зета Земља равна
> и сва Брда до Никшића града.
>
> *(ст.111-112)*

Схвативши да толику силу не могу савладати само пуким јунаштвом, већ да је потребно и лукавство — Раслапчевић се придружује турској војсци да јој калаузи. То му омогућује да их касније уведе у припремљену клопку. Јанко и Богдан Ђурашковић враћају се да о свему обавесте владику и остале црногорске главаре. Пресрећу их Вук Мићуновић и поп Жуткович. Мићуновић, као Милош Обилић, саслушавши извештај, захтева да се владики не каже потпуна истина. Ђурашковићи га послушају. Данилу веле да Турака јесте много:

> Да бисмо се сољу прометнули,
> не бисмо им ручак осолили;
>
> *(ст.126-127)*

Потпуно у начину косовских песама, извештај подвлачи да су турски ратници болесни:

> Него се је војска побољела,
> побољела од далека пута,
> хроми коњ, а јунаци болни.
>
> *(ст.128-130)*

Саветују Данила да војску раздели на три дела. Данило прихвата и извештај и савет. Део војске даје Мићуновићу, други Јанку Ђурашковићу, а трећи задржава себи. Поставља се заседа у Врани планини. Наилазе Турци којима калаузи Вук Раслапчевић. Песмом обавештава Црногорце да не нападају ни прве, нити последње турске чете. Турска војска бива нападнута "на сриједи". Окршај је крвав, али успешан:

Ну да ти је погледати, побре,
како српске сабље сијевају,
а душманске главе зијевају!
Јошт срете их дрвље и камење
не утече од њих ни камена.
То се мјесто Царев Лаз назвало,
и по данас вазда ће се звати;

(стр. 174-180)

Бит песме је у победи усамљеног, маленог Давида над Голијатом. То је значајна освета српскога Косова. Побеђена је војска бројно једанака оној, која је успешно привела крају косовски бој. Обилато је, у песничком поступку, коришћена и структура, али и поетска стилизација косовских песама. Важно је да Црногорци после *"Српског бадњег вечера" "око 1702."* немају у својим редовима новога Вука Бранковића. Такође је битно да *"ужој"* Црној Гори, Старој Црној Гори помажу и *"поштени"* припадници Брда – Вук Раслапчевић, иако Брђани имају и даље видно место и улогу у турској ордији. Последње чете, *"најзадњу војску"* у боју код Царевог Лаза чине *"крвави Спужани и остала Брда сваколика".*

Следи песма *Ибрахим паша и Велестовци (1713.)*. У њој је опеван неуспео напад Спужана на овце црногорске, које чувају Вук Мићуновић, Драшко Поповић и Вукота Мрваљевић са друштвом. Према истраживањима Глигора Станојевића, песма је историјски заснована. Реч је о догађају који се збио 19. новембра 1713 године. Спушки Турци *"су заплениди стоку суседних Црногораца, али их је двадесет седам погинуло"*. Сличнога тона је и песма *Удар на Вука Мандушића (1713.)*. Заједничка црта им је, што се ни за једну, ни за другу не зна одакле их је Његош прибавио. Песма *Удар на Вука Мандушића* у структури је много невештије сачињена од претходне. О њеним поетским квалитетима тешко је и најдобронамерније говорити. Творац песме се једноставно није могао да одлучи шта жели да исприча и да саопшти. У првоме делу песме, чини се како је тежња песме величање Петра Бошковића, прво знаменитог турског јунака, а потом гласовитог црногорског ратника. Међутим, од деведесет петог стиха до краја (до, закључно, сто двадесет четвртог стиха) – више се Петар не спомиње. Такође ни синовац му Манојло Кадић. Војевода Раде (из другога стиха песме) једноставно је нестао.

Насловом је Његош ставио акценат на Вука Мандушића. али се и овај тек припомиње. Смисао опстојања ове песме у *Огледалу* јесте управо у чињеници што она, у своме првом делу, пева о Петру Бошковићу као турскоме јунаку, који злоупотребљава јунаштво нападајући Црногорце. Међутим, с друге стране, ко год се усуди да нападне који му драго мали број Црногораца – зло ће проћи. Против Црногораца какав је, примерице, Вук Мандушић, Симон Гојковић, девет Вукотића, четири Домазетовића – ништа не може ни јунак попут **Брђанина, Бјелопавлића, Петра Бошковића**.

Песма *Ћуприлић везир* везана је за догађаје изазване турском казненом експедицијом у црногорске крајеве у пролеће 1714. године. Аутор песме је Петар Први Петровић. Песма није објављена у *Историји Црне Горе*, већ само у Милутиновићевој *Пјеванији* (у будимској и у лајпцишкој под истим бројем – 11). За ту чињеницу има подоста разлога. Црногорско-турски сукоб, коме је иначе песма посвећена, потиснут је једним јединим стихом у други план. Оштрица људске осуде, равна клетви, уперена је против млетачке републике и Млечана. Будући да држање Млечана у тим збивањима није било баш онако каквим га је приказао Петар Први, а сам догађај се није могао посматрати као један од ограниченог броја судбоносних за новију црногорску историју – изостао је из *Историје Црне Горе*.

Примивши вест како му је у црногорским гудурама страдало педесет хиљада војника:

Да гласника останупо није...

(ст.20)

султан се обраћа везиру Ћуприлићу. Налаже му да крене на "ломну Црну Гору" са сто хиљада војске, да руши и попали све куће и цркве; мушкарце да сече, а остало да роби. Ћуприлић прихвата наредбу. Са сто двадесет хиљада војника креће на Црну Гору. Црногорци, малобројни и слабо наоружани, безуспешно покушавају да га задрже. Ни муниције немају. Пред силом се повлаче: делом у планине, а делом на млетачко подручје, у Боку Которску. Ћуприлић попали, похара и разруши све што је могао. Мушкарве сече, робље роби. Уз сагласност млетачког дужда похвата Црногорце који су се склонили у Боку. Већину посече, а остатак поведе у ропство. Турци добију од Млетака одобрење да ступе на подручје републике. Искористе то да похватају већину Црногораца која је тамо избегла, али и да Млечанима сасеку крила:

И узеше дужду пријатељу
сву Морију међу море слано.

(ст.81-82)

253

Ова потоња вест прима се у Црној Гори са горким задово-
љством:

> То му хвала и то му исплата
> За његово врло пријатељство
> Што им дужде бјеше учинио,
> Предававши тужне Црногорце
> Да их кољу на земљу његову.

(ст.83-87)

Бит песме садржана је у последњем стиху:

> Хеј, лацманство, - далеко ти кућа!

(ст.88)

Тај стих веома личи на тзв. Милутиновићеве додатке. Чудно је, пак,
да Његош то не исправља, јер иначе он наглашено, намерно не
користи Милутиновићеву *Пјеванију* као могући извор за *Огле-
дало*. Његош од свога некадашњег учитеља преузима, по правилу,
само песме које су обелодањене и у *Пјеванијама* и у *Историји
Црне Горе* (или само у *Историји Црне Горе*). У таквим случајеви-
ма, Његош је, то се лако може доказати, увек указивао поверење пес-
мама штампаним у *Историји Црне Горе*. Између песама обело-
дањених у *Пјеванији* и *Историји Црне Горе* има незнатних језич-
ких разлика, али знатнијих правописних. Опредељујући се за песме
из *Историје Црне Горе*, Његош је изрицао имплицитно негативан
суд о Милутиновићевим *Пјеванијама*, о Милутиновићевој редак-
тури песама. Пре свег другог, Његош је одбацивао у потпуности
Милутиновићев политички концепт будимске, а посебно лајпцишке
Пјеваније. Ако је горе наведени стих уистину Симин, а тако изгле-
да, онда је тај и такав пронашао најкраћи пут до Његошевога срца,
поклопивши се до танчина са некојим Његошевим политичким иде-
јама. Идеју овога стиха Његош ће на одређени начин развити и у
Горском вијенцу (пут војводе Драшка у Млетке).

У Милутиновићевој *Пјеванији*, песма о пуковнику Милора-
довићу, у контексту других песама, другачије разрђених, исказива-
ла је љубав Црногораца према Русији, али је величала и способ-
ност да човек у невољи сам, сопственим снагама пронађе излаз. У
Његошевом политичко-антологијском склопу песама спроведеном у
Огледалу српском, песма о Милорадовићу пре свега казује да Руси-
ма не треба много веровати. Међутим, мада непоуздани, они су јед-
наке вере као и Црногорци, а поред тога су и далеко и свакојако
мало опасни по Његошеву владу. Млечанима, пак, уопште се не сме
веровати – то сваки Црногорац или Брђанин мора да има на уму.
Бити уз Млечане исто је што и бити уз превејане издајице. С обзи-

254

ром да је Његошев директни политички противник у Црној Гори био извесно време некадашњи млетачки штићеник – гувернадур Радоњић, ствар постаје јаснија.

Према познатим историјским подацима, песма *Ћуйрилић везир* није хроничарска, већ политичка песма. Чињеница јесте да су се млетачке власти држале наглашено уздржано у турско-црногорском сукобу, али пре свега из страха од турскога гнева. Муницију нису званично смели да пошаљу, али је кришом она ипак, разним каналима дотурана. Некоји Црногорци јесу били похватани на млетачкој територији, али Црногорци нису због тога претерано окривљавали суседе и честе војне и политичке савезнике, Млечане. Султан, пак, није био задовољан укупним држањем Млетачке републике у турско-црногорском сукобу. Сматрао је, очигледно са разлогом, да се Млетачка држава практично не држи неутрално у мери у којој то понављају њени дипломатски представници. Султаново незадовољство најбоље илуструје кажњавање Млетачке републике у виду узимања Морије.

Владика Данило својевремено је био у неком половичном сукобу са Венецијом. С једне стране, Млетачка република му је радила о глави сматрајући га, са много разлога, потпуно руским човеком. С друге, пак, водећи политички опортуну политику, владика Данило Петровић је и 1717. године предлагао Млетачкој републици заједничке војне акције против Турака, што није у Венецији прихваћено [14].

Песма *Удар Туракаx на село Трњине (1717.)* потиче од Петра Првог Петровића. Штампана је у *Исйорији Црне Горе* (стр.71-75) и у *Пјеванији* (у будимској и у лајпцишкој под једнаким бројем – бр. 13 – и под насловом *Ченгијћ Синан-бег*). Бит песме је у наглашавању заједничког снажног отпора, који познатоме турском силнику и његовој војсци пружају здружена црногорска племе-

---

[14] Глигор Станојевић: *Исйорија Црне Горе*, књига трећа, *Од йочейка XVI до краја XVIII вијека*, том први, Титоград, Редакција за историју Црне Горе, 1975. Инквизиторски суд је одлучио средином септембра 1716. године да се Данило Петровић отрује (270). И поред тога следеће године Данило предлаже Млецима заједничку војну против Турске (272).

Први том треће књиге *Исйорије Црне Горе* писали су заједнички Глигор Станојевић и Милан Васић. Практично преглед црногорске историје од шеснаестог до краја осамнаестога века написао је Глигор Станојевић (3-500), а Милан Васић је аутор последњег поглавља, које се ни концепцијски не уклапа у књигу – *Градови йод йурском влашћу* (501-607).

на. Песма је грађена по класичном шаблону епских песама. Изненађује већом количином успелога хумора, и иронијом на граници сарказма. Синан-бег Ченгијћ се заветује да ће сакупити војску и похарати село Трњине у Црној Гори. Намерава да спали и кулу Роганову:

> на коју се турске главе суше
> и у коју турско робље воде,...
>
> *(ст.13-14)*

Жели да зароби и љубу Роганову:

> младу љубу скоро доведену,
> јер ми кажу који је познају
> да је љепша од виле бијеле!
>
> *(ст.17-19)*

Стари Мостарац, Катлан-ага, одвраћа га од те намере. Подсећа како се завршио последњи напад на Роганову кулу. Напад је пропао, а том приликом је, поред обичних војника, ухваћено и тридесет шест бегова, ага, спахија. Они су потом дати на понижавајуће откупе. Не за злато, већ за мачванске вепрове:

> за крмчеве Турке мијењаше!
>
> *(ст.41)*

Синан-бег Ченгијћ не обраћа пажњу на ову опомену:

> јер га носи жеља превелика
> на лијепу Роганову љубу,
> да је узме за љубовцу вјерну.
>
> *(ст.48-50)*

Са седам хиљада војника Синан-бег Ченгијћ напада Трњине. Село брани *"тридесет Трњинарах"* који не дају приступа Рогановој кули:

> А кликују браћу Црногорце...
>
> *(ст.56)*

На позив се одазивају Чевљани, затим Велестовци, Цуце, Бјелице. Сви крећу у помоћ. Турци беже, али их Црногорци гоне и:

> до Прентина Дола крвавога:
> деведесет главах одсјекоше.
>
> *(ст.74-75)*

Касније хватају сто тридесет два Турчина, а:

> међу њима агах и беговах
> седамдесет и четири друга.
> Све остало тудјер изгубише,
> а господу живе поведоше
> насред Чева на гумно камено
>
> *(ст.79-83)*

Хоће да их пусте на откупе, али их укори једна "женска глава", "вјерна љуба кнеза Мојисија", подсећајући их на Ћуприлићев стравични проход кроз Црну Гору. Тада је Ћуприлић све заробљенике посекао. Многе жене су остале удовице, самохране. Црногорци прихватају прекор и све поубијају, али наменски, за освету Црногораца који су погинули:

> од велике војске Ћуприлића;
> *(ст.110)*

Долази до тзв. "пребијања":
> два Ченгијћа за попа Милића,
> Љубовића за Ђукановића,
> а Мекића за Томановића,
> Јагличића за Мићуновића,
> два Јездића за два Балетића,
> а Диздара, од Клобука Зука,
> за сокола Мандушића Вука
> а остале бројити не могу
> јер би песма одвећ дуга била.
> *(ст.112-120)*

Показано је јунаштво некојих брдских племена. Истакнута је њихова одлучност, храброст, бојна готовост, ратничка обученост. Међутим, да се Брђани не би одвећ понели, Његош уноси у *Огледало* још једну песму о једном од најпознатијих брђанских јунака, Петру Бошковићу (Петар Бошковић). [15] Читаоци *Огледала срп-*

_____

[15] /Јован Бошковић, прота и парох Лознички/: *Кратка историја порекла Бошковића у селу Орјој-Луци у Бјелопавлићима у Црној Гори, Шабац*, Штампарија Милана Н. Илића, 1930, 9. Петар Бошковић је, пише Јован Бошковић, био један од три сина кнеза Вукашина, Друга два су били: *Максим, архимандрит острошки и кнез Милутин (кнезовао је за време Светога Василија Острошког)*. Сведочење о Петру Бошковићу јесте интересантно:

"Други син кнеза Вукашина био је Петар Бошковић, чувен у песмама и причама. Петар Бошковић који је био и војвода и главни покретач против Турака у оно доба, којега су Турци затворили у Скадар (одакле га је спасао војвода Дрекаловић). Опет се Петар бунио против Турака и узели су му Турци два сина у таоце, које су послали у Србију да тамо држе казну и поред тога Пеетар опет није био миран но је опет с Турцима се борио и Турци га на превару ухвате на брду и Врањешине код његове куће и поведу га ка Спужу и кад види Петар да је близу Спужа, а знао је шта га тамо чека, он позове оног побратима Турчина да му нешто на аманет саопшти да каже његовој ђеци. Турчин дође ближе, Петар га удари ногом у трбух где Турчин умре, а Турци одмах ту Петра посијеку. Ово се догодило код извора Смрда на ријеци Сушици близу Спужа. И тако сврши чувени бјелопавлићки војвода и јунак".

Од Петрових синова у Србији настају породице Гарашанин и Вучковићи у Крушевцу (6).

ског, и о томе Његош води рачуна, већ су се сусрели са овим јунаком у иначе слабој песми *Овце Вука Мандушића*. Ту се Бошковић исказао као јунак-Брђанин који се бори на страни Турака против своје црногорске браће. Овај јунак се годинама борио на турској страни, али потом пређе Црногорцима и ту се наново јунаштвом истакне. Не зна се одакле је Његошу ова песма. Постоји варијанта у Милутиновићевој лајпцишкој *Пјеванији* под бр. 42 *(Бошковић)*. Према Милутиновићевом запису, песму је добио од попа Рада Кнежевића из Бјелопавлића.

Варијанта у *Огледалу* одликује се лепим стиховима, изнађеним стилским обртима и, напослетку, бритком иронијом на граници сарказма. Укупно узевши, у многоме подсећа на одлике Његошевога стварања. У облику у коме је у *Огледалу*, песма је свакојако Његошева. Питање је само да ли ју је он сам сву испевао, пошавши од сижеа песме Бошковић из лајпцишке *Пјеваније*, или је, пак, дао *"коначну редакцију"*. У потоњем случају редакција би била темељита. Анализом смисла постојања ове песме у *Огледалу* (то је укупно десета песма у редоследу) завршио бих и анализу односа Његошевог и Милутиновићевог корпуса народних песама са подручја Црне Горе и Старе Херцеговине (у конкретном случају: првих десет песама).

Песма о Петру Бошковићу започиње релативно конвенционално, а тече, када је реч о народној епској песми, неуобичајено. Паша, који је дошао у Дољане више Подгорице, пише војводи Раду у село Виниће у Бјелопавлићима. Позива војводу Рада да са побратимом, Петром Бошковићем *"са Слатине"*, дође к њему. Он, паша, даје тврду вјеру да Петру неће ништа учинити. Војвода преноси Петру поруку. Овај се прибојава клопке, али ипак полази. Када стигну на Дољане, поступају различито. Војвода Раде оставља коња и оружје, а Петар под оружјем седа крај паше. Коња је раније оставио, како не би пашу изазивао, јер је тај коњ уграбљен у борби од Омера Ћехаје, пашиног највернијег слуге. Петар оставља коња *"више Спужа града"*, а пут ка паши наставља *"пјешке на опанке"*. Поступци Петрови наликују понашању Марка Краљевића или Милоша Обилића у сличним околностима. Марко не оставља оружје и седа поред султана. Петар под оружјем седа крај паше. Милош одбија да султану пољуби ногу ули руку, а тако исто и Петар не љуби паши руку *"већ прекрсти ноге под шатором"*. Предосећа се бура. Стиже **дава** – жалба од Турака на Петра. Први иступа Омер Ћехаја. Тражи од паше да казни Петра Бошковића, јер му је убио два брата и јаше братовљевога коња. Паша се обраћа Петру захтевом да потврди или одрече оптужбу. Петар бира треће решење:

Истина је, пашо господаре,
ма ме за то крива наћи нећеш;
                              (ст.75-76)

Даље објашњава како је послао двоје слијепаца у Жабљак. Ту су их ухватили *"клети Турци"* и бацили их, заједно са гуслама које су имали, у Морачу. Петрова браћа су због тога посекли браћу Омерову, а Петру су коња даровали. Петар саркастично предлаже пребијање:

Могу пребит двоје слијепацах
за два брата Омера Ћехаје,
а за гусле коња Ћехајина;
ја нијесам ништа њима дужан.

Следи друга оптужба. Османагић-бег *"од бијеле вароши Подгорице"* тужи Бошковића паши, што му је заробио љубу и што је свим Турцима (и самоме Османагић-бегу) – љуби на срамоту. Изнова паша тражи од Петра да потврди или одрече кривицу. Овај, пак, одговара:

Истина је, пашо господаре,
ма ме за то крива нећеш наћи:
мајка јој је ришћаница била,
ришћаница па се потурчила,
њој је ваша вјера омрзнула,
те је она к мене ускочила
И ришћанску вјеру прихватила.
                              (ст.97-103)

Вређање вере, неувијено, паши није по вољи. Како песма истиче:

То је паши тврдо мучно било.
                              (ст.104)

По систему градације стиже и трећа дава, трећа тужба. Тужи га бег Лисичић да му је убио два сина и *"зајмио пет стоти' овацах"*. Поново паша тражи изјашњење. Бошковић и по трећи пут не одриче базичне чињенице оптужбе:

Истина је, пашо господаре,
ма ме за то крива наћи нећеш,
јер је прва турска зађевица:
први су ми Турци ударили
на Копиљу, пољу пиперскоме,
и мојега изгубили сина –
бољи бјеше од три бјеговијех,
три стотине зајмише овацах –
Боље бјеху но шест бјеговијех!
                              (ст.112-120)

Док су претходни аргументи Бошковићеви условно прихватљиви, дотле је последње објашњење увредљиво и преко мере. Не само што је за свога сина убио два бегова, већ су Турци још њему дужни, јер је његов син ваљао *"три бегова"*. Једнако се понавља са овцама. Бошковићевих *"три стотине овацах"* вредело је колико турских шест стотина, а он је уграбио само пет стотина. Турци му, по овој и оваквој рачуници, дугују још једнога беговог сина и стотину оваца.

Започиње расплет који се слути од самога почетка. Паша на турском језику издаје заповест да се Петар погуби. Овај то не разуме, али му докаже војвода Раде. Раде му препоручује за бег или свог или пашиног коња. После краћег колебања, Петар потегне *"пламена ножа"* и њиме крчи пут до пашинога коња. (На сличан начин бежи и Милош Обилић из Муратовог шатора, пошто је султана распорио. И Петру и Милошу је циљ да стигну до коња). Бежи! Креће и потера! Међутим, пашин коњ је бржи, а и Петар га жестоко гони:

> *Докле Турци коње појахаше,*
> *дотле Петар на сред поља дође;*
> *докле Турци на сред поља равна,*
> *дотле Петар у Глибовац равни.*
> *Ту се Петру коњиц опучио,*
> *бјежи Петар пјешке на опанке.*
> *Докле Турци дошли у Глибовац,*
> *Петар пјешке више Спужа дође;*
> *ту је коња находио свога,*
> *и добра се коња дохватио,*
> *и утече у село Слатину,...*
>
> (ст.143-153)

Затвара се у кулу са два брата, два братучеда, два стрица и три синовца. Турци нападају. Петар се из куле брани. Након два дана почне да помишља и на предају. Одлуку одложи вила, обавештавајући га да му стиже *"помоћ врућа"* – *"стотинах Пиперах"*! Међутим, Пипера је мало и Турци их растерају. Борба се наставља. Након нова два дана, Петар наново помишља на предају. Изнова га вила обавештава да му пристиже *"помоћ врућа"*. И овога пута то су ратници брђанских племена. Реч је о *"три стотине Пјешивацах"* које предводи Илија Никчевић. Наново су Турци надмоћнији и помоћ је растурена. Пролазе још два дана и Петар и по трећи пут стане помишљати на предају. У томе се и вила огласи трећи пут. Најављује да Бошковићима стиже права помоћ:

> *помоћ врућа од Горице Црне*
> *баш дванаест стотинах пушаках,*
> *а пред њима српска војвода,*
> *с Чева равна Драшко Поповићу!*
> (ст.197-200)

Њихов удар Турци не успевају да издрже. Беже! Потера их гони и:

> *од Слатине до Сиге градине*
> *три стотине главах посјекоше,*
> *три стотине коњах уграбише;*
> (ст.225-227)

Сваки Црногорац носи *"биљег од Турчина"* (главу, оружје, коња седленика). Враћају се Петровој кули где их Бошковић дивно дочека заклавши *"стотину овновах"*. Растају се наредног јутра. Драшко одлази са својим људима пут крвава Чева на Крајину, а Бошковић:

> *Петар оста здраво у Слатину*
> *и задоби славу и поштење.*
> (ст.244-245)

Површном посматрачу, ова песма се може учинити одом у славу Петра Бошковића. Уистину, он је кључна фигура првога дела песме. Храбар, поносит, довитљив, без трунке страха пред пашом и турском силом. Петар Бошковић је и Брђанин. Песма, дакле, као да велича брђанског јунака. Даљи ток радње показује како је можда реч о указивању на потребу и значај међуплеменске солидарности и помоћи. Суседи Бошковићеви, племена Пипери и Пјешивци, хитају да помогну Петру и његовима у невољи. Међутим, њих је пре свега мало (стотину и три стотине), а затим они у борбу ступају поједи-начно, свако племе за себе (као српска властела у песми *Пропаст царства српскога*). Јунаштво, ма како велико било, не може да на-докнади несразмеру у бројности људства. Права и потпуна *"врућа помоћ"* стиже са правим Црногорцима, онима из Црне Горе. Са Чевљанима које предводи војвода Драшко Поповић. Слабо би шта, у коначном смислу, учинио Петар Бошковић са храбром, али мале-ном породицом; слабо би шта учинио и уз помоћ брђанских племе-на, Пипера и Пјешиваца. Тај број људи довољан је да се од Турака отима нешто стоке, неколико коња. Укратко, то је број довољан за понеки успешан напад на торине, али не и за озбиљнију фронталну борбу. Права, државотворна снага, у војном смислу, и државотвор-на свест, у политичком смислу, јесте у Старој Црној Гори. Да је овакво размишљање оправдано, понајбоље сведоче две песме о Петру Бошковићу штампане у лајпцишкој *Пјеванији*. Прву у следу, песму бр. 42 – Бошковић, Милутиновић је записао "*од истога попа Рада Кнежевића из Бјелопавлића*", а за следећу, бр. 43 – Опет Бошковић, напомиње да не зна од кога му је. Прва песма (бр. 42) броји сто три стиха. Садржајно се поклапа са првим делом песме из *Огледала*, прецизније са прва сто педесет два стиха. Друга песма је кратка, броји свега педесет девет стихова. Садржајем знатно подсећа на други део песме у *Огледалу* (од стиха сто педесет три до краја, до две стотине четрдесет четвртог стиха). Сличност садржаја је у следећем: Турци опкољавају Петра Бошковића у његовој кули. Војску је против Бошковића подигао паша Сулиман, подстакнут многобројним жалбама и тужбама на зулуме које осиони Петар чини Турцима. Велику турску војску, која стиже у село Слатину пред Бошковићеву кулу, предводи Бокчић-барјактар. Бошковићу се иронично најављује:

> *Јес' ли дома Бошковића кнеже?*
> *Јеси ли ми ручак приправио?*
> *(ст.24-25)*

Бошковић му одговара једнаком мером:

> *Ја сам тебе ручак приправио!*
> *Из пушаках врућијех путацах.*
> *(ст.27-28)*

Прецизним хицем из цефердара, Бошковић убија Бокчића барјактара. Турци жестоко навале на кулу са свих страна, а Бошковић, који је, вели песма, у кући сâм – кликује у помоћ Нику и Николу и Никића Рајића. Помоћ му и пристиже са три стране:

> *једна помоћ низ Капштак стијену,*
> *друга помоћ преко Поповићах,*
> *трећа помоћ низ Крстац крвави.*
> *(ст.40-42)*

Нападнути са три стране, Турци су збуњени! Забуну увећава и Петар Бошковић који сам јуриша из куле. Турци беже, али у метежу многи погину. Потера их гони до Ждребаник поља. Неке Турке намерно пропушта, односно пушта да утекну:

> *нешто пуште да у Спужа кажу*
> *какав шићар јесу задобили*
> *у Брдима бјелопавлићскијем.*

Песма искључиво опева Брђане и брђанско јунаштво. Пре свих је гласовити јунак из Бјелопавлића – Петар Бошковић. Али ту су и други Брђани, Нико, Никола и Никић Рајић који, намах, са три стране доводе Бошковићу потребну помоћ. Нема нити спомена о

Чевљанима и Драшку Поповићу. **Брђани су према песми коју обело-
дањује Милутиновићева лајпцишка** *Пјеванија* **– себи довољни.**

Огледало српско, с једне стране и будимска и лајпцишка
Пјеванија, са друге, не разликују се међусобом толико песмама које
садрже, већ политичким ставовима које заговарају. Крајем треће
деценије деветнаестога века имао се утисак да би величање брђанске
храбрости и самосвести знатно допринело бржем и темељнијем при-
лагођавању Бјелопавлића, Пипера, Морачана и Роваца новој
државној заједници. Као директна последица таквога уверења –
настала је прво будимска, а затим политички још изразитија, лајп-
цишка *Пјеванија*. Међутим, после смрти старога владике Петра
Првог Петровића много шта се изменило у Црној Гори. Раде Томов
је био премлад када је ступио на владичански трон Црне Горе.
Прихваћен је од племенских угледника управо због тога што су они
желели да неометано чине по своме. Разложно су процењивали да
премлади владика неће задуго стећи потребни ауторитет у народу.
Тако је, уистину, и било. Царска Русија није била Његошу од велике
помоћи. Прихватила га је прилично уздржано. Свакако не расшире-
них руку. У самој Црној Гори, владика је морао да се носи са
отвореним и притајеним непријатељима и противницима. Гуверна-
дур Радоњић, његова породица, бројне присталице – сви су били
против њега. Његош је проблем покушао да реши тако, што је у
погодном тренутку Радоњића прогнао из Црне Горе и конфисковао
му имања [16]. Други озбиљни противник, у личности Ђорђија Савова
Петровића, био је и до краја остао Његошу велики проблем. Имао
је угледа и у народу и међу главарима, а чини се и да се увек држао
промишљено и политички супериорно. Трећи велики проблем
током читаве Његошеве владавине причињавала су четири брдска
племена која су за владе Петра Првог Петровића ушла у склоп Црне
Горе. Стари владика је и сам имао са њима великих проблема, али
их је и превладавао. Када би била сасвим велика невоља, подизао би
руке према небу, проклињао и заклињао. Ово последње је увек, бар
у неопходној мери, урађало плодом. Његошу то, пак није полазило
за руком. Он није био довољно омиљен ни у границама Старе Црне
Горе. И у тим просторима постојала је снажна протурска струја чије
је епицентар био у Ријечкој и Црмничкој нахији [17]. Посебно се, у
водећем погледу, истицала породица Пламенац из Црмничке нахи-

---

[16] Јевто М. Миловић: нав. дело, 53-59.
[17] Ђоко Д. Пејовић: нав. дело, 458-459.

је. Његош је био принуђен да се са том струјом оштро обрачуна. Учинио је то тако што је наручио мучко убиство војводе Маркише Пламенца [18].

Сва настојања књижевне историографије да Његоша песника и списатеља сагледа и проучи изван политичког и историјског контекста његовога управљања Црном Гором – једноставно су бесмислена. Мало је списатеља код којих је књижевни рад толико неодвојив од свега оног дневног и нелитерарног што чини живот. Његош је прибегавао писању и да би за трен искорачио из свакидашњице са којом кадкад није имао снаге и воље да се носи. Много чешће је то чинио да би се, на особен начин, обрачунао са некојима од различних противника. *Огледало срйско*, у томе смислу, није никаква антологија народних песама, нити, пак, антологија епских песама са темом из црногорске историје. Није ни једноставно педагошко, односно васпитно штиво. *Огледало срйско* је једновремено мешавина политичког памфлета и политчки осмишљене и сачињене историјске народне песмарице.

Милутиновићеве *Пјеваније* имале су и политички смисао и политичко оправдање за живота старога владике и црногорскога вође, Петра Првог Петровића. Милутиновић их је, стицајем неповољних околности, на које није могао да утиче, наштампао после Петрове смрти у знатно измењеним политичким приликама. У време када је обелодањивао будимску *Пјеванију*, мислим да та чињеница није била јасна ни њему, нити Његошу. Када је, пак, штампао лајпцишку *Пјеванију* – Његошу је, нажалост, већ било штошта јасно. Уосталом, дискретни негативни коментар појавио се већ 1838. године, на страницама државнога алманаха *Грлице*. Прештампавајући две песме из Милутиновићеве лајпцишке *Пјеваније*, песму о Марку Краљевићу и Нини Цидовини (у *Пјеванији* под бр.37 – *Мина и Марко*) и Мују Сехратлији (у *Пјеванији* под бр.150 – *Бошњак*), *Грлица* је, називајући Марковог противника Нином, уместо Мином изразила суштинску резерву према Милутиновићевом редакторском поступку. Милутиновићева велика збирка народних песама сакупљена је, већим делом, међ брдским племенима: међ Бјелопавлићима, Пиперима, Морачанима и Ровцима. Од почетка је замишљена као јуначки епски споменик брђанској храбрости, неустрашивости и слободарској традицији. Стара Црна Гора доби-

---

[18] Јевто М. Миловић: нав. дело, 562.

ла је у *Пјеванијама* место у сенци. *Огледалом сриским* Његош је учинио неопходан напор да ствар изокрене. Брђани нису чак добили ни место у сенци, већ им је имплицитно, али крајње разумљиво, стављено до знања да без Старе Црне Горе не само што нису никаква снага, већ они једноставно не опстоје.

След песама у *Огледалу сриском* не показује ниучем естетски, још мање поетско-антологичарски став свога творца. Редослед песама јесте наизглед хронолошки, али будући да постоје и песме о историјски дубиозним збивањима – редослед је заправо политички. След песама у Милутиновићевим *Пјеванијама*, посебно у оној лајпцишкој, јесте у духу песникових филозофско-поетско-политичких комбинација. Милутиновић, на пример, дозвољава себи у будимској *Пјеванији* да након три лирске песме, епски део збирке започне песмама: *Два Херака, Турсшво, Јакшићи*, да би тек седмом песмом – *Царев – лаз*, осмом – о доласку Милорадовића са грамотама Петра Великог у Црну Гору – започео праву збирку епских песама са простора петровићевске Црне Горе. Разумљиво је што таквом Милутиновићу није одговарало да песму о истрази потурица стави ближе почетку збирке, како је то, из такође схватљивих разлога, учинио Његош. Милутиновић песму о истрази потурица штампа тек као девету по реду. Будући да су му потурице свакодневна мора, будући да му протурска струја у Ријечкој и Црмничкој нахији загорчава живот преко граница трпељивости, Његош не може да их посматра ни песнички, ни филозофски, ни етички, Тако што је за човека у његовом положају – уистину луксуз. Његош све то гледа другачијим очима. Од решења проблема потурица њему не зависи само владичански престо у Црној Гори, већ и опстајање главе на раменима. Стога и песма о српском Бадњем вечеру у његовом *Огледалу* има посебно угледно место [19].

Милутиновић сачињава **збирку** народних песама са простора Црне Горе и Старе Херцеговине која треба да подржи и заговори и песникове масонске ставове. На брзину изграђује и образлаже појмове: *Херашшво и Херачносш, Хераци* – придодајући им особену филозофско-етичку садржину и симболику. Корпус народних песама гради, како би градио властито песничко дело. Од будућих читалаца захтева да се снађу у гонетањима које чини у будимској и лајпцишкој *Пјеванији*. Сујетни, преосетљиви стваралац захтева да чита-

---

[19] О истрази потурица писано је опширније у поглављу *Посшешени развој идеје о насшајању велике, уједињене Црне Горе на челу са динасшијом Пешровића из Његуша.*

лац ишчита и будимску и лајпцишку *Пјеванију,* како би их, било коју од њих две – спознао. Милутиновић је свој корпус песама додатно забравио – трима лирским песмама. Не допушта површно прелиставање, читање на прескок. Да ли, након коначног читања, *Пјеваније* вреде уложенога труда – питање је личних опредељења и уверења. Извесно, Његош је изабрао потпуно другачији пут и у томе, а не само у политичком смислу. Милутиновић, начином исказивања *Пјеванија* – прави од корпуса народних песама особени спев. **Условно речено, изграђује неку Црногорку, противтежу и садругу једновремено,** *Србијанки*. Сачињавајући и обликујући *Пјеваније,* Милутоновић има пред очима посебне читаоце. Попут Исидора Стојановића или Марије Поповић Пунктаторке.

Његош, будући да *Огледалом* не задовољава сопствене естетске критеријуме, нити путем народних песама шаље личне филозофске, псеудофилозофске и псеудополитичке поруке – од почетка тежи да се наметне најширем кругу читалаца. Свестан је да му од степена разумљивости и убедљивости *Огледала српског* зависи политичка будућност, а највероватније и будућност наследника, свеукупне куће Петровића. Чињеница да је *Огледало српско* готово стотину педесет година прочитано као антологија заснована на чврстим естетским принципима – најбоље сведочи да је Његош брилијантно обавио задатак који је себи поставио.

Нажалост, по природи ствари, онога часа када се Његош наметнуо *Огледалом српским* не само житељима Старе Црне Горе, већ и Брдима – Милутиновићеве *Пјеваније* су престале да буду жива и присутна културна чињеница. *Огледало српско* их је утукло!

Прилози

Народне пјесме из старијих, највише приморских записа и лајпцишка Пјеванија Симе Милутиновића*

Упоређивање **Народних пјесама из старијих, највише приморских записа** са песмама које је сакупио Сима Милутиновић – има двоструки циљ. Када је реч о Богишићевој збирци, оно треба да покаже да ли су, и у којој мери, народне песме записане крајем седамнаестог и у првим деценијама осамнаестог века у околини Дубровника и у Боки Которској – трајале и живеле почетком деветнаестог века у суседним крајевима Црне Горе и Старе Херцеговине[1]. С друге стране, упоређивање ће показати и степен веродостојности Милутиновићевог сакупљачког и записивачког рада. Наиме, у Милутиновићево време није се знало за рукописе који ће Богишићу послужити за зборник **Народних пјесама из старијих, највише приморских записа** па не постоји могућност да је Милутиновић могао дотеривати, мењати или чак стварати песме по угледу.

---

* Због превеликог обима (око 10 ауторских табака) из књиге су изостављена поглавља која садрже упоређивање песама из Милутиновићеве лајпцишке *Пјеваније*, Богишићевог корпуса и *Ерлагенског рукописа*. Уместо њих се у прилогу се објављују само закључци анализе.

[1] "Права се Црна Гора дијели на четири нахије: прва је (од сјевера) Катунска, која је од свију другијех највећа; до ње је к југу Ријечка, а иза ове Црмница, коју од југа превелика камена планина Суторман раставља од нахије барске, а четврта је (између Катунске и Ријечке к истоку) Љешанска. Нахије се дјеле на племена којих у Катунској има девет: Цетиње, Његуши, Ћеклићи, Бјелице, Цуце, Озринићи, Комани, Загарач и Пљешивци (или Пјешивци); у Ријечкој пет: Грађани, Љуботин, Цеклин, Добарско село и Косијери; у Љешанској три: Дражовина, Градац и Буроње; а у Црмници седам: Бољевићи, Лимљани, Глухи До, Брчеле, Дупило, Сотонићи и Подгор.

Za Брда се обичио говори да их је седам (може бити као седам краљева) и да би их се толико набројало, једни их раздјељују овако: л) Бјелопавлићи, 2) Ровци (или Ровца), 4) Морача (Горња и Доња), 5) Васојевићи, 6) Братоножићи, 7) Кучи. Други који, пак, не маре колико ће их се набројати деле овако: 1) Бјелопавлићи, у којима су племена Петушиновићи, Павковићи, и Вражегрнци; 2) Пипери у којима су племена: Црнци, Стијена и Ђурковићи, 3) Морача у којој су племена: Горња и Доња Морача и Ровци; 4) Кучи у којима су племена: Дрекаловићи, Братоножићи, Васојевићи, Орахово и Затријебач.

Данашња је црногорска држава састављена из праве Црне Горе и Брда".

Тринаест песама из Богишићеве збирке има одговарајуће паралеле у песмама лајпцишке *Пјеваније*. Реч је о седам песама дугога стиха и *шест песама у десетерцу*. Од седам песама дугога стиха пет потиче из дубровачког рукописа. Три припадају кругу песама које је "прибавио" Јозо Бетондић [2]. Реч је о песмама: *Кад је Вук Огњени одмијенио од копја краља будимскога и кад је убио његова заточника* (Богишић, бр. 15), *Кад је Вук Огњени умро, шта је наредио на смрти* (Богишић, бр. 16), *Кад је Никола Томановић невјерно убио краља будимскога* (Богишић, бр. 35). Две припадају кругу песама које је сакупио Ђуро Матијашевић [3]. Реч је о песмама: *Како Стјепан Јакшић изроби Маргариту, сестру своју из руку бана Моринскога* (Богишић, бр. 45); *Како Иван Војихновић доби оклад у Котору* (Богишић, бр. 76). *Шеста и седма пјесма дугога стиха Марко Каљевић и Миња Костуранин* (Богишић, бр. 5) и *Деспот Стјепан Лазаровић и Сибињка дјевојка, родитељи Сибињанин Јанка* (Богишић, бр. 8) потичу из тзв. загребачког рукописа бр. 638.[4]

Свих шест песама испеваних у десетерцима припадају дубровачком рукопису (*Попијевка Краљевића Марка кад је Михну Коштуранина погубио и Костур освојио* – Богишић, бр. 86; *Опет Марко и Миња, али инако* – Богишић, бр. 87; *Марко Краљевић освети брата Андријаша кога му Турци погубише* – Богишић, бр. 89; *Марко Краљевић и царева хазна* – Богишић, бр. 91; *Од Нијемаца бан и жена Момчила војводе* – Богишић, бр. 97; *Новак продаје Радивоја* – Богишић, бр. 107). У извесној, невеликој мери још две десетерачке песме из Богишићеве знирке, а из дубровачког рукописа, имају своје делимичне варијанте међу песмама лајпцишке *Пјеваније*, и то: *Иво Сењанин ослобађа Латовић Ивана кога паша босански хтијаше обесити* (Богишић, бр. 109) и *Свадба Ришњани Селима и Лимун Хајдук* (Богишић, бр. 118).

---

[2] в. Мирослав Пантић о Јози Бетондићу, нав. дело, 113-114; В. Богишић, нав. дело, предговор, 129: *"осамнаест* (песама, прим. Н. Љ) *које следе до тридесет и треће прибави Јозо Бетондић, вриједни словенски спијевалац (који примину у Дубровнику год.1764)"*. Ово је одломак белешке која се налази записана на другој страници дубровачког рукописа.

Разлика у појмовима: сакупљање и прибављање и знатна је и значајна. На њу је указао и М. Пантић (нав. дело, 269 – *"Све народне песме које је записао или само преписао Јозо Бетондић..."*). Наиме, од тога о чему је заправо реч зависи, у извесном смислу, и "старост" песама дугога стиха Бетондићева круга. Чини се да песме дугога стиха Бетондићева круга, њих осамнаест (а по броју), пшредстављају стање епскога духа крајем седамнаестог и првих деценија осамнаестога века – у времену коме припада и четрнаест песама дугога стиха из збирке Ђуре Матијашевића.

[3] В. Мирослав Пантић, нав. дело, 75-76, 267-268; В. Богишић, нав. дело, предговор, 129: *"четрнаест првијех попјевака у овезнијех књигах исписанијех скупи брат Ђуро Матеи Дубровчанин (примину у Риму године 1729)"*.

[4] в. Мирослав Пантић, нав. дело, 270; В. Богишић, нав. дело, 135-136.

Стицајем околности, песме из Богишићевога зборника које имају паралеле у Милутиновићевој *Пјеванији* припадају кругу најстаријих песама. Дубровачки рукопис је коначно обликован 1758. године од стране Ивана Марије Матијашевића,[5] а рукопис непознатих Бокеља (тзв. загребачки рукопис бр. 638) настао је, према датовању Мирослава Пантића, у првој половини осамнаестога века.[6] У даљем тексту, дакле, биће упоређиване песме које су записане у размаку од готово једног столећа.

Песме из Богишићиеве збирке и Милутиновићеве *Пјеваније* неће бити само упоређиване између себе, већ ће бити и испитиване у односу на одговарајуће варијанте из *Ерлангеног рукойиса*, односно из збирке Вука Стефановића Караџића. Условно речено, песме из Богишићеве збирке и *Ерлангеног рукойиса* потичу из истог времена, али са различитог су подручја. Истоветан случај је и у односу *Пјеваније* Симе Милутиновића и *Народних срйских йесама* (тзв. лајпцишко издање) Вука Караџића.

Упоређивање песама:

Богишић, бр. 15 – *Кад је Вук Огњени одмијенио од койја краља будимскоѓа и када је убио његова зайочника*; **Милутиновић**, бр. 152 – *Змај Огњени Вук;* **Ерлангенски рукойис**, бр. 21. **Вук (САНУ)**, II, бр. 79; **Вук**, *Рјечник (1852)*, под речју злота.[7]

Из упоређивања следи:

а. У време објављивања *Пјеваније* нема штампане варијанте о томе како је Змај Огњени Вук уместо било кога краља изишао на мегдан.

б. Први део варијанте у *Пјеванији* садржајно одговара песми бр. 21 у *Ерлангеном рукойису*.

---

[5] в. В. Богишић, нав. дело, предговор, 129.

[6] М. Пантић, нав. дело, 135.

[7] *Срйске народне йјесме* из збирке Вука Стеф. Караџића у науци, у стручној литератури, наводе се по правилу, према државном издању Љубомира Стојановића, које садржи девет књига песама. Међу њима је седам књига епских песама (друга, трећа, четврта, шеста, седма, осма, девета) и две књиге лирских песама (прва и пета). Прве четири књиге представљају прештампано бечко издање српских народних пјесама, последње издање које је Вук приредио за живота. Од пете до закључно девете књиге, Љ. Стојановић је обелоданио део Вукове рукописне оставштине. Међутим, том приликом није објавио све народне песме које су се затекле у Вуковим хартијама. Преостали део штампала је Српска академија наука и уметности 1974. године у пет књига. Прва књига академијиног издања садржи, поред обимног предговора – лирске песме. Друга, трећа и четврта садрже епске песме, сврстане у духу и начину бечкога издања. Последња, пета књига, носи напомену да је штампана само за научну употребу и у њој се налазе еротске песме.

У овоме тексту помињаће се, с много разлога, сва досадашња званична издања народних песама Вуком сабраних, од тзв. другог издања (Лајпциг, 1823-1833), преко трећег (бечког издања), четвртог (државног) до академијиног издања из 1974. године.

в. Други део Милутиновићеве песме има додирних елемената са Богишићевим песмама дугога стиха.

г. Предање и песма које је Вук касније прибележио не комуницирају међу собом. Предање није настало према песми која се нашла у Вуковој оставштини. Радња у предању везује се, као и у *Пјеванији*, за Сплит односно Спљет. Радња песме везује се за Будим (не за Беч како је у песми дугога стиха).

Богишић, бр. 16 – *Кад је Вук Огњени умро шта је наредио на смрти;* Милутиновић, бр. 104 – *Смрт Змај Огњена Вука*, запис Николе Охмућевића – *Смрт деспота Вука* [8]

Из упоређивања следи:

а. Постоје три песме које опевају смрт Огњенога Вука.

б. Песме дугога стиха, Богишићева и Охмућевићева, блиске су међу собом. Оно у чему се разликују песма дугога стиха из Богишићева зборника и песма дугога стиха из Охмућевићевог записа – јесте управо оно што приближава Богишићеву бугарштицу Милутиновићевој песми: начин на који се лечи тешко рањени Огњени Вук уз помоћ митских помагача.

г. Велика блискост песме из *Пјеваније* и песме *Женидба краља Вукашина* не може да говори у прилог мишљењу како је Милутиновић извршио нека дотеривања песме коју је чуо, према Вуковој. Ако и постоји деликатнија врста зависности – она није на штету Милутиновића. Наиме, песма *Женидба краља Вукашина* (наводни запис Стојана Ајдука) штампана је у четвртој књизи лајпцишког издања, у књизи која је обелодањена у Бечу 1833. године. У то време Милутиновић је своју збирку одавно предао за штампу, па је она тако доспела и у руке цензору, Вуковом куму, Јернеју Копитару још 1832. године.

Богишић, бр. 35 – *Како је Никола Томановић невјерно убио краља будимскога;* Милутиновић, бр. 169 – *О смрти младог 'Цар' Уроша*. **Вук**, VI, бр. 14 и **Вук (САНУ)**, II, бр. 22.

Анализирајући мотиве у предању о убиству цара Уроша и В. Ћоровић је дошао до закључка да су песме о Урошевој смрти настале након песама о Вукашиновој смрти и делимично под њиховим утицајем.

---

[8] *Народне песме у записима XV до XVIII века. Антологија*, Избор и предговор Мирослав Пантић, Београд, Просвета, 1964, 61-65. О Николи Охмућевићу види: 59-60 и 266.

Упоређивање песама показало је:

а. Песма дугога стиха говори о смрти будимскога краља кога убија неверни слуга, Никола Томановић; [9]

б. Орбин и Андрија Змајевић пишу о Вукашиновој смрти. Према њиховом писању, Вукашина, такође на води, убија неверна слуга, Никола Херсовић, односно Никола Харсојевић; [10]

в. **Вук није објавио ни једну песму о смрти цара Уроша ни у лајпцишком, нити у бечком издању Срйских народних йјесам**а.

г. Милутиновићева варијанта о смрти Урошевој комуницира са Вуковима и претходи им, али је и боља од њих.

д. Милутиновићева варијанта се у детаљима (убиство на води, повод убиства шире узевши) саглашава са песмом дугога стиха из Богишићеве збирке, но, свакојако, представља самосвојну творевину.

Богишић, бр. 45 – **Како Сйјейан Јакшић изроби Марйарийу**, сестру своју, из руке бана Морињскога; Милутиновић, бр. 7 – **Јакшићи**. Варијанта се находи у **Ерланйенском рукойису** под бр. 129, као и у Вуковој збирци (**Вук**, II, бр. 95; и **Вук (САНУ)**, II, бр. 82). [11]

Упоређивање песама о похари двора браће Јакшића и заробљавању њихове сестре, показало је да:

а. Песма дугога стиха из Богишићеве збирке и песма из **Пјеваније** имају додирних тачака. Десетерачка верзија има знатно више детаља и радња се другачије развија.

б. Песма бр. 7 – **Јакшићи**, из Милутиновићеве **Пјеваније**, најстарија је штампана песма о похари двора браће Јакшића.

в. Песма **Јакшићима двори йохарани** објављена је тек у другој књизи бечког издања **Срйских народних йјесам**а.

г. Песма из **Ерланйеног рукойиса** бр. 129, мада се не односи на браћу Јакшиће, показује и старост и распрострањеност мотива о потрази за заробљеном сестром. Крај песме: убиство сестре и сестрића, практично се поклапа са познатом Вуковом песмом.

д. Песму из **Ерланйеног рукойиса** повезује са Вуковом и име Богдан. У **Ерланйенском рукойису** јунак је Богдан Потолић, а у Вуковој Богдан Јакшић. Ова подударност показује да је Вукова песма била надахнута на истоме врелу, на истоме или суседном географском подручју.

---

[9] Н. Љубинковић: **Народне йесме дугог сйиха** (II), Књижевна историја, год. V, св. 17, Београд, 1972, 20-22.

[10] Нада Милошевић-Ђорђевић: **Крај срйскога царсйва у Милуйиновићевој Пјеванији**. /У књизи:/ Сима Милутиновић Сарајлија, Књижевно дело и културноисторијска улога. Београд, Институт за књижевност и уметност – Вукова задужбина, 1993, 201-218.

[11] в. Branislav Krstić: **Indeks motiva narodnih pesama balkanskih Slovena**, odeljak **Registar pesama i varijanata**, Beograd, 1984, 619, бр.157.

Богишић, бр. 76 – *Како Иван Војихновић доби оклад у Котору;* Милутиновић, бр. 123 – *Оклад*; **Вук, *Пјеснарица (1814)*, Вук**, II, бр, 36, као и **Вук (САНУ)**, II, бр.47. У *Ерланѓенском рукопису* нема одговарајуће песме.

Упоређивање песама о Ивану Војихновићу, односно Милошу Војнићу, односно Милошу Обилићу и његовој опклади да ће цркву пребацити топузом, показује релативну самосталност свих варијаната, [12] али уз много заједничких одлика:

а. У Богишићевој и Милутиновићевој песми место збивања је Котор; позната варијанта из Вукове друге књиге говори о Латинима, а рукописна Вукова варијанта о Милешевки цркви и месту Милешеви.

б. бацању топуза преко цркве, у свим случајевима, претходи опклада.

в. Кобне последице бацања приближно су сличне. Изузетак је песма дугога стиха у којој буздован убија само некаквога *"малог властеличића"*. У песмама из Вукове збирке, као и у песми из *Пјеваније* – страдава најближа својта кладиоца, Милошевог опонента. У познатој Вуковој песми *Милош у Латинима* жртве су два банова сина, четири морска генерала и дванаест великих властелина. У рукописној варијанти – љуба дужда млетачкога и син у колевци, а *Пјеванији* гину банова љуба и два банова сина.

г. Пребацивање топуза преко цркве понајбоље је образложено у песми *Оклад* из Милутиновићеве збирке.

д. Иако је песма *Милош у Латинима* обелодањена још ране 1814. године, Милутиновић није своју варијанту редиговао према Вуковој. Осим што чува сећање на архаичније презиме јунака песме, варијанта у *Пјеванији* не помиње, као ни Богишићева бугарштица, посредника (гласника) између затворенога Ивана и цара.

Богишић, бр. 7 – *Марко Краљевић и Миња Костуранин*; **Богишић**, бр. 86 – *Потјевка Краљевића Марка кад је Михну Костуранина погубио и Костур освојио;* **Богишић**, бр. 87 – *Опет Марко и Миња, али иначе*; Милутиновић, бр. 37 – *Мина и Марко*; **Милутиновић**, бр. 66 – *Два калуђера*; Овоме кругу, по распрострањеном уверењу, припада и песма из рукописног зборника Анте Алачевића.

Упоређивање песама (најстаријих записа) о Марку Краљевићу и Мини од Костура показује следеће:

а. Тематски песма дугога стиха из Богишићеве збирке одговара песми из *Пјеваније.*

---

[12] Мора се имати у виду да за варијанту из Богишићеве збирке нису знали ни Вук Караџић, нити Сима Милутиновић. У зависном односу могла би да стоји искључиво Милутиновићева варијанта према Вуковој. Међутим, песма из Милутиновићеве збирке ближа је песми у Богишића, чиме аутоматски добија посебну самосвојност и аутентичност.

б. Песме у десетерцу из тзв. дубровачког рукописа, а из Богишићеве збирке такође одговарају песми из *Пјеваније*. Међусобна различитост песама десетерачких Богишићеве збирке указује, такође, на два развојна пута песама о Марку и Мини. Другим речима, та различитост говори о старости некојих битнијих елемената у песмама о Марку и Мини. На пример, три вести које стижу Марку појављују се и у песми дугога стиха и у *Пјеванији*. Претња Мине од Костура да ће похарати Маркове дворе и одвести му љубу, ако Марко оде на цареву војску – појављује се у склопу вести, које стижу Марку и у песми код Богишића бр. 86 и у *Пјеванији*.

в. Песма, веома позната, из Вукове збирке (II, бр. 61) штампана је, како је подвучено, тек у бечком издању. Дакле, након песме бр. 37 из *Пјеваније*. Разуђеност ове песме, посебно инсистирање на срџби Марковој изазива многе недоумице. Неодољиво се намеће поређење са *Илијадом* и Ахиловом срџбом. Чини се, да је песма прошла кроз учену редакцију. Не мора се подразумевати да је то била Вукова. Узгред буди речено, Вукова песма је сачињена од две песме: *Марко Краљевић пред Кара-Оканом* и *Марко Краљевић и Мина од Костура*.

г. Песма *Марко и Мина* из *Пјеваније* свакојако показује аутентичност, самосталност, али и естетске квалитете. Да је вршена добра редакција (или бар боља од постојеће) – песма би била веома добра.

д. Проблем зборника Алачевића, овде постављен, остаје да се разматра другом приликом. У овоме часу једино је значајно да је песма из *Пјеваније* (прештампана у државном алманаху Црне Горе *Грлици*) истоветна са Алачевићевом песмом. Алачевић ју је ваероватно преузео из *Грлице*.

Богишић, бр. 89 – *Марко Краљевић освети брата Андријаша кога му Турци погубише;* **Милутиновић**, бр. 6 *Турство*; **Милутиновић**, бр. 36 – *Свакојако бољи Марко*.

Упоређивање најстаријих записа о смрти Краљевића Андрије и Марковој освети брата показује да постоје два основна типа:

1. Андрија је киван на брата и жели да се, по сваку цену, утврди ко је од њих двојице бољи јунак. Спреман је на брата и оружје да дигне. Овоме типу припадају обе песме из *Пјеваније*, а затим и позније и зависне варијанте из збирке Мушицког, као и из *Показалеца*, и из *Јастребовљеве збирке*.

2. Андрија ожедни. Неопрезан гине, а брат му, Марко, свети његову смрт. Овоме типу припада песма из Богишићеве збирке, обе варијанте заостале у Вуковим рукописима, а затим, на пример, и песме из збирке С. Костића и К. А. Шапкарева.

Потребно је нагласити да, иако песме из Богишићеве збирке не говоре о сукобу међу браћом, о Андријиној жељи да се пошто-пото утврди ко је бољи јунак – први тип песама о Андријиној смрти – није туђ Богишићевој збирци. У песми дугога стиха, коју је Богишић преузео из дела Петра Хекторовића – *Марко Краљевић и брат му Андријаш*, опеван је сукоб међу браћом око деобе плена и Андријашева смрт. У овоме случају, међутим, Марко је искључиви виновник братовљеве погибије. Тако изостаје и Маркова освета.

Две песме из *Пјеваније* припадају првоме типу песама. Песма у десетерцу из Богишићеве збирке припада другоме типу. Две варијанте из Вукове оставштине сâм Вук није хтео да обелодани за живота. Оне, иначе, припадају другоме, Богишићевом типу песама.[13]

Краћа и слаба варијанта под насловом Марко свети брата Андрију, штампана је у академијином издању *Српских народних пјесама из необјављених рукописа Вука Стеф. Караџића* (Вук, САНУ), II, бр. 47). Песма има 51 стих. Нема опкладе међу браћом. Андрија ожедни, одлази у крчму. Тридесет Турака га убије. Марко га свети. Турке посече, а крчмарици *"окиде и ноге и руке"*. Марко укопа брата, покупи благо и жалостан оде своме двору.

Чини се, да није без значаја поменути да у песмама из збирки С. Костића и К. А. Шапкарева, Андрија такође страда, јер је ожеднео. Нема ни сукоба, нити опкладе међу браћом.

Песма у збирци И. С. Јастребова говори о сукобу међу браћом. Марком Краљевићем и Маринком Краљевићем. Маринко тражи да се утврди ко је бољи јунак. Даљи ток радње иде по устаљеном реду. Тако је и у две песме из збирке Бранка Мушицког, а и у Показалецу Антона П Стоилова.

Упоређивање песама показало је следеће:

а. Обе пјесме из *Пјеваније*, бр. 6 – *Турство*, бр.36 – *Свакојако бољи Марко*, најстарије су штампане песме тога типа.

б. Поређење песама из *Пјеваније* са десетерачком песмом из Богишићеве збирке, односно са две песме из Вукове рукописне оставштине – показује апсолутну самосталност и самосвојност Милутиновићевих песама.

в. Упоређивање песама указало је недвосмислено и неспорно на постојање два типа песама о смрти Краљевића Андрије. Њихова међусобна различност очигледно се поклапа са међама различитих епских басена.

Богишић, бр. 91 – *Марко Краљевић и царева хазна; Ерланђенски рукопис*, бр. 87 – /*Марко Краљевић погуби цареву стражу*/; **Милутиновић**, бр. 111 – *Марко и цар*

Упоређивање варијаната песме о Марковоме плењењу цареве хазне и сечењу њених чувара (хазнадара или везира), показује да су све три песме о којима је било речи – међусобно блиске.

---

[13] О одсеченој глави која говори, која убици саопштава последњу жељу или слично, види Б. Крстић: *Indeks motiva*, V 4, 1, 7 и C 4, 1, 8 (119). Станко Костић: *Малешевски народни песни*, Скопље, 1959, бр. 137. (Рукопис се чува у Етнографској збирци Архива САНУ под бр.41). Кузман А. Шапкарев: *Сборник од блгарски народни умотворенија*, Софија, 1969, II, бр. 370. Ново издање зборника К. А. Шапкарева објављено је у редакцији Светлане Николове и Илије Тодорова. Иван С. Јастребов: *Обичаји и пјесни турецких Сербов*, С. Петербург, 1886 (прво издање), 264. Антоп П. Стоилов: *Показалец на печатните през XIX век. Блгарски народни песни (1815-1850)*, I, Софнја, 1916, бр. 417, страна 198.

а. Песме из Богишићеве збирке и Милутиновићеве *Пјеваније* изричито се тичу истога предмета: цареве хазне и убијања њених чувара.

б. Песма из *Ерланѓенскоѓ рукойиса* различита је у првом делу. У њој није реч о пљачки хазне, већ о Марковом гневу што је у одмору узнемирен.

в. У све три песме Марко посече Турке и тај чин узнемири *"јавност"*, која тражи Маркову одговорност. Због тога се Марко и позива да дође цару и покаже да ли му је сабља крвава или не.

г. У све три песме ризик да оде до Марка и да га пробуди, преузима Марку близак човек – његов побратим: Алил-ага, Асан-ага, Соколовић паша.

д. У све три песме, Марков побратим, иако близак Марку, не сме Марка да пробуди сâм, већ свира у тамбуру.

ђ. У све три песме јасно се поставља проблем показивања сабље. И Марку и његовом побратиму је јасно да ће стављање сабље на увид показати Маркову кривицу. Стога Марков побратим нуди Марку своју сабљу, за коју се не зна. Понуду Марко не прихвата ни у једној песми.

е. Марково понашање у цара на дивану једнако је у све три песме. Упозорава цара да оружје он, Марко, не потеже узалуд, јер га је мајка тако заклела. Када коначно потегне сабљу – побије све око цара.

ж. Песме из Богишићеве збирке и Милутиновићеве *Пјеваније* једнако приказују Маркову самоувереност. Тачније осионост. Марко се понаша бахато, говори бахато, поступа бахато. Свесно жели да цара понизи, а зна да ће му то и поћи за руком. У песми из Богишићеве збирке – цар Марка проглашава невиним, а у *Пјеванији* га из страха награђује и новцем. Крај песме из *Ерланѓенскоѓ рукойиса* може се схватити у смислу да је цар кушао Марково јунаштво и да је задовољан крајњим исходом кушње.

з. У Вуковој збирци нема одговарајуће варијанте (постоји особена комуникација са песмом *Марко йије уз размазан вино*).

Богишић, бр. 97 – *Од Нијемаца бан и жена Момчила војводе*; **Милутиновић**, бр. 147 – *Момчила смрит*; Вук, II, бр. 24 – *Женидба краља Вукашина*. Бранислав Крстић у *Indeкси motiva* наводи још једну варијанту овога типа. Она се налази у Вуковој седмој књизи државног издања (**Вук**, VII, бр. 29). Међутим, та песма о Новљанин Алији и Милошу Чобанину само почетком, захтевом Алије да му Милошева жена изда Милоша (а он, Алија, ће је узети за љубу) – подсећа на песме типа Вукове *Женидбе краља Вукашина*. Даљи ток ове, свакојако слабе песме, коју је Вук добио од Вука Врчевића, идентичан је са песмама типа *Невјера љубе Грујичине*.

Упоређивање песама о Момчиловој смрти показује следеће:

а. Песме из Богишићеве збирке и Милутиновићеве *Пјеваније* показују велику међусобну сличност. У обе песме поставља се исти захтев – да Момчило буде отрован. У обе песме Момчилова љуба одбија захтев уз образложење да се тровање не може обавити, јер заједно са Момчилом, за трпезом су и његови најближи (девет браће, девет братучеда, четрдесет слугу

275

– **Богишић**, бр. 97; деветоро браће, дванаест прво братучеда – **Милутиновић**, бр. 147).

б. Песме из Богишићеве збирке и Милутиновићеве *Пјеваније* једнаке су и по обрачуну Момчилове љубе са супругом. У обе песме Момчилова љуба спали крила Момчиловом коњу (тако је и у познатој Вуковој песми), у обе песме веома је важно да Момчилова љуба извади оно што се налази у мужевљевом перчину. У Богишића се вели да је у Момчиловом перчину драги камен, а у Милутиновића се каже да је у питању биље (могуће је да је реч о лоше протумаченој речи – **биљур**). У Богишићевој песми се инсистира и на некојим Момчиловим натприродним моћима и способностима, које поседује захваљујући неименованим амајлијама *("моћи од помоћи")*. У Милутиновићевој песми, а и у Вуковој, Момчилова љуба онеспособи Момчилово оружје.

в. У све три песме напад на Момчила одиграва се код воде.

г. У све три песме, након погибије пратилаца, Момчило бежи двору (кули или граду) и стигавши до зидина тражи од коња да полети, али овај то не може. У све три песме, Момчило тражи помоћ од сестре. У све три песме сестра баца платно, како би се уз њега брат узверао.

д. У песми у Милутиновића, као и у песми Вуковој – важну улогу у завршноме чину песме има коса Момчилове сестре. У Милутиновића девојка продужава прекратко платно својом косом (дакле, за брата прежали косу). У Вуковој песми, Јевросима, чувши братовљев позив за помоћ, откида, чупа косе, које јој је Момчилова љуба привезала за дирек.

ђ. У све три песме неверна љуба Момчилова буде кажњена смртном казном. У песми Богишићевој до тога долази, јер видевши у Момчила два срца јуначка – бан схвата да је погубио "голема јунака", према коме он сам јесте ништаван. У Милутиновића свест о ништавности стиче се приликом пробања одела и оружја убијеног јуначког противника. Једнако је и у Вука. Након свести о ништавности – просилац-убица убија и помоћника, Момчилову жену, бојећи се да ће једнога дана издати и њега самога.

е. У све три песме, Момчилов убица узима за жену Момчилову сестру. У две песме, Богишићевој и Милутиновићевој, сестра се зове Анђелија, односно Анђа, а само код Вука Јевросима.

ж. Потребно је нагласити да и у Богишићевој и у Милутиновићевој песми важну улогу имају слуге, које су некада служиле у Момчила. У Богишићевој песми реч је о три слуге, које је Момчило научио да баратају сабљом и због чије вештине зазире да удари на бана од Нијемаца. У Милутиновића је реч о две слуге, чије је присуство у догађајима важно, јер их познаје Момчилов коњ, па неће опоменути господара на присуство страних људи.

з. Занимљиво је да се Момчилове слуге, у служби Момчиловој, њих четрдесет на броју – помињу у Богишића и у Вука. Вукова песма иначе има мало додирних тачака (а и оне су потпуно опште) са песмом из Богишићеве збирке.

и. Напослетку, а никако не најмање важно, песма *Женидба краља Вукашина* из Вукове збирке обелодањена је први пут у четвртој књизи лајп-

276

цишког издања, у књизи, која је штампана у Бечу 1833. године. У томе часу, Милутиновићева збирка била је увелико обликована и за штампу припремљена. У томе својству се и налазила у рукама цензора Јернеја Копитара од 1832. године.[14]

ј. Очигледна је изузетна блискост између Милутиновићеве и Богишићеве песме, као и апсолутна самосвојност варијанте у Милутиновића у односу на познату песму из Вукове збирке.

Богишић, бр. 107 – *Новак продаје Радивоја;* **Милутиновић**, бр. 149 – *Од куда је Герзелез;* **Вук**, III, бр. 2 – *Новак и Радивоје продају Грујицу.*

Упоређивање песама из Богишићеве збирке, Милутиновићеве *Пјеваније* и Вукове збирке показује следеће:

а. У Богишићевој збирци и у *Пјеванији*, Новак продаје Радивоја, а у Вука њих двојица продају Грујицу.

б. Детаљ о покушају Туркиње девојке да купи лепога роба (Радивоја, односно Грујицу) налази се и у Милутиновића и у Вука.

в. И песма у Вуковој збирци, као и одговарајућа у *Пјеванији*, одишу снажном еротиком, посебно у делу, када була удовица, односно Цафербеговица, ишчекују свођење у постељу. Чини се да је тај део снажније, упечатљивије и чулније спроведен у *Пјеванији*.

г. У другом делу, песме из Вукове збирке и Милутиновићеве *Пјеваније* потпуно се разликују. У Вука се детаљно развија прича о Грујичином бекству, а у Милутиновића се развија сказ о рођењу и пореклу Алије Ђерзелеза.

д. Песме из Вукове збирке, односно *Пјеваније*, показују потпуну самосталност у образлагању основне радње, у стварању сликовитих епизода. Песма из Богишићеве збирке и песма из *Пјеваније* потичу из истога праизвора: у обема је заплет заснован на Новаковом продавању Радивоја.

Богишић, бр. 8 – *Деспот Стјепан Лазаровић и Сибиња дјевојка, родитељи Сибињанин Јанка*; **Милутиновић**, бр. 160 – *Царска ријеч*; **Вук**, *Рјечник (1852)*, под речју *Сибињанин Јанко*; **Вук**, *Живот и обичаји народа српскога*, одељак *Јунаци и коњи њихови* под речју *Сибињанин Јанко* (у књизи *Етнографски списи* – Сабрана дела Вука Караџића, књига седамнаеста. Приредио Миленко С. Филиповић, Београд, Просвета, 1972, 322).

---

[14] в. Владан Недић: *Вукови певачи*, Нови Сад, Матица српска, 1981, 52-57; Р. Меденица: *Наша народна епика*, 88-93; *Српске народне пјесме*, књига друга. Приредила Радмила Пешић, коментари уз песму бр. 25 – *Женидба краља Вукашина* (Сабрана дела Вука Караџића, књига пета, Београд, Просвета, 1988, 551-553). Мислим да песма *Женидба краља Вукашина* озбиљно доводи у питање свеукупни штампани опус Стојана Ајдука, као и многа домишљања изречена поводом његовога живота и дела у текстовима В. Недића и Р. Меденице.

Упоређивање песама о родитељима Сибињанин Јанка показало је следеће:

А. Песма *Царска ријеч* (**Милутиновић**, бр. 160) најстарија је штампана песма о Високом Стевану као оцу Сибињанин Јанка и Јање. По запису старија варијанта, она у Богишића (бр. 8) штампана је тридесетак година након *Пјеваније.*

б. Све три анализиране варијанте, две песме и прозно предање, показују одређени степен самосталности, независности, самосвојности.

Овим песмама се исцрпљује права веза између песама из старијих, највише приморских записа, које је Богишић обелоданио у збирци 1878. године и песама из Милутиновићеве лајпцишке *Пјеваније.*

Свод резултат обављених поређења и анализа

Упоређивање песама показало је следеће:

а. Тринаест песама из Богишићева *Зборника* има некад ближе, кадкад даље варијанте у Милутиновићевој лајпцишкој *Пјеванији* (од тога три пута јесте реч о варијантама песме *Марко Краљевић и Мина од Костура* – бр. 7, бр. 86, бр. 87) [15].

б. У тих тринаест случајева, песме из лајпцишке *Пјеваније* находе одговарајуће паралеле у Вука у девет случајева (у једном случају паралела постоји само у Вуковоме *Рјечнику* из 1852, у другоме и у песми и у *Рјечнику* из 1852. У преосталих седам случајева паралеле су песме из Вукове збирке).

в. Само у два случаја, и то када су у питању песме: *Милош у Латинима* и *Новак и Радивој продају Грујицу*, реч је о песмама обелодањеним пре будимске, односно лајпцишке *Пјеваније.*

г. Чак кад је реч и о врло познатим песмама из Вукове збирке – *Јакшићи ослобађају сестру* (**Вук**, II, бр. 96), *Марко Краљевић и Мина од Костура* (**Вук**, II, бр. 61) – оне су објављене не у лајпцишком, већ тек у бечком издању. Сличан случај јесте и са гласовитом песмом *Женидба краља Вукашина* (**Вук**, II, бр. 24), која је први пут објављена у четвртој књизи лајпцишког издања 1833. године. У томе часу Милутиновићева *Пјеванија* већ пуне четири године чека да буде штампана.

---

[15] На почетку сам подвукао да још две десетерачке песме из Богишићеве збирке имају извесне везе са песмама из *Пјеваније.* Песма *Иво Сењанин ослобађа Латовић Ивана, кога паша босански хтијаше обесити* (Богишић, бр. 109) има додирних тачака са песмом *Марко у тавници турској* (Милутиновић, бр. 168). Песма је записана од Радована Ровчанина. Песма *Свадба Ришњанин Селима и Лимун хајдук* (Богишић, бр. 118) делимично кореспондира са песмом *Бајо Пивљанин* (*Пјеванија*, бр. 144). Милутиновић је песму записао од попа Гаше Поповића Пипера. Међутим, сматрам да ближа анализа поменутих песама не би ничему изменила, нити допунила резултате досадашњих истраживања.

д. Песме записане у околини Дубровника, у Боки Которској, крајем седамнаестог и у првим деценијама осамнаестога века, наставиле су особени живот и након једног столећа, прилагођавајући се укусу и схватањима средине у којој су се обреле. Томе је сведок и Милутиновићева лајпцишка *Пјеванија*.

ђ. Милутиновићева *Пјеванија* јесте самосвојна и аутентична збирка. Могуће је и штавише, вероватно је да је Милутиновић извршио редакцију песама, али ниуком случају та редакција не подразумева обимније и суштинскије захвате у песму, него ли што је Вук Караџић чинио. Рекло би се, чак, да је Милутиновић изворнији (то превасходно сматрам на основу Вукових песама о Мини и Марку, као и о браћи Јакшићима који избављају сестру из ропства, па и на основу песме *Женидба краља Вукашина*).

е. Трагање за одговарајућим варијантама у *Ерланђенском рукопису* указало је на потребу даљег испитивања *Ерланђенског рукописа* у контексту Богишићевог зборника, Милутиновићеве лајпцишке *Пјеваније* и Вукове збирке *Српских народних пјесама*. Очигледно је, да ће та упоређивања показати, како се одређени мотиви, а затим и стилистички поступци у грађењу песме — мењају од подручја до подручја, а затим како се мењају и у распону од стотинак година на једнаким, а како на различитим просторима.

ж. Упоређивање песама из Богишићевог зборника са одговарајућим песмама у лајпцишкој *Пјеванији*, а затим и са варијантама садржаним у *Ерланђенском рукопису* и Вуковој збирци — указало је и на нужност испитивања и преиспитивања збирки, зборника, корпуса народних песама, како би се утврдио степен њихове самосвојности, а тиме и степен њихове објективне научне вредности.

Ерлангенски рукопис старих српскохрватских народних песама и лајпцишка Пјеванија Симе Милутиновића

Ерланѓенски рукопис старих српскохрватских народних песама настао је почетком осамнаестога века, вероватно током друге деценије [1]. Настао је на простору тадашње Војне границе, у окружју топонима: Сисак – Сава – Градишка – Вировитица – Крижевци – Сисак. Прецизније речено, *Ерланѓенски рукопис* садржином одражава стање епскога и лирског народног певања на савременој Војној Граници, посебно у области омеђеној споменутим градовима и реком Савом. Међутим, сам рукопис, по свему судећи, јесте настао у Београду. Рукопис је сачинио човек коме српскохрватски језик није био матерњи и који је, по свој прилици, био Немац.

Ерланѓенски рукопис је дуго био скривен од очију научне и културне јавности. Непозната је његова судбина од времена настанка до осамдесетих година деветнаестога века, када се, незнано које године, обрео у библиотеци града Ерлангена. Остало је непознато и ко је, којом пригодом и наканом даровао рукопис библиотеци. Никакав пратећи документ о уласку рукописа у библиотечки фонд није сачуван. Рукопис у почетку није привукао ничију пажњу. Сматран је у прво време оријенталним рукописом. Потом су језик и графија одгонетнути, али је садржај погрешно процењен, јер рукопис очигледно није читан. Тако је рукопис проглашен за рукописни зборник словенских ћирилских црквених текстова.

Прва обавештења о рукопису и његовом начелном значају пружио је научној и културној јавности Ерих Бернекер, професор словенске филогије на минхенском универзитету, у освит првога светског рата, 1914.

Даљу обраду рукописа препустио је свом даровитом студенту, Герхарду Геземану. Током ратних година посао је обављен и године 1920. Геземан је поднео студију о *Ерланѓенском рукопису* Филозофском факултету у Минхену као хабилитациони рад. Годину дана касније, допуњена и прерађена студија о *Ерланѓенском рукопису*, пропраћена и самим рукопи-

---

1 в. Н. Љубинковић: *О времену и разлозима настанка Ерланѓенског рукописа старих српскохрватских народних песама, Ковчежић. Прилози и грађа о Доситеју и Вуку*, књига XXXII–XXXIV (1995-1997), Београд, Вуков и Доситејев музеј, 1999, 95-104. Ту је наведена и претходна важнија литература.

сом припремљеним за штампу, предата је Српској Краљевској Академији. Рукопис садржи 217 епских и лирских песама. Мећ овим потоњим, известан број припада тзв. варошким песмама. Песме садржане у **Ерланѣенском рукоѝису** потичу из области које се одликују вишеструком лимитрофношћу – вишенационалном и вишеверском. Примера ради, треба подвући да готово четвртину· рукописа чине муслиманске песме.

Ерланѣенски рукоѝис је занимљив и у тематском погледу. Најбројније су песме о Марку Краљевићу, а потом о Бранковићима и Јакшићима. Знатан је и број песмама које припадају тзв. хајдучко-ускочком кругу.[2]

Песама о косовскоме боју, оном из 1389. године, чини се, нема [3]. Знатан је број песама о војводи Јанку Хуњадију, Сибињанину и о његовоме нећаку Секули.

Песме из **Ерланѣеног рукоѝиса** вишеструко су занимљиве. Пре свега, оне илуструју стање епскога и лирског певања на простору Војне границе, на самоме почетку осамнаестога века. Време настанка рукописа такоће је вишеструко интересантно. **Ерланѣенски рукоѝис** је настао један век пре Караџићевих записа, а садржи свакојако импресиван број лирских и епских народних песама. Посебно је занимљиво да **Ерланѣенски рукоѝис** настаје у временима која непосредно следе Великој сеоби Срба 1690. године. Реч је, дакле, о временима и просторима у којима се и где се обрео велики број избеглица из Јужне, Источне, Западне и Централне Србије, из Босне и Херцеговине, из Црне Горе, из Македоније. У томе смислу, **Ерланѣенски рукоѝис** не одражава само стање епскога певања на просторима Војне границе почетком осамнаестога века, већ показује пресек и просек епског и лирског певања на далеко већим просторима.

Одрећивање Београда као места у коме је рукопис настао проистиче из самог **Ерланѣеног рукоѝиса**, из дела његовог садржаја. Личности неких песама јесу историјске, али у тој мери локалног значаја да њихова популарност ниуком случају није могла прећи границе београдског атара [4].

---

[2] Радмила Пешић; **Сѝарији слој ѝесама о ускоцима** у књизи **Народна књижевносѝ** (приредио Владан Недић), библиотека Српска књижевност и књижевној критици, књига 2, друго издање, Београд, Нолит, 1972, 270 и даље.

[3] Кнез Лазар се помиње само у једној песми **Ерланѣеног рукоѝиса** (бр. 2о8). У њој се пева како Лазар пије вино са једним младим Турчином. Туре му у пићу попуди благо ако му Лазар уступи жену за једну ноћ. У договору са љубом, Лазар пристаје. Следећега јутра љуба одбија да се врати супругу и поред свих наговора. Смара се да ова песма нема никакве везе са песмама тзв. косовског круга, па да, према томе, у **Ерланѣенском рукоѝису** нема песама које садрже елементе косовске легенде. Мислим да је поменути став добио безразложно аксиомски карактер и вредност. Штавише, сматрам да поменута песма припада деловима и дојешима косовске легенде. Но, то би се дало образложити, показати и доказати тек када би се приказао развој епске легенде на нашим просторима. То је, међутим, предмет друге студије.

[4] О овоме су расправљали и Драгутин Костић и Душан Ј. Поповић у поменутим студијама. О томе је последњи писао Радосав Медешница (нав. дело, 14-15). Реч је посебно о песмама бр. 29 (**О Сави Лаѣарији и украденим ѣаѝама Миѝре Даскалове**) и бр. 40 (**О Ради Миријевки и Ѣел-Николи**). Обе песме су еротскога садржаја, а личности припадају београдском друштвеном животу с почетка осамнаестога века.

Мислим да је несумњиво да *Ерланђенски рукопис* јесте настајао и у Београду и да делом одражава и исказује лирско и епско певање Београда и београдског атара. Међутим, чини ми се, да се једнако убедљиви докази могу искористити и навести и за нешто другачије локализације. Рекло би се, да је творац *Ерланђеноg рукописа* био човек, који је потребама службе којој је припадао, био принуђен да чешће мења места боравка, али да у тим вазда привременим пребивалиштима, проводи ипак дуже време – време довољно да се сроди са средином, да стекне познанства, стална друштва, редовна састајалишта.

Будући да је *Ерланђенски рукопис* готово два века након настанка био непознат јавности, песме које садржи нису могле ни тематиком, нити стилским и поетским исказом да утичу на потоње епско и лирско певање на просторима српскохрватског језика. Песме из *Ерланђеноg рукописа* потичу делом са простора са којих је песме добивао век касније Вук Караџић, делом са простора који су са овима били у дотицају. Песме из *Ерланђеноg рукописа* потичу такође са простора у којима су се, након Велике сеобе, обреле избеглице и убеглице из различитих крајева. Између осталог из Црне Горе и из Босне и Херцеговине. У деловима Црне Горе и Старе Херцеговине песме ће записивати стотинак година касније и Сима Милутиновић.

Узајамно поређење епских народних песама из Милутиновићеве лајпцишке *Пјеваније*, са одговарајућим песмама из *Ерланђеноg рукописа*, Богишићева зборника *народних пјесама из старијих, највише приморских зайиса* и Вукова тзв. лајпцишког издања (1823-1833) – показује и доказује стваралачку аутентичност, веродостојност, али и научну изузетност Милутиновићеве збирке. Песме из *Ерланђеноg рукописа* и Богишићева зборника потичу из једнаког времена, али са различитог подручја. Исти је случај и у односу лајпцишке *Пјеваније* Симе Милитиновића и лајпцишког издања народних српских пјесама Вука Стефановића Караџића. Узајамно упоређивање ових збирки показује не само стање и изглед епског певања на крају седамнаестог и почетку осамнаестог века, односно у трећој деценији деветнаестог века, већ указује и на неке особености епскога певања на одређеном простору, а сведочи и о променама, које песме природно трпе прелазећи из једне културне средине у другу [5].

---

[5] О томе шта под овим подразумевам видети: *Пролеgомена за теорију о културној средини* у књизи *Усмено народно стваралаштво*. Зборник радова о нашем фолклору. Библиотека **Расковник**, књига трећа, Београд, 1982, 91-100; *Преношење ейских народних йесама из једне културне средине у друgу (у оквиру истоg језика)* – особен вид усменоg йревођења у књизи *Књижевно йревођење. Теорија и историја*, Београд, Институт за књижевност и уметност, 1989, 211-216; *Зайис усмене ейске народне йесме – (не)веродостојан израз одређене културне средине*, Зборник радова XXXVI конгреса Савеза удружења фолклориста Југославије (Сокобања 1989), Београд, 1989,. 297-301; *Значај миgрационих крейања за стварање и обликовање усмене ейске народне йесме*, саопштење поднето па деветнаестом међународном скупу слависта у Вукове дане (септембар 1990). Текст је штампан у часопису **Расковник**, бр, 67-68, Београд, 1992.

Упоређивање песама:

Ерланѓенски рукоūис, бр. 21 *(Ђурђева Јерина и десūоū Сūефан)*, **Милутиновић** бр. 152 *(Змај Оѓњени Вук)*, **Богишић** бр. 15 *(Кад је Вук Оѓњени одмијенио од коūја краља будимскоѓа и кад је убио њеѓова заūочника)*.

· Из претходних упоређивања следи:

а. Песма из *Ерланѓенскоѓ рукоūиса* садржи причу о детету несрећних родитеља, Слепога Стефана и Анђелије, које Турци желе да уграбе и убију, а на дојаву *"Јерине госūоѓе"*.

б. Песма бр. 152 из Милутиновићеве *Пјеваније* састоји се из два дела, вероватно из две песме.

в. Први део, односно прва песма у оквиру Милутиновићеве песме бр. 152 директно је сагласна са песмом из *Ерланѓенскоѓ рукоūиса* и њена је блиска варијанта.

г. Песма дугога стиха (**Богишић**, бр. 15) предање обелодањено у Вуковоме *Рјечнику* из 1852, под речју злота и песма из Вукове рукописне оставштине – нису у сагласју са песмом бр. 21 из *Ерланѓенскоѓ рукоūиса*. У сва три случаја сачувано је памћење или сећање на *"наставак"* епске приче.

д. Песма бр. 21 из *Ерланѓенскоѓ рукоūиса* и песма бр. 152 из Милутиновићеве лајпцишке *Пјеваније* (први део песме, односно прва песма) једине чувају. сећање на експозицију епске приче о животним недаћама и подвизима сина Слепога Стефана и Анђелије, односно Слепога Гргура и Анђелије, као и на потказивачку улогу *"Јерине госūоѓе"*, Ђурђеве Јерине.

Ерланѓенски рукоūис, бр. 47 – *Злаūна свираљка*, **Милутиновић** бр. 77 – *Злаūна свирала.* У Вука нема одговарајуће варијанте.

Милутиновићева песма изазвала је својевремено многа нагађања, дискусије, полемике. Проблем, је заправо проистекао из самога краја песме у коме се чобанче Мијајло одгонета као Свети Сава. Многи научници су, заведени поменом Савиног имена, помишљали да је реч о песми која је сачувала сећање на одлазак Светог Саве у калуђере. Бројна су била мишљења и да је читава песма плод Милутиновићева умовања, односно да је песма њиме смишљена и измишљена. Име Светога Саве јесте, ван сумње, накнадно убачено у песму и са њом нема органске везе. Међутим, то не мора да значи и да је то учинио сам Милутиновић, већ се убацивање извршило током епског живота песме. У сачуваном делу рукописа Милутиновићеве *Пјеваније*, у брзописном тексту, који је, свакојако претходио препису (*"на*

283

чисто") према којем је *Пјеванија* позније штампана – налазе се и стихови са поменом Савиног имена. На ово је указао пажњу и Владан Недић [6].

Никоме није ни на памет пало да обрати икакву пажњу на певача песме, на личност од које је Милутиновић, према властитом тврђењу песму записао. Претпостављам да су сви испитивачи *Златне свирале* схватили да је Милутиновић песму забележио од мушкобањасте девојке, по имену Јаглике. Како *"женско писмо"* није у тим временима била помодна атракција, никога није занимало каква је разлика између *"женског писма"* у песми Госпаве или Голе Ђевојке и *"мушкобањастог"* обликовања *"женског писма"* у песми Јаглике Мушкобане. Проблем је у томе што уопште није реч о мушкобањастој девојци, већ о девојци која се **заветовала да се неће удавати**, већ ће, преобучена у мушке хаљине, уместо мушкарца остати у родитељској кући. Очигледно је, у питању девојка чији родитељи нису имали мушко потомство, или можда девојка којој су старија браћа сва помрла. У оба случаја догађа се да родитељи захтевају од женског детета (или од једног међу више женске деце) да се преобуче у мушко и да се заветује како ће остатак живота живети и делати као мушкарац. Одлазећи у калуђере мушкарац се одриче женидбе, породице, а у одређеном смислу и сопствене мушкости. Заветујући се да се неће удавати и да ће живот провести као да је (а није!) мушкарац, девојка постаје оно што у народу зову: *неудавача, томбелија, тобелија, вирпинеша, вирпинуша, мургеша, мушкобана.* [7] Милутиновићева певачица или казивачица је, дакле, *тобелија.* У том случају, надомешћен крај песме са поменом Савиног имена има потпуно другачији смисао и значај. Бојати се, да је Сава поменут као особен Јагликин потпис и тужаљка над сопственом судбином. Пред лепим Мијајлом стајао је живот нудећи штедро разноврсне лепоте и уживања. Мијајло одлучује да се закалуђери и свега световног одрекне. Као Свети Сава. Ако Саву схватимо као символ одрицања од световнога живота и овоземаљских радости – свако ко се закалуђери, или на било који начин одрекне нормалнога живота јесте Свети Сава.

Упоређивање песама показује:

а. Песма из *Ерлангенског рукописа* бр. 47 и песма из *Пјеваније* бр. 77 изузетно су блиске. Једнака су имена јунаковога оца, готово једнака су имена главнога јунака. Окосница заплета такође је блиска.

---

[6] Владан Недић: *Рукопис Милутиновићеве "Пјеваније"*, Прилози КЈИФ, књига тридесет четврта, Београд, 1958, 238-246. Рукопис *Пјеваније* Недић није имао у рукама у часу када је писао докторску дисертацију, знамениту монографију о животу и делу Симе Милутиновића Сарајлије (*Сима Милутиновић Сарајлија*, Београд, Нолит, 1959, 102). Ту се, наиме, констатује: *"за Златну свиралу (бр. 77) опет где је мотив о Алексеју божијем човеку испреплетан са још неким другим, Стојан Новаковић је мислио да скрива мутно сећање на Савино бекство у манастир".*

[7] О тобелијама, мушкобанама, вирпинешама видети Т. Р. Ђорђевић: *Наш народни живот*, књига друга, Београд, Просвета, 1984, 276-278 (*Заветовање девојке код Арбанаса*).

284

б. Ни у Вука, нити у Богишићевој збирци нема одговарајуће паралеле.

в. Без обзира на неуверљивост помена Савиног имена у Милутиновићевој песми – старост и аутентичност варијанте у Милутиновића показује и доказује песма из *Ерланѓенскоѓ рукоūиса.*

г. Препознавање тобелије у Јаглики Мушкобани дозвољава да се помен Савиног имена у песми *Злаūна свирала* протумачи као особен исказ личнога опредељења, али и властите драме.

Ерланѓенски рукоūис, бр. 59 – *Змај десūоū Вук осваја Сūљеū;* **Милутиновић** бр. 152 – *Змај Оѓњени Вук;* **Богишић,** бр. 15 – *Кад је Вук Оѓњени одмијенио од коūја краља будимскоѓа и кад је убио њеѓова заūочника;* **Вук Караџић:** *Срūски рјечник* (1852), под речју **злоūа;** **Вук Караџић:** *Срūске народне ūјесме* (САНУ), II бр. 79 – *Змај десūоū Вук и Злоūа Проūоūоūа.*

Упоређивање песама показује:

а. У време објављивања лајпцишке *Пјеваније* (1837) **нема** штампане варијанте како је Змај Огњени Вук, односно Змај деспот Вук, уместо било кога краља изишао некоме на мегдан.

б. Песма бр. 59 из *Ерланѓенскоѓ рукоūиса* у сагласју је са другим делом песме бр. 152 из *Пјеваније.* Она је такође у својеврсној комуникацији са предањем које је објавио Вук у *Рјечнику* 1852. године, под речју **злоūа,** као и са песмом која се нашла у Вуковој оставштини.

в. У мањој мери јесте, али је препознатљиво сагласје између песме бр. 59 из *Ерланѓенскоѓ рукоūиса* и песме дугога стиха (**Богишић,** бр. 15).

г. Постојање песме бр. 21 и 59 у *Ерланѓенском рукоūису* сведочи да је у време настанка рукописа постојала комплетна епска прича, која је у целини сачувана једино у песми бр. 152, у лајпцишкој *Пјеванији* Симе Милутиновића.

д. Упоредо су живеле и трајале две варијанте епске приче: једна је радњу везивала за град Сплит, односно Спљет, а друга је збивања везала за Будим.

ђ. У тренутку када је објављена песма у Милутиновићевој *Пјеванији* – није постојала ни једна дтуга штампана песма о сукобу Злоте Протопопе или попа Сплећанина са Змај Огњеним Вуком или било којим чланом знамените великашке куће Бранковића.

Ерланѓенски рукоūис, бр. 87 – *Марко Краљевић ūоѓубио цареву сūражу;* **Милутиновић,** бр. 111 – *Марко и цар;* **Богишић,** бр. 91 – *Марко Краљевић и царева хазна.*

Упоређивање песама показује:

а. Песма из *Ерланѓенскоѓ рукоūиса* различита је у свом првом делу. У њој није реч о пљачки хазне, већ о Марковоме гневу што је на спавању узнемирен.

б. Песме из Богишићеве збирке и Милутиновићеве *Пјеваније* тичу се истог предмета: пљењења цареве хазне и убијања њених чувара.

в. У све три песме Марко посече Турке (било силеције које му руше шатор, било чуваре хазне). Због тога се Марко и позива на диван цару како би показао да ли му је сабља крвава или не.

г. У све три песме ризик да оде до Марка и да га пробуди преузима на себе Марков побратим, или иначе му близак човек: Асан-ага, Алил-ага, Соколовић паша.

д. У све три песме Марков побратим, односно близак му човек, не сме Марка да пробуди сâм, него се у ту сврху служи свирком на тамбури.

ђ. У све три песме јасно се исказује проблем показивања сабље. И Марку и човеку који га о свему обавештава јасно је да ће показивање сабље недвосмислено открити Маркову кривицу. Стога се Марку нуди друга сабља, за коју се не зна. Попуду Марко не прихвата ни у једној песми.

е. Марково понашање у цара, на дивану, једнако је у све три песме. Упозорава цара да је заклет да оружје не потрже узалуд. Након потезања сабље, Марко у све три песме побије људе око цара.

ж. Песма из Богишићеве збирке и Милутиновићеве *Пјеваније* једнако приказују Маркову самоувереност, тачније осионост. Марко говори бахато, опходи се бахато, дела бахато. Свесно тежи да цара понизи.

з. И у песми из Богишићеве збирке и у оној из Милутиновићеве *Пјеваније*, Марко пролази без каазне. Било бива проглашен за невиног, било чак награђен новцем. У песми из *Ерланѓенског рукойиса* чини се да је цар хтео само да куша Маркову храброст и да је, након свега, задовољан резултатом кушње.

и. У лајпцишком издању *Народних срйских йесама* Вука Караџића – нема одговарајуће паралеле. У другој књизи потоњег, бечког издања постоји песма која је у извесној и условној комуникацији са песмама о којима је било говора. Реч је о песми *Марко йије уз рамазан вино*.

Ерланѓенски рукойис, бр. 124 – *Марко Краљевић и Пилий Драѓиловић*; *Милутиновић*, бр 91 – *Марко и Филий*; бр. 94 – *Ойей Марко и Филий*; *Вук (САНУ)*, бр. 56, 57, 58.

Упоређивање песама показује следеће:

а. Песма о сукобу Марка Краљевића и Филипа Маџарина штампана је први пут у *Пјеванији* Милутиновићевој, у две варијанте, под бр. 91 и 94. У оба случаја певачи су били чобани из Мораче: Стојанче Јасеновче и Драгоје Дрекаловић.

б. Позната песма *Марко Краљевић и Филий Маџарин*, из збирке Вука Караџића, обелодањена је тек у бечкоме издању *Срйских народних йјесама* (II, бр. 58).

в. Песма под бр. 124 из *Ерланѓенског рукойиса* у знатној је мери у сагласју са песмом бр. 94 из *Пјеваније*. Песма бр. 91 у *Пјеванији* делује, на први поглед, као слаба, скраћена и осакаћена варијанта познате теме. У њој

Марко три недеље узалудно чека Филипа, који се уопште не појављује на мегдану. У томе погледу њој наликује песма која је штампана у академијином издању песама из Вукове оставштине (II, бр. 56 – *Марко Краљевић и Филип Драгиловић*). Ни у њој не долази до борбе између Филипа и Марка, али свима је јасно (будимским госпођама, примерице) ко је бољи јунак, односно ко је кукавица.

г. Песма бр. 94 из *Пјеваније* и песма бр. 129 из *Ерлангенског рукописа* јесу у сагласју, али једновремено то су две независне песме које, у одређеном смислу, на другачији начин развијају и разрешавају сукоб између Марка и Филипа. Четири песме из Вукове збирке (она гласовита из бечког издања, коју је Вук сȃм штампао, три које је оставио у рукопису) комуницирају са једном или другом верзијом.

д. Песми из *Ерлангенског рукописа* бр. 124 најсличнија је варијанта из Вукове рукописне оставштине (**Вук САНУ**, II, бр. 56). Једнако је име Марковога противника – Филип Драгиловић. У оба случаја заплет се ствара и покреће у Будиму. У обе песме је истакнуто да је Филип, осим одређеног броја мартолоса (тридесет или седамдесет), убио и њиховога вођу, мартолозбашу, Николу или Николицу. У оба случаја Филип је од свакога убијеног заробио по кога роба, а у ропство је одвео и мартолозбашину сестру. У обе песме се уз Марка појављује и Јевросима. У песми из *Ерлангенског рукописа* тим именом се означава Маркова љуба, а у песми под бр. 56 из Вукове оставштине – Маркова мајка. У обе песме у развоју радње узимају учешће и скелеџије, које Марка превозе преко воде (Саве или Вуке). У песми из Вукове рукописне оставштине епизода са скелеџијом је боље развијена и има више смисла. У обе песме помињу се бељарице под Будимом. У песми из *Ерлангенског рукописа* бељарица је само једна, Николина сестра. У песми из Вукове рукописне оставштине бељарица је више. Међу њима је и Николина сестра, али она не бели платно, већ везе. Опис сукоба између Марка и Филипове љубе практично је једнак у свим песмама, па и у две о којима је сада реч. Након те епизоде, песме из *Ерлангенског рукописа* и Вукове рукописне оставштине (бр. 56) се разликују.

ђ. Песма из Вукове рукописне оставштине, бр. 56, у своме даљем току приближава се варијанти из Милутиновићеве лајпцишке *Пјеваније* бр. 91. Наиме, Марко ће у крчми узалуд чекати Филипа. Филип неће доћи и Марко ће се вратити у Прилеп. Марково јунаштво, пошто нема сукоба оружјем, показује се у обе песме индиректно. У песми из *Пјеваније*, бр. 91, Филипова љуба се онесвешћује када угледа Марка, а Марко, узевши њен ђердан, скаче са куле Шарцу у седло. У песми из Вукове оставштине, бр. 56, Марково јунаштво исказује се страхом који изгледом и понашањем улива онима које сусреће (скелеџијама, крчмару, пекару) и дивљењем које показују будимске госпође.

е. Песми бр. 124 из *Ерлангенског рукописа* блиска је и песма бр. 57 из Вукове оставштине. У оба случаја Филипово хвалисање слуша војвода Момчило и о чувеном дојави Марку у Прилеп. У оба случаја у Прилеп стиже увече. У оба случаја разлог доласка не казује одмах, већ тек пошто се добро напију вина и заложе. Даља сличност није знатнија.

ж. Песма бр. 58 из Вукове оставштине јесте у одређеном сагласју са песмом из *Ерланђенског рукописа*, но, то саглашавање није знатније. Уопште узевши, песма бр.58 јесте врло слаба варијанта своје претходнице (песме бр. 57).

з. Позната песма из друге књиге бечкога издања *Српских народних пјесама* (II, бр. 58) веома је блиска Милутиновићевој. Можда је разлог томе и у чињеници да је Милутиновићев певач Морачанин, а да је Вук своју песму могао да забележи (ако је то уистину учинио) од неког придошлице, који је из Мораче дошао у Србију, у Ужице или ширу околину. *Могуће је* да је редакција песме вршена угледом на песму бр. 94 из Милутиновићеве *Пјеваније*. [8] Посебно падају у очи два детаља. Први је, што Марко Филипове ударце по леђима доживљава као *"буђење бува по кошуљи"* (**Милутиновић**), односно *"по кожуху"* (**Вук**). Други је везан за повод Марковог беса, за тренутак који претходи Филиповој смрти. У обе песме **трагична кривица** Филипова јесте у чињеници што је Марка ударио буздованом по десној руци и тако му пролио вино из чаше. Овај детаљ, ударац буздованом по десници која држи чашу с вином, очигледно је архаичан. Налази се и у песми из *Ерланђенског рукописа*, и у песми бр. 94 у *Пјеванији* и у Вука, у бечком издању. У обе песме, и у Милутиновићевој, бр. 94, и у гласовитој Вуковој, Марко предаје Филиповој љуби мужевљеву одсечену главу.

и. Покушај историјске идентификације Филипа Маџарина са Фирентинцем Филипом Сколаром (Fillipo Scolaro), односно Пипом Спаном (Pippo Spano), великашем краља Сигисмунда, односно краља Жигмунда – мислим да није срећан. По епској традицији забележеној у

---

[8] Песма бр. 91 записана је од Стојана (Стојанчића) Живка из села Јасенова у Морачи *("од истога Стојанчића")*. Песма бр. 94 записана је од Драгоја Дрекаловића, овчара, с Пилопача у Доњој Морачи. О певачима, Стојанчићу и Дрекаловићу, види Р. Меденица: *Наша народна епика и њени творци*, 131, односно 131-132. У чланку *чија је песма Марко Краљевић и Филип Маџарин*, прештампаном у књизи *Наш народни еп и наш стих*)Нови Сад, 1964, 86-92), Светозар Матић заступа мишљење да је Вук своју познату варијанту забележио од Тешана Подруговића, али је то пропустио да назначи у *"рачуну"*. Матићево домишљање спремно је прихватио и Владан Недић (*Вукови певачи*, Нови Сад, Матица српска, 1981, 16). Вук је Тешана рано сусрео и његове песме објавио још у лајпцишком издању. Како се добро зна Вукова опсесивна жеља да штампа песме о најстаријим догађајима, поготову оне лепе – немогуће је да би му добра песма о *Марку и Филипу Маџарину*, која уистину много опомиње на Подруговића, измакла из видокруга и затурила се. Песма *Марко Краљевић и Филип Маџарин* из Вукове збирке **није** Тешана Подруговића, већ, по свему судећи, **Вуком самим сочињена** у Подруговићевом духу. Вуку се више свидела Милутиновићева варијанта (бр. 94 – *Опет Марко и Филип*), па је њу следио. Зачудно је да се Матићу није наметнуо овај закључак, поготову после извршне студије *Вук и Мушкатировић (Наш народни еп и наш стих*, 78-85) у којој је убедљиво показивао како Вук преузима, а потом прерађује материјал, стварајући нове оригинале.

првим деценијама осамнаестога века (*Ерланѓенски рукойис*), односно у првим деценијама деветнаестога века (две песме из *Пјеваније*, једна из Вуковога бечког издања, три из Вукове оставштине) намеће се помисао да Пилипа, односно Филипа Драгиловића, Филипа Маџарина, Филипа Шокчића треба тражити међу угледним борцима с Војне границе из друге половине шеснаестога или из седамнаестога века.

Ерланѓенски рукойис бр. 139 – **Верносū љубе Краљевића Марка**; **Милутиновић**, бр. 81 – **Ибрахим и Марко**.

Мотив опкладе у женину верност познат је у старијој европској књижевности. О њему је исцрпно писао Павле Поповић доводећи га у везу са Шекспировим *Цимбелином*, заправо са једним његовим одељком. Указивање на ту паралелу није ново. На њу је скренуо пажњу већ Томо Маретић у изврсном делу **Naša narodna epika**[9].

Позивајући се, поводом Милутиновићеве песме бр. 81 – **Ибрахим и Марко** – на расправу Веселовског о текстовима тога типа, Маретић наводи, поред *Цимбелина* и Бокачову новелу о Бернабу из Ђенове, његовој жени и Амброђолу, који је Ђеновљанина подло преварио и убедио у неверу иначе одане му супруге (девета прича другога дана). Томо Маретић, осим Милутиновићеве песме, зна и за варијанте које су објављене у другој књизи

---

[9] Песма **Ибрахим и Марко** забележена је од Мојаша Гојкова Павићевића из Бјелопавлића. О песми из Милутиновићеве *Пјеваније* први је у нас озбиљније проговорио Томо Маретић (**Naša narodna epika**, drugo izdanje, Beograd, Nolit, 1966, 284–286) позивајући се на резултате испитивања тзв. песама о опклади у верност жене која је вршио Веселовски. Следећи Веселовског и Маретић указује на сродност мотива Милутиновићеве песме са једном новелом у Бокачовом *Декамерону* (девета прича другога дана) и са Шекспировом драмом *Цимбелин*. Посебно о односу Шекспировог Цимбелина и неких наших народних прича и песама (међу њима и песме **Ибрахим и Марко**) писао је Павле Поповић (**Из наших народних ūрийоведака** у књизи **Из књижевносūи**, књига друга, Београд, 1919, 17-32, а посебно 27-29). Осим песме из *Ерланѓеног рукойиса*, бр. 139, и песме бр. 81 у Милутиновићевој *Пјеванији* – мотив опкладе у женину верност присутан је и у неким другим, позније забележеним песмама, као и у некојим народним причама. Ове варијанте су назначене у поменутој студији Павла Поповића, у коментарима библиофилском издању Бокачовог *Декамерона* (Београд, 1958; уводни есеј Ероса Секвија, превод Михајла Добрића). Списак варијаната је наведен и у Арапитовићевом издању *Пјеваније* (872). Попис варијаната је произвољан. Нема иначе познате варијанте из збирке Лазара Николића (**Марко Краљевић и Ђуро Големовић**). Попис је преузет из **Indeksa motiva narodnih pesama balkanskih Slovena** који је сачинио Бранислав Крстић, а приредио и објавио Илија Николић (Београд, САНУ, 1984, 614). Две се варијанте наводе из рукописне збирке липљанског попа и учитеља Дене Дебељковића (II, бр. 14 и бр. 28). Прва уистину јесте варијанта, а друга (бр. 28) никакве везе нема са песмама о опклади. Уопште узевши, Арапитовићева упућивања на варијанте нису поуздана и очигледно је да обавештења преузима, а да велики број помињаних збирки никада није имао у рукама.

десетотомног корпуса народних песама Матице хрватске (заправо једна песма, бр. 23, а три варијанте су деломице препричане, делимично цитиране у додатку). Пошавши од Маретићевих резултата, П. Поповић их значајно допуњује. Пре свега, напомињући паралеле из европске литературе. Међутим, он наводи и некоје народне песме, које су Маретићу промакле: *Марко Краљевић и Ђуро Големовић* из збирке Лазара Николића и *Љуба Јанковић Стојана* из збирке Милана Осветника (Александра Митровића). Има се утисак, то Поповић не вели, да су обе песме не само слабе и *"искварене"*, већ и накнадно сачињене и дотеране по угледу на песму из *Пјеваније*, Ибрахим и Марко. Павле Поповић наводи и неке прозне паралеле, неколике народне приповетке.

Песме о опклади у верност жене нису, чини се, у нас наишле на погодно тле. Некакав живот могле су добити захваљујући распрострањености песама о продавању и уступању жене, како би се превазишле материјалне недаће (и таква песма, везана за кнеза Лазара забележена је у *Ерланђенском рукопису*). Широко распрострањен обичај уступања жене или ћерке госту, или којем намернику такође је могао на неки начин, да допринесе да се и овакве песме, нађу у нашој епској усменој народној поезији [10].

Упоређивање песама из *Ерланђенскога рукописа* и лајпцишке *Пјеваније* показује следеће:

а. Песма бр. 139 из *Ерланђенског рукописа* и песма бр. 81 из лајпцишке *Пјеваније* јесу у несумњивом сагласју. У оба случаја, Марко Краљевић јесте тај који пристаје да се клади у верност супруге. У оба случаја судеоник у клађењу је Турчин: Накић Ибрахим, односно царев делибаша. У обе песме до идеје о клађењу долази након дуже пијанке.

б. Песма бр. 81 из Милутиновићеве збирке, свакојако је боље изведена и у целини је неупоредиво боља и логичнија. Песма из *Ерланђеног рукописа* инсистира и на бесмисленој суровости — одсецању десне робињине руке, руке на којој је прстење (свакако и венчано прстење, као и оно друго са препознатљивим обележјем носиоца). Песма из *Ерланђеног рукописа* нема никакве суптилније психологије.

в. Песма бр. 81 из Милутиновићеве *Пјеваније* чак је и у психолошком смислу тананије изведена. Марко Краљевић је потпуно сигуран у верност и оданост сопствене супруге. Штавише, њему та љубав представља изузетну вредност у животу. У тренутку када се сматра изневереним (не превареним!) – он губи и смисао постојања. Безвољно се препушта Ибрахиму да га свеже и потом погуби. Видевши, пак, у последњи час, супругу нетакнутих плетеница, Марко повраћа веру у живот а тиме и снагу. Снажним трзањем мишица кида синџире на рукама. Прекаљеном борцу, који је изнова

---

[10] Александар М. Јелић: *Трагови гостинске обљубе код нашег народа (историско-правна студија)*. Са предговором др Томе Живановића, библиотека за правне и друштвене науке, књ. 26, Београд, Геца Кон, 1931, III–IX+ 1-158.

нашао смисао живљења, намах се нађе у рукама сабља украбљена од Накић Ибрахима. Њоме не сече само Ибрахима. Бесан што је посумњао у верност супруге, посече и неколико Турака, који су свему томе окупљени сведочили.

г. У збирци Вука Караџића **нема** одговарајуће паралеле. Слична песма није објављена ни у лајпцишком, нити у бечком издању. Песма одговарајућег мотива није се затекла ни у Вуковој рукописној оставштини.

д. Песме које такође опевају опкладу у женину верност, а које су забележене у збирци *Матице хрватске*, у збиркама Лазара Николића и Милана Осветника, забележене су исувише позно у односу на лајпцишку *Пјеванију*. Због тога оне нису ни биле предмет анализе. Чини се, међутим, да се песма бр. 81 из *Пјеваније* налази у инспиративноме полазишту каснијих варијаната.

ђ. Песма бр. 139 из *Ерланġенскоġ рукоūиса* и бр. 81 из *Пјеваније* темом делују усамљено у усменоме народном песништву српскохрватског језичког подручја. Вероватно су настале на подручју Војне границе (аустријско-турске и млетачко-турске, односно млетачко-црногорске). Специфичност теме која по духу више припада култури Западне Европе утицала је да песме о опклади у женину верност не пусте дубље корене у нашем епском усменом песништву.

Сводна размишљања:

У *Ерланġенском рукоūису* старих српскохрватских народних песама находи се шест песама које своје паралеле имају у лајпцишкој *Пјеванији* Симе Милутиновића.

Упоређивање тих песама, прво међу собом, а потом са одговарајућим варијантама из Богишићеве збирке и лајпцишког и бечког издања Вукових Српских народних пјесама, као и са песама из Вукове рукописнме оставштине – показало је следеће:

а. Шест песама из *Ерланġенскоġ рукоūиса* (и то песме бр. 21, 47, 59, 87, 124, 139) имају одговарајуће паралеле у лајпцишкој *Пјеванији* Милутиновића (песме бр. 152, 77, 132, 111, 91 и 94, 81). У два, односно три случаја, постоји одговарајућа варијанта и у збирци Валтазара Богишића (два пута варијанту представља песма бр. 11, а једном песма бр. 81). Само две песме, које су у међусобном сагласју у *Ерланġенском рукоūису* и *Пјеванији* (о Злоти Протопопи или попу Сплећанину, односно о Марку и Филипу Маџарину) имају одговарајуће варијанте у Вуковом корпусу народних песама, или у Вуковоме *Срūском рјечнику* из 1852. године.

б. Две песме из *Ерланġенскоġ рукоūиса* (бр. 21 и бр. 59) јесу заправо, у даљем исходишту, једна песма. Опеване су две епизоде, које су у хронолошком смислу у логичном следу. Тако се, као паралеле песмама бр. 21 и бр. 59 појављују, у оба случаја, песма бр. 152 из Милутиновићеве *Пјеваније* и песма бр. 15 из Богишићева зборника.

в. Потребно је посебно подвући да свих шест песама из *Пјеваније* (бр. 152, 77, 111, 91, 94, 81) јесу и по први пут штампане у Милутиновићевој збирци.

г. Ниједна одговарајућа паралела у Вуковој збирци није објављена пре појаве лајпцишке *Пјеваније* 1837. године.

д. Све песме (овде анализиране) из *Пјеваније* јесу и у сагласју са *Ерлангенским рукописом*, али су и самосвојне и оригиналне. По некојим архаичним детаљима које садрже као и песме из *Ерлангеног рукописа*, може се претпоставити да у оба случаја постоји ранији, заједнички праизвор.

ђ. У некојим случајевима (на пример песма бр. 81 – *Ибрахим и Марко*) песма у Милутиновића показује и леп смисао за дубља психолошка проживљавања и преживљавања.

е. Занимљиво је, да паралеле из Вукове збирке (бечко издање, рукописна оставштина, *Рјечник*) час показују очигледнију везу и наметљивији континуитет са *Ерлангенским рукописом*, час са Милутиновићевом *Пјеванијом*, што на особен начин сведочи о особеностима појединих епских басена у нас, као и о самосвојним путевима преношења и прихватања одређенога типа епских усмених народних песама.

ж. Анализа малобројних случајева сагласја између *Ерлангеног рукописа* и *Пјеваније* показују неминовност свеобухватног међусобног упоређивања *Ерлангеног рукописа*, Богишићеве збирке, Вуковог лајпцишког издања *Народних српских пјесама*, Милутиновићеве *Пјеваније*, бечког издања Вукових народних пјесама и, напокон, песама из Вукове оставштине. Таква упоређивања ће свакако показати како се одређени мотиви, а затим и стилистички поступци у грађењу песме мењају од подручја до подручја, а потом, како се они мењају и у распону од стотинак година на једнаким и различним просторима.

з. Упоређивање песама из *Ерлангеног рукописа* са песмама из Милутиновићеве *Пјеваније*, Богишићева зборника, Вуковога лајпцишког издања народних песама – указало је на нужност испитивања и преиспитивања познијe штампаних збирки, као и рукописних зборника народних песама, како би се утврдио степен њихове самобитности, а тиме и степен објективне научне вредности.

Слово на крају

После свега до сада реченог, извесно је да питање свеукупног значаја будимске и лајпцишке *Пјеваније* за проучавање епскога певања и облика епскога певања на просторима српскохрватског језика посебно, а и на балканским, шире узевши, није нимало једноставно и никако не допушта олако изречен суд. Реч је о збиркама које захтевају једновремено више различитих приступа. Уско посматране, представљају драгоцену грађу, корпус епских народних песама из времена када се то тек почиње систематски чинити на нашим просторима. Будући да је у нас владајуће мишљење како је народна књижевност симболично сублимирана Вуковим делом, важно је подвући да будимска и лајпцишка *Пјеванија* припадају времену, које бисмо условно могли назвати временом "раног Вука". Будимска и лајпцишка *Пјеванија* потичу са простора који Вуку нису били доступни у време прављења лајпцишкога издања, а који су, пак, у дотицају са просторима са којих је Вук узимао епску грађу. Здружено посматране, оне одсликавају стање епског певања на широком простору српскохрватскога језика крајем треће деценије деветнаестог века.

С друге стране, будимска и лајпцишка *Пјеванија* јесу и својеврсне идеолошке књиге, осмишљене прецизно. И једна и друга су настале као резултат Милутиновићеве жеље (а и свакојаке сагласности владике Петра Првог Петровића) да допринесе хегемонизацији црногорске државе, да допринесе традиционалном, етичком, културном, речју органском, зближавању Старе Црне Горе и брдских племена. Захваљујући осмишљеним и сталним настојањима Петра Првог Петровића, за време његове владавине четири брдска племена ушла су у склоп црногорске државе.

Будимска *Пјеванија* је прва целовита штампана збирка народних песама из петровићевске Црне Горе.

Лајпцишка *Пјеванија* је прва и једина збирка у нас у којој је темељно представљено тзв. племенско певање, односно епски репертоар и поетске особености епскога племенског певања.

Будимска и лајпцишка *Пјеванија* јесу прве, а практично и једине збирке епских народних песама на нашим просторима које испољавају чврсту масонску концепцију. Три тзв. лирске народне песме, које су исте, једнаким следом, штампане на почетку обеју *Пјеванија* – нису ни праве народне песме, а камоли "**коледке**", како их је Милутиновић назвао. Све три песме је Милутиновић препевао, односно допевао како би одговарале његовим потребама. Оне собом симболишу три, по Милутиновићу битна принципа достојанственог, праведног живота. Епске песме, које следе, увршаване су у Милутиновићев штампани корпус песама, јер су, по његовом уверењу, исказивале и доказивале животност, неопходност, али и практично постојање тих принципа.

Будимска и лајпцишка *Пјеванија* морају се ишчитавати у контескту народних песама, које су забележене пре него што су штампане *Пјеваније (Ерланѓенски рукопис, Боѓишићев корпус)*, као и у контексту суовремене збирке *Народних српских пјесама* Вука Караџића, објављене у четири књиге (три у Лајпцигу, четврта у Бечу) између 1823. и 1833. године.

Два значајна Вукова корпуса народних песама – лајпцишки и бечки морају се ишчитавати и проучавати у контексту будимске и лајпцишке *Пјеваније*. Четврта књига Вуковога лајпцишког издања, она која је 1833. године наштампана у Бечу, својеврсни је имплицитни полемички дијалог са будимском *Пјеванијом*. Бечко издање Вукових *Српских народних пјесама* никада не би имало облик, обим, свеукупни изглед какав има – да није било будимске и лајпцишке *Пјеваније*. Бечким издањем Вук се посебно супротставља лајпцишкој *Пјеванији* Симе Милутиновића. Будимска и лајпцишка *Пјеванија* могу се, коначно, прочитавати и са позиција извесне социологије епскога певања (социологија епских твораца, епских певача, епског репертоара).

Будимска и лајпцишка *Пјеванија* морају се ишчитавати и у оквирима проучавања књижевног дела владике Петра Другог Петровића Његоша, а Његошево *Огледало српско* уопште се не може правилно тумачити изван контекста *Пјеванија*, посебно ван контекста лајпцишке *Пјеваније*.

Напомена уз књигу

Књига представља знатно смањену докторску дисертацију која је под једнаким насловом одбрањена на Филолошком факултету у Београду 1992. године пред комисијом коју су сачињавали: академик Мирослав Пантић, проф. др Радмила Пешић и проф. др Нада Милошевић-Ђорђевић.

Из књиге су овом приликом изостали неки делови који су у међувремену објављени у стручној периодици, а чије изостављање нема пресудног утицаја на образлагање основних идеја монографије. Ипак треба напоменути да одређену целину са овом књигом чине и следећи текстови: *Vukova četvrta knjiga lajpciškog izdanja i budimska Pjevanija Sime Milutinovića* (Zbornik radova o Vuku Stefanoviću Karadžiću, Sarajevo, Institut za jezik i književnost, 1987, 631-642), *О времену и разлозима настанка Ерлангенског рукописа старих српскохрватских народних песама*, "Ковчежић", XXXII-XXXIV, Београд, Музеј Вука и Доситеја, 1999, 95-104); *Simbolika vrata (vratara i ključa) u Bibliji i u narodnoj poeziji*, "Folklor u Vojvodini", sveska 7, Novi Sad, 1993, 39-48); *Друга, трећа и четврта књига Српских народних пјесама тзв. лајпцишког издања Вука Караџића*, ("Научни састанак слависта у Вукове дане", књига 17, Београд, 1989, 121-129); *Петар II Петровић Његош – књижевник и државник. Скица за могући портрет*, "Књижевност и језик", година XLV, број 2-4, Београд 1998, 1-28.

Због преобимности, два значајна, завршна поглавља књиге (*Народне пјесме из старијих, највише приморских записа и лајпцишка Пјеванија Симе Милутиновића, Ерлангенски рукопис старих српскохрватских народних песама и лајпцишка Пјеванија Симе Милутиновића*) сведена су са сса. 10 ауторских табака упоредних анализа на петнаестак страница сводних, завршних запажања.

Посебну захвалност аутор дугује члановима комисије за оцену докторске дисертације – академику Мирославу Пантићу, проф. др Радмили Пешић и проф. др Нади Милошевић-Ђорђевић на драгоценим упозорењима и пријатељским саветима.

Вуко Ђуров Радоњић, певач од кога је Милутиновић записао песме: Три сужња, (бр.10) и Пипери (бр.171). Илустрација је преузета из књиге Владимира Броњевског Записки морскаго официера, Санкт Петербург, 1818.

Белешка о аутору

Ненад Љубинковић рођен је 4. марта 1940. године у Београду. Од 1966. године ради у Институту за књижевност и уметност у Београду. Први стручни рад *Poreklo motiva nošenja odsečene glave u jednoj šiptarskoj pesmi o kosovskom boju* објавио је 1960. године у *Glasniku Muzeja Kosova i Metohije* (knjiga V, Priština 1959-1960, 325-331). До данас је објавио преко три стотине чланака и студија. Током четрдесет година научног рада бавио се различитим научним областима: књижевном историјом, социологијом културе, а највише проучавањем усменог народног стваралаштва и фолклора. Од 1982. године члан је редакције часописа "Расковник", од 1994. уређује зборник радова – годишњак посвећен проучавању Српске револуције и процесу настајања нове српске државе. (Издавачи: Институт за књижевност и уметност – Београд и Скупштина општине Велика Плана).

Од 1990. професор је по позиву, а од 1993. редовни је професор за предмете народна књижевност и методологија научног рада на Факултету музичке уметности у Београду.

Између осталог објавио је: *Народне песме дугог стиха (I-III)*, "Књижевна историја" *16, 17* и *19*, Београд, 1972-1973, *Губитници Старца Милије (I-V)*, "Расковник", св. 47-48, 49, 50, 51-52, 53-54, 1987-1988, *Транспозиција историјских чињеница у епско и митско ткиво епске легенде – легенда о Косовском боју, легенда о Марку Краљевићу* (У књизи: *"Од мита до фолка"*, Библиотека "Лицеум", књига 2, Крагујевац, Центар за научна истраживања САНУ, 1997, 24-51); *Аграрна година и народни календар, I-IV*, "Даница српски народни илустровани календар", за године 1997--2000. *Шаљиве народне приче*, Рад, 1976, *Јуначке народне песме*, Рад, 1978, *Усмена књижевност југословенских народа* (Просвета -- Нолит – Завод за уџбенике и наставна средства) 1978[1], 1980[2], 1995[3].

Садржај

Прилози:

Издавачко предузеће
РАД
Београд, Дечанска 12

КУЛТУРНО-ПРОСВЕТНА ЗАЈЕДНИЦА СРБИЈЕ
(Вуков сабор)
Београд, Нушићева 4

*

За издаваче
СИМОН СИМОНОВИЋ
ГОРАН ЂОРЂЕВИЋ

*

Технички уредник
ТАТЈАНА СТОЈКОВИЋ

*

Дизајн корица
МИЛОШ МАЈСТОРОВИЋ

Реализација
ВЛАДИМИР ЉУБИНКОВИЋ

*

Припрема текста
SPECTRAL
Београд

*

Штампа
СПРИНТ
Београд

Ово издање помогли су:

САВЕЗНО МИНИСТАРСТВО ЗА РАЗВОЈ, НАУКУ И ЖИВОТНУ СРЕДИНУ

МИНИСТАРСТВО ЗА НАУКУ И ТЕХНОЛОГИЈУ РЕПУБЛИКЕ СРБИЈЕ

ИНСТИТУТ ЗА КЊИЖЕВНОСТ И УМЕТНОСТ

CIP – Каталогизација у публикацији
Народна библиотека Србије, Београд

886.1.09-1:398

ЉУБИНКОВИЋ, Ненад
    Пјеванија црногорска и херцеговачка (будимска и лајпцишка) Симе Милутиновића Сарајлије : (прилог проучавању народне поезије Вуковог времена) / Ненад Љубинковић. – Београд : Рад : КПЗ Србије, 2000 (Београд : Спринт). – 304 стр. ; 21 cm. – (Библиотека Вуков сабор)

Смањена докт. дисерт., Филол. фак., Београд, 1992. – Напомене и библиографске референце уз текст. – Белешка о аутору: стр. 297.
ISBN 86-09-00705-7

929:82 Милутиновић-Сарајлија С.
886.1(091)-1
а) Милутиновић-Сарајлија, Сима (1791–1847) – „Пјеванија црногорска и херцеговачка" б) Српска народна поезија
ИД=86209036